鄭宗義 著

從宋明理學到

當代新儒家

本書收錄作者近年來研究宋明儒學與當代新儒學的成果。全書融攝文獻解讀、義理闡釋與哲學展望於一爐，不時展現作者的獨特觀點。

—— **李明輝**（中央研究院中國文哲研究所退休特聘研究員）

本書以統一融貫性的論述涵蓋宋明及當代新儒家思想研究的學術視野，在每一章中都能通過引介和反省當代學術的相關論題，提出深具理論意義的追問，並從中展示出作者持論的獨特及思慮的精審。本書進一步推進對宋明義理和唐、牟思想的理解，就籌劃儒學未來發展的方向而言，也是難得的學術成果。

—— **東方朔**（復旦大學哲學學院教授）

香港中文大學創校六十年，著名的文史學者、博學鴻儒甚多。創立新亞書院的錢穆、唐君毅，及稍後加入的牟宗三和徐復觀，更被尊為當代新儒學大師，儒學史及儒學研究也就成為中大一塊別具特色的學術園地。錢、唐、牟、徐之後，帶領儒學研究的當推劉述先教授。鄭宗義是他的學生，也在儒學史及儒學研究上鑽研多年，深思卓見，成一家言。本書各篇文章，從宋明理學的各家各派，到當代新儒家的思想論述，分析有據，脈理分明，儼然有大家風範，可算是香港中文大學現階段儒學研究的代表著作。

—— **梁元生**（香港中文大學歷史系榮休教授）

本書專論宋明理學中若干新儒家前輩未及深究的人物與課題，解析唐君毅和牟宗三各自的理路及其所致的對於宋明理學的不同詮釋，闡明新儒家對現代性衝擊的回應。三部分彼此貫通，勝義紛呈，理性與溫情兼具，讀者不容錯過。

——**彭國翔**（浙江大學哲學學院教授）

本書探討近世儒學議題，解析細緻，立論穩健。比較唐君毅與牟宗三的儒學研究處，尤多新義，是新儒家研究者不能不參考之作。

——**楊儒賓**（國立清華大學哲學研究所講座教授）

*按姓名筆劃排序

從宋明理學
到當代新儒家

鄭宗義　著

香港中文大學出版社

本書的出版獲得香港中文大學文學院出版補助金支持，特此致謝。

This publication was partially supported by the Publication Support Fund offered by the Faculty of Arts, The Chinese University of Hong Kong.

《從宋明理學到當代新儒家》
　　鄭宗義　著

© 香港中文大學 2024

國際統一書號 (ISBN)：978-988-237-323-5

出版：香港中文大學出版社
　　　香港 新界 沙田‧香港中文大學
　　　傳真：+852 2603 7355
　　　電郵：cup@cuhk.edu.hk
　　　網址：cup.cuhk.edu.hk

扉頁題字：梁元生

Inheritance and Reinvention: Neo-Confucian Philosophy from Song-Ming to Contemporary (in Chinese)
　　By Cheng Chung-yi

© The Chinese University of Hong Kong 2024
All Rights Reserved.

ISBN: 978-988-237-323-5

Published by The Chinese University of Hong Kong Press
　　　The Chinese University of Hong Kong
　　　Sha Tin, N.T., Hong Kong
　　　Fax: +852 2603 7355
　　　E-mail: cup@cuhk.edu.hk
　　　Website: cup.cuhk.edu.hk

Printed in Hong Kong

謹以此書獻給我的老師

劉述先（1934–2016）

目　錄

第二部　當代新儒家的宋明理學研究

第三部　當代新儒家對現代性衝擊的回應

序　言

　　翻閱手邊整理完的書稿，心頭交織著興奮、慚愧與疲憊，畢竟它的完成已超過十年磨一劍。它清楚記錄了我在宋明以至當代儒學研究上對當代新儒家（或港臺新儒家）先輩留下的學脈的追隨、繼承與力求創新的心路歷程。現今廁身學府，除研究外，還要兼顧教學和行政，加上每年考核的人事制度，人文學者已經難以花多年時間去積蓄、醞釀乃至從頭至尾地撰寫一部專著，而只能發表文章度日。因此重要的是，學者必須時刻緊記所寫文字，得有個關懷旨趣或課題貫注其中，以免散漫無歸，本書亦不例外。全書十二章除了第九章外，都曾以單篇文字的形式發表為學報論文或書章。這次將它們修訂並彙編成冊，絕非隨意聯綴，相反在內容上是清楚呈現出一完整結構，反映我以往關注和用心的問題實一以貫之，凡此於導論中已作詳細說明。下面讓我交代本書各章出處及這次彙編成冊所做的修訂。

　　第一章以〈論張載氣學研究的三種路徑〉為題刊於《學術月刊》第53卷（2021）。第二章以〈明儒陳白沙學思探微——兼釋心學言覺悟與自然之義〉為題刊於《中國文哲研究集刊》第15期（1999）。第三章以〈甘泉心學探微〉為題刊於李明輝、葉海煙、鄭宗義合編《儒學、文化與宗教——劉述先七秩壽慶論文集》（2006）。第四章以〈明儒羅整菴的朱子學〉為題刊於黃俊傑、林維杰編《東亞朱子學的同調與異趣》（2006）。第五章〈再論王陽明的知行合一〉刊於《學術月刊》第50卷（2018）。第六章以〈論明清之際儒學的一元化傾向〉為題刊於《中國文化研究所學報》第

65期 (2017)。第七章〈本體分析與德性工夫——論宋明理學研究的兩條進路〉刊於林維杰、黃冠閔、李宗澤主編《跨文化哲學中的當代儒學——工夫、方法與政治》(2016)。第八章以〈比論唐君毅、牟宗三的朱子哲學研究〉為題刊於《現代儒學》第9輯 (2021)。第十章以〈合哲學、道德與宗教為一體——當代新儒家的儒學觀〉、第十二章以〈全球與本地之間的哲學探索——劉述先先生的哲學思想〉為題刊於鄭宗義、林月惠合編《全球與本土之間的哲學探索——劉述先先生八秩壽慶論文集》(2014)。第十一章〈論唐君毅對現代文化的省思〉刊於《中央大學人文學報》第66期 (2018)。第九章則初稿成於2012年，二稿成於2014年，只曾在兩場學術會議上宣讀過，這次是修訂後首次發表。

必須說明的是，本書內容雖大多曾單獨發表，但編成一冊仍大費氣力。不過，這氣力非花在潤飾文字上，因遣詞用字總可永遠斟酌復斟酌，沒完沒了，故我只是統一各章徵引參考文獻的出處與格式，儘管此亦甚耗時間。哲學文字貴在陳義堅實細膩，只問道理之是非。由於本書各章寫作時間不一，我對某些問題的思考和觀念的理解，隨著識力日進，前後有些差異乃自然不過的事情。是以這次我對各章義理內容都做了或詳或略的改正與補充，力求能更準確地掌握所詮釋思想的歷史與文本脈絡；更一致且周延地表述自己的哲學論證與觀點。修訂完畢後，回頭把最早撰述的幾章 (論陳白沙與湛甘泉) 與最晚的幾章 (論王陽明與張橫渠) 作對照，當中變化的痕跡不難察見。想到此或正是自己做學問從未敢偏離於追求日新又新的明證，則算是一點安慰。

本書離我上一本著作的出版已超過十三年，一些沒有追蹤我著作的門生故舊，竟以為我已荒廢學問。實情是之前我確為學校行政工作所羈，雖無奈要放寬程限，惟始終緊著工夫，未曾一日廢學輟思。加上我很愛惜自己的文字，一篇文章從初稿至終訂，往往數易其文，歷時多年甚至十年以上是平常事，慢慢便養成不急於付梓的心態。唯一比較尷尬的是，不時收到同行寄贈著作卻無以回禮，遂只能以慢工出細貨聊作自我安慰。至於本書是否貨真價實，就留給方家與讀者去評價。

本書順利出版，我需要作些鳴謝。首先，2023年上半年我學術休

假，3月底至6月上旬赴廣州中山大學人文高等研究院任訪問教授，高研院提供了寧靜的研究環境，讓我遠離雜務，專心校改書稿。其次，本書獲得香港中文大學文學院出版補助金的支持。而它能以如斯精美的模樣面世，還要感謝香港中文大學出版社編輯的專業協助。最後，我得特別感謝歷史名家梁元生教授為書名題字。記得當我厚顏邀請他為三本計劃出版的書題字時，他毫不猶豫便答應，其關顧之情，銘記在心。回想與元生教授初次認識，是1995年我剛入職中文大學哲學系時，於劉述先老師主持的人文學科研究所作報告，他來捧後生小輩的場。元生教授的專長領域之一是宣尼浮海的歷史，與我的研究有交疊處，我拜讀過他的大作，得益匪淺。在元生教授當文學院院長時，我又做過他的副手。對他的學問、為人與處事都佩服不已。撫今追昔，只覺時光飛逝，今年已是我在中大的第二十九個年頭，劉述先老師也在八年前辭世。回首從前種種，老師的言傳身教與提攜之恩最是難忘，所以請容許我假作者之權便，把三篇記述和追憶老師的文字收為本書附錄，希望它們能為看似冰冷的學術文字添加些溫度、抹上些人間煙火。

2024年1月16日改訂於中大馮景禧樓辦公室

導　論

　　本書是我過去十多年用心於宋明理學到當代新儒家的研究成果。全書十二章分為三個相互關連的部分：第一部分包括第一至六章，闡發宋明儒學的核心觀念；第二部分包括第七至九章，探究當代新儒家特別是唐君毅與牟宗三兩先生對宋明儒學的研究，比較他們截然異趣的方法、詮釋與結論。第三部分包括第十至十二章，剖析當代新儒家於汲取宋明儒的睿識上，如何繼往開來，重新設想「儒學」來迎拒西方哲學思潮的輸入，並批判地回應現代性的衝擊，乃至參與到當前全球倫理與宗教對話的討論。因此，通過這一本專論，讀者從中應可掌握一條儒學由宋明發展至當代的脈絡。

　　宋明儒學使用的概念及由之形成的思想，牛毛繭絲，研究者如缺乏辨析入微的本領，確是難以窺其堂奧。但它的不少觀念卻早已滲透至中國文化的底蘊，成為一般人的日常用語，如良知、天理、人欲與知行合一等。所以，整理這片學問領域，便不僅具有學術研究的意義，更是文化傳統作自我了解以求返本開新的必要工作。我年青時寫博士論文以明清之際儒學的轉型為題，之後的研究溯源而上及於明代再到宋代，乃是自然不過的事情。於是，我留意到明代心學的開山人物陳白沙（第二章）和他的高弟湛甘泉（第三章），還有號稱朱學傳宗的羅整菴（第四章）。

　　黃梨洲的《明儒學案》說「有明之學，至白沙始入精微」，但唐、牟兩先生都未多措意。牟先生在析論王門泰州學派時雖有寥寥數語旁及

白沙的「學宗自然」，卻狠下評語說「然其本人實並無真正孟子工夫也」（《從陸象山到劉蕺山》）。如此狠批背後的理由何在？我在深入研究白沙思想後終於找到答案。首先，我肯定白沙學是心學，只是在覺悟道德本心的工夫上，他主張的並不是孟子的路徑。孟子的求放心，是教人於日常生活中本心隨機呈露時自知自覺以體認之，如見孺子入井而心生怵惕惻隱，本心即在惻隱的震動中自知自覺其自己。然白沙則強調要在閉關退聽的靜坐中覺悟本心。必須知道，靜坐是宋明儒者從佛老吸收過來的；以靜坐來覺悟本心亦非白沙的發明，而早見於宋代道南一脈李延平（朱子的業師）的「危坐終日，以驗夫喜怒哀樂之前氣象為如何，而求所謂中者」（朱熹〈延平先生李公行狀〉）。於是，我一方面全盤梳理靜坐在理學家實踐中的兩種不同涵義：即作為常行工夫與作為見體（或覺悟本心）工夫，另一方面嘗試分析靜坐為何能夠體證本心。由此更注意到牟宗三於處理延平思想時亦知悉靜坐見體的路數，並曾一度以為可與孟子的路數相輔相成。只是後來他改變判斷，認定孟子不離經驗以求覺悟本心方屬正宗，這才有了譏評白沙本人無真正孟子工夫的話。

到白沙心目中的衣鉢傳人湛甘泉，他雖沒有繼承乃師靜坐見體的路，但其「隨處體認天理」的著名法語，畢竟沾染上朱子格物窮理的色彩，似非純正心學，自然也難獲牟宗三的青睞。我研究甘泉心學，發現其對「心即理」（本心無非是惻隱、羞惡、辭讓、是非所表示的仁、義、禮、智的道理）的掌握有欠穩妥，這從他把「心即理」改為「心之中正即天理」可證。無疑，甘泉非是能於心學義理上有所創新開拓者，但忽略之就無法看到他與王陽明的學術交涉和相互影響，這對全面理解陽明思想乃至明代心學的發展難免造成缺漏。要之，甘泉早年與陽明辯論「格物」，批評陽明念念存天理去人欲的誠意（以正物，即格物）工夫，是把心看小了，只成腔子裏（即猶如現在說的意識活動）的心，並提醒本心之感應可通乎宇宙。此與陽明後來大力發揮心外無理、心外無物、仁者與天地萬物為一體的想法，甚至在提出「致良知」後，申明良知之知是知非即感是感非，不無關係。反過來，陽明最初誤判甘泉

為求理於外，及至認識較深，並於自家良知教到手後，才了解甘泉的「隨處體認天理」或與自己「隨事隨物精察此心之天理，以致其本然之良知」（《傳習錄中‧答顧東橋書》），「終當殊途同歸」（〈答甘泉〉）。不過，甘泉對本然之良知或心即理體認不夠透徹這點，還是沒能逃出陽明的法眼。所以陽明最終的判語是，甘泉的主張「只要根究下落，即未免捕風捉影，縱令鞭辟向裏，亦與聖門致良知之功尚隔一塵。若復失之毫釐，便有千里之謬矣。」（〈寄鄒謙之〉）果不然，在陽明歿後而良知教風行天下也異解紛紛之際，甘泉竟提倡以天理救正良知，其對良知的體會確乎是與陽明毫釐千里。

至於明代朱子學者羅整菴，其朱學傳宗的外號絕非浪得虛名。他精研朱子學，甚至提出朱子學有可疑或未定於一之處，此中最主要的是朱子的「理」與「氣」有分為二物的嫌疑。朱子承襲程伊川之使用理與氣為一對概念來演繹儒學；理是創造之理或曰（使物如此而非彼的）存在之理，氣是創造之理得以實現的資具；理是形而上的，氣是形而下的。朱子將理與氣的關係詳細分析為多項命題（參看第九章），關鍵在於理與氣之不離不雜。説二者不離（inseparable），因理與氣不合便無以成生化之妙；説二者不雜（irreducible），因理若可化約為氣便失去對氣的主宰、引導與規範作用，這在道德生活上會發生嚴重問題，即無法解釋（由氣反制所造成的）違理現象與（本乎理以轉化氣的）實踐工夫之可能。無庸諱言，朱子自己有時候也把話説過了頭，如謂「且如萬一山河大地都陷了，畢竟理卻只在這裏」（《朱子語類》卷1），好像理與氣又是可離的。整菴堅持「理氣一物」（即將理緊收於氣），不容許理氣為二，甚至不惜批評朱子，實則自不離處可説理氣是一，自不雜處亦可説理氣是二，因此牟宗三非斥整菴之爭理氣一物二物是「實無實義，只『朝三暮四，朝四暮三』之類耳。」（《心體與性體》第1冊）。牟先生的評斷是正確的，但他並未深究為何整菴要如此説，且如此説是否警惕到當中所涵的理論困難（即上面提及過的違理和工夫的問題）。我仔細分疏整菴的文字，發現他已察覺到理氣緊收緊吸會帶來的理論難題，並以為藉朱子「理一分殊」的命題即可解決，卻不自知此實不過是從理氣一物的立

場退卻下來而已。對於整菴為何定要說理氣是一,則與明中葉以降有些儒者益發疑慮儒學近禪遂想嚴辨儒釋有關。自他們看來,佛氏彌近理而大亂真,雖也可以講一套理氣論,惟理是空理,氣是緣起幻相。儒門若要與釋家劃清界線,就得再三強調理是實理,不離氣化流行的創造,亦即理氣是一而不可分。這開啟了一元化傾向的思潮。

我在研究甘泉與整菴時,逐步釐清此一元化傾向的發展線索(第六章)。扼要來說,首先這是出於擔憂儒學尤其是陽明心學近禪,故主張理氣一物來區別儒釋。理氣一物之說將理緊收於氣,並反對二物之說,屬「內在一元傾向」。(「一元化」與「一元化傾向」不同,在於後者只許說一不許說二,故是思想之錯入誤區,但前者說一亦容許說二,故是思想之調適上遂。)本來主理氣一物的本意是為防範心學與佛說混雜,卻未想竟與陽明學說本身所涵的一元化思想合流,共同推動著一元化傾向的氾濫。陽明思想內含的一元化特色,出於他龍場困學所悟的心與理一,即本心或良知本體能不被他意隔斷而始終貫徹如一地表現為行動,所謂知行合一、知行本體原是如此。由是,陽明更著意申明心性本體是身、心、意、知、物乃至情皆為一;不同的工夫亦應是辯證為一(成了同一工夫的不同方面)而不必節節分析,故說博文即約禮之功、格物致知即誠意之功、道問學即尊德性之功,無二說也。因為將工夫作節節分析,好處是觀念上分解明白,壞處卻是實踐上有斷成數截之虞。甘泉、整菴的理氣是一,與陽明的性心(包括身、意、知和物)情是一,影響所及,明清之際乃出現另一條將氣上提至理、將情上提至心性的思路,劉蕺山與黃梨洲師徒屬之。將氣上提至形而上、超越的層面,與理具相等的理論地位,並反對二物之說,屬「超越一元傾向」。必須指出,能釐清此一元化傾向的發展線索,對哲學史的清理工作有十分重要的意義。過去,牟宗三討論劉蕺山時已注意到其理氣緊吸緊收的說法,嘗名之為圓融一滾說;勞思光亦注意到,而名之為合一說。但兩先生都未有弄清楚它的來龍去脈,更重要的是,它如何於明清之際儒學的轉型過程中推波助瀾。我的博士論文研究明清儒學的轉型,即從宋明儒的道德形而上學變為清初的達情遂欲哲學,出版《明清儒學轉

型探析》初版（2000年），當時主要是從王學的蕩越和救正以及反宋明儒學思潮入手來展開論述。到出增訂版時（2009年），已補充王門泰州學派高揚情欲的思想，亦即陽明思想內部也有以致之的部分，並且在增訂本自序中提到還有一元化傾向的因素未及整理。結果，十多年後的不斷上溯竟又繞了回來；學問真有不期而致的奇妙經驗，也有終於找到最後一塊拼圖那手舞足蹈的快樂。

前面的研究課題都不約而同地牽涉到王陽明。陽明心學不僅是明代儒學的標杆，更是孟子學的理論高峰。我唸研究院時早已讀過《傳習錄》，並自以為了然於胸，怎料此番重遇才發覺自己並未得其精髓，可見年輕時讀的不必可靠，須重讀也。於是我在本科生與研究生的課開講《傳習錄》，兩次與學生逐字逐句細讀，果然別有一番悟會，方知從前的了解實多有恍惚、不切與未入處。同時我注意到陽明在〈答顧東橋書〉中為回應程朱學者本「知先行後」提出的質疑，已將「知行合一」擴大至非道德的知，如知食知路等都應是知行合一的。機緣巧合，我接觸到蘇沙（Ernest Sosa）的德性知識論（virtue epistemology），兩相碰撞下，使我益信陽明以知行合一講非道德的知是有其堅實的理據，遂依文本條分縷析，重讀陽明的知行合一（第五章）。扼要而言，陽明認為吾人知某物，必先有個欲知之意，而這意已是行之始；換言之，行動本身就是意向性的行動（intentional action）。如果欲知之意沒有被他意隔斷，則必發為認知活動及由此而生的行動。平常我們看見知而不行的現象，只是因為吾人欲知「此」之意被欲「彼」之他意隔斷，故順欲彼之意而發為彼行，這表面上看，便猶如知此而行彼，知而不行，實則仍不外知行合一。總之，對陽明來說，知行合一是所有形態知識共有的知識結構，道德的知（或良知）與非道德的知之分別不在於前者是知行合一而後者不是，而是在於它們有不同的性質、作用與來源。

此外，梳理明末一元化傾向時讓我重新正視高看氣，把氣規定為形而上的超越主義唯氣論（蕺山與梨洲師徒），且上溯至其源頭張橫渠（第一章）。橫渠的氣學歷來有不同解讀，我將之整理為三條詮釋進路：唯物主義的唯氣論（主要見於中國大陸學者的觀點）、理氣論（代表者宋代

是朱子，當代是牟宗三)及超越主義的唯氣論(首發於唐君毅，近時有學者追隨之而倡超越主義的氣學)。我關注的不僅是這三條詮釋進路背後的理據與文本釋讀，更重要的是，若超越主義的唯氣論最體貼橫渠思想，那麼它的全幅義理規模應如何建立。單指出宋明儒學中有此高看氣的思路遠不足夠，必須將「氣學」一路於本體宇宙論、心性本體與德性工夫三方面，如何在程朱理學和陸王心學以外別開義理生面作詳細交代。深耕橫渠文字後，我提出「感通」是建構氣學的竅門。此即氣學的本體宇宙論是一氣兩態(如動靜、屈伸、升降等)相感相生所成之太和(最大的和諧)；氣學的心性本體是依氣來規定，像橫渠說的天地之性與義理之性、大其心能體天下之物；氣學的德性工夫亦是依氣之感通所涵的諸般意義，如感受、感知、感化、感動、感應、感合、感生等來更作演繹發揮。

　　以上是我撰寫本書第一部分的學思歷程。無庸諱言，我的研究路數深受唐君毅與牟宗三的啟發。但亦因此，我得以逐漸認識到兩先生在宋明儒學研究上截然異趣的一面。唐君毅與牟宗三是當代新儒家第二代的代表人物，也是二十世紀中國哲學界最富原創性的哲學家，並稱唐牟。一般印象是他們的思想相契相近，此誠非虛言。唐先生的心靈九境與牟先生的兩層存有論確是異曲同調地延續著他們老師熊十力開啟的重建中國形而上學的哲學計劃。然而他們對創構自家思想所依據的宋明儒學卻竟抱持迥不相侔的詮釋，彼此還針鋒相對，這點以往未曾有能弄清楚明白者。稍為注意到的，亦僅是指出他們學問風格不同，牟先生喜分析斬截，常將思想由鈍角化為銳角，唐先生則尚會通包容，返過來化銳角為鈍角。但學問風格之說，仍嫌過於籠統。要想深入把握唐牟的異同，得了解他們是如何相識、相知、相契，相得乃至最關鍵的相較、相競。下面讓我作一簡略說明。

　　唐君毅與牟宗三第一次碰面是在1939年，而在此之前雙方都早已聽聞對方的名字。那年秋天，牟宗三往璧山來鳳驛拜謁臥病在榻的熊十力，盤桓數日。聚談之際，熊十力稱讚唐君毅，惟當時牟宗三並不認為自己與唐君毅是同路人。他自負北大出身，哲學以理論思辨為

主，對唐之中大(中央大學)出身，哲學以形而上學為主，頗不以為然，雖則熊十力常對牟說：「你不要看不起他，他是你的知己。」後牟宗三返重慶主編《再生》，其時唐君毅任職重慶教育部特約編輯，通過李長之的介紹往訪牟宗三，兩人終於有緣相見。第一次相見，兩人沒談甚麼。第二次相見，聊到新黑格爾主義代表人物布拉得賴(F. H. Bradley，1846–1924，有譯作布拉德雷)，牟宗三便不客氣說自己不懂辯證法的真實意義而請唐君毅講一講，唐講了幾句，未想卻大大觸動了牟的神經。牟宗三是這樣記述這次觸動經驗：「他即約略講了幾句，雖然不多，但我感覺到他講時頗費吞吐之力，我知道這須要有強度的內在心力往外噴。我馬上感到他是一個哲學的氣質，有玄思的心力。這是我從來所未遇到的。我在北平所接觸的那些師友，談到哲學都是廣度的、外在的、不費力的、隨便說說的，從未像他這樣有思辨上的認真的。我從此馬上覺得他所發表的文字並不能代表他。他確有理路，亦有理論的思辨力。我並且因著他，始懂得了辯證法的真實意義以及其所使用的層面。這在我的思想發展上有飛躍性的開闢。」(《五十自述》)

自始之後，兩位一代哲學大師就展開了將近四十年相知、相契與相得的因緣。對唐君毅引領自己進入辯證法與形而上學的思想世界，牟宗三始終感念。到1968年牟先生六十歲出版《心體與性體》第一冊時，仍將自己之能體會儒聖那原始而通透的、非概念分解的直悟歸功於唐君毅的啟發。他說：「我請讀者參看唐君毅先生《人生之體驗》中〈自我生長之途程〉一文以及《人文精神之重建》中〈孔子與人格世界〉一文。我即從此兩文悟到孔子的精誠惻怛的渾全表現所代表的那原始的智慧，並見到儒家何以一下子即能使實踐理性充其極而澈底完成了那『道德的形而上學』，而康德則不能之故。」同樣，唐君毅在1951年出版的《中國文化之精神價值》的〈自序〉中寫道：「時又讀友人牟宗三先生邏輯典範(商務三十年出版)，乃知純知之理性活動為動而愈出之義，由此益證此心之內在的超越性、主宰性。十年來與牟先生論學甚相得，互啟發印證之處最多。對此心此理，更不復疑。」值得注意的是，兩先生的相知，不單是思想上的相得，還有心靈上的相互扶持慰藉。

例如，1955年牟宗三任教臺北師大，漂泊無定的生命曾因一夕住宿旅店忽聽梵音而勾起無盡的悲情哀憐，便去函向唐君毅吐露肺肝。唐君毅在11月10的回信中以自己有過的類似經驗作安慰：「弟在大學讀書及大學畢業後之數年中，其時尚未與兄相遇，亦常有種種荒涼空虛之感。有時從此中昇起許多向上感情，有時亦生起向下沉墮之意，並曾著文讚美自殺。一次於夜間，曾覺此身橫陳於床上，如一大蠕動之蟲，甚覺可怖；此心如與此身不相屬而隔離，但旋即相合。」（《書簡》）12月20日又去函道：「關於佛教其根本實唯在一悲情。兄函謂聞梵音而生感，而弟亦實由此契入佛教之心情。」（同上）得友如此，夫復何求，難怪牟宗三在那段時期常說：「生我者父母，教我者熊師，知我者君毅兄也。」（《五十自述》）至於唐君毅（與徐復觀）甚至曾為牟宗三尋覓配偶操心，這裏就不多說。

　　鮮為人知的反而是兩先生相較、相競的一面。唐、牟學思發展的核心都是中國哲學尤其是宋明儒學的重釋，儘管兩人論學甚為相得，但亦應該很早就察覺到彼此所運用的研究方法大不相同。1956年秋至1960年，牟宗三任教臺灣東海大學，因講授《公孫龍子》而養成深耕文本的閱讀工夫，後來他轉赴香港任教於香港大學，埋首撰述《心體與性體》時便大派用場。他在1966年3月15日寄徐復觀的信上便自覺地談到自己的工夫並與唐君毅作比較。其言曰：「君毅兄有一篇講『小取』的甚佳，雖行文不甚合名理體裁，然思路對。他甚忙，精神支付太多，撰文自不免於疏闊，亦無暇仔細理會也。弟近五六年來無事，始稍認真理會，師大六年，東海四年，並未正式接觸，不過只是隨班講課而已。但現在回想起來，講原文的方式甚好，于自己有大益，故來港後亦一直採取那方式講，不作儱侗的講演方式自己發揮。君毅兄一直無此訓練，近來稍稍用此方式，但亦疏略。了解大意好，細處多不切。他宜于發揮自己的思想，不宜于講書。他有會通之識，此不可及。但有時光大意會通亦不夠。」（《新亞學報》第38卷，翟志成〈牟宗三致徐復觀佚書二十四通校箋〉）先勿論唐君毅是否接受此一批評，但他也漸漸不滿意於牟宗三那不甚體貼宋明儒者思想的解讀則是不爭的事實。

　　1965年下半，唐君毅計劃出版《原性篇》，乃陸續改寫舊作。怎料10月中旬因讀到牟宗三分期發表於《民主評論》的〈陸象山與朱子之爭辯〉及前一年同樣分期發表於《民主評論》的〈胡五峰知言之疏解〉兩文，便按捺不住想與牟說商榷，遂寫就〈原德性工夫——朱陸異同探原〉一長文(收於《原性篇》附編)。對唐君毅來說，朱陸異同非如牟說般冰炭不洽而實可相通，但〈原德性工夫〉的商榷還是寫得相當委婉。到了《心體與性體》出版，唐先生對首兩冊的評價是「此書為一大創作，有極精新處，但其論宋明儒學與我意尚多有所出入耳。」到閱讀專論朱子的第三冊，唐先生已禁不住說：「此冊問題頗多，不如第一二冊。」(《日記》)這同時激發起他寫出自己對宋明儒學詮釋的專著，此即《原教篇》的問世。今仔細閱讀《原教篇》，確處處可見唐君毅駁辯牟說的痕跡，若不誇張的說，直是從頭到尾都在提出與牟說不同的另一種解讀。唐君毅1978年辭世後，牟宗三面對唐說的詰難還是堅信己見，且曾公開評論唐著得失：「五十歲以後，他出來辦新亞書院，參與校政，事業心一重，精神就散了。當然辦事並不算錯，因為儒家講內聖外王，辦事是應當的。但是一辦事就影響到作學問。雖然辦事對於人生的主觀體驗沒有妨礙，但對於真正作學問卻有妨礙。所以唐先生在五十歲以後的二十年間，在學問上並沒有多大進步。雖然他寫了許多書，像『中國哲學原論』就有好幾冊，其中疏通致遠，精義絡繹，但這些書在客觀理解上，也有許多不甚妥貼處。這些書大體只能當作rough work看，是需要修改的。」(《中國哲學十九講》)結果，惹來唐君毅學生的激憤，發文狠批牟宗三，為師說辯護，亦幾乎使得唐、牟這一段學術佳話不得善終。實則兩先生在學術上無論是相契相得抑或相駁相難，都是讓他們從相互較量中共同進步的動力。這猶如兩名旗鼓相當的跑手彼此競逐追趕方能屢破往績，學者於追求學問的道路上若能得一如斯良伴，誠屬天降之幸事。

　　但我並不滿足於梳理簡中的線索，更想確定唐、牟研究宋明理學之所以持異的理由(第七章)。我提出兩先生其實採取了不同的研究進路並對之加以整理疏通，牟宗三的可以名為「本體分析」，唐君毅的可以名為「德性工夫」。本體分析的進路，著重探究宋明儒者對本體概念如

天道、理、氣、心、性等的理解與講明，並簡別各家的不同理解及由此形成的理論系統，而在評價方面則唯是奉孟子心學為正宗。相較之下，德性工夫的進路，著眼於宋明儒者自家的存在體驗、困惑、掙扎與奮鬥，並沿之摸索出的不同實踐，而在評價方面則更傾向於以為工夫實因人而異故殊途當可以同歸。尤有進者，唐、牟雖依不同的進路得出針鋒相對的詮釋結論，但這並不等於說兩條進路必定相互排斥，實則我們應該力求綜合善化它們來更好地繼承兩先生留下的思想遺產。

此外，牟宗三的朱子哲學研究雖爭議甚大，如判定朱子是別子為宗，但因他的詮釋論證嚴密，方方面面環環相扣，故個別零星的攻擊根本無法與之抗手。然而唐君毅既不滿意牟說，以為非是能順朱子之心而代為說明，則他應有一整套相異的解釋。可惜的是，唐先生的論述方式並不是對牟說作點對點的駁難，人遂不易看出其中的系統性，我乃代為整理出來（第八章）。要之，我依朱子的存在困惑、實踐工夫、心性情本體以及理氣與心性關係四方面，詳細比對唐、牟，讓他們拳來腳往的較量清楚呈現。此中可見，唐君毅的觀點確實提示了一套堪與牟式解讀相抗手的詮釋體系，但比論的意義絕不在評價孰高孰低，而是在更求善解朱子思想。這裏對朱子哲學的條分縷析，亦可補充本書第一部分沒有涉及朱子之處。

不過，我們也不宜過分誇大唐、牟在宋明儒學研究上的差異，畢竟他們仍有不少共同的肯定與看法。例如，對宋明儒者有高看氣的思想，即前面提及的超越主義唯氣論像張橫渠、劉蕺山和黃梨洲等，牟宗三始終認為這混漫了形而上下的分界，而唐君毅則十分體貼且代作演繹發揮。不過，儘管兩先生的詮釋立場不同，卻不是非此即彼，因為唐君毅並不同意高看氣是為了以氣取代理，更提醒這只是轉換思考角度而已。對朱子理氣不離不雜的命題，唐、牟一致肯定它是任何講理氣關係的理論都不能否定的共法，而此又非援引唐說以駁牟說者所及知。於是，我借助並推進唐、牟的理氣解說，對宋明儒者的理與氣以及兩者關係的各個命題做了全面分析（第九章），這亦是反映唐、牟想法同中有異、異中有同的最佳案例。

　　以上是本書第二部分的寫作緣由，下面轉過來談第三部分。儒學在兩千多年的發展中從來都是以繼往開來、返本開新的方式不斷回應著時代提出的挑戰，當代新儒家亦不例外。先秦儒學面對周文疲弊、禮壞樂崩，為了重建秩序，孔子思考禮之本以帶出仁和義來點化周禮；孟子倡性善與王道；荀子主性惡而隆禮義，雖最終無法挽周代封建政體於既倒，但為兩漢以來大一統帝制奠下思想基礎。宋明儒學為迎拒佛老，光復儒門使其重新成為讀書人安身立命之所托，乃先有據《周易》發展本體宇宙論，如周濂溪《太極圖說》與張橫渠《正蒙》，以見儒家亦有不遜於釋道的世界觀；復有使用理與氣一對概念來解釋天地萬物包括人在內的存有論；再結穴復歸於道德實踐的心性論。當代新儒家則面對自十九世紀末伴隨西風東漸而來的現代文化，就更可謂是三千年以來未有的大挑戰。現代文化以船堅炮利、民主政體以及文化思想逐步擊碎國人的文化自信，積累而為五四新文化運動反傳統主義的高峰。結果曾一度使知識人誤以為凡捍衛傳統文化都屬保守落後，當代新儒家的出現是一個強而有力的反證，顯示傳統文化可以如鳳凰火浴般重生。

　　每一次儒學回應時代給出的課題，其實都是要儒者去重新設想（reconceptualize）何謂「儒學」。先秦儒者將儒學設想為禮樂仁義，教人追求克己復禮為仁的理想；宋明儒者將儒學設想為天道性命貫通之學，教人追求仁者以天地萬物為一體或天人合一的理想。那麼當代新儒家呢？我以為可以借唐君毅的話說，將儒學設想為合哲學、道德與宗教為一體（第十章）。作為道德的儒學，就是保存儒學重視實踐的本懷。此處「道德」二字是古義，非是英文 moral 的翻譯，道者路也，即人生應走的路；德者得也，即人應培養的德性能力以求知人生的道路。作為宗教的儒學，就是揭示儒學非徒為世俗倫理而實涵超越的一面。此超越一面，是儒學的宗教性（religiousness），我沿著當代新儒家的思想線索，把其全幅義理規模清楚分析出來。至於作為哲學的儒學，就是要申明哲學不應單有思辨而當兼具實踐，易言之，哲學乃是如實知起真實行的知行合一之學。也只有這樣的哲學觀念，才能更好地辯護和發揮儒學的哲學、道德與宗教涵義。

　　想更有力地證明新儒家的儒學設想可以重建儒學，我將焦點集中於唐君毅如何憑藉此設想批判現代文化（第十一章）。迄今為此，仍然有不少不明就裏的人錯認新儒家為保守主義者，也就是說，他們只是美化傳統，天真地以為將舊有的觀念搬到現代即可擺脫困境，而這根本上是對現代性（modernity）的無知。這種誤解之所以至今未止，主要原因固然是批評者並未虛心閱讀新儒家的文字，但新儒家析論現代文化的文字相當廣泛，方方面面不易扼其要領亦是事實。我通過綜述、演繹與發揮唐君毅的思考，有趣地發現他雖未接觸過韋伯（Max Weber）有關的論著，但對現代文化的批判竟與韋伯不謀而合。例如，唐先生指出現代文化最嚴重的問題是截斷了人類心靈向內和向上的通途，導致客觀價值意識不立，這不正是韋伯價值理性失效、工具理性抬頭的說法？所不同的是，韋伯以為現代性就像個鐵籠，牢牢囚困著現代人，對人能否逃脫相當悲觀，而唐君毅則以為重新設想的儒學是對治之道，吾人應為之作理想主義式的奮鬥。當然，唐先生的思考德不孤必有鄰，牟宗三便嘗痛批現代一般知識分子的心態是「無體，無理，無力」（《政道與治道》）。新儒家學者的觀點固不必人皆同意，但至少值得我們認真對待與了解。

　　我的老師劉述先是新儒家第三代的代表人物，他的很多著作我大學以至研究院時代早已拜讀，卻從未想過要全面了解他一生的學思歷程。直至他八十壽慶，我才下定決心追蹤他的學術足印，未想發現老師一輩子的用思竟是現代中國哲學發展的一個活生生的縮影（第十二章）。劉師年輕時醉心文化哲學的探索，出入各家，便是想從省察文化來回答中國文化的路向問題。得益於文化哲學的啟發，他更思及哲學的起點應既非客觀世界亦非主觀心靈，而是「意義」的探究。中歲為充實自己對中國哲學的認識，劉師繼承了新儒家前輩特別是牟宗三的研究路徑，而終成為宋明儒學專家，也贏得新儒家學者的美名。對唐、牟建立的哲學偉構，即重建中國形而上學的努力，劉師自始就不打算再別創一套，而是關注這些睿識如何於現代世界中表述，也就是如何面對現代性的多元主義以及在絕對主義與相對主義的兩極中走出一條中道。由是，劉

師先後提出「理一分殊」、「兩行之理」及「迴環的必要性」三個相互緊扣的觀念，並據此與伊斯蘭學者納塞 (Seyyed Hossein Nasr) 對話及積極參與到孔漢思 (Hans Küng) 發起的全球倫理與宗教對話。劉師的哲學探索出入於全球與本土之間，亦清楚反映了新儒家學者如何代代相承，獻身於重釋儒學與中國文化的志業。

當代新儒家開啟的以宋明儒學融通西方哲學的學路，因第二、三代學者主要任教於香港和臺灣的學府，故曾引領港臺地區中國哲學研究的風向。而 20 世紀 80 年代末傳入中國大陸後，也確實啟蒙過一整代的年青學子。但時至今日，兩岸三地的學界都先後出現「超越」新儒家的呼聲。我並不反對超越，因舊學商量自是以求新知培養為鵠的，不過直正的超越是必須建立在充分了解與繼承前輩思想遺產的基礎上，否則只是變換賽道，又有何超越之可言。當然，新儒家的學脈要能延續下去，除了保持思想的開放性外，還得植根於它的學術基因來煥發出新的生命力。至於如何著力，則須另文為之，這裏不能多説。

2023 年 11 月 7 日
完稿於中大馮景禧樓辦公室

第一部
宋明理學的核心觀念

第一章

張橫渠氣學評議

一、如何解讀張橫渠的氣學

張載（橫渠，1020–1077）為北宋道學（或理學）的奠基者之一。他與周敦頤（濂溪，1017–1073）雖同屬從本體宇宙論入手（即思參造化）以彰明儒學天道性命貫通之本懷，但比起濂溪的「太極」與「二氣五行」（《太極圖說》），橫渠的「太虛」、「神」與「氣」（《正蒙》）的思想尤其突出氣的概念。氣的概念在先秦儒學中固早已出現，如本吾人生活經驗而言「屏氣」（呼吸）、「血氣」（息）（《論語》）；或進一步抽象化而言其為吾人身體生命的構成且可被轉化，「氣，體之充也」、「夫志至焉，氣次焉」、「我善養吾浩然之氣」（《孟子》）；或抽象化而言其為一切存在物的基質，「水火有氣而無生」（《荀子》），但都非儒學的核心觀念。兩漢儒學受先秦以降陰陽五行學說的影響，故甚講求氣，但依此建立的一套以宇宙論為中心的道德哲學則屬另闢蹊徑，未可謂之善紹。到了宋代，儒者既欲重振淡泊儒門抗衡佛老，則自應充分使用既有的傳統資源。為了展示儒學對天地萬物（包括人在內）有迥異於佛老的解說，除歸本於《易》外，橫渠特別檢出氣的概念作為建構其學的樞紐，確能繼往開來，亦奠定了「氣」在理學中的關鍵地位。不過，其氣學也因此自創說以來便爭議不斷。

值得一提的是，橫渠建構其氣學的傳統資源，除儒學之外，明顯有啟於《莊子》。若仔細閱讀《正蒙》，不難察覺此中無論在義理、用語

乃至行文上皆有不少莊學痕跡。這點研究者過往較少注意，卻值得深究，尤其是如何藉此折射出儒學與莊學的共義與不共義。然非關本文題旨，我們不能在此多說。

橫渠氣學早招來同時代二程兄弟的詰難，如程顥（明道，1032–1085）以為其說混淆了形而上的道與形而下的器：

> 「形而上者謂之道，形而下者謂之器。」若如或者以清虛一大為天道，則乃以器言而非道也。[1]

又批評其說未區分神與氣，則清與濁既皆為氣的不同性質，那為何只說清是神而濁非神？其言曰：

> 氣外無神，神外無氣。或者謂清者神，則濁者非神乎？[2]

後來朱熹（元晦，1130–1200）大抵沿襲二程的批評，並認為橫渠應將神視為形而上的道理才恰當，他說：

> 〔……〕明道說：『氣外無神，神外無氣。謂清者為神，則濁者非神乎？』後來亦有人與橫渠說。橫渠却云：『清者可以該濁，虛者可以該實。』却不知『形而上者』還他是理，『形而下者』還他是器。既說是虛，便是與實對了；既說是清，便是與濁對了。[3]

儘管二程與朱子都盛讚橫渠的〈西銘〉大有功於發明儒學理一分殊的智慧，但其氣學被忽略以至埋沒下來乃不難想像的事。一直要到明中葉以降，因思想界出現一股一元化傾向，[4] 氣的概念和橫渠的氣學才又重新受到關注。但此中羅欽順（整菴，1465–1547）、王廷相（浚川，1474–1544）、劉宗周（蕺山，1578–1645）、黃宗羲（梨洲，1610–1695）與王夫之（船山，1619–1692）等對氣皆各有不同演繹，未可一概而論。下至20世紀，中國哲學在西方哲學作為他者的背景下重建與發展，學者對橫渠氣學的詮釋仍舊爭訟不休。本文的目的是想梳理爭訟的癥結並作評議，這對橫渠氣學研究如何再往前走應有所啟示。

近人對橫渠氣學有不同稱謂，如氣一元哲學、氣一元論、唯氣的本根論、氣本論、唯氣論等，為免引起不必要的誤解如一元二元之辯，本文建議以唯氣論命名橫渠氣學。蓋中土消化印度佛教有宗即譯名唯識，「『唯』遮境有，執有者喪其真；『識』簡心空，滯空者乖其實」（窺基《成唯識論述記》），也就是說，「唯」字表示沒有識以外可資獨立談論的外境。套用於橫渠思想，唯氣論即表示沒有氣以外可資獨立談論的道、神、理、性與心等。橫渠「神，天德；化，天道。德，其體；道，其用，一於氣而已」的話便明白包含這層意思。[5] 但這裏必須緊接著下一按語，即唯氣論的稱謂本身並未涵蘊某一對「氣」的特殊規定。即使二程與朱子都認定橫渠的氣屬於形而下的器，但沒有足夠材料顯示橫渠的全面回應，因而他的氣概念仍給研究者留下較大的詮釋空間。

下面我們將逐一檢視迄今為止三種最具代表性的詮釋進路：(1) 唯物主義的唯氣論，(2) 理氣論及 (3) 超越主義的唯氣論。檢視的重點將放在梳理它們之間的爭議，衡量它們詮釋文本的恰當妥貼與闡述義理的理論效力。

二、唯物主義的唯氣論

把橫渠氣學解釋為唯物主義的唯氣論主要流行於20世紀的中國學術界，代表人物有張岱年 (1909–2004)、陳來與張立文等。張岱年說：「張載以天為太虛，這是唯物主義的觀點」；[6]「張載以氣化為道，認為道就是物質世界的總過程，這是關於道的新說，是從唯物主義觀點立論的」。[7] 陳來亦說：「從哲學上看，張載的自然哲學無疑是氣一元論的唯物主義哲學。他把宇宙的統一性毫不猶疑地歸結為物質性的實在『氣』。」[8] 張立文也說：「張載堅持以氣為本的觀點，肯定物質的第一性和本原性，反對在氣上構造一個所謂的『虛』作為宇宙的本原來產生氣。」[9]

對這條詮釋進路的發展，陳來曾做過一個綜述，大致將之分為三個階段。[10] 第一階段是20世紀30年代由張岱年、馮友蘭（1895–1990）為代表的研究。他說：「張先生對張載哲學的主要概念的理解，與馮先生基本一致，而在馮先生《中國哲學史》論述的基礎上作進一步的分析。此外，在馮先生的《中國哲學史》中特別提及張載的『天人合一』思想，張先生在《中國哲學史大綱》中也在『天人合一』一章論述橫渠此說，說明兩位先生在重視橫渠的宇宙論的同時，也未忽視其為學境界。」[11] 陳來更強調這些「是在學術研究還很少受政治和意識形態影響的境況下作出的研究，是特別值得重視的。」[12] 第二階段是50至70年代從前蘇聯引進的唯心唯物二分的教條主義哲學史觀，這在張載研究上「除了偏重於強調其自然哲學的唯物主義與辯證法外，主要是忽視了張載是一個儒學思想家、道學思想家，忽視或貶低張載在心性論、功夫論、境界論對新儒家哲學思想所作的貢獻。」[13] 第三階段是自70年代末以來，學術界逐步自教條主義鬆縛，一些學者仍舊保持唯物主義唯氣論的理學家張載的觀點，但同時也湧現各種不同的反對聲音，像「一方面反理學的研究者始終對於把『唯物主義哲學家』的『桂冠』戴在張載頭上感到不安，另一方面新儒家學者也多不能接受把道學思想家僅僅視為唯物主義哲學家。」[14] 很明顯，這些反彈部分是由於港臺新儒家思想的傳入與影響所促成。陳來還特意為如何結合唯物主義與理學的張載思想提出辯護，我們下面會再回到這一點。[15] 最後值得一提的是，陳來注意到90年代末以來氣學研究的式微，乃呼籲學界需要探索新的研究範式。他說：「關於氣論哲學本身，近二十年來，由於我們厭倦了單純以唯物主義了解氣論的範式，於是氣論的研究漸漸衰弱，這其實也是片面的，我們需要新的研究範式和哲學視野復興對氣論哲學的宏觀與微觀研究。」[16] 這是十分恰當的建言。

依唯物主義的唯氣論，橫渠的「太虛」是「氣」（物質）無形的狀態（以形以前解「形而上」），聚散是氣有象有形的狀態（以形以後解「形而下」）。氣本身具有內在的運動本性，即「相感之性」（如浮沈、升降、動靜、相蕩、勝負、屈伸），換一種說法，氣是以對偶性的方式變化（顯著為變、漸變為化）；「兩故化」。變化而使天地萬物形成一極至的和諧

即「太和」。變化的過程稱為「天道」;「化,天道」。又氣化(即相感之性)的不息乃是二而一(對偶之性相感而相通)、一而二(相通不礙其仍相感)的循環不斷,故名為(清通而不可象的)「神」;「神,天德」、「一故神」。氣化表現為順而不妄的常則名為「理」。從本體宇宙論到存有論,太虛之氣的本性(即清通之神)乃萬物所稟賦的「天地之性」,氣之聚為有形象之物乃萬物所稟賦的「氣質之性」。再到吾人,此性復為吾人所稟賦的知覺之心(嚴格說動物亦有),「大其心」是心之能體現天地之性(嚴格說人所獨有),亦可曰「德性所知」,與此相反,「成心」或「由象識心」是心之囿於形體而只能體現氣質之性,亦可曰「見聞之知」。如是,吾人成德工夫便在於由氣質之性「善反」天地之性,不以耳目見聞累心而「大其心則能體天下之物」,此之謂「孟子謂盡心則知性知天以此」,此之謂「窮神知化,與天為一」。

可見,唯物主義的唯氣論亦能為文本提供一個看似融貫的解釋,那為何會招來反對意見,特別是下面將要析論的理氣論的詮釋進路?其實持守這解釋立場的學者在面對異議時大多看似未能掌握到質疑的關鍵所在,更不要說直面問題作出回應。例如,(1)面對二程與朱子的詰難(宋代版的理氣論),則簡單回應說這是誤解,而未深究為何二程與朱子堅持必須劃開形而上的神與形而下的氣。(2)在面對主張唯物主義的本體宇宙論無法協合理學的心性論與工夫論時,則轉而批評這是受西方哲學觀念左右才會產生的問題:「張載如何既是唯氣論的哲學家又同時是道學的創始者,這樣的問題在宋明時代是不會提出來的,這是近代以來西洋哲學輸入而成為哲學的主導典範的情況下才會產生的發問。……但是『中國哲學』即中國哲學思想的實際發展中,思想的派別歸屬與分際並不是主要以其自然哲學為標準,而多是以價值、倫理、人生觀,甚至社會思想為分別的標準,宇宙論毋寧是其社會、人生觀的論證」。[17] 以為宋儒的本體宇宙論或存有論僅為其人生論的論證,且不同的理論無礙它們可以論證同一套人生哲學,恐未可謂善會宋明儒天道性命相貫通之旨:吾人對天道的理解必須是內在關聯於(interconnected)吾人對性命的理解。(3)又如,面對當代學者牟宗三(1909–1995)的批評(現代版的

理氣論），有回應説這是因為他錯解了張載的「虛」與「氣」的關係。[18] 先勿論牟宗三有否解錯文字（下面我們會再作討論），但他的批評純粹只是出於對文本的不同閱讀？必須知道，文本詮釋與義理分析是永遠在詮釋循環中交相發明的，故忽略牟説背後的理由而將之視為文本詮釋的差異，恐怕只是在迴避問題而已。結果，(4) 最終還是有能隱約看到質疑的關鍵所在，此即「作為純粹質料的氣，顯然無法安頓價值」。[19] 而其解答卻是認為「具有本質的活動性的氣，則有可能為道德性的善奠立根基。」[20] 據此，「在張載這裏，道德上的價值首先在於對執滯於『客形』的超越：一方面，要不為客形所拘蔽，從而體貼到自己與他人乃至萬物之間的感通一體，從而在對他者的關切中，成就道德的人生；另一方面，要看到客形的暫寄性質，從而不戀生畏死。當然，客形的暫寄性質並不意味着不真實，不能以此為依據幻化人生。而對於『客形』的超越之所以可能，則在於通貫虛實、清濁的太極之神。」[21] 斯言亦善矣。但問題是如此一來，要將唯物主義的氣之兩態：即虛而神與散殊可象，判分出價值上的高低，是否必須賦與太極之神在存有上、價值上都高於唯物主義的氣的級序或位階？[22] 實則對唯物主義的唯氣論（或曰形而下的氣）的質疑主要是來自兩方面的理論考量。首先，(1) 唯物主義的氣不能説明神化的不息，用現代的話説，即神化的必然性（necessity）與永恆性（permanency）。其次，(2) 依唯物主義的氣的不同狀態，無論是虛而神抑或散殊可象，都不能安頓道德價值的優位性（priority or higher order）與強制力（special binding force）。而欲肯認神化不息以立道德性命之源、奠道德性命之基，不正是橫渠哲學的用心所在。王船山〈張子正蒙注序論〉一語中的：

> 故《正蒙》特揭陰陽之固有，屈伸之必然，以立中道，而至當百順之大經皆率此以成，故曰「率性之謂道」。[23]

「陰陽之固有，屈伸之必然」就是神化的必然性與永恆性；「以立中道，而至當百順之大經皆率此以成」就是藉由神化來安頓道德價值的優位性與強制力；而天人相貫則必結穴於《中庸》的「誠」及「天命之謂性，率

性之謂道，修道之謂教」。反過來看，唯物主義的唯氣論只可以講偶然性或適然性（contingency），用現代科學的話說，即通過不斷演化而來的偶然或適然。如想於此建立道德性命，則走入自然主義的（naturalistic）人性論和道德演化論乃題中應有之義。後來王浚川拒斥朱子以理氣論釋張載氣學，狠批朱說「談虛駕空」：

> 又曰：「氣化終古不忒，必有主宰其間者」，不知所謂主宰者是何物事？有形色耶？有機軸耶？抑《緯書》所云十二種神人弄丸耶？不然，幾於談虛駕空無著之論矣。[24]

是則浚川亦非不明朱說所關注者乃在如何保住氣化的必然與永恆，但他既礙於未契朱子理氣不離不雜的思想（以為是類乎氣外有神人主宰運化），且直以為實然的氣化或神化自身即是必然與永恆的，正見其思考不及朱子遠矣。故當浚川本氣化談道德性命時便露出本來面目，如以生言性，謂「性者緣乎生者也」，[25] 乃至反對性善，謂「性之善與不善，人皆具之」，「誠以性善之說不足以盡天人之實蘊矣」。[26] 尤有進者，在主張道德價值隨時而變因時致宜這點上，他倒說得坦白：

> 儒者曰：「天地間萬形皆有敝，惟理獨不朽。」此殆類癡言也。理無形質，安得而朽？以其情實論之，揖讓之後為放伐，放伐之後為篡奪，井田壞而阡陌成，封建罷而郡縣設，從於前者不能行於後，宜於古者不能宜於今，理因時致宜，逝者皆芻狗矣，不亦朽敝乎哉？[27]

可知用唯物主義的唯氣論解釋王浚川的思想也許更為合適。回到橫渠氣學，或謂其既分別依氣之虛而神與聚有象言天地之性與氣質之性，不是已可立道德性命之正？但前面已指出，如果虛而神與聚有象只是唯物主義的氣（或實然的氣）的兩種狀態，則我們不能僅憑對這兩種狀態的（看似著有價值色彩的）描述辭如清通神化或囿於形，便以為可安頓道德價值的意義。如果我們是在其中觀照體會出價值意味，就必須賦與它高一級序的存有地位（即此價值是甚麼意義上的有），但這卻非唯物實然的氣本身所能承擔。換一種說法，假若吾人所稟的清通之氣與

囿於形之氣發生衝突時，為何「應該」以清通之氣凌駕（trump）囿於形之氣？則答曰因為清通之氣是合符「道理」的。[28] 由此可轉至理氣論的詮釋進路。

三、理氣論

理氣論的詮釋進路，宋代的代表人物是二程與朱子，現代則是牟宗三。這條詮釋進路強調形而下實然的氣不足以妥善回應上面提到的兩個關鍵問題，所以必得另立理的概念作為主宰。不過，不少人誤以為牟宗三反對唯氣論的詮釋是因為他不能接受唯物主義，但這是讀書不深的皮相之論。恰正相反，朱子與牟宗三都看到橫渠言氣之虛而神隱含形而上超越的理的意思，只是說不清楚而已。《朱子語類》卷99記云：

> 問：「橫渠云：『太虛即氣。』太虛何所指？」曰：「他亦指理，但說得不分曉。」曰：「太和如何？」曰：「亦指氣。」[29]

牟宗三認為這說得不分曉處乃是由於執持氣的動用義而作無限制直線應用之故。因此他不允許這樣混漫地使用氣的概念，遂在講張載時「刻意」劃開太虛神體與氣化來貞定其學中形而上下的分際。他說：「〔……〕一說到動用，便可以『氣』說。亦如在宇宙論處，神亦可以氣說。氣之清通即是神，氣之靈即是心。此是氣之觀念之無限制地直線應用，……此是一大癥結，亦是一極難應付之癥結。故吾在講濂溪與橫渠時，首先建立一限制，不允許氣之觀念如此混漫。濂溪『動而無動，靜而無靜、神也』之義，是一最好之標準。在講橫渠時，吾亦首先申明太虛神體之神不是氣之質性，鬼神之神不是太虛神體之神。太虛神體不可以『氣』論。神雖是寂然不動、感而遂通，自有其動用義，然却是動而無動，用而無用，並無『動』相，亦無『用』相，此即是不可以『氣』說，而亦實無『氣』之義。若一見『動用』義，便一條鞭地用上『氣』，此實只是形式的、抽象的思考，而未能真諦見『神』之實也。」[30] 由此，他在解〈太

和篇〉「凡氣清則通，昏則壅，清極則神，⋯⋯ 不行而至，通之極與」與
「兩體者，虛實也，動靜也，聚散也，清濁也，其究一而已」等話時，
乃孜孜於辯明氣之質性之「清」和「神」絕非「清」通不可象之「神」，前
者只是氣的強度，是有限的（非必然與永恆），後者才是真的無限。他
說：「此種順清氣之質性而說的通與神，只可算作使吾人領悟太虛神體
之引路，不可謂橫渠所說之太虛神體即是氣之質性，氣所蒸發之精英，
因而謂其為唯氣論也。嚴格言之，順清氣之質性一條鞭地說，雖可說
通，亦只是強度的有限量的通，而不是『感而遂通天下之故』之遍通。
通之極，雖亦可有類於神，然亦只是強度的有限量的神，而不是『妙萬
物而為言』的神；雖亦有類於『不行而至，不疾而速』，然其為神既是強
度的有限量的，則亦有時而盡，所謂神采之神，皆是如此，此是假無
限，不是真無限，有盡即有行、疾之過程，不是遍妙萬物而為之體的神
體之『不行而至，不疾而速』。」[31]

　　如此劃開，則橫渠的神與氣便無異於理與氣，它們的關係自然就
是朱子「不離不雜」的命題。必須指出，此命題是凡理學家講理與氣，
無論作何種演繹發揮都不能違背的基本命題。所謂「不雜」，表示理與
氣的概念不等同（non-identical）、不可互相化約（irreducible）；理是形而
上的而氣是形而下的，故理可主乎氣。所謂「不離」，表示理與氣在存
有上不可分離（inseparable），但不可分離不是指兩者黏合在一起，而是
彼此相互穿透（interpenetrating），此中有彼，彼中有此；易言之，理之
生生不外乎是氣之大化流行。對於此義，牟宗三把橫渠「虛空即氣」釋
為體用圓融語時有清楚交代，其言曰：「『即』字非等義，虛與神非是氣
之謂詞（predicates），非是氣之質性（properties），『虛空即氣』非是『實然
之陳述語』（factual statement），非是『指謂語』（predicative proposition），
乃是形而上的抒意語、指點語，乃是在體用不二下辯證的相消相融語。
虛與神雖不是一隔離的獨立物（independent entity），但却是一獨立的意
義（an independent meaning）。指點一個獨立的意義以為體，故曰：『太
虛無形，氣之本體』。體是本體之體，不是物體之體。不能當作一個獨
立的物體看，但却可以當作有獨立意義的本體看。本體之體本不可以

離其用也，是以有相融相即、不離不二之論。」[32] 這樣一來，依神氣之相即不離，則神全是氣、氣全是神，[33] 好像仍可說橫渠是唯氣論，只是偏重在氣一邊說。但依神氣之不一不離，形而上的神是主乎形而下的氣，並且所謂理氣相即不離只是工夫純熟後使形而上下打成一遍的圓融話頭，則不可說橫渠是唯氣論。上引文字中，牟宗三就明白否定橫渠學說是唯氣論。

如所周知，朱子與牟宗三的解讀也是極富爭議的。到底理氣論的詮釋進路的問題出在哪裏？不少人批評是牟宗三錯解了張載文字。如謂牟宗三鑄造「太虛神體」一詞，已不符橫渠思想，理由是根據《橫渠易說》「如言寂然湛然亦須有此象。有氣方有象，雖未形，不害象在其中」的話，太虛應是無形而有象，與氣聚為有象有形固不同，但亦非清通而不可象之神。[34] 姑勿論這理由有過於間接之嫌，如此分疏則下面《正蒙》的文字又當作何解？〈太和篇〉「太虛無形，氣之本體」，此本體如作本性解，這話的意思是無形的太虛是氣的本性，此本性難道不就是神化嗎？難道在太虛本性之上還有神作為本性的本性？又「太虛為清，清則無礙，無礙故神」，此中的清、無礙（即通）與神難道是清通而不可象之神以外的清、通與神？又「氣本之虛則湛〔一〕無形，感而生則聚而有象」，假使（氣之本性的）太虛的「湛一」雖無形但已是有象，那下句「感而生則聚而有象」是說象感復生象？〈乾稱篇〉「凡可狀，皆有也；凡有，皆象也；凡象，皆氣也。氣之性本虛而神，則神與性乃氣所固有」，不是直以「虛而神」乃氣的本性而為使氣能化聚成有象有形的「有」（存在物）？可知，牟宗三「太虛神體」一詞絕非無據，他的文本詮釋儘管商榷之聲不絕，然亦未易輕議。更重要的是，前文已提醒：文本詮釋與義理分析是永遠在詮釋循環中交相發明的，因而牟宗三是本於理氣論的詮釋進路鑄造「太虛神體」一詞；將「太虛無形，氣之本體」之「本體」解作體用的本體而非本性；將「虛空即氣」之「即」解作體用相即而非「是」義。當然，這不是說牟宗三絕對不會錯解一定不可斟酌，而是說你作批評時應該高度自覺自己是否已根本站在另一條詮釋進路上。

　　所以理氣論的詮釋進路的主要問題不在於文本解讀有誤，而在於它能否充分體貼橫渠氣學，賦與它最強義的理解。無庸諱言，在本體宇宙論的層面，以神為形而上的道理，把氣降為形而下的有象有形者，實未有給予橫渠突出氣概念的義理貢獻一個公平的評價。而在道德性命的層面，神既為理，則天地之性、大其心自亦是以理來規定，並轉以孟子的道德本性與本心來理解。[35] 再來，在德性工夫的層面，則更容易因〈西銘〉正是表述孟子擴充存養之義，遂認定這就是橫渠工夫論的主旋律。誠然，橫渠確有借用孟子的概念和命題來解說自己的思想，但其學重氣的旨趣是否一上來即本乎孟子學言性命與工夫則不能教人無疑。甚少人注意到，當代學者中第一位提出懷疑的是唐君毅（1909–1978）。

四、超越主義的唯氣論

　　與理氣論的詮釋進路一樣，唐君毅亦反對視橫渠氣學為唯物主義。他的理由是橫渠思想中許多概念如「神化」、「性命」、「乾知」、「性」、「心」、「明」等都是帶有現今所謂精神意義的名言，儘管橫渠視（看似只具有物質意義的）「虛」、「氣」、「形象」為真實不虛，但它們之所以真實不虛乃是依賴於神化性命等具精神意義者，故未可說是唯物主義。[36] 不過，他亦不同意理氣論把橫渠的氣概念降為形而下，而認為倘能理會親切，則當高看此氣為一形而上的真實存在。其言曰：「氣之義，原可只是一真實存在之義。故可說此天即氣。天之神德之見于其虛明，其所依之『實』，即此氣也。故橫渠言『太虛，一實者也』。(性理拾遺) 又言『虛空即氣』。于此吾人應高看此氣，而視之如孟子之浩然之氣之類，以更視其義同于一形上之真實存在，其虛明即以此一形上真實存在或此氣之神德為體，所顯之用。故說『由太虛有天之名』，即是說：由『太虛即氣』有天之名。不可離氣以言此太虛，亦如不可離此天之為形上真實存在、有其神德為體，以言其有虛明照鑒之用也。」[37] 據此，可以說唐君毅開創出一條超越主義唯氣論的詮釋進路。

　　必須補充説明的是，唐君毅雖説超越的形而上的氣類乎孟子的浩然之氣，但它不是本於（藉由德性工夫善養後所體悟的）圓融理境上説，亦即不是依圓融的體用相即不二而言，而是自本原（primary or origin）處説。蓋即使以理為宇宙生化的本原，但此理若為生生之理則必顯發為氣化不息的神用（此「必」是分析所涵而非綜和所合）。於此吾人固然可自理體一面看，卻又何妨可自氣用一面看；要之，體即是用，用即是體，更無體用之可分而一皆是形而上的真實本體。此義，當代儒者熊十力（1885–1968）也嘗論及。熊十力（亦如橫渠般）強探力索思參造化，其本體哲學雖以恆轉、功能、翕闢成變等概念命題立言而不使用理氣這對概念，他甚至明白批判朱子「是直以理氣為兩物，但以不離不雜，明其關係耳」，[38] 但卻曾提出應如何正確看待理氣。他説：「余以為理者，斥體立名，體者，本體。至真至實。理之流行，斯名為用，亦可云氣。氣者，非形氣或空氣等氣字，乃即流行的勢用，而形容之以氣也。此氣字，即謂有勢用現起，而非固定的物事也。中卷有一段言及此。故氣者，理之顯現。而理者，氣之本體也，焉得判之為二乎。」[39] 此中氣是「理之流行」、「流行的勢用」，用熊十力自己的話説即翕闢成變，可知其屬宇宙本原處超越的形而上的氣。[40] 此超越的形而上的氣即流行的生生的動勢，其聚為有形有象者，則氣遂圍於形而入於形而下矣。如是，觀現象所見形而下的氣（化）之對立辯證，如橫渠〈太和篇〉説的「中涵浮沈、升降、動靜、相感之性，是生絪緼、相盪、勝負、屈伸之始」，或「有象斯有對，對必反其為；有反斯有仇，仇必和而解」，也未始不可以看作是形而上的氣之動勢的超越結構。氣本體正是由其動勢結構發用為宇宙論式的創生，並呈現為天地萬物的變化。同歸本於《易》，橫渠〈參兩篇〉「陰性凝聚，陽性發散；陰聚之，陽必散之，其勢均散」的話，何其肖乎熊十力言翕闢成變，可為佐證。

　　從上面分析看來，超越主義的唯氣論並不否定超越的形而上的理，因超越的形而上的氣即是那超越的形而上的理，兩者二名一實。於此，或疑其與理氣論的詮釋進路實無甚差別，不過變換名辭而已，則答曰非是。蓋超越主義的唯氣論是以氣的概念為首出，非可與理氣論之

以理的概念為首出等量齊觀。以氣的概念為首出，在本體宇宙論、道德性命及德性工夫三方面都涵有迥異於以理的概念為首出的體會、理解與論述。首先，(1) 在本體宇宙論方面，著重氣是要強調宇宙創生乃氣化相感、相應與相通的流行不息。唐君毅說：「〔……〕橫渠之以虛氣形象、與心知、性命、神化相互說明之旨，如要理會親切，當說其氣只是一流行的存在或存在的流行，而不更問其是吾人所謂物質或精神。此氣乃一無色彩之純粹存在、純粹流行，或西方哲學中之純粹活動、純粹變化。說其即是虛，則是自其可顯可隱、可感可寂、可動可靜而說。其隱、寂、靜，即實而虛；其顯、感、動，即虛而實。前者為一流行存在之創生創始，後者為其終成。然尤要者，在對此流行的存在、或存在的流行，自其散而觀之為多者，亦可于其聚而相感通處見一；而于其聚而相感通而見一之後，又可更觀其散而為多。于此相感通處，即見氣之有清通之神。神之清通，為通兩之一、為絕對、不可見，亦無形無象。則自氣之散為多處看，便為一之兩，為相對，亦為有象而有形之始。」[41] 從氣化相感通之順而不妄處固可說為「理」，但理字所涵是條理或法則的意義，與感字通字所涵靈動無滯的意義大不相同；前者屬分析，後者屬辯證。所以觀氣化之感通，可教吾人明白不應將存在物只視為各別的散殊，而當知它們彼此實共而會成一和諧的整全。這是在本體宇宙論上說的天人合一。

其次，(2) 在道德性命方面，則吾人的本性本心遂亦先是以感通來規定，並由感通再進而體認仁義；此即明白感通是仁、感通為應然是義。這與逕直根據孟子學以仁義禮智的道德道理來界說本性本心實有不同。雖然仁之惻隱亦是感通，但以仁為理則所重乃在為道德樹立準則並依此斷制行為。然而仔細閱讀《正蒙》，我們不難察覺橫渠是緊扣感通言性與心的。試看以下文字：

> 性者萬物之一源，非有我之得私也。惟大人為能盡其道，是故立必俱立，知必周知，愛必兼愛，成不獨成。(〈誠明篇〉) 案：大人盡性，在於成己成物，可見性之義重在感通。

天性在人，正猶水性之在冰，凝釋雖異，為物一也；受光有小大、昏明，其照納不二也。（同上）案：以照納言天性，非感通如何？

天所自不能已者謂命，〔物所〕不能無感者謂性。（同上）

性於人無不善，繫其善反不善反而已，過天地之化，不善反者也；命於人無不正，繫其順與不順而已，行險以僥倖，不順命者也。（同上）

形而後有氣質之性，善反之則天地之性存焉。故氣質之性，君子有弗性者焉。（同上）案：與上條合看，可知吾人能否表現無不善之性，關鍵在由形而後有的氣質之性善反至天地之性，而善反不善反則取決於有否過天地之化。易言之，合天地之化即為善反天地之性，過天地之化即為不善反者也。如是，天地之性的實義不就是天地之化亦即感通。

此大德所以必受命，易簡理得而成位乎天地之中也。所謂天理也者，能悅諸心，能通天下之志之理也。（同上）案：即使性命可以天理言，但此理乃以能「通」天下之志言。〈至當篇〉云：「能通天下之志者為能感人心」，故通之義以感通定。

大其心則能體天下之物，物有未體，則心為有外。世人之心，止於聞見之狹。聖人盡性，不以見聞梏其心，其視天下無一物非我，孟子謂盡心知性知天以此。天大無外，故有外之心不足以合天心。見聞之知，非德性所知；德性所知，不萌於見聞。（〈大心篇〉）案：以「體」天下之物言吾人之心之能不囿於聞見之狹而為大，此體字乃體貼的意思，也就是感通。雖則此處借用孟子語，而由孟子求放心擴充存養亦可達乎萬物皆備於我的境界，但借用歸借用、（義理）相通歸相通，橫渠言心重感通則有不同於孟子者。

人謂己有知，由耳目有受也；人之有受，由內外之合也。知合內外於耳目之外，則其知也過人遠矣。（同上）案：與上條合看，可見吾人小其心即囿於見聞之知，亦即心知作用為依賴（感官）耳目

知覺或攝受對象，這是一種合內外的方式。但吾人還有另外一種方式，則不依賴耳目而憑藉能感通天下之物的心。此心感通外物之「感而受」非耳目之攝受，其「感而知」亦非耳目之知覺，所謂「知合內外於耳目之外」。此心既為天所與我的德性，其感通之知遂可名為德性所知，以別於見聞之知。

有無虛實通為一物者，性也；不能為一，非盡性也。（〈乾稱篇〉）案：超越的形而上的氣之本性為清通，萬物由之乃得以有無虛實通為一。吾人盡性，既亦是要能為一，則所須盡之性是感通之性明矣。

有無一，內外合，此人心之所自來也。若聖人則不專以聞見為心，故能不專以聞見為用。無所不感者虛也，感即合也，咸也。以萬物本一，故一能合異；以其能合異，故謂之感；若非有異則無合。天性，乾坤、陰陽也，二端故有感，本一故能合。天地生萬物，所受雖不同，皆無須臾之不感，所謂性即天道也。（同上）案：與上引〈大心篇〉文字合看，清楚可見橫渠之本感通言性與心。

感者性之神，性者感之體。（同上）案：此可視作橫渠言天地之性的法語。

神不可致思，存焉可也；化不可助長，順焉可也。存虛明，久至德，順變化，達時中，仁之至，義之盡也。知微知彰，不舍而繼其善，然後可以成〔人〕性矣。（〈神化篇〉）案：此明言由感通可進乎體認仁義。

最後，(3) 在德性工夫方面，一般而言，固當為努力於超越氣質之性的制約，前面所謂的善反，或橫渠說的「德不勝氣，性命於氣；德性其氣，性命於德」（〈誠明篇〉）。[42] 不過，這裏的「德」不直接即是孟子以志帥氣以心正言的道德本心，而是指天地之性或德性所知。因此具體而言，橫渠德性工夫的核心應為復反天地之性那感通之德與知，也就是大其心能體天下之物之「體」字的實義。後來朱子與門人討論此體字

時，雖似未嘗不懂其為體恕體貼的意思，即「是將自家這身入那事物裏面去體認」，亦即感通之義，卻始終強以自己格物窮理的思路去牽合比附。《朱子語類》卷98記云：

> 問：「『物有未體，則心為有外』，此『體』字是體察之『體』否？」曰：「須認得如何喚做體察。今官司文書行移，所謂體量、體究是這樣『體』字。」或曰：「是將自家這身入那事物裏面去體認否？」曰：「然。猶云『體羣臣』也。伊川曰『「天理」二字，却是自家體貼出來』，是這樣『體』字。」

> 問：「『物有未體，則心為有外。』『體』之義如何？」曰：「此是置心在物中，究見其理，如格物、致知之義，與『體、用』之『體』不同。」[43]

必須指出，唐君毅更提醒橫渠思參造化，絕非純屬思辯玄想而實為一觀物工夫。[44] 例如，橫渠屢說觀乎天地萬物變化可體會「無非教也」之旨。其言曰：「浮而上者陽之清，降而下者陰之濁，其感通結聚，為風雨，為雪霜，萬品之流形，山川之融結，糟粕煨燼，無非教也」（〈太和篇〉）；「故聖人仰觀俯察，但云『知幽明之故』，不云『知有無之故』」（同上）；「天道四時行，百物生，無非至教；聖人之動，無非至德，夫何言哉」（〈天道篇〉）。實則觀物工夫即是橫渠大心體物之感通工夫的一種形態。[45] 正是在這樣的理解下，唐君毅判定「西銘之言仁，乃橫渠學之結論而非其前提」。[46] 他的意思是橫渠思想屬另闢蹊徑而終得以會通於孟子學，非起首便本乎孟子學以言道德性命與德性工夫。

關於「感通」，其詞出於《周易・繫辭上》「《易》無思也，無為也，寂然不動，感而遂通天下之故。非天下之至神，其孰能與於此！」在橫渠看來，「《易》言『感而遂通』者，蓋語神也。」（《橫渠易說・繫辭上》）也就是說，感通是氣之清通神化的本性，「感皆出於性，性之流也」（同上）。但張載對感通觀念的發揮演繹實遠不止此，倘細味其文字，可見他或明說或暗示感通觀念還包含感受、感知、感化、感動、感應、感合與感生諸義。請看下面各條：

感通義：感而後有通，不有兩則無一。故聖人以剛柔立本，乾坤毀則無以見易。（〈太和篇〉）無所感而起，妄也；感而通，誠也；計度而知，昏也；不思而得，素也。（〈中正篇〉）能通天下之志者為能感人心，聖人同乎人而無我，故和平天下，莫盛於感人心。（〈至當篇〉）

感受義、感知義：虛明照鑒，神之明也；無遠近幽深，利用出入，神之充塞無間也。（〈神化篇〉）人謂己有知，由耳目有受也；人之有受，由內外之合也。知合內外於耳目之外，則其知也過人遠矣。（〈大心篇〉）神德行者，寂然不動，冥會於萬化之感而莫知為之者也。（〈大易篇〉）

感化義：一物兩體，氣也；一故神，兩故化。此天之所以參也。（〈參兩篇〉）凡物能相感者，鬼神施受之性也；不能感者，鬼神亦體之而化矣。（〈動物篇〉）有兩則須有感，然天之感有何思慮？莫非自然。聖人則能用感，何謂用感？凡教化設施，皆是用感也，作於此化於彼者，皆感之道，聖人以神道設教是也。（《橫渠易說·上經·觀》）有所感則化。感亦有〔不速〕，難專以化言，感而遂通者神，又難專謂之化也。（《橫渠易說·繫辭上》。案：此中「難專以化言」之「化」疑當為「神」。）

感動義：惟神為能變化，以其一天下之動也。人能知變化之道，其必知神之為也。（〈神化篇〉）天下之理得，元也；會而通，亨也；說諸心，利也；一天下之動，貞也。（〈大易篇〉）天不言而四時行，聖人〔神道〕設教而天下服，誠於此，動於彼，神之道歟！（《橫渠易說·上經·觀》）「聖人感人心而天下和平」，是風動之也；聖人老吾老以及人之老而人欲老其老，此是以事相感也。感如影響，無復先後，有動必感，咸感而應，故曰咸速也。（《橫渠易說·下經·咸》）天下之動，神鼓之也。神則主〔乎〕動，故天下之動，皆神〔之〕為也。（《橫渠易說·繫辭上》）

感應義：聖者，至誠得天之謂；神者，太虛妙應之目。凡天地法象，皆神化之糟粕爾。（〈太和篇〉）上天之載，有感必通；聖人之為，得為而為之〔應〕。（〈天道篇〉）無我然後得正己之盡，存神然後妙應物之感。（〈神化篇〉）

感合義：義命合一存乎理，仁智合一存乎聖，動靜合一存乎神，陰陽合一存乎道，性與天道合一存乎誠。（〈誠明篇〉）無所不感者虛也，感即合也，咸也。以萬物本一，故一能合異；以其能合異，故謂之感；若非有異則無合。（〈乾稱篇〉）

感生義：氣本之虛則湛〔一〕無形，感而生則聚而有象。（〈太和篇〉）物無孤立之理，非同異、屈伸、終始以發明之，則雖物非物也；事有始卒乃成，非同異、有無相感，則不見其成，不見其成則雖物非物，故一屈〔一〕伸相感而利生焉。（〈動物篇〉）

感之道：感之道不一：或以同而感，聖人感人心以道，此是以同也；或以異而應，男女是也，二女同居則無感也；或以相悅而感，或以相畏而感，如虎先見犬，犬自不能去，犬若見虎則能避之；又如磁石引針，相應而感也。若以愛心而來者自相親，以害心而來者相見容色自別。「聖人感人心而天下和平」，是風動之也；聖人老吾老以及人之老而人欲老其老，此是以事相感也。（《橫渠易說‧下經‧咸》）

凡此諸義，皆貫通天道性命兩面。自天道處看，氣之兩體或相感之性（升降、屈伸、動靜等）是永遠（不息的）在對立統一的辯證歷程中變化，故名感通、神化。因而，依兩性之相感而相互攝受，可曰感受；依相攝受之若彼此相互虛明照鑒，可曰感知；依相攝受之使彼此相互變化，可曰感化（速變為神、緩變為化）；依變化之為使彼此相互變動，可曰感動；依變化、變動之不外乎為彼此之相互和應，可曰感應；依變化、變動與和應之必使彼此相合，可曰感合；依相合之必合而分、分而合，循環不已，可曰感生。同樣，自性命處看，此諸義皆可說是吾人稟賦的天地之性與德性所知（大心）所涵具的種種特性。再到德性工夫，則展

開此諸義當可大大豐富充實感通工夫的內涵乃至實踐步驟。唐君毅自己的哲學體系正是奠基於心靈感通這一觀念上，所以他能別開生面來欣賞和肯定橫渠氣學，誠非偶然。

　　總括而言，超越主義的唯氣論應是三條詮釋進路中最能體貼橫渠思想者。下面讓我們扼要析述近時一些有關理學內超越主義氣學的研究來結束本文。雖然這些研究並非專門討論橫渠，但它們拓寬超越主義氣學及整理其發展線索的工作，將必皆可溯源至橫渠為首創，而橫渠氣學的特色與貢獻亦將益顯鮮明。先是陳榮灼注目劉蕺山的氣論屬超越主義一路，與橫渠同調（在其文字中還提及王船山與黃梨洲）。[47] 有啟於唐君毅以「純情」、「天情」說蕺山的情概念，[48] 陳榮灼強調超越主義氣學除了高看氣為形而上外，亦應高看情為形而上（因理學一般以氣言情）。他認為肯定形而上的道德情感有重要的理論意義，既符合中國哲學不嚴分理性與情感的傳統，且在現代西方哲學界也不乏共鳴。於是他借當代法國現象學家米歇爾・亨利（Michel Henry，1922–2002）的哲學來與劉蕺山比較。尤有進者，他提出應將蕺山定位為唯氣論，不同於王陽明（守仁，1472–1529）的唯心論，並以為如此一來乃可以重新界說牟宗三的宋明理學三系說。另外，楊儒賓則把氣學置放於一個寬廣的歷史背景即近世東亞的反理學思潮下來進行考察。[49] 他劃分先天型氣學（超越的形而上的氣）與後天型氣學（實然的形而下的氣），更將一干人物歸入不同陣型：張橫渠、羅整菴與劉蕺山屬先天型；王浚川、戴震（東原，1724–1777）與日本江戶時代的儒學家貝原益軒（1630–1714）屬後天型。對兩種氣學的差異，楊儒賓說：「先天型氣學所說的氣是體用論的用語，後天型氣學所說的氣是自然哲學的用語，『先天之氣』是附屬於無限的人性論的一種名目，後天之氣則是附著於氣化世界觀下的概念。在現實的存在狀態上來講，兩者無從分別，先天之氣即體現於後天之氣中，但兩者仍有本體論位階的區別，異質異層。從先天之氣超越的性質以及不離後天之氣的圓融性質來看，我們也可以合理的認為：先天型氣學並沒有脫離理學主流，它是理學（尤其是程朱理學）的諫臣，而非叛徒。」[50] 很明顯，陳楊二位的研究都有自身千絲萬縷的立說脈絡，牽

一髮動全身，招來詰難亦想像中事矣！限於題旨，本章既不能亦不必對它們作出詳盡的分析與評論，這裏只需指出兩點：(1) 未來研究橫渠哲學，除了應自衡定其氣概念出發外，更應不局限於其人 (甚至關學) 而從理學的氣學視野入手，這樣才可望推陳出新、舊學商量新知培養。(2) 由橫渠的案例可知，超越主義的唯氣論在宋明理學中實未有充分展開，橫渠之說起始便被二程與朱子之理氣論蓋過。所以作哲學史清理，仍遠不足以建構出超越主義氣學的全幅義理規模。本章從本體宇宙論、道德性命與德性工夫三方面入手，並聚焦於感通概念，亦只是對此義理規模的建構作一提示而已。[51]

註 釋

1　程顥、程頤，《河南程氏遺書》，卷11，〈明道先生語一〉，《二程集》(北京：中華書局，2004二版)，頁118。

2　同前註，頁121。

3　黎靖德編，《朱子語類》(北京：中華書局，1994)，卷99，頁2533。

4　對此一元化傾向的分析，參看本書第6章〈明清之際儒學的一元化傾向〉。

5　張載，《正蒙‧神化篇》，《張載集》(北京：中華書局，1978)，頁15。以下正文引錄橫渠文字悉據此集，不逐一標示頁碼。

6　張岱年，《中國典哲學概念範疇》(北京：中華書局，2017)，頁27。

7　同前註，頁33。

8　陳來，《宋明理學》(瀋陽：遼寧教育出版社，1991)，頁60。

9　張立文，《氣》(臺北：漢興書局，1994)，頁147。

10　參看陳來為楊立華書寫的序言，見楊立華，《氣本與神化 —— 張載哲學論述》(北京：北京大學出版社，2008)。

11　同前註，陳來〈序〉，頁2。

12　同前註。

13　同前註。

14　同前註，頁3。

15　這裏可先作澄清的是陳來援引海外學者的研究為其說助拳。他說：「值得注意的是，即使在這一時期，海外學者如陳榮捷、張君勱、勞思光，雖然也

反對此種教條主義哲學史觀，但並不就因此而改變對張載氣本論的論定。」
(同前註) 但這是帶有誤導的話，因為氣本論不必是唯物主義的。例如，陳
榮捷 (1901–1994) 認為橫渠把氣 (material force) 等同於太極本身 (the Great
Ultimate itself)，而氣的屈伸兩面可以說是正反的精神力量 (negative and
positive spiritual forces)。勞思光 (1927–2012) 雖承認橫渠的氣為最高實有，
卻非視之為物質；他在評論朱子對橫渠「合虛與氣」的解釋時說：「其實若
依朱氏對『氣』字之用法看，則『理』與『氣』合而成萬物，自可以由此言物之
『性』或物之『理』；但即非張氏所謂之『氣』；因朱氏之『氣』純就『形而下』而
言，非張氏言『氣』之本意也。」見 Wing-tsit Chan, trans. and comp., *A Source
Book in Chinese Philosophy* (Princeton: Princeton University Press, 1969), p. 495；另
勞思光，《新編中國哲學史 (三上)》(臺北：三民書局，1994七版)，頁177。

16 陳來〈序〉，頁4。

17 同前註，頁3–4。

18 楊立華說：「牟宗三常以『太虛神體』立論，而實際上，『太虛神體』這一表
述本身就已經是對張載思想的誤解了。因為在張載的哲學論述中，太虛無
形而有象，神則清通而不可象，這分明是兩個層次，是不可混為一談的。」
見《氣本與神化 ── 張載哲學論述》，頁42。又說：「張載哲學研究有兩條
不同的路，其一是張岱年先生、陳來先生的學脈，老一輩學者中最重視張
載的是張岱年先生，因為張先生繼承的是唯物主義傳統，所以格外重視氣
本論。這是一個路向。另一個極具影響力的路向是牟宗三的脈絡。牟宗三
拒絕承認張載是氣本論，因為在他看來，氣本論是唯物的，將張載理解為
唯物主義是他絕對不能接受的。兩條路向的根本分歧在於對張載的『虛』
『氣』關係的不同理解。」見氏著，《中國哲學十五講》(香港：香港中和出版
有限公司，2019)，頁265。

19 楊立華，《氣本與神化 ── 張載哲學論述》，頁66。

20 同前註。

21 同前註，頁67。

22 楊立華沒有正面處理這問題，但說「正因為『天地法象』都是神化作用的體
現，所以，即使是最物質化的層面，也有精神和價值貫注其中。」(同前註)
這似乎是以物質表現出的能動性為屬於比物質本身高一級的精神和價值存
在來安頓道德。不過，此處仍有未盡思理的地方，即對橫渠而言，不是氣
化 (氣化一詞已涵能動義) 而應該說是氣化的不息 (《易》的創生義) 才是哪
比氣化本身更高的級序與位階，因而才能真正安頓道德價值的意義。

23 王夫之，《船山全書》(湖南：嶽麓書社，1992)，第12冊，頁11。

24 王廷相，〈答薛君采論性書〉，《王氏家藏集》，卷28，《王廷相集》(北京：中華書局，1989)，頁517–518。

25 王廷相，〈問成性篇〉，《慎言》，卷4，《王廷相集》，頁765。

26 王廷相，〈答薛君采論性書〉，頁520。

27 王廷相，《雅述·下篇》，《王廷相集》，頁887。

28 或謂因清通之氣是氣的「本性」(ontological character or original state) 乃可凌駕囿於形之氣，則答曰此實昧於「本性」是價值概念而非事實概念之故。

29 黎靖德編，《朱子語類》，頁2534。

30 牟宗三，《心體與性體》(臺北：正中書局，1968)，第2冊，頁210。

31 牟宗三，《心體與性體》，第1冊，頁476。

32 同前註，頁470–471。

33 丁為祥便重在此發揮他對橫渠哲學的理解，參看氏著《虛氣相即 —— 張載哲學體系及其定位》(北京：人民出版社，2000)。

34 參看楊立華，《氣本與神化 —— 張載哲學論述》，頁40–42。

35 牟宗三的闡述即是明證。對橫渠的天地之性，他說：「言天地之性者，承『性者萬物之一源，非有我之得私』而言，是極言其超越的普遍性。後來程、朱亦名為『義理之性』，此後學者大抵沿用之，而『天地之性』之名遂不被常用。言道德實踐，不能抹殺此分別。氣質之性是在道德實踐中，由于性體之不能暢通遍用，而被肯定。性體雖以易知，以簡能，然而未嘗無險阻也。……宇宙論地言之之乾知坤能，即是實踐地言之之性體知能也。性體知能之險阻即氣質之偏與雜是也。性體之知即孟子所謂良知，性體之能即孟子所謂良能，亦即『非才之罪』，『不能盡其才』，『非天之降才爾殊』諸語中之才。此才非普通才能之才，乃性體良能之才，是道德意義的，而且是普遍的，是單指實現良知之所覺發者而言。」(《心體與性體》，第1冊，頁506–507。) 對橫渠的大其心，他說：「所謂『大其心』根本是要從『見聞之狹』中解放。解放後的道德心靈乃根本是超越的心靈，孟子所謂『本心』。囿于見聞之狹，而為見聞所桎梏、所拘繫、總之所限制者，則是所謂經驗的心、感性的心，亦即所謂心理學的心，莊生所謂『成心』，佛家所謂識心、習心是也。此種心在條件制約中，在遷流變動中，當然不能由之建立起或表現出真正之道德行為。」(同上，頁534。) 對橫渠大其心能「體」天下之物的工夫，牟宗三亦以孟子的惻隱之仁來解說：「仁心之無外亦不只是形式地說，而實由『體天下之物』之『體』字而見。此『體』字是表示『仁

必無外』是具體的，存在的，這要在實踐中純粹的超越的道德本心真實呈現，對于天下之物真感到痛癢，始有此天心之無外。」（同上，頁535。）

36 參看唐君毅，《中國哲學原論——原教篇》（臺北：臺灣學生書局，1990全集校訂版），頁92。

37 同前註，頁99。

38 熊十力，《新唯識論（語體文本）》，第7章〈成物〉，《熊十力全集》（武漢：湖北教育出版，2001），第3卷，頁367。

39 同前註。值得注意的是，橫渠用冰與水比喻氣之聚散於太虛，熊十力則用此喻申明理體與用相不可判為二界。其言曰：「理體與用相，不可分為二界。天理流行，則名為用。用則有相詐現，故云用相。……全體成用，全用即體，何可判以二界？譬如水成為冰，水以喻理體，冰以喻用相。水本含有堅凝、流潤及蒸氣種種可能。今成冰，即堅凝之可能已實現。自餘許多可能，暫隱而不現，非消失也。然水與冰不一不異。不一者，水與冰有別故。不異者，冰之實體即是水故。理體與用相，亦復如是。」（同前註，頁366–367。）此中理體與用相（即氣化或流行的勢用）之不一不異，是自本原上而非圓融理境處說的。

40 熊十力體用不二的思路儘管有助澄清超越的形而上的氣概念得以建立的理論根據，他自己還是認定理的概念本身畢竟比氣的概念更具綜括性。依此，熊十力的本體哲學實可謂是唯理論。其言曰：「理之一詞，是體和用之通稱，氣之一詞，但從用上立名。氣即是用，前面解釋氣字的意義時，儘說得明白。理之一詞，何以是體用之通稱呢？因為就體而言，此體元是寂然無相，而現似翕闢萬象，翕闢即是萬象，複詞耳。現者，顯現，或現起義。似者，以萬象不可執為定實，故置似言。即眾理燦然已具。萬象，即是眾理故。故此體，亦名為理。又體之為言，是萬化之原，萬物之本，萬理之所會歸，故應說為真理，佛家說真如名真理。亦名實理，程子每言實理，即斥體言之。也可說是究極的道理。此中道理，係複詞，道字亦作理字解。就用而言，翕闢妙用，詐現眾相，即此眾相秩然有則，靈通無滯，亦名為理，即相即理故，兩即字，明其不二。或相即是理故。比上語較迂直。前所云理，當體受稱，是謂一本實含萬殊。後所云理，依用立名，是謂萬殊還歸一本。理雖說二，要自不一不異。」《新唯識論（語體文本）》，第6章〈功能下〉，《熊十力全集》，第3卷，頁246–247。

41 唐君毅，《中國哲學原論——原教篇》，頁93。唐君毅是最重視「感通」的當代哲學家。「感通」這概念源於《周易·繫辭上》「《易》無思也，無為也，

寂然不動，感而遂通天下之故」的話，宋明儒者多有發揮。下面引錄與分析橫渠的文字，可證「感通」確是其氣化思想的法眼。但有兩點值得提醒的是，首先，我們切記不應望文生義，以為「感」是純粹被動的 (passive)，如現代説「感受」、「感動」等，實則感有主動義 (active)，是主動「感」(stimulate) 而「(貫) 通」(penetrate) 於對象。其次，感通不只是在心性上説，亦在萬物一氣相通上説。

42 對善反之義，熊十力有仔細析論，可資參考。他説：「夫本體至神而無相，若不現為物，則無資具以自顯。及其現為物也，則物自有權。而至神無相之體，所以成乎物而即運行與主宰乎物者，便有受拘於物的形軀之勢。故必待己之能健以勝物而消其拘礙，此中己者，設為本體之自謂。乃得以自顯發。工夫即本體之義，須於此參悟。否則物乘其權以自逞，而錮其神，神謂本體。則本體終不得自顯。」見《新唯識論 (語體文本)》，第8章〈明心上〉，《熊十力全集》，第3卷，頁418。

43 黎靖德編，《朱子語類》，頁2518。

44 唐君毅，《中國哲學原論 —— 原教篇》，頁51。對觀物工夫，筆者曾作一初步分析，參看本書第7章〈本體分析與德性工夫 —— 論宋明理學研究的兩條進路〉。

45 值得注意的是，北宋理學的觀物工夫到了朱子手上便轉為格物工夫，本章引錄朱子文字以見其以格物窮理牽合比附橫渠大其心之體字義，可為佐證。如何從觀物到格物以及兩種工夫的異同，是個有待深入探究的課題。

46 唐君毅，《中國哲學原論 —— 原教篇》，頁139。

47 參看陳榮灼，〈劉蕺山的「生命現象學」〉，《鵝湖月刊》，第404期，2009年2月，頁3–14；〈論唐君毅與牟宗三對劉蕺山之解釋〉，《鵝湖學誌》，第43期，2009年12月，頁71–94。

48 參看唐君毅，《中國哲學原論 —— 原教篇》，頁479–485。

49 參看楊儒賓，《異議的意義 —— 近世東亞的反理學思潮》(臺北：臺大出版中心，2012)。另有與之商榷的文字，參看林月惠：〈「異議」的再議 —— 近世東亞的「理學」與「氣學」〉，《東吳哲學學報》，第34期，2016年8月，頁97–144。

50 楊儒賓，《異議的意義 —— 近世東亞的反理學思潮》，頁141。

51 有關分析，還可與本書第9章〈理氣論 —— 從宋明理學到當代新儒家〉合看。至於儒學中唯物主義氣學 (或楊儒賓說的後天型氣學)，筆者曾作清理並嘗試建構其義理規模，參看鄭宗義，〈論儒學中「氣性」一路之建立〉，收氏著，《儒學、哲學與現代世界》(石家莊：河北人民出版社，2010)，頁149–173。

第二章

覺悟與自然
——陳白沙的心學

一、從白沙學案說起

明儒陳獻章（白沙，1428-1500）雖是中國歷史上唯一得以從祀孔廟的粵人，但在宋明理學研究中卻未取得像他在地方鄉賢研究中那樣受人注目的地位。[1]一般談到明代理學，總首推王陽明，就連實際上在當時與陽明分主教事的湛若水（甘泉，1466-1560），相比之下也較受忽略，更遑論甘泉那位不以著述自許的業師陳白沙。不過明末黃梨洲編撰《明儒學案》，總結有明一代學術思想發展的過程時，卻十分肯定白沙的開創之功。其言云：

> 有明之學，至白沙始入精微，其喫緊工夫，全在涵養，喜怒未發而非空，萬感交集而不動，至陽明而後大。兩先生之學最為相近。不知陽明後來從不說起，其故何也？[2]

有謂梨洲的判語或許是受到陽明高弟王畿（龍溪，1498-1583）的影響。龍溪曾說過「我朝理學開端是白沙，至先師而大明」的話。[3]事實上，陽明雖從不說起白沙之學，然在他歿後，其弟子門人卻紛紛推崇白沙。粵閩王門的薛侃（中離，1486-1545）甚至上疏請白沙從祀孔廟。關於這一歷史現象的解釋，下文將有分疏，此處暫不論及。在〈白沙學案〉中，梨洲道綜述白沙思想的綱領要旨且替其遭攻擊為禪辯解：

先生之學，以虛為基本，以靜為門戶，以四方上下，往古來今穿紐
湊合為匡郭，以日用常行分殊為功用，以勿忘勿助之間為體認之
則，以未嘗致力而應用不遺為實得。遠之則為曾點，近之則為堯
夫，此可無疑者也。胡有明儒者不失其矩矱者亦多有之，而作聖
之功，至先生而始明，至文成而始大。向使先生與文成不作，則
濂、洛之精蘊，同之者固推見其至隱，異之者亦疏通其流別，未
能如今日也。或者謂其近禪，蓋亦有二：聖學久湮，共趨事為之
末，有動察而無靜存，一及人生而靜以上，便鄰於外氏，此庸人之
論，不足辨也。羅文莊言：「近世道學之昌，白沙不為無力，而學
術之誤，亦恐自白沙始。」至無至動，至近至神，此白沙自得之妙
也。彼徒見夫至神者，遂以為道在是矣。而深之不能極，幾之不
能研，其病在此。緣文莊終身認心性為二，遂謂先生明心而不見
性，此文莊之失，不關先生也。[4]

上述兩段常被引用的文字可以說是討論研究白沙思想的一個很好的出發
點。但其中輾轉引申涉及的義理問題卻頗複雜。析而論之，可得三點。

第一，梨洲以明代理學發端於白沙而大盛於陽明，又說「兩先生之
學最為相近」。梨洲雖未有明言相近者為何，但從上引文字之後他接著
節錄了白沙自序為學經歷及門人張詡（東所，1455–1514）敘白沙為學
的文字看來，[5] 所謂相近者應是指白沙、陽明對道德本心的肯認。易言
之，即以二人均屬心學之統緒。事實上，凡讀過《明儒學案》的人都不
難發現，梨洲是以心學的復興發揚作為明代儒學之最特出精彩處，而
王學更是此中的佼佼者。梨洲甚至是持心學心即理的要旨來作為評斷
明儒各家思想得失的其中一個重要判準。有了以上的分析，我們便能
清楚地明白到為甚麼當梨洲確定白沙為心學後，會予以極高的評價及
開風氣的定位。足見心學實是確切認識白沙思想的一條必不可忽略的
入路。但這樣一來，白沙遂成為在整個宋明心學發展線索中居於陸九
淵（象山，1139–1193）與王陽明之間的中介人物。當代學者亦有著眼於
此而試圖論證白沙具承先啟後的作用。[6] 然要肯定這一論斷，卻必須先
答覆以下兩個問題：(1) 白沙的文字為甚麼只有一處提及象山？他與象

山思想的關係應如何理解？(2) 也是梨洲早已提出的問題：陽明的詩文
雖有三次言及白沙，但皆為無關乎思想的說話，二人既同屬心學系統，
「不知陽明後來從不說起，其故何也？」[7] 若想滿意地回答這些問題，我
們恐怕需要深入到白沙思想的特殊風格處來求解。

　　第二，關於白沙思想的特色，梨洲亦有綜括的析論。其言謂「先生
之學，以虛為基本，以靜為門戶」，「其喫緊工夫，全在涵養，喜怒未發
而非空，萬感交集而不動」，當是指白沙之重視靜坐為入門工夫而言。
白沙嘗說：「為學須從靜中坐養出個端倪來，方有商量處。」[8] 又說過「虛
其本也，致虛所以立本也」、[9]「所謂虛明靜一為之主，此心學法門也」等
的話。[10] 但如所周知，靜坐乃宋明儒者大多不反對的常行工夫，然則
白沙之崇尚虛靜是否有何獨持的義蘊？梨洲又謂白沙「以四方上下、往
古來今穿紐湊合為匡郭，以日用常行分殊為功用」，這大概是本於白沙
〈與林群博七則之第七則〉一書中的話而言。書中云：「終日乾乾，只是
收拾此而已。此理干涉至大，無內外，無終始，無一處不到，無一息
不運。會此則天地我立，萬化我出，而宇宙在我矣。得此把柄入手，
更有何事？往古來今、四方上下，都一齊穿紐，一齊收拾，隨時隨處，
無不是這個充塞。」[11] 首先，心學所特重的道德本心絕不能停在描象的
心靈狀態中，而是分析地必然地要表現為日用常行中的泛應曲當；當
惻隱自惻隱，當羞惡自羞惡，如《中庸》所謂「溥博淵泉而時出之」。此
即「以日用常行分殊為功用」、「終日乾乾，只是收拾此而已」等語的意
思。而梨洲謂「至無至動，至近至神，此白沙自得之妙也」，其義亦應
從這處看方得確解。復次，道德本心的道德創造與感通覺潤乃原則上
必為無封限者。能感此心感通之無盡，則必能感通至「天地我立，萬化
我出，而宇宙在我矣」的究竟體會。象山不是也說過：「萬物森然於方
寸之間，滿心而發，充塞宇宙無非此理。」[12] 又說：「四方上下曰宇，往
古來今曰宙。宇宙便是吾心，吾心即是宇宙。」[13] 凡此所說皆為心學所
必含的義理。至於梨洲謂白沙「以勿忘勿助之間為體認之則，以未嘗致
力而應用不遺為實得」，顯然亦是據〈與林群博七則之第七則〉一書而
言。其中有云：「色色信他本來，何用爾腳勞手攘？舞雩三三兩兩，正

在勿忘勿助之間。曾點些兒活計，被孟子一口打併出來，便都是鳶飛魚躍。」這一勿忘勿助、鳶飛魚躍的意思亦即白沙晚年喜說的「學者以自然為宗，不可不著意理會」。[14] 在《明儒學案》的《師說》中，劉蕺山論白沙時也說：「先生學宗自然，而要歸於自得。」[15] 所以值得注意的是，梨洲不引「學宗自然」一語而將之加以改寫，其中是否有值得深究的微意存焉？一個有力的旁證乃蕺山對白沙自然之說是採嚴厲批判的態度，謂「蓋先生識趣近濂溪，而窮理不逮；學術類康節，而受用太早，質之聖門，難免欲速見小之病者也。似禪非禪，不必論矣。」[16] 梨洲則不但不隨師說，甚至依高攀龍（景逸，1562–1626）「白沙、康節與曾點一脈」的看法，[17] 改判白沙學為「遠之則為曾點，近之則為堯夫」。總之，要清楚剖白上述有關的問題及確切掌握白沙思想的特色，我們必須對白沙所謂虛靜（靜坐）、自得、自然等說法有一恰當的詮解。

第三，關於對白沙思想的批評，白沙在世時已屢遭近禪的攻擊，其後羅整菴、劉蕺山等亦相繼提出非議。他們之所以作如此評論，固各有其在學術上的背景。惟當我們能弄清楚白沙思想的實義，始可對各評論得一恰當的分析理解並進而衡定其論之公允與否。最後必須補充一點，即對白沙思想以至上述三點析論中所提及的問題，近人已有不少研究成果。[18] 因此我們似乎不可避免地要立足在前人的研究上，但這並不等於說下面的分析只是抄摘前人的結論而聯綴成編。相反，下文會儘量扣緊哲學思想的層面，以求對白沙學說作一更深入周備的再考察。

二、白沙學是心學

宋明理學中的心學系統在義理上當然是歸本於孟子的道德本心。孟子從今人乍見孺子將入於井而無三雜之念處指點人皆有不動於欲的道德真心。此真心能表現為惻隱、羞惡、辭讓、是非亦即仁義禮智的要求。如果把仁義禮智視為理，如一般說的道德道理，則此理乃是此

心之所發，宋明心學遂名之曰心即理。可知心即理並非謂心符合理，像朱子說的心具理，而是肯定心就是理；心與其所發之理雖可在觀念上加以區分，但在實踐上表現上卻不能分，離了所發之理根本無所謂本心。易言之，心或理均不過是對此道德本心、仁義之心本身的不同說法而已。又宋明儒指出當人依內在的本心作不已的道德創造時便能感通及於他人，知他人亦同樣是稟具此心能生起道德創造者。如此便知，本心所生起的道德創造，必為人人皆能肯定追求的具客觀普遍性的道理，而絕非個人主觀的幻想。孟子云：「心之所同然者何也？謂理也，義也。聖人先得我心之所同然耳。故理義之悅我心，猶芻豢之悅我口。」（〈告子上〉）這是心即理的主、客觀兩義。而依客觀義復可說心即性也；以那能自發仁義之理的道德本心為人之所以為人的本性。不特此也，客觀普遍的道德創造（道理）既是客觀和普遍的，則它應是先於任何個體生命而存在，且先於又涵一獨立於的意思。換句話說，這道德創造可以不是你的我的；不只表現於你或我而即是那道德創造之自己（creativity in itself）。宋明儒從自家生命內在的道德創造之不已處感通體會到此創造性自己，便說為生生的天道——以天道形容之。至於那內在能生起道德創造的心性則說為此天之所與我者。職是之故，天道之所以為天道正從人之所以為人處見。天道生生不已的創造與人內在心性不已的道德創造在內容意義上是完全相同的。這是宋明理學天道性命相貫通的實義。牟宗三說此天道性命相貫通的睿識建立起一「道德的形上學」（moral metaphysics），乃是一十分精確的論斷。[19] 而道德的形上學即涵著道德本心的絕對普遍義。這亦是宋明心學有超過孟子之言本心者，雖則孟子云「萬物皆備於我矣，反身而誠，樂莫大焉」（〈盡心上〉）已隱然含及此義。

　　以上我們對宋明心學的義理（道德本心的主觀、客觀與絕對普遍三義）作了一扼要概括的引介，如據之以衡量白沙思想，則不難發現白沙學實是徹頭徹尾的心學型態。白沙雖處身於明初朱子學橫決天下的時代背景中，然根據其所自道，其求學歷程中主要苦思的問題是對心學的心即理而發則無疑。白沙說：

僕才不逮人，年二十七始發憤從吳聘君學。其於古聖賢垂訓之
書，蓋無所不講，然未知入處。比歸白沙，杜門不出，專求所以
用力之方。既無師友指引，惟日靠書冊尋之，忘寢忘食，如是者
亦累年，而卒未得焉。所謂未得，謂吾此心與此理未有湊泊吻合
處也。於是舍彼之繁，求吾之約，惟在靜坐，久之，然後見吾此
心之體隱然呈露，常若有物。日用間種種應酬，隨吾所欲，如馬
之御銜勒也。體認物理，稽諸聖訓，各有頭緒來歷，如水之有源
委也。於是渙然自信曰：「作聖之功，其在茲乎！」[20]

可見白沙嘗依朱子格物窮理、進學致知的工夫路數踐履而無所得，最
終乃走上體證道德本心的進路。所謂「然後見吾此心之體隱然呈露，
常若有物」。必須指出，道德本心的體證是心學本質關鍵的一步。借
用傳統儒學的話，即「求放心」、「存心」、「復心」。但白沙卻喜言心之
覺悟義。平常人在昏沈之時，乃受制於本能欲望，此時轉機的工夫惟
在能否順本心隨時透露呈現之時當下警覺而肯認之即為吾人的道德本
心。此即特重本心之能自受蔽陷溺的狀態中警覺而醒悟其自己。嚴格
而言，說人覺悟其本心只是一方便的說法，實則乃道德本心之自覺自悟
並自建其自己。這一本心的覺悟義，雖不是過去儒者之所重視，然亦
非不曾言及。孟子云「使先知覺後知，使先覺覺後覺也」（〈萬章上〉），
此言覺雖不必即是覺悟本心，但依孟子教義則將之解釋為覺悟本心亦
無不可。後來象山便作如此解：「彝倫在人，維天所命，良知之端，形
於愛敬，擴而充之，聖哲之所以為聖哲也。先知者，知此而已；先覺
者，覺此而已。」[21] 而象山十三歲時讀古書至宇宙二字忽大省吾心便是
宇宙，即本心覺悟之佳證。[22] 然象山只以大省言之，其後學成談及本心
之覺悟義時，亦多是順孟子之分解表示言立志、先立其大。惟自白沙
特喜言之以後，覺悟一義遂成了心學的共法，普遍流行於明代的理學
思想中。陽明便說：「蓋良知只是一個天理自然明覺發見處，只是一個
真誠惻怛，便是他本體。」[23] 又說：「乃若致知，則存乎心；悟致知焉，
盡矣。」[24] 牟宗三甚至據此覺悟義而將心學道德本心的體證名為「逆覺體
證」。[25] 由是觀之，白沙之重視覺悟確可以說是其有加於心學者。無怪

乎唐君毅認為白沙「人爭一個覺」一語乃其教具永恒意義之所在。[26] 試看以下白沙的文字：

> 耳之蔽聲，目之蔽色；蔽口鼻以臭味，蔽四肢以安佚。一撅之力不勝群蔽，則其去禽獸不遠矣。於此，得不甚恐而畏乎？知其蔽而去之，人欲日消，天理日明，羅浮之於扶木也。溺於蔽而不勝，人欲日熾，天理日晦，蔀屋之於亭午也。二者之機，間不容髮，在乎思不思、畏不畏之間耳。[27]

> 前輩謂「學貴知疑」，小疑則小進，大疑則大進。疑者，覺悟之機也。一番覺悟，一番長進。[28]

> 人爭一個覺，纔覺便我大而物小，物盡而我無盡。夫無盡者，微塵六合，瞬息千古，生不知愛，死不知惡，尚奚暇銖軒冕而塵金玉耶？[29]

> 人具七尺之軀，除了此心此理，便無可貴，渾是一包膿血裹一大塊骨頭。饑能食，渴能飲，能著衣服，能行淫慾。貧賤而思富貴，富貴而貪權勢，忿而爭，憂而悲，窮則濫，樂則淫。凡百所為，一信氣血，老死而後已，則命之曰「禽獸」可也。[30]

這裏所謂思不思、畏不畏、疑不疑之間的覺悟之機，實是指本心於陷溺受蔽時的不安。不安於陷溺受蔽即是本心隨時呈露的警覺而亟待人當下肯認之；肯認即覺悟也。而人惟有覺悟並建立其內在的道德本心，始能彰顯人之所以為人的異於禽獸的幾希之性。否則人便只是一動物性的存在；「渾是一包膿血裹一大塊骨頭」，「饑能食，渴能飲，能著衣服，能行淫慾」而已。所以白沙說「人爭一個覺，纔覺便我大而物小」，此大小一方面必是依孟子大體小體之別而說，換言之，即一價值上的貴賤之分。人若能看到、體會到彰顯本心在生命中有其遠大的意義理想，並興起嚮往企慕，則事實生活中金錢名利的追逐，相比之下便顯得微不足道。既微不足道自能對得失處之泰然。周濂溪便嘗有「見大心泰」之說，其言云：「天地間有至貴至愛可求，而異乎彼者，見其大而忘

其小焉爾。見其大則心泰，心泰則無不足。無不足則富貴貧賤處之一也。」[31] 事實上，白沙一生的行事正充分體現了見大心泰的精神。[32] 另一方面，本心感應無外，必與天地萬物全體相感應，此即本心之絕對普遍義。心外無理，心外無物，悟必至此，方為圓滿。故從本心覺潤感通之無限量看，亦可言我大而物小的大小之別。這也就是白沙「物盡而我無盡。夫無盡者，微塵六合，瞬息千古，生不知愛，死不知惡，尚奚暇銖軒冕而塵金玉耶」等語的意思。

覺悟一義雖過去儒者亦曾言及，但至白沙而特重發揮，若從學術思想史的層面看，則容或是受到佛老的刺激影響所致。須知覺悟既強調本心或曰主體性的迷途知返，則凡以主體性為主的學問自皆可含此義。佛家講頓悟成佛、道家明至人之心便是明證。宋明儒者如白沙固可能是受佛老的啟發而言之，但其義理內容卻絕不同於佛老，並不會因一講覺悟便淪為二氏。白沙常孜孜於劃清儒釋的界限，可見他是真能通乎學術之原委者。〈無後論〉云：

> 君子一心足以開萬世；小人百感足以喪邦家。何者？心存與不存也。夫此心存則一，一則誠；不存則惑，惑則偽。所以開萬世、喪邦家者不在多，誠偽之間而足耳。夫天地之大，萬物之富，何以為之也？一誠所為也。蓋有此誠，斯有此物；則有此物，必有此誠。則誠在人何所？具於一心耳。心之所有者此誠，而為天地者此誠也。天地之大，此誠且可為，而君子存之，則何萬世之不足開哉！作偽之人，既惑而喪其誠矣。夫既無其誠而何以有後邪？[33]

案：此論則示儒學言覺悟自是儒學義，蓋所覺悟者乃人之所以為人的道德本心。因此遂可據孟子「反身而誠，樂莫大焉」、《中庸》「誠之者人之道也」的「誠之」之工夫來代替覺悟的說法。眾所周知，「誠」是《中庸》的核心概念。朱子訓解說：「誠者真實無妄之謂也。」[34] 依《中庸》的講法，天之真實無妄即其不已的創生，故謂「天地之道可一言而盡也，其為物不二，其生物不測」。人之真實無妄即其能生起道德創造的內在的性命根源，故謂「天命之謂性」、「惟天下之至誠為能盡其性」。而「誠

者，天之道；誠之者，人之道也」，此即「誠之」的工夫乃指人能恢復建立起自己內在的性命根源來進而體認到此根源實與天道相通。回到心學的脈絡，誠之即含覺悟本心之主觀、客觀與絕對普遍三義。所以〈無後論〉通篇雖只言及誠心，實則仍是在發揮覺悟之說。

又覺悟之義如用現代哲學的話說，即可謂覺悟者個人一種切身的內在經驗與體證。這種個人的內在經驗固不難與有類似經驗者溝通，但對完全沒有這種經驗的人說明時，便難免會有言不盡意的困難限制之感。而於此一切言說，便不過是為了作助解的筌蹄。白沙對此有十分深刻的體會：

> 或曰：「道可狀乎？」曰：「不可。此理之妙不容言，道至於可言則已涉粗跡矣。」「何以知之？」曰：「以吾知之。吾或有得焉，心得而存之，口不可得而言之。比試言之，則已非吾所存矣。故凡有得而可言，皆不足以得言。」〔……〕曰：「道終不可狀歟？」曰：「有其方則可。舉一隅而括其三隅，狀道之方也。據一隅而反其三隅，按狀之術也。然狀道之方非難，按狀之術實難。人有不知彈，告之曰：彈之形如弓，而以竹為弦。使其知弓則可按也。不知此道之大，告之曰：道大也，天小也，軒冕金玉又小。則能按而不惑者鮮矣。愚故曰：道不可狀，為難其人也。」[35]

今人或因動輒喜言客觀而輕詆體證為主觀任意之事，但這實為不明白體證乃凡重視主體性的生命的學問所既不可免且亦是本質相干的證明。蓋即使有可被客觀證明者，但若與我的生命沒有絲毫的存在感應，則此能客觀證明者究與我何干；對我的存在生命根本沒有任何意義可言。況體證也絕非純然主觀邊事，有共同體證經歷的人仍是可以彼此互相印證交流，可見體證還是有其客觀的一面。當然體證之為主體的親證，則到底是真正的覺悟抑或是虛假的偽裝(用宋明儒的話說即玩弄光景)，要區別歸根究底仍永遠只可能是如人飲水、冷暖自知的事。

明乎此，則白沙順本心之覺悟而強調自得乃順理成章者。其言自得云：

> 予嘗語李德孚曰:「士從事於學,功深力到,華落實存,乃浩然自
> 得,則不知天地之為大、生死之為變,而況於富貴貧賤、功利得
> 喪、屈信予奪之間哉!」[36]

又云:

> 人要學聖賢,畢竟要去學他。若道只是個希慕之心,卻恐末梢未
> 易轇泊,卒至廢弛。若道不希慕聖賢,我還肯如此學否?思量至
> 此,見得個不容已處。雖使古無聖賢為之依歸,我亦住不得,如
> 此方是自得之學。[37]

案:此處以在希慕與不希慕聖賢之間悟得不容已的本心解自得,正符合
孔門為己之學的微意。《明儒學案》卷5〈白沙學案上〉錄白沙〈贈彭惠安
別言〉亦云:

> 山林、朝市一也,死生、常變一也,富貴、貧賤、威武一也,而無
> 以動其心,是名曰「自得」。自得者,不累於外物,不累於耳目,
> 不累於造次顛沛,鳶飛魚躍,其機在我。知此者謂之善學,不知
> 此者雖學無益也。[38]

人若真有得於覺悟本心,自然自信得及而無動於富貴貧賤,無動於外
物、耳目與造次顛沛。而凡此皆正顯示學有自得受用於生命的效驗。

從工夫角度看,則覺悟乃是心學的本質相干的第一義工夫。捨此
以外,其他一切的工夫如居敬集義、讀書明理等,均只是未能相應道德
本心而為道德實踐時落於第二義以下的準備、助緣工夫。且若不明白
第二義者不能自足獨立而妄以之取代第一義者,則第二義者甚至將反成
歧出不相干之障蔽。白沙特重覺悟,自對此中第一義與第二義工夫之
辨有清楚的了解。加上明初朱子學盛行的背景,白沙遂因病立方而極
喜申明第一義工夫之為必要關鍵。這在白沙的詩文中實隨處可見,茲
迻錄數條於下,以供參證焉。

> 自炎漢迄今,文字記錄著述之繁,積數百千年於天下,至於汗牛充
> 棟,猶未已也。許文正語人曰:「也須焚書一遭。」此暴秦之跡,文

正不諱言之，果何謂哉？〔……〕夫子歿，微言絕。更千五百年，濂、洛諸儒繼起，得不傳之學於遺經，更相講習而傳之。載於此編者，備矣。雖與天壤共弊可也。抑吾聞之：《六經》，夫子之書也；學者徒誦其言而忘味，《六經》一糟粕耳，猶未免於玩物喪志。今是編也，采儒行事之跡與其論著之言，學者苟不但求之書而求諸吾心，察於動靜有無之機，致養其在我者，而勿以聞見亂之，去耳目支離之用，全虛圓不測之神，一開卷盡得之矣。非得之書也，得自我者也。蓋以我而觀書，隨處得益；以書博我，則釋卷而茫然。[39]

夫學有由積累而至者，有不由積累而至者；有可以言傳者，有不可以言傳者。夫道至無而動，至近至神，故藏而後發，形而斯存。大抵由積累而至者，可以言傳也；不由積累而至者，不可以言傳也。[40]

古人棄糟粕，糟粕非真傳。眇哉一勺水，積累成大川。亦有非積累，源泉自涓涓。至無有至動，至近至神焉。發用茲不窮，緘藏極淵泉。吾能握其機，何必窺陳編？[41]

千卷萬卷書，全功歸在我。吾心內自得，糟粕安用那！[42]

讀書不為章句縛，千卷萬卷皆糟粕。[43]

莫笑老慵無著述，真儒不是鄭康成。[44]

千古遺篇都剩語，晚生何敢復云云。[45]

往古來今幾聖賢，都從心上契心傳。孟子聰明還孟子，如今且莫信人言。[46]

此中求諸吾心，得自我者，藏而後發等皆非由積累而至的第一義覺悟工夫。而徒誦其言而忘味、《六經》一糟粕、玩物喪志等則是妄以第二義之助緣工夫代替第一義之本質工夫所造成的支離歧出。但必須指出，所謂第一義、第二義乃相應於道德本心之建立而言，若回到一般意義下的教育層面，白沙亦深知讀書明理之不可廢。其言云：

> 予嘗終夜思之，其不及古者，有司非與庠序之設。《六經》之訓固在也。以小學言之，朱子《小學書》，教之之具也；社學，教之之地也，其皆不可無也。天下之事，無本不立。小學，學之本也。保自然之和，禁未萌之欲，日就月將，以馴致乎大學，教之序也。然則社學之興在今日，正淑人心、正風俗、扶世教之第一義也，何可少哉，何可少哉！[47]

可知自教育的層面看，讀書窮理反成第一義也。而朱子由小學以至大學的教學設計也恰正反映出其所重格物窮理工夫之著力與勁道處。

無庸置疑，上引白沙《六經》糟粕的口吻與象山「學苟知本，《六經》皆我註腳」的話可謂如出一轍。[48]此蓋心學所必含之義理之故。且白沙在強調個人覺悟實踐較窮經讀書更吃緊時，語調有時較象山還要強烈，甚至對理學的學術傳統提出質疑，故有謂「孟子聰明還孟子，如今且莫信人言」。至沙白沙與象山的關係，有謂白沙實是受到象山啟發，他之所以不提象山，一方面是出於隱避忌諱象山近禪之攻擊，另一方面則因心學家重自得，故不互相標榜。[49]但這恐怕並非很令人滿意的答案。須知白沙一生十分重視以靜坐為覺悟本心的工夫，雖屢遭同時代學者懷疑批評其流入禪教而不改不諱，可見其生命確真有得於靜坐。如此推想，若白沙真有得於象山思想的啟迪，又焉會因隱避忌諱而不提呢？是以知白沙儘管由於走心學的進路遂與象山學有相近處，然彼此思想中亦必有大不相同者，才會使得白沙即使看到象山文字也不一定產生心心相印之感。既非心有妙契，自然鮮有提及，這是白沙為何不提象山的一個較合情理的推斷。至於白沙思想不同於象山的地方為何，則在白沙僅有一次談及象山的文字中已透露出解答問題的線索。〈書蓮塘書屋冊後〉云：

> 入者，門也；歸者，其本也。周誠而程敬，考亭先致知，先儒恆言也。三者之學，於聖人之道孰為遍，孰知之無遠遍歟？周子《太極圖說》：「聖人定之以中正仁義而主靜。」「問者曰：『聖可學歟？』曰：『可。』『孰為要？』曰：『一為要。』一者，無欲也。」《遺書》

云：「不專一，則不能直遂；不翕聚，則不能發散。見靜坐而嘆其善學曰：『性靜者，可以為學。』」二程之得之於周子也，朱子不言有象山也。此予之狂言也。[50]

這裏白沙是順著宋儒主靜之說以發明靜坐作為體證本心的入門工夫，並將之溯源於濂溪、二程。他在別處亦有相近的說法：「伊川先生每見人靜坐，便嘆其善學。此一靜字，自濂溪先生主靜發源，後來程門諸公遞相傳授，至於豫章、延平二先生，尤專提此教人，學者亦以此得力。」[51] 而所謂「朱子不言」，大概是指「晦庵恐人差入禪去，故少說靜，只說敬，如伊川晚年之訓」。[52] 但其實朱子雖喜言敬貫動靜，卻也不廢靜坐。如〈答潘叔昌十書之第五書〉云：「熹以目昏，不敢著力讀書。閒中靜坐，收斂身心，頗覺得力。」[53] 又嘗語門人「閑時若靜坐些小，也不妨」。[54] 不過必須指出，朱子只是從由日常紛亂中退聽閉關的常行義來理解靜坐的功效。易言之，即把靜坐視為涵養未發時之敬心的一種工夫，且非必不可無的工夫。故當有學子欲專務靜坐，朱子乃訓誠其「又恐墮落那一邊去。只是虛著此心，隨動隨靜，無時無處不致其戒慎恐懼之力，則自然主宰分明，義理昭著矣」。[55] 事實上，朱子終身不契孟子道德本心之教，更遑論主張以靜坐為復見本心的工夫。[56] 白沙謂「朱子不言有象山」，似以象山講求靜坐。然他此一印象極可能是受到象山後學的影響。蓋朱子弟子陳淳（安卿，1153–1217）便曾嚴厲指責象山門下楊簡（慈湖，1141–1226）「不讀書，不窮理，專做打坐工夫」。[57] 若衡之於象山本人，則象山顯然是重在於本心之隨時呈露處當下體證之的工夫，用他自己的話說即「真偽先須辨只今」。[58] 對於靜坐的看法，象山大體與朱子相若；僅目為退聽閉關的常行工夫，所以並不專以此教人而只偶爾說「學者能常閉目亦佳」。[59] 有了以上初步的分析，我們便能清楚看到白沙與象山在如何體證本心的入手工夫上實有很明顯的分歧。白沙一生極力提倡「從靜中坐養出個端倪來」，從他這種體會的視野來看象山的文字而不覺得默契於心乃不難想像的事。[60] 為了進一步闡析其中牽涉的義理問題，下面讓我們轉過來看白沙的靜坐工夫。

三、以虛為基本，以靜為門戶：超越的逆覺體證

誠如上文所指出的，宋明儒雖大多不反對靜坐，但對靜坐的工夫義卻有兩種迥然不同的看法。一是把靜坐當作退聽閉關的常行工夫；此即人若覺終日應酬、嗜欲奔馳固可隨時隔離一下、默坐澄心，惟不需要則不必作。換言之，靜坐在原則上並不是必須作的工夫。例如明末王龍溪便曾批評唐順之（荊川，1506–1563）主閉關養成無欲之體云：「吾人未嘗廢靜坐。若必藉此為了手，未免等待，非究竟法。」[61] 龍溪的批評實際上是同時指向其時倡歸寂的江右聶豹（雙江，1487–1563）與羅洪先（念菴，1504–1564），而不知彼等之靜坐見體非從常行義上說。二是視靜坐為體證本心的入門工夫，與即於本心呈露時當下體證之的入門工夫雖取徑不同，然同屬求放心者則一也。[62] 對於靜坐的後一義，牟宗三嘗名之曰「超越的逆覺體證」，以別於「內在的逆覺體證」。他說：

> 此種「逆覺」工夫，吾名之曰「內在的體證」。「逆覺」即反而覺識之、體證之之義。體證亦函肯認義。言反而覺識此本心，體證而肯認之，以為體也。「內在的體證」者，言即就現實生活中良心發見處直下體證而肯認之以為體之謂也。不必隔絕現實生活，單在靜中閉關以求之。此所謂「當下即是」是也。李延平之靜坐以觀喜怒哀樂未發前大本氣象為如何，此亦是逆覺也。但此逆覺，吾名曰「超越的體證」。「超越」者閉關（「先王以至日閉關」之閉關）靜坐之謂也。此則須與現實生活暫隔一下。隔即超越，不隔即內在。此兩者同是逆覺工夫，亦可曰逆覺之兩形態。「逆」者反也，復也，不溺于流，不順利欲擾攘而滾下去即為「逆」。
>
> 此兩種逆覺工夫，皆為朱子所不契。對于其師之「超越的體證」，則認為偏于靜，有類于坐禪，而欲以「敬」代之。殊不知靜復以見體乃儒者本有之義，是慎獨工夫所必函者。[63]

可知分別兩種逆覺工夫的關鍵乃在於即經驗（不隔）與離經驗（隔）。即經驗之逆覺（當下即是）像孟子謂見孺子將入於井而有怵惕惻隱之心顯

是儒學本有之義。至於離經驗之逆覺（靜坐閉關），從發生歷程看，不容諱言是因受到佛老的刺激啟發而引申發展出者。此引申發展出者究如何與儒家的教義相結合，是否如牟宗三所說「是慎獨工夫所必函者」，則下文將順著討論白沙的靜坐而有詳細的分析，此處暫不多說。

　　這裏我們只想補充說明一點，即如此區分實是完全本於宋明儒學發展的情況。周濂溪主靜立極，以《尚書・洪範》「思曰睿，睿作聖」講工夫，[64] 他有否主張靜坐因文獻不足徵，故無法斷定。下迄張橫渠倡大心盡性，[65] 然亦說：「靜有言得大處，有小處，如『仁者靜』大也，『靜而能慮』則小也。始學者亦要靜以入德，至成德亦只是靜。」[66] 到了程明道，離經驗與即經驗的兩種逆覺工夫已清楚含於其學思之中。明道一方面教弟子離經驗的靜坐，《二程全書》，《外書》卷12記云：

> 謝顯道習舉業，已知名，往扶溝見明道先生受學，志甚篤。明道一日謂之曰：「爾輩在此相從，只是學某言語，故其學心口不相應。盍若行之？」請問焉。曰：「且靜坐。」伊川每見人靜坐，便歎其善學。[67]

另一方面卻又喜歡順觀過知仁、能近取譬的即經驗處講識得仁體。《二程全書》，《遺書》卷2上，〈二先生語上〉云：

> 醫書言手足痿痺為不仁，此言最善名狀。仁者，以天地萬物為一體，莫非己也。認得為己，何所不至？若不有諸己，自不與己相干。如手足不仁，氣已不貫，皆不屬己。故「博施濟眾」，乃聖之功用。仁至難言，故止曰：「己欲立而立人，己欲達而達人，能近取譬，可謂仁之方也已。」欲令如是觀仁，可謂得仁之體。[68]

結果程門楊時（龜山，1053–1135）倡道東南，傳羅從彥（豫章，1072–1135），再傳李侗（延平，1093–1163），以「危坐終日，以驗夫喜怒哀樂之前氣象為如何，而求所謂中者」作為學指訣，[69] 傳的便是明道離經驗的一路。後朱子縱不契業師延平之學而歧出自成另一系統格局，但無礙走離經驗的入路以體證本心者仍代有其人。如本章討論的白沙，江右王門的

雙江、念菴、明季東林的高景逸、明末清初的李顒(二曲，1627–1705)，
以至近人馬一浮(1883–1967)等均屬此路中人。[70] 再看即經驗的一路，則
由程門謝良佐(顯道，1050–1130)轉手至胡宏(五峰，1106–1161)，開湖
湘學派專言先察識後涵養繼承之。後五峰弟子張栻(南軒，1133–1180)
雖論學屈從於朱子而斷湖相學脈，惟象山、陽明之據孟子講學又復此即
經驗的逆覺工夫。而王門高弟如錢緒山(德洪，1496–1574)、王龍溪等
在這問題上都大體能守住師說。至於有理學殿軍之稱的劉蕺山則嘗出入
兩邊，最終其誠意慎獨教乃是以即經驗的入路為歸宿。[71] 通過上述扼要
概括的分疏，可見兩種逆覺工夫之區別與發展的脈絡是如此分明。而各
家的文字證據俱在，讀者大可按圖索驥以充實印證上文所言。 又超越的
與內在的逆覺體證既同屬肯認覺悟本心的入門工夫，在原則上兩者應為
殊途同歸。但必須指出，若以個人的實踐經驗言，則兩者卻往往未能互
通往來。因為有內在的體證經驗者，多把靜坐只看成是日用常行的準備
工夫，彼不知且亦不信靜坐可以見體。相反，有超越的體證經驗者，又
不知且亦不信當下即是而僅目之為念起念滅的追逐。用前面龍溪批評江
右歸寂的例子，龍溪除了覺得堅持必須靜坐「未免等待」之外，還說：
「若以見在感應不得力，必待閉關靜坐，養成無欲之體，始為了手，不
惟蹉卻見在功夫，未免喜靜厭動，與世間已無交涉，如何復經得世？」[72]
此處「不惟蹉卻見在功夫」便是以內在體證為準對偏重靜坐所下的判語，
也正充分反映出彼實不知有超越的一路。然江右自亦可以依其超越的
體證反駁說：「善惡交雜，豈有為主於中者乎？中無所主，而謂知本常
明，不可也。知有未明，依此行之，而謂無乖戾於既發之後，能順應
於事物之來，不可也。故非經枯槁寂寞之後，一切退聽，天理炯然，
未易及此。」[73] 這裏將知視作覺識而非良知，正緣於彼根本信不過當下
即是的內在體證。[74] 由此可見，兩邊皆可謂囿限於自身的體證經驗而
不甚能理解對方。但這囿限與不理解倘從積極處看，亦無非是覺悟自
得、自信得及的表現。此蓋人選擇自何種工夫入手實繫於其生命氣質
與際遇究與何種工夫有存在之感應，而心契內在的體證者很多時便是因
不契超越的體證，反之亦然。是以知囿限與不理解之未能免之故。其

實就算是思入幽玄的牟宗三偶爾也不免於此未能免之不理解。所以當他推崇陽明良知教為義理發展的高峰時，竟一反前說而以權實來分判兩種逆覺體證的工夫；即以內在的為實法，以超越的為權法。他說：

> 經過枯槁寂寞之後，一切退聽，而後天理炯然，此等于閉關，亦等于主靜立人極，等于靜坐以觀未發氣象。然經過此一關以體認寂體或良知真體，並不能一了百當，這不過是抽象地單顯知體之自己，並不能表示其即能順適地貫徹下來。故延平經過觀未發氣象後，必言冰解凍釋，始能天理流行。用于良知亦復如此。一切退聽而歸寂矣，及出來應事，仍不免有意念之私，私欲氣質之雜，良知天理還是下不來。陽明言致良知是從此能否貫下來處著眼以言致，致即使其貫下來之謂。如何能貫下來，還須靠良知本身有不容已地要湧現出來的力量，並無其他繞出去的巧妙辨法。〔……〕故只言致良知足矣，並不須停止這致良知，回頭枯槁一番以後返地致此良知之寂體。你若以為需要或願意有此枯槁，你就去作好了，這只是隨個人而定。及至真要使良知寂體流行於日用之間，還是要作陽明所說的那一套。[75]

又說：

> 所謂「枯槁寂寞一番，一切退聽，而後天理炯然」也。此本是權法。此只是默識良知自體自己。王龍溪說「未免等待」。如果願意或需要等待一番，即等待一下亦未嘗不可。[76]

此即完全是以內在的體證的立場來想那閉關靜坐，故批評的口吻與前引龍溪的文字如出一轍而析論尤更精微深入。惟牟宗三這一權實之判並不稱理，故需仔細辨解，不容輕易滑了過去。首先，如果閉關靜坐只是日用常行的準備工夫而非能藉此以體證本心者，則無疑等於把逆覺劃歸為內在的入路的專利；凡逆覺必為內在的，如此所謂超越的逆覺體證便不啻是一自相否定的虛假概念。其次，若肯定閉關靜坐為超越的逆覺體證；為能體證本心的工夫，則無論其所肯認之本心「只是默識良知自體自己」抑或「抽象地單顯知體之自己」，良知自體之為良知就必然是

那不容已地要湧現出來的良知，就必然是那要求泛應曲當地貫下來的良知。此中並無能貫下來的良知與不能貫下來的良知的分別，所以不可以此來對翻實法與權法。再者，超越的逆覺體證的目的當然仍是為了能讓此不容已的本心呈現作用於日用倫常，否則便成為沉空滯寂，非儒門之教。是故知超越的與內在的兩種工夫雖在入手方面有離經驗與即經驗的不同，但卻絕不可以表現於或不表現於日用倫常來對翻二者，更遑論由之建立實法與權法之判。最後，在本心的體證上，閉關靜坐與當下即是都屬逆覺工夫，二者殊途同歸而無分權實。然因當下即是那不離呈用而見體的特色，故於踐履的過程中往往是把體證與擴充兩層合而一之。陽明的知行合一說與致良知即是典例。而閉關靜坐則因其離呈用而見體的特色，故體證與擴充兩層分開。但此分開並不礙閉關靜坐之能見體，亦不礙見體後之能擴充。如謂「一切退聽而歸寂矣，及出來應事，仍不免有意念之私，私欲氣質之雜，良知天理還是下不來」。則走當下即是的入路也同樣會有這些問題，此所以為何見體後擴充存養工夫乃不可或缺的原因。借用白沙的話說，便是「至虛以求靜之一」後，還須「至實以防動之流」。[77] 總之，超越的與內在的兩種逆覺工夫不能分權實，而牟宗三此一分判或許是出於一時未能免之不理解。[78] 然只需於觀念上疏通之而恢復兩種逆覺體證之說則可無疑。回到本章的討論，明乎上述的分析，則牟宗三論王門泰州派時旁及白沙竟苛評「其本人實無真正孟子工夫」便不值得大驚小怪了。[79] 大抵他認為白沙不走內在的體證的入路，又以其靜坐為權法。但權實之判既無法成立，那麼對白沙思想的研究與評價自然亦應作出相應的修正。

　　有了以上不嫌辭費的釐清，再回過頭來看白沙講靜坐的文字便會覺得義理順適明確。在前一節我們曾引白沙〈復趙提學僉憲三則之第一則〉中自敘為學經歷的文字，其中提及白沙為求心與理合，最終「惟在靜坐，久之，然後見吾此心之體隱然呈露，常若有物」。又曾引〈與賀克恭黃門十則之第二則〉中「為學須從靜中坐養出個端倪來」的話。可見白沙完全是通過超越的逆覺體證來復見本心。也因此白沙終身服膺於靜坐。他晚年把江門釣臺付與衣鉢傳人湛甘泉就是明證。〈江門釣瀨與

湛民澤收管三則之第二則〉云：「皇王帝伯都歸盡，雪月風花未了吟。莫道金針不傳與，江門風月釣臺深。」下又復記云：「達摩西來，傳衣為信，江門釣臺亦病夫之衣缽也。茲以付民澤，將來有無窮之託。珍重，珍重。」[80] 江門釣臺乃白沙靜坐的地方，所以上引詩文中病夫之衣缽、渡人之金針即是指靜坐法門也。惜乎甘泉並未有繼承此種入路而僅目靜坐為常行工夫，然此屬後話，我們不能在這裏討論。[81] 為了更深入闡釋白沙的靜坐之教，下面讓我們再徵引數條較重要的文字：

> 予少無師友，學不得其方，汩沒於聲利、支離於秕糠者，蓋久之。年幾三十，始盡棄舉子業，從吳聘君游。然後益嘆迷途其未遠，覺今是而昨非，取向所汩沒而支離者，洗之以長風，蕩之以大波，惴惴焉，惟恐其苗之復長也。坐小廬山十餘年間，履跡不踰于戶閾，俛焉孳孳，以求少進于古人，如七十子之徒予孔子，蓋來始須臾忘也。[82]

> 有學於僕者，輒教之靜坐，蓋以吾所經歷粗有實效者告之，非務為高虛以誤人也。[83]

> 伊川先生每見人靜坐，便嘆其善學，此一靜字，自濂溪先生主靜發源，後來程門諸公遞相傳授，至於豫章、延平二先生，尤專提此教人，學者亦以此得力。晦庵恐人差入禪去，故少說靜，只說敬，如伊川晚年之訓。此是防微慮遠之道，然在學者須自量度何如，若不至為禪所誘，仍多靜方有入處。若平生忙著，此尤為對症藥也。[84]

> 迨夫足涉橋門，臂交群彥；撤百氏之藩離，啟《六經》之關鍵。于焉優游，于焉收斂；靈臺洞虛，一塵不染。浮華盡剝，真實乃見；鼓瑟鳴琴，一回一點。氣蘊春風之和，心游太古之面。其自得之樂亦無涯也。[85]

> 邇來十六載，滅跡聲利場。閉門事探討，蜕俗如驅羊。隱几一室內，兀兀同坐忘。那知顛沛中，此志意莫強。譬如濟巨川，中道奪我航。顧茲一身小，所繫乃綱常。樞紐在方寸，操舍決存亡。胡為謾役役，斲喪良可傷。顧言各努力，大海終回狂！[86]

坐忘一室內，天地極勞攘。顛浪雷殷江，流雲墨推障。高田水滅頂，別搗風翻舫。大塊本無心，縱橫小兒狀。江門三兩詩，饒舌天機上。[87]

半屬空虛半屬身，絪縕一氣似初春。仙家亦有調元手，屈子寧非具眼人？莫遣塵埃封面目，試看金石貫精神。些兒欲問天根處，亥子中間得最真。

不著絲毫也可憐，何須息息數周天？禪家更說除生滅，黃老惟知養自然。肯與蜉蝣同幻化，祇應龜鶴羨長年。吾儒自有中和在，誰會求之未發前。[88]

此處白沙將靜坐見體的工夫一直追溯至二程、豫章、延平的血脈是十分正確的，我們在前面已有詳析。說「此一靜字，自濂溪主靜發源」亦不錯，惟把主靜與靜坐混為一談，則需加簡別。要知道主靜是宋明儒的共法，其意實是指建立內在的本心性體。以「靜」言之，乃欲突顯此本心的主體義以明其為一切「動」用之所以可能的根據。故嚴格來說，此本心性體固有隱顯、已發未發的不同狀態，卻無分於動靜；或應說是即動即靜，動靜一如。而主靜之靜不可以動靜相對之靜解亦明矣。至於靜坐，如上文分析的乃體證本心性體的逆覺工夫。明末顧憲成（涇陽，1550–1612）說得好：「周子主靜，蓋從無極來，是究竟事。程子喜人靜坐，則初下手事也。」[89]當然靜坐絕非偏於靜而遺動，因靜坐所見的還是那活潑潑能泛應曲當表現為道德創造的本心性體。所以白沙才會說：「至無有至動，至近至神焉。發用茲不窮，緘藏極淵泉。」以「至無」言本心，蓋於靜坐中本心是以純粹的自體自己、不涉任何經驗內容的狀態而呈現（此至無義我們在這裏先點出，下文將續有分疏）。又本心乃求之在我者，故為「至近」。就本心之能當機發用；寂然不動、感而遂通說，乃可謂其「至動」與「至神」（從即感即應的不測處說）。不特此也，依心學底本心之絕對普遍義，本心的感通在原則上應可及於天地萬物並進而達至對創生的天道的體證與誠信。這樣一來，則本是形容本心之道德創造的至近與至神等說辭，遂同時即提升而為對天道的體

會語。如第一節中引白沙〈與林郡博七則之第七則〉所云：「得此霸柄入手，更有何事？往古來今，四方上下，都一齊穿紐，一齊收拾，隨時隨處，無不是這個充塞。」[90] 此外，若轉從工夫的層面上看，則本心之至近至神亦可以說是體證本心後的擴充存養工夫。因自本心的步步發用中正可反過來更鞏固確定對此本心之肯認。白沙嘗嘉許甘泉「隨處體認天理」的說法，認為「著此一鞭，何患不到古人佳處也」，[91] 所重申明的便是這一本心發用的工夫義。後來甘泉說得很明白：「吾之所謂隨處云者，隨心隨意隨身隨家隨國隨天下，蓋隨其所寂所感耳，一耳。寂則廓然大公，感則物來順應，所寂所感不同，而皆不離於吾心中正之本體。」[92]

　　至於靜坐如何逆覺本心？仔細留意上引白沙的文字如「靈臺洞虛，一塵不染。浮華盡剝，真實乃見」，可知他大體是借用了道家的坐忘之法。《莊子·大宗師》假顏回之口解釋坐忘曰：「墮肢體，黜聰明，離形去知，同於大通，此謂坐忘。」此即坐忘乃通過隔離閉關的方法以求能切斷一切感性如耳、目、四肢的逐物活動及一切知性如概念分解的思考活動，目的是要使得主體意識在無任何攀緣的情形下澄然突顯其自己，反觀其自己，知其自己為能不受限於任何欲望束縛之解放者與絕對自由者。這在儒家便說為道德本心的體證朗現，在道家便說為明至人之心。惟依道家的人生睿見，此至人之心仍只是個方便的說法，仍有待進一步消融之（主體意識的自我消解）以達那無待逍遙之遊，所謂同於大通也。否則至人之心便將淪為追逐的目標而反成有待矣。必須知道，這坐忘之法除啟迪了儒家外，亦同樣刺激了佛家並與禪定法門相攻錯。至於實踐時的起初一步究如何始能墮、黜、離、去，則後世佛老中人均有十分豐富的體會和教法如謂不著絲毫氣力、以一念代萬念及數息調息之法等。宋明儒自也不例外地受到影響。然當靜坐工夫到了灑落精熟的地步，便更連那一念或數息亦不復存焉。白沙詩云「不著絲毫也可憐，何須息息數周天」，正見其靜坐工夫之深邃。同樣得力於靜坐見體的高景逸有〈靜坐說〉、〈書靜坐說後〉等文字仔細論及靜坐的心得，其言或可作為上文分析的一個參證。茲引錄如下：

靜坐之法，喚醒此心，卓然常明，志無所適而已。志無所適，精神自然凝復，不待安排，勿著方所，勿思效驗。初入靜者，不知攝持之法。惟體貼聖賢切要之旨，自有入處。〔……〕靜坐之法，不用一毫安排，只平平常常，默然靜去。此平常二字，不可容易看過，即性體也。以其清淨不容一物，故謂之平常。畫前之《易》如此，人生而靜以上如此，喜怒哀樂未發如此，方是自得。靜中妄念，強除不得，真體既顯，妄念自息。昏氣亦強除不得，妄念既淨，昏氣自清。只體認本性，原來本色，還他湛然而已，大抵著一毫意不得，著一毫見不得，纔添一念，便失本色。由靜而動亦只是平平常常，湛然動去。靜時與動時一色，動時與靜時一色，所以一色者，只是一個「平常」也，故曰「無動無靜」。學者不過借靜坐中，認此無動無靜之體云爾。[93]

案：此處特別值得注意的是高景逸強調靜坐講求平常之義，這恐怕是凡有靜坐經驗者都曾有過的體會。[94]而順乎此，我們庶幾可以窺知為何深深受用於靜坐的白沙晚年會提出「學宗自然」之説。關於此中所含義理，我們在下一節將有詳細的分疏，這裏暫不多説。

析論至此，人或會立即產生兩個疑問。一是靜坐的逆覺工夫既是受佛老的啟發而引申發展出者，則它是否有本於儒家的文獻義理。換言之，即靜坐見體的合法性問題。二是若佛老亦可憑靜坐工夫來達至涅槃或逍遙的追求，那麼我們怎知道靜坐中所見之體就是儒家的本心性體呢？此即涉及靜坐在儒釋道三教中的共義和不共義的問題。關於第一個問題，其實白沙的弟子伍雲（光宇，1424–1471）亦嘗請問，〈尋樂齋記〉云：

草屋之成，光宇齋戒沐浴，焚香更衣危坐。厥明，請予問曰：「雲不自知其力之不足，妄意古聖賢人以為師。今年且邁矣，不得其門而入，不知其所謂樂，尋常間自覺惟坐為樂耳。每每讀書，言愈多而心愈用。用不如不用之為愈也。蓋用則勞，勞則不樂，不樂則置之矣。夫書者，聖賢垂世立教之所寓也，奚宜廢？將其所以樂者，非歟？願先生之教也。」予復之曰：「大哉，吾子之問

也，顧予何足以知之？雖然，有一說，願吾子之思之也。〔……〕
仲尼飲水曲肱，顏子簞瓢陋巷，不改其樂。將求之曲肱飲水耶？
求之陋巷耶？抑無事乎曲肱陋巷而有其樂耶？吾子其亦慎求之，
毋惑於坐忘也。聖賢垂世立教之所寓者，書也。用而不用者，心
也。心不可用，書亦不可廢。其為之有道乎，得其道則交助，失
其道則交病，願吾子之終思之也。」[95]

在此可見白沙根本並未有正面回答光宇之問，而只寬泛地提出一靈活的
原則：能有得於心則毋惑於坐忘。這一實踐的態度固甚有利於吸納別
教之高明以光大儒門，惟仍不礙我們可以從學理的層面上追問靜坐見體
工夫的根據何在。有一點不容否認的事實，即我們恐怕很難在先秦儒
學的文獻中找到直接談及靜坐工夫的文字。但這並不表示儒學必不可
含此靜坐見體之義。其可能性乃在孟子言工夫時有志與氣的區分。《孟
子‧公孫丑上》記云：

「〔……〕夫志，氣之帥也；氣，體之充也；夫志至焉，氣次焉；故
曰：『持其志，無暴其氣。』」「既曰：『志至焉，氣次焉。』又曰：
『持其志，無暴其氣。』何也？」曰：「志壹則動氣，氣壹則動志也，
今夫蹶者趨者，是氣也，而反動其心。」「敢問夫子惡乎長？」曰：
「我知言，我善養吾浩然之氣。」

孟子學的正宗工夫固然是立志。縱使在氣無法跟得上的情況下，仍是
主張以志帥氣；讓氣逐漸純化如理而成浩然正氣。所謂「集義」者也。
但在理論上既已分別了志與氣兩端，則在以志帥氣的一路外，應允許由
氣一端入手以求志之建立的一路。而此允許即開啟了可以涵蘊靜坐的
逆覺工夫的根據。[96]再順著這一想法下去，孟子「存夜氣」之說便不僅
可以目為隔離退聽一下的常行工夫，也同樣可以解釋為靜坐見體之義。
當然除了孟子學外，前引牟宗三區分兩種逆覺工夫的文字中，亦有謂超
越的逆覺體證「是慎獨工夫所必函者」。必須指出，宋明儒講慎獨並非
依《中庸》的原文從「不睹」「不聞」處說一種隱微的反省，亦不依《大學》
的原文承「勿自欺」而說人在獨處時應嚴守自正，而是將「莫見乎隱莫顯

乎微」提升至本心性體的層面上說一隱微之獨體。戒慎云者即不要瞞昧它、正視它、與它覿面相當之謂也。此中固可以引申含及豫章、延平觀喜怒哀樂未發前氣象的靜坐見體工夫。但慎獨非專屬超越的逆覺體證，須知人亦可重在即於對治幾微的念頭處當下逆覺此獨體；此即慎獨亦可屬內在的逆覺體證。劉蕺山的誠意慎獨教便是明證。《學言上》云：

> 道不可離。若止言道耳，即睹聞時用工夫，已須臾無閒斷矣。正為道本之「天命之性」，故君子就所睹而戒慎乎其所不睹，就所聞而恐懼乎其所不聞，直是時時與天命對越也。

> 或曰：「君子既嘗戒慎所睹矣，又必及其所不睹；既嘗恐懼所聞矣，又必及其所不聞，方是須臾不離道否？」曰：「如此則是判是兩片矣。且人自朝至夕，終無睹聞不著時，即後世學者有一種瞑目杜聰工夫，亦是禪門流弊，聖學原無此教法。」[97]

案：末後兩句可視作蕺山自內在的逆覺體證立場對超越的逆覺體證的批評。而箇中所牽涉錯綜複雜的義理，我們在上文已詳為之解，姑不贅述。

對於第二個問題，白沙實際上是頗能通乎學術之原委；知靜坐見體工夫於三教中之共義與不共義所在。並且因他真得力於靜坐，故一方面不避近禪之嫌疑，「蓋以吾所經歷粗有實效者告之，非務為高虛以誤人也」。另一方面則孜孜於分清儒與釋道的疆界，所謂「肯與蜉蝣同幻化，祇應龜鶴羨長年。吾儒自有中和在，誰肯求之未發前」。從共義的地方看，白沙說：

> 佛氏教人曰靜坐，吾亦曰靜坐；曰惺惺，吾亦曰惺惺；調息迎於數息，定力有似禪定。所謂「流於禪學者」，非此類歟？[98]

嚴格來說，去耳目支離之用後在無任何攀緣的情況下澄然突顯其自己的主體意識；本身只表現為一能超越欲望限制的解放者與絕對自由者。我們可以說此解放與絕對自由乃主體意識的形式特性（formal characteristics），是通乎儒、釋、道三教的共義。而對主體意識的內容特性（substantive characteristics），則三教可各按其教義作不同的規定與解

釋，這是三教的不共義。如儒家將之視為道德本心的復見；道家視為
至人無心之心；佛家視為如來藏真常心。[99] 且儒家復可就本心之如如呈
現而更說一心之自然義或作用上的無相義，白沙學宗自然便喜於此著墨
出彩。反觀佛、道兩家則亦可自作用上的無心義更翻上一層而斷定存
有上的無心；解消那主體意識以求融回彼緣起性空或無待逍遙的生命洞
見。說對主體意識的內容特性作規定與解釋好像有落後著之嫌，但其
實所謂規定與解釋正同時即是人作靜坐見體工夫前所早已懷有的目的。
用白沙的話說，即「起腳」之處的差異：

> 禪家語，初看亦甚可喜，然實是儱侗，與吾儒似同而異，毫釐間便
> 分霄壤。此古人之所以貴擇之精也。如此辭所見大體處，了了如
> 此，聞者安能不為之動？但起腳一差，立到前面，無歸宿，無準
> 的，便日用間種種各別，不可不勘破也。[100]

此起腳的差異若質實言之，即對世界（包括經驗世界與文化世界）的肯
定與否。這也是宋明儒闢佛老的大標準所在。白沙在〈答陳秉常詢儒佛
異同〉一詩中便是從能否肯定人倫世界來判別儒佛。詩云：

> 青天白日照無垠，我影分明伴我身。自古真儒皆闢佛，而今怪鬼
> 亦依人。蟻蜂自識君臣義，豺虎猶聞父子親。賢輩直須窮到底，
> 乾坤回首欲傷神。[101]

最後讓我們看一下白沙描述靜坐經驗的話來結束本節的討論。前引詩
「半屬虛空半屬身，絪縕一氣似初陽」、「莫遣塵埃封面目，試看金石貫
精神」等顯然是形容靜坐時的感受體會。而靜坐中所見的本心性體，白
沙則喜以「虛明靜一」言之。[102] 此中「虛」乃指本心於靜坐中是以其自體
自己不涉任何經驗內容的狀態而呈現。雖不帶經驗內容，但卻絕非空
無死寂之體。相反是一活潑潑的能隨時感而遂通作無窮可能的道德創
造之體。白沙說得很清楚：

> 夫動，已形者也，形斯實矣。其未形者，虛而已。虛其本也，致
> 虛之所以立本也。[103]

如用哲學的用語說，此虛即一原則上可作無窮創造之潛能（potential creativity）。是以知其非一般意義下虛實相對之虛，蓋你說它虛乎，它又實；你說它實乎，它又虛。而「明」乃指體證的本心為一明覺，否則焉能泛應曲當。至於「靜」，顯是本濂溪主靜立極之說，「一」亦是本濂溪主一之說。《通書·聖學第二十》云：「聖可學乎？曰：『可。』曰：『有要乎？』曰：『有。』請問焉。曰：『一為要。一者，無欲也。無欲則靜虛動直。靜虛即明，明則通；動直則公，公則溥。明公通溥，庶矣乎？』」[104] 這裏「一為要」即主於一，意思是指生命必須以本心性體作主來化掉行為意念、欲望感性中的不合理成分。且當感性欲望被徹底純化為合理的表現時，則感性欲望亦喪失了一般意義下無定準、盲目衝動的相狀。合理的欲望既有定準也不盲目，遂可謂其為無欲望相之欲望。這是濂溪主一、無欲之教的確解。白沙實深契之：

> 孔子教人文、行、忠、信，後之學孔氏則曰：「一為要。」一者，無欲也。無欲則靜虛而動直，然後聖可學而至矣。[105]

四、學宗自然：心學言自然之三義

白沙晚年提出的以自然為學問宗旨，最早見於〈送張進士廷實還京序〉。其言云：

> 蓋廷實之學，以自然為宗，以忘己為大，以無欲為至，即心觀妙，以揆聖人之用。其觀於天地，日月晦明，山川流峙，四時所以運行，萬物所以化生，無非在我之極，而思握其樞機，端其銜綏，行乎日用事物之中，以與之無窮。[106]

不過論者均認為這裏對廷實的讚譽實為白沙的自況之辭。後來白沙在給甘泉的信中便直承其學是以自然為宗，並以此鼓勵甘泉。他說：

> 古之善為學者，常令此心在無物處，便運用得轉耳。學者以自然為宗，不可不著意理會。俟面盡之。[107]

又説：

> 此學以自然為宗者也。承諭近日來頗有湊泊處，譬之適千里者，起腳不差，將來必有至處。自然之樂，乃真樂也。宇宙間復有何事？故曰：雖之夷狄，不可棄也。今之學者各標榜門牆，不求自得，誦説雖多，影響而已。無可告語者，暮景侵尋，不意復見同志之人，託區區於無窮者，已不落莫矣。[108]

眾所周知，自然一詞本是道家所特喜言者，白沙將之講成自家學問的宗旨，當然不是要混同儒道，否則他就不需要強調此自然宗旨乃「起腳不差，將來必有至處」。故知他提倡的自然必有依其心學的義理脈絡而説之涵義。綜觀白沙的文字，其言自然之義可從三方面來加以説明，以下依次展示之。

第一，白沙的自然，首先是從本心的如如地呈現説。須知當人覺悟本心後，進一步想把本心如如地呈現出來而不起絲毫作意與執著時，這便涵蘊著自然義之必然地可出現。蓋本心如理呈現，即自然地流行也。白沙嘗借佛家「一真」之語來描述本心的自然流行。〈夕惕齋詩集後序〉云：

> 會而通之，一真自如。故能樞機造化，開闔萬象，不離乎人倫日用而見鳶飛魚躍之機。[109]

一真自如者，即本心於作用上、表現上已不復有為善去要的作意與執著。此時只是纖波不起，光景不存，化一切相，忘一切念，純在一超自覺之大而化之、如如呈現之境。此境中甚至容不得要做聖賢之念，更遑論為善去惡之存心。本心既無一毫作意與執著，遂可進而謂其於作用上乃無相、無心與無累。試看下面白沙的説法：

> 天道至無心。比其著於兩間者，千怪萬狀，不復有可及。至巧矣，然皆一元之所為。聖道至無意。比其形于功業者，神妙莫測，不復有可加。亦至巧矣，然皆一心之所致。心乎，其此一元之所舍乎！[110]

太虛師真無累於外物，無累於形骸矣。儒與釋不同，其無累同也。[111]

白沙甚至以莊子「忘」的概念來申言此作用上的無心義；無心即忘心。前引文字中譽張廷實「以忘己為大」說的也是這個意思。另〈送李世卿還嘉魚序〉亦云：

然又意世卿少年，凌邁高遠則有之，優游自足無外慕，嗒乎若忘，在身忘身，在事忘事，在家忘家，在天下忘天下，世卿未必能與我合，孰知世卿有意於來耶？[112]

必須指出，依心學的教義，凡上述所說的無相、無心、無累以至忘己等，都不能離乎本心在作用義上的無作意執著；唯是自然流行的聖境而說。否則由此滑轉想成那存有義上的無心豈非淪為背離儒家的邪說。因儒家在存有義上必肯定有一道德本心，此處絕不能說無說忘。這與佛老兩家順其緣起性空與無待逍遙的教義而須把存有義上的本心亦化掉截然異趣，此乃儒與佛老所不共者。惟於作用義上講一自然無心的化境，則為三教之所共。如道家說絕聖而後聖功存、佛家說無心為道。[113]故白沙才說：「儒與釋不同，其無累同也。」

　　第二，上引〈仁術論〉中藉由「聖人至無意」(本心之如如呈現) 所彰顯的「天道至無心」，便是白沙言自然的第二層涵義。換一種說法，即通過本心的感通無外，由本心所造之自然流行的化境體證天道，把對天道的體證描畫成一雖平常而實極高明的道體流行的境界。天道的自然流行正是從本心的自然流行處見。此義其實程明道早已點破，如〈定性書〉云：「夫天地之常，以其心普萬物而無心。聖人之常，以其情順萬物而無情。」[114]而白沙則喜以《中庸》「鳶飛魚躍」、《論語‧先進》「浴沂舞雩」說之：

色色信他本來，何用爾腳勞手攘？舞雩三三兩兩，正在勿忘勿助之間。曾點些兒活計，被孟子一口打併出來，便都是鳶飛魚躍。若無孟子工夫，驟而語之以曾點見趣，一似說夢。會得，雖堯、舜事業，只如一點浮雲過目，安事推乎？[115]

案:《中庸》「鳶飛魚躍」,言其上下察也;即天人一理的意思。白沙特重之,乃申其所含「大海從魚躍,長空任鳥飛」之自然意趣。[116] 至於《論語‧先進》中記載孔子問諸弟子之志,當時曾點打趣說:「暮春者,春服既成。冠者五、六人,童子六、七人,浴乎沂,風乎舞雩,詠而歸。」而孔子竟也應和他說「吾與點也」。孔子曾點師徒在這裏的對答或許只是出於一時的感興,但宋儒卻將之聯想成道體流行的境界。此境界極為白沙所樂談。後來泰州王門自王艮(心齋,1483–1540)、王襞(東崖,1511–1587)父子以降亦繼承了這一曾點見趣的傳統。《明儒學案》卷32〈泰州學案一〉錄有東崖語錄曰:「鳥啼花落,山峙川流,饑食渴飲,夏葛冬裘,至道無餘蘊矣。充拓得開,則天地變化,草木蕃;充拓不去,則天地閉,賢人隱。」[117] 所謂「色色信他本來,何用爾腳勞手攘」、「鳥啼花落,山峙川流,饑食渴飲,夏葛冬裘」等絕非意謂自然主義的經驗現象或感性的生理欲望,而是表示一道體不離乎人倫日用的平常自然義。道體流行於日用之中亦即體萬物而不遺、範圍曲成一切的意思。易言之,即一切萬物自道體流行處看皆得其存在之理之貞定;一是皆物各付物,順理而行,容不得個人私意參與其中。此義白沙在〈與林時矩三則之第一則〉中亦嘗論及:

> 宇宙內更有何事,天自信天,地自信地,吾自信吾;自動自靜,自闔自闢,自舒自卷;甲不問乙供,乙不待甲賜;牛自為牛,馬自為馬;感於此,應於彼,發乎邇,見乎遠。故得之者,天地與順,日月與明,鬼神與福,萬物與誠,百世與名,而無一物奸於其間。[118]

可知此自然平常的道體必是那極高明者;為一切事物的存在的根據。且若偏從道體的尊嚴崇高、無有能與之倫比的一面看,則現實世間的種種功業無論如何偉大,相比之下總難免顯得渺小有限。明乎此,我們始能懂得白沙「會得,雖堯、舜事業,只如一點浮雲過目,安事推乎」等話的意思。[119]

　　析論至此,有一點必須注意的是,道體的自然流行義跟上述本心的自然流行義一樣,均為通乎儒、釋、道三教之共法。佛家不是也說平

常心是道，道家也說自然是道。所以單舉此屬三教共法之自然流行義
實不足以突顯出儒家底價值立場，而須進於本心與道體的內容意義上說
方可。依儒家，就是以本心道德創造之不容已與天道創生之不容已來
規定充實此自然流行義。而箇中的學術分際，白沙也非不明白。如他
在〈古蒙州學記〉中云：

> 動於此，應於彼。默而觀之，一生生之機，運之無窮，無我無人
> 無古今，塞乎天地之間，夷狄禽獸草木昆蟲一體，惟吾命之沛乎盛
> 哉。程子謂「切脈可以體仁」。仁，人心也。充是心也，足以保四
> 海；不能充之，不足以保妻子。可不思乎？[120]

不過白沙既強調以此根本不能表現儒家的特殊立場的自然流行義作學問
宗旨，便不能說沒有理論上的毛病。尤有甚者，對本心如如呈現之化
境的把握實際上乃端賴於個人的體悟與造詣，一般意義的修養工夫是完
全用不上的。但白沙於此卻又獨出彩頭講一種自然工夫，而此即是其
言自然之第三層涵義。

《編次陳白沙先生年譜》卷25十六歲下記云：

> 白沙云：「我無以教人，但令學者看『與點』一章。」予云：「以此教
> 人善矣，但朱子云『專理會「與點」意思，恐入於禪。』」白沙云：「彼
> 一時也，此一時也。朱子時，人多流於異學，故以此救之。今人
> 溺於利祿之學深矣，必知此意，然後有進步處耳。」[121]

令學者看與點一章乃是教人理會曾點浴沂舞雩所象徵的操存灑脫的境
界。把這一境界的追求當作一教法與修養工夫，後來白沙高弟甘泉有
明白的解說；即所謂勿忘勿助的自然工夫。其言云：

> 勿忘勿助，只是說一個敬字。忘、助皆非心之本體，此是心學最
> 精密處，不容一毫人力。故先師又發出自然之說，至矣。來諭忘
> 助二字，乃分開看。區區會程子之意，只作一時一段看。蓋勿忘
> 勿助之間，只是中正處也。學者下手，須要理會自然工夫，不須
> 疑其為聖人熟後事，而姑為他求。蓋聖學只此一個路頭，更無別
> 個路頭，若尋別路，終枉了一生也。[122]

大體依明道的體悟，孟子「必有事焉而勿正，心勿忘，勿助長」(〈孟子・公孫丑上〉)正是通過必有事焉的集義工夫而見本心之純亦不已。本心之誠敬不舍是勿忘；本心之貞定自如是勿助，合而一之即是本心之純亦不已。此中實含一「即工夫便是本體」(或曰「用工夫以復本體」)之義。故白沙、甘泉謂「忘、助皆非心之本體，此是心學最精密處」並不錯，問題是他們進而將勿忘勿助由本心的層面移至工夫的層面；不許勿忘勿助只是聖人熟後事而提倡一種不容絲毫人力的自然工夫則頗費分疏，不容儱侗過去。依心學之教義，此勿忘勿助工夫之說大概可以從兩方面來求解。一是順本心之純亦不已說工夫，亦即所謂「即本體便是工夫」之義。這猶如王陽明應答弟子王龍溪提出「四無」時說：「利根之人一悟本體，即是工夫，人己內外一齊俱透了」；[123] 或後來龍溪批評「即工夫便是本體」(他所謂「後天誠意之學」)時說：「若在後天動意上立根，未免有世情嗜欲之雜。纏落牽纏，便費斬截，致知工夫轉覺繁難」。[124] 但嚴格言之，「即本體便是工夫」必本乎「即工夫便是本體」，兩者實構成一工夫的循環(circularity)；由工夫復本體，而本體發用為工夫。倘落於實踐者的根器言，亦不妨說利根之人、天縱之性(即聖人性之而非湯、武反之)較易把握「即本體便是工夫」一面，但無論如何，單此一面實不能作一獨立的工夫與教法。[125] 而細玩白沙的文字，他的自然工夫似乎亦非如龍溪般在這層意思上著墨。另一可能的解釋乃泰州王門羅汝芳(近溪，1515–1588)所特重的破除光景的工夫。須知心學之求放心，無論走內在的或超越的逆覺體證的進路，均可能產生光景的問題。走內在的路，人易誤認在工夫歷程中努力為善去惡的就是本心自己。實則嚴格來說，此只是本心的發用(亦可曰本心的影子)，非本心如如之自己。由本心發用(猶有善惡意念)到本心自己之如如呈現(超越善惡意念而唯是天理流行)仍隔著那最後一步。倘於此未透而生誤認，即生光景的問題。又走超越的路，人亦易誤認靜坐所見澄然湛然的就是本心自己，而流於懸空去把捉，這也生光景的問題。光景者影子之謂也，本心光景即誤認影子為本心，故亟待破除之以復歸渾淪順適、如如呈現的的化境。《明儒學案》卷34〈泰州學案三〉中有一段介紹近溪思想的文字清楚道出了此破除光景的意思：

> 先生之學，以赤子良心、不學不慮為的，以天地萬物同體、徹形骸、忘物我為大。此理生生不息，不須把持，不須接續，當下渾淪順適。工夫難得湊泊，即以不屑湊泊為工夫；胸次茫無畔岸，便以不依畔岸為胸次，解纜放船，順風張棹，無之非是。學人不省，妄以澄然湛然為心之本體，沉滯胸膈，留戀景光，是為鬼窟活計，非天明也。[126]

白沙在〈答張內翰廷祥書，括而成詩，呈胡希仁提學〉中也表達過十分相近的觀點：

> 學患不用心，用心滋牽纏。本虛形乃實，立本貴自然。戒慎與恐懼，斯言未云偏。後儒不省事，差失毫釐間。寄語了心人，素琴本無絃。[127]

「用心滋牽纏」便是錯認影子為本心；「素琴本無絃」乃破除光景後那如如呈現的本心。而無絃云者，即前述自然流行之本心於作用上的無相、無心、無累之義。可見白沙勿忘勿助的工夫應是與後來近溪破除光景的工夫相近的一種想法。惟此自然工夫實「難得湊泊，即以不屑湊泊為工夫」。牟宗三先生認為此「不屑湊泊」的工夫是「以無工夫之姿態呈現」的「一絕大的工夫，吊詭的工夫」。[128] 但實則所謂「以無工夫之姿態呈現」，說穿了即是無工夫可立；蓋其本身無工夫之軌道相之故也，勉強只可說是個人對自身體悟是否到家的自驗準則。然既像如人飲水、冷暖自知，則在此多說亦無意思。多說了人家反會說這只是玩弄光景。即使姑且承認它是一種工夫，但它也是不能離乎體證本心與擴充存養等工夫而有獨立的意義。故上引甘泉〈答聶文蔚〉將自然工夫視為「聖學只此一個路頭，更無別個路頭」，便不可謂無法病。所以最後能徹上徹下之教（上下根人皆可通達之教），便唯有那以「即工夫便是本體」為根基的集義。陽明在〈答聶文蔚（二）〉中盛言必有事焉而痛斥講勿忘勿助的工夫，可視為對自然工夫的毛病的一個扼要的批評。其言曰：

> 區區因與說我此間講學，卻只說個「必有事焉」，不說「勿忘勿助」。「必有事焉」者，只是時時去「集義」。若時時去用「必有事」的工

夫，而或有時間斷，此便是忘了，即須「勿忘」。時時去用「必有
事」的工夫，而或有時欲速求效，此便是助了，即須「勿助」。其工
夫全在「必有事焉」上用，「勿忘勿助」只就其間提撕警覺而已。若
是工夫原不間斷，即不須更說「勿忘」；原不欲速求效，即不須更說
「勿助」。此其工夫何等明白簡易！何等灑脫自在！今卻不去「必有
事」上用工，而乃懸空守著一個「勿忘勿助」，此正如燒鍋煮飯，鍋
內不曾漬水下米，而乃專去添柴放火，不知畢竟煮出個甚麼物來？
吾恐火候未及調停，而鍋已先破裂矣。近日一種專在「勿忘勿助」
上用功者，其病正是如此。終其懸空去做個「勿忘」，又懸空去做
個「勿助」，濟濟蕩蕩，全無實落下手處；究竟工夫只做得個沉空
守寂，學成一個痴騃漢，才遇些子事來，即便牽滯紛擾，不復能經
綸宰制。此皆有志之士，而乃使之勞苦纏縛，擔擱一生，皆由學
術誤人之故，甚可憫矣！[129]

此處陽明批評的其實正是白沙、甘泉之說，攻擊二人「沉空守寂」容或
太過。惟彼等誤將自驗的準則作獨立的工夫，甚至以此教人，則學子
在努力謀求勿忘勿助時確會有無實落下手處之虞，最終反成玩弄光景而
終將產生陽明所警告的惡果。[130]

　　總括而言，白沙晚年提倡學宗自然雖或反映出其個人修養工夫之深
邃。但若從立教的層面上看，則不可謂之無偏。因他從本心之如如地
呈現處、道體流行於人倫日用處及勿忘勿助之工夫處所言自然之三義均
有誤導學子之嫌。此即前兩義固屬心學義理所必涵者，卻絕不可作學
問宗旨看。而後一義雖是徹悟本心所不可無的自驗，然不能將之視為
一有獨立意義具客觀軌道相的工夫與教法。

五、對批評白沙學的理解與回應

　　有了以上的分析，最後讓我們談談如何理解各種對白沙學的批評
來結束這章。首先，因白沙喜靜坐、主自然而詆之為近禪或混同三教

者乃明顯是不稱理之聯想。上文已清楚指出白沙雖深受佛道的刺激啟發，但對儒與佛、道的不同亦持守甚嚴，絕非欲把三教混同者。若謂儒家不應講靜坐與自然則無異於要儒學自絕於高明勝義，此殊非弘揚儒學應有的態度。

至於白沙與陽明的關係，近年有學者費了大氣力追溯陽明曾受白沙思想啟發影響的痕跡與線索，考信周偏可信。[131] 事實上，在陽明的詩文中確不乏帶有白沙學思色彩的文字，如〈月夜二首(與諸生歌於天泉橋)〉云：「影響尚疑朱仲晦，支離羞作鄭康成。鏗然舍瑟春風裏，點也雖狂得我情。」[132] 但現在使人費解的是為何陽明後來從不提起白沙。我們似乎很難滿意於儒者重自得故不依傍門戶一類的解釋。一個較合理的答案恐怕必須自二人思想的分歧處來推測。這一點其實近人熊十力早已觸及：

> 余嘗怪陽明平生無一言及白沙。昔人有謂陽明才高，直是目空千古，故於白沙先生不復道及。果如此說，陽明必終其身未脫狂氣也。陽明之賢，決不至是。湛甘泉在白沙門下名位最著，陽明與甘泉為至交，而論學則亦與之弗契，足見陽明與白沙必有異處。而終不道及者，正是恭敬老輩，非慢也。[133]

惜乎熊十力未有進一步指出陽明與白沙思想的殊異處。但從上文的討論看來，可見陽明與白沙雖云同屬心學統緒，然二人無論由工夫入路以至成學後的風格旨趣皆迥然不同。陽明良知教的精神乃重在強調良知直接發用之義，此義在他早年的知行合一說與晚年的致良知中均並無兩樣。而他於滁陽教學生默坐澄心便僅為因病立方的權宜教法。相比之下，白沙走的完全是靜坐見體的入路。更有甚者，陽明極不喜說勿忘勿助的自然工夫亦是造成他與白沙思想南轅北轍的原因。上引陽明〈答聶文蔚〉一書是他在廣西征思田時寫的，是年冬他即卒於歸途。故知此書可謂晚年定論矣。陽明作晚年定論仍再三致意於攻擊專在勿忘勿助上用功者，可見非徒是因與甘泉論學而生之意氣。陽明學既與白沙學異趣，則陽明終身不提白沙乃不難想像的事。而陽明之不提白沙絕非

不屑提，反而是由於他在成學過程中曾受益於白沙學的啟迪遂「恭敬老輩，非慢也」。但到陽明歿後，王門弟子各憑所學繼承師說。當中龍溪的四無教與泰州派的自然風格都同是偏於描畫那良知渾淪順適的化境，故一見白沙文字自難免有默契於心的感覺。另江右的雙江、念菴倡歸寂亦與白沙的靜坐工夫若合符節。無怪乎在陽明辭世後情況竟出現了旋乾轉坤的變化，王門後學幾無不對白沙推崇備致。此其故也。

及至明末，王學末流產生蕩越。劉蕺山在《證學雜解·解二五》中說：「猖狂者參之以情識，而一皆是良；超潔者蕩之以玄虛，而夷良於賊。」[134] 此中蕺山雖未明言是誰「參之以情識」，是誰「蕩之以玄虛」，但很明顯指責的對象是泰州派與浙中龍溪。從哲學思想的角度看，泰州派主自然與龍溪主四無均是建基在良知化境上的說法，分別只在於前者是以圓融的方式表示；後者則以分解的方式立言。[135] 若用白沙的話說，良知化境即本心如如呈現、道體如如流行的境界。蕺山畢身致力救正王學末流，則他隔著泰州與龍溪的兩重公案來看白沙的學宗自然，遂難免多有微辭。《明儒學案·師說》論白沙之學云：

> 靜坐一機，無乃淺嘗而捷取之乎？自然而得者，不思而得，不勉而中，從容中道，聖人也，不聞其以靜坐得也，先生蓋亦得其所得而已矣。道本自然，人不可以智力與，纔欲自然，便不自然。故曰「會得的活潑潑地，不會得的只是弄精魂」。靜中養出端倪，不知果是何物？端倪云者，心可得而擬，口不可得而言，畢竟不離精魂者近是。今考先生證學諸語，大都說一段自然工夫，高妙處不容湊泊，終是精魂作弄處。[136]

蕺山雖質疑白沙的靜坐見體工夫，謂「靜中養出端倪，不知果是何物」，但他畢竟是曾習靜坐的過來人，甚至亦嘗推許豫章、延平一路為聖學第一義工夫，所以此質疑非批評的關鍵所在。只是蕺山後來走回內在體證的路，遂視靜坐為「無乃淺嘗而捷取之乎」的常行工夫。他最不滿白沙的地方應是其自然之說。上引文字中蕺山認為自然之義只能從聖人不思而得，不勉而中，從容中道處講，這是不諦當的說法。須知白沙

就本心與道體之如如流行言自然完全是心學義理所必涵者。白沙的毛
病實出於把自然義作學問宗旨看。至於不容湊泊的自然工夫，蕺山是
直目之為明末學術蕩越的罪魁禍首。所以他苛責白沙的一段自然工夫
終是精魂作弄處乃不難理解的事。但到了蕺山的高弟梨洲時，思想界
的情況已為之一變。此即梨洲雖亦想假師說救正王學，但其時他更措
意的恐怕是如何復興心學以阻止清初朱學獨霸局面的出現。是以當他
一旦發現白沙學是徹頭徹尾的心學時，乃引為同道而給予極高的評價及
開風氣之先的定位。對於其師蕺山的苛評，梨洲則採取了巧妙的方法
來替白沙辯解。這就是為甚麼他在〈白沙學案〉中不直說白沙學宗自然
而將之改寫為「以勿忘勿助之間為體認之則，以未嘗致力而應用不遺為
實得」的原因。此中以體認之則與實得來解白沙勿忘勿助之工夫義正見
出梨洲的心思縝密。人或謂梨洲撰《明儒學案》對各家思想的綜述多只
是抄錄徵引而無深刻的理解。上述白沙學案的例子或許正是一有力的
反駁。

註　釋

1　例如牟宗三《從陸象山到劉蕺山》(臺北：臺灣學生書局，1979) 一書處理
　　明代理學，便沒有專章討論白沙之學，只在析論泰州學派時旁及數語，且
　　對白沙有十分嚴厲的批評 (見頁284–286)。另唐君毅《中國哲學原論 ——
　　原教篇》亦僅在第13章第3節〈湛甘泉與陽明學之異同〉中非常簡略地談到
　　白沙思想 (見頁356–358)。勞思光《新篇中國哲學史 (三上)》更是完全沒有
　　涉及白沙。馮友蘭《中國哲學史》下冊 (香港：三聯書店，1993重印本) 雖
　　有一節論白沙與甘泉，但只有寥寥數百字，所論甚至根本未能見出白沙學
　　說的特色與風格。

2　黃宗羲，《明儒學案》，卷5，〈白沙學案上〉，據沈善洪、吳光編：《黃宗羲
　　全集》(杭州：浙江古籍出版社，2005增訂版)，第7冊，頁78。

3　黃宗羲，《明儒學案》，卷12，〈浙中王門學案二〉錄王龍溪論學書〈與顏沖
　　宇〉，《黃宗羲全集》，第7冊，頁294。

4　黃宗羲，《明儒學案》，卷5，〈白沙學案上〉，《黃宗羲全集》，第7冊，頁81。

5 見陳獻章,〈復趙提學僉憲三則之第一則〉,《陳獻章集》(北京:中華書局,1987),卷2,頁145;另見張詡,〈白沙先生墓表〉,《陳獻章集》,附錄2,頁883。

6 參看姜允明,〈明儒陳白沙生平學説概觀〉,收氏著,《心學的現代詮釋》(臺北:東大圖書公司,1988),頁115–139。

7 陽明的詩文中三次言及白沙的地方為:(a)〈謹齋説〉云:「景瑞嘗遊白沙陳先生之門,歸而求之,自以為有見。又二十年而忽若有得,然後知其向之所見猶未也。」(王守仁著,吳光、錢明、董平、姚延福編校,《王陽明全集》〔上海:上海古籍出版社,2011〕,卷7,頁294。)(b)〈贈陳東川〉:「白沙詩裏莆陽子,盡是相逢逆旅間。開口向人談古禮,拂衣從此入雲山。」(同上,卷20,頁830。)(c)〈湛賢母陳太孺人墓碑〉云:「績麻春粱,教其子以顯,嘗使從白沙之門,曰『寧學聖人而未至也』,不亦知乎!」(同上,卷25,頁1038。)而據筆者所見,最先考證出此三處者為姜允明,見〈《六祖壇經》對明儒陳白沙的影響〉,收氏著,《當代心性之學面面觀》(臺北:明文書局,1994),頁141註7。

8 陳獻章,〈與賀克恭黃門十則之第二則〉,《陳獻章集》,卷2,頁133。

9 陳獻章,〈復張東白內翰〉,《陳獻章集》,卷2,頁131。

10 陳獻章,〈書自題大塘書屋詩後〉,《陳獻章集》,卷1,頁68。

11 陳獻章,《陳獻章集》,卷2,頁217。

12 陸九淵,〈語錄上〉,《陸九淵集》(北京:中華書局,2008二刷),卷34,頁423。

13 陸九淵,〈雜著〉,《陸九淵集》,卷22,頁273。

14 陳獻章,〈與湛民澤十一則之第七則〉,《陳獻章集》,卷2,頁192。

15 黃宗羲,《明儒學案》,〈師説〉,《黃宗羲全集》,第7冊,頁12。

16 同前註。

17 黃宗羲,《明儒學案》,卷58,〈東林學案一〉錄高攀龍《會語》,《黃宗羲全集》,第8冊,頁795。

18 當代學者的白沙思想研究,較重要者有姜允明,〈明儒陳白沙生平學説概觀〉;〈《六祖壇經》對明儒陳白沙的影響〉;〈當代新儒家論明儒陳白沙〉,收陳德和主編,王邦雄等著,《當代新儒家的關懷與超越(第三屆當代新儒學國際學術會議論文集之一)》(臺北:文津出版社,1997),頁63–82;〈當代新儒學與陳白沙〉,發表於(臺北)第四屆當代新儒學國際學術會議(1996年12月)。另姜氏有英文專書論白沙,見 Jiang Paul Yun-ming, *The Search for*

Mind: Chen Pai-sha, Philosopher-Poet (Singapore: Singapore University Press, 1980)。此外還有簡又文，《白沙子研究》(香港：簡氏猛進書屋，1970)；黃桂蘭，《白沙學說及其詩之研究》(臺北：文史哲出版社，1981)；林繼平，《明學探微》(臺北：臺灣商務印書館，1984)，第三、四、五篇；章沛，《陳白沙哲學思想研究》(廣東：人民出版社，1984)；陳郁夫，《江門學記——陳白沙及湛甘泉研究》(臺北：臺灣學生書局，1984)。

19　詳參牟宗三，《心體與性體》，第1冊，第1部〈綜論〉，頁1–319。

20　陳獻章，〈復趙提學僉憲三則之第一則〉，《陳獻章集》，卷2，頁145。

21　陸九淵，〈武陵縣學記〉，《陸九淵集》，卷19，頁238。

22　陸九淵，〈年譜〉，《陸九淵集》，卷36，頁483。

23　王守仁，《傳習錄中》〈答聶文蔚（二）〉，《王陽明全集》，卷2，頁95。

24　王守仁，〈大學古本序〉，《王陽明全集》，卷7，頁271。

25　牟宗三說：「良心發見之端雖有種種不同，然從其溺而警覺之，則一也。此即是『逆覺』之工夫。言『逆覺』之根據即孟子所謂『湯武反之也』之『反』字。〔……〕孟子又言：『舜在深山之中，與木石居，與鹿豕遊，其所以異于深山之野人者幾希？及其聞一善言，見一善行，若決江河，沛然莫之能禦。』此是典型的逆覺之例。從不自覺到自覺也。大舜在深山之中雖說不上是陷溺，然亦是不覺之溺。及其一旦警覺，則一覺全覺，沛然莫之能禦。」見牟宗三，《心體與性體》，第2冊，第3章第9節〈逆覺之工夫〉，頁476。

26　參看唐君毅，〈白沙在明代理學之地位〉，《白沙學刊》，第2期，1965年3月，頁33–38。

27　陳獻章，〈東曉序〉，《陳獻章集》，卷1，頁7–8。

28　陳獻章，〈與張廷實主事六十九則之第十三則〉，《陳獻章集》，卷2，頁165。

29　陳獻章，〈與林時矩三則之第一則〉，《陳獻章集》，卷3，頁243。

30　陳獻章，〈禽獸說〉，《陳獻章集》，卷1，頁61。

31　周敦頤，《通書‧顏子第二十三》，《周敦頤集》(北京：中華書局，2009二版)，卷2，頁33。

32　羅倫（一峰，1431–1478）在〈送白沙陳先生序〉中云：「白沙先生處南海者，廿餘年矣。觀天人之微，究聖賢之蘊，充道以富，尊德以貴。天下之物，可愛可求，漠於無動其中者，孟子曰：『飽乎仁義，不願人之膏粱。令聞廣譽，不願人之文繡。』周子曰：『見其大則心泰，心泰則無不足，無不足則富貴貧賤處之一。』其斯之謂與！〔……〕先生不欲富貴而樂貧賤，獨何心哉？見其大而已矣。」見《陳獻章集》，附錄4，頁923。

33　陳獻章，《陳獻章集》，卷1，頁57。

34　朱熹，《四書章句集注》（北京：中華書局，1983），頁31。

35　陳獻章，〈論前輩言銖視軒冕塵視金玉三則之下〉，《陳獻章集》，卷1，頁56。

36　陳獻章，〈李文溪文集序〉，《陳獻章集》，卷1，頁8。

37　陳獻章，〈與賀克恭黃門十則之第三則〉，《陳獻章集》，卷2，頁133。

38　黃宗羲，《黃宗羲全集》，第7冊，頁93–94。

39　陳獻章，〈道學傳序〉，《陳獻章集》，卷1，頁20。

40　陳獻章，〈復張東白內翰〉，《陳獻章集》，卷2，頁131。

41　陳獻章，〈答張內翰廷祥書，括而成詩，呈胡希仁提學〉，《陳獻章集》，卷4，頁279。

42　陳獻章，〈藤蓑五首〉，《陳獻章集》，卷4，頁288。

43　陳獻章，〈題梁先生芸閣〉，《陳獻章集》，卷4，頁323。

44　陳獻章，〈再和示子長二首〉，《陳獻章集》，卷5，頁456。

45　陳獻章，〈代簡答林家菴先生〉，《陳獻章集》，卷5，頁464。

46　陳獻章，〈次韻張廷實讀伊洛淵源錄〉，《陳獻章集》，卷6，頁645。

47　陳獻章，〈程鄉縣社學記〉，《陳獻章集》，卷1，頁31。

48　陸九淵，〈語錄上〉，《陸九淵集》，卷34，頁395。

49　參看姜允明，〈明儒陳白沙生平學說概觀〉；另〈《六祖壇經》對明儒陳白沙的影響〉。

50　陳獻章，《陳獻章集》，卷1，頁65。

51　陳獻章，〈與羅一峰七則之第二則〉，《陳獻章集》，卷2，頁157。

52　同前註。

53　朱熹，《晦庵先生朱文公文集》，卷46，據朱傑人、嚴佐之、劉永翔主編，《朱子全書》（上海：上海古籍出版社；合肥：安徽教育出版社，2002），第22冊，頁2143。

54　黎靖德編，《朱子語類》，卷26，頁656。另可參看陳榮捷，《朱子新探索》（臺北：臺灣學生書局，1988），第45章〈朱子與靜坐〉、第46章〈半日靜坐半日讀書〉，頁299–313。

55　朱熹，〈答潘子善十一書之第五書〉，《晦庵先生朱文公文集》，卷60，《朱子全書》，第23冊，頁2906。

56　關於朱子之不契孟子道德本心之教，詳參牟宗三，《心體與性體》（臺北：正中書局，1969），第3冊；另《從陸象山到劉蕺山》，第2章〈象山與朱子之爭辯〉，頁81–212。

57 黃宗羲，《宋元學案》，卷74，〈慈湖學案〉附錄〈陳北溪答陳師復書〉，據《黃宗羲全集》，第5冊，頁967。

58 陸九淵，〈語錄上〉，《陸九淵集》，卷34，頁428。

59 陸九淵，〈語錄下〉，《陸九淵集》，卷35，頁471。

60 白沙九世族孫陳世澤在〈重刻白沙子全集後序〉中有一段論及白沙之主靜非宗象山，其言雖未能詳及白沙與象山對靜坐看法的差異，惟仍可作本文分析的一個旁證。其言云：「曰：『公既得力於主靜，然則公之學，其陸氏宗派歟？』澤曰：『君以公為宗陸，亦未知靜之所由來耳。本於《易》，見於《論語》，詳於《大學》，而濂溪特拈出以說太極者，非始於陸也。不觀公之言乎？此一靜字，發源於濂溪，程門遞相傳受，延平尤專提此教人。晦庵恐人差入禪去，故少說靜，只說敬。學者須自量度何如，若不至為禪所誘，仍多靜方有入處。是公之主靜，宗周程也，何嘗言宗陸哉！』」見《陳獻章集》，附錄3，頁915。

61 王畿，〈三山麗澤錄〉，《龍谿王先生全集》，卷1，據《四庫全書存目叢書》集部，第98冊（臺南：莊嚴文化事業公司，1997），頁257。

62 張亨〈《定性書》在中國思想史上的意義〉一文，對宋明儒之主張靜坐有十分仔細的介紹討論。惜乎文中並未能把握住宋明儒之靜坐實有逆覺工夫與常行工夫的不同理解。文收氏著，《思文之際論集》（臺北：允晨文化公司，1997），頁407–468。

63 見牟宗三，《心體與性體》，第2冊，頁476–477。另可參看高柏園，〈論牟宗三先生「逆覺體證」義之運用〉，《鵝湖月刊》，第22卷，第7期，1997年2月，頁1–8。高文大體是順著牟宗三兩種逆覺工夫的區分而立論，但卻未有注意到牟宗三在《從陸象山到劉蕺山》中對兩種工夫的權實之判。

64 周敦頤，《通書·思第九》，《周敦頤集》，卷2，頁21。

65 參看張載，《正蒙·大心篇》，《張載集》，頁24–26。

66 張載，《經學理窟·學大原下》，《張載集》，頁284。

67 程顥、程頤，《二程集》，頁432。

68 同前註，頁15。

69 朱熹，〈延平先生李公行狀〉，《晦庵先生朱文公文集》，卷97，《朱子全書》，第25冊，頁4517。

70 (a)《明儒學案》卷17〈江右王門學案二〉聶雙江本傳部分記云：「先生之學，獄中閒久靜極，忽見此心真體，光明瑩徹，萬物皆備。乃喜曰：『此未發之中也，守是不失，天下之理皆從此出矣。』及出，與來學立靜坐法，使之歸

寂以通感，執體以應用。」（《黃宗羲全集》，第7冊，頁427。）另(b)卷18
〈江右王門學案三〉羅念菴本傳的部分云：「而聶雙江以歸寂之說號於同志，
惟先生獨心契之。先生謂：『〔……〕故非經枯槁寂寞之後，一切退聽，天
理炯然，未易及此。雙江所言，真是霹靂手段，許多英雄瞞昧，被他一口
說著，如康莊大道，更無可疑。』闢石蓮洞居之，默坐半榻間，不出戶者三
年。」（同上，頁446。）另(c)卷58〈東林學案一〉錄高攀龍之言曰：「龜山
門下相傳靜坐中觀喜怒哀樂未發前作何氣象，是靜中見性之法。要之，觀
者即是未發者也。觀不是思，思則發矣。此為初學者引而致之之善誘也。」
（《黃宗羲全集》，第8冊，頁764。）另(d)《二曲先生年譜》卷1順治十四年
下繫之云：「夏秋之交，患病靜攝，深有感於『默坐澄心』之說，於是一味
切己自反，以心觀心。久之，覺靈機天趣，流盎滿前，徹首徹尾，本自光
明，太息曰：『學所以明性而已，性明即見道，道見則心化，心化則物理俱
融。躍魚飛鳶，莫非天機；易簡廣大，本無欠缺；守約施博，無俟外索。
若專靠聞見為活計，憑耳目作把柄，猶種樹而不培根，枝枝葉葉外頭尋，
惑也久矣。』自是屏去一切，時時返觀默識，涵養本源，閒閱濂、洛、關、
閩及河、會、姚、涇論學要語，聊以印心。」（李顒，《二曲集》〔北京：中
華書局，1996〕，附錄3，頁634–635。）另(e)馬一浮〈示王伯尹〉云：「來書
甚知用力，良慰所望。龜山教人觀喜怒哀樂未發以前氣象，僕亦因此得
入，入後便見龜山延平矣。賢今日大好於此用力，此心本是鑑空衡平，著
一物不得，方能發而中節，安有哀樂過人之弊哉。」（馬一浮，《爾雅臺答
問》〔臺北：廣文書局，1963〕，《續篇》，卷2，頁37。）

71　(a)朱熹《胡子知言疑義》記胡五峰答彪居正問盡心云：「齊王見牛而不忍
殺，此良心之苗裔，因利欲之間而見者也。一有見焉，操而存之，存而養
之，養而充之，以至于大，大而不已，與天地同矣。此心在人，其發見之
端不同，要在識之而已。」（據胡宏，《胡宏集》〔北京：中華書局，1987〕，
附錄1，頁335。）另(b)《王陽明全集》卷36《年譜附錄一》嘉靖二十九年四
月下記陽明門下何遷與錢德洪之論靜坐云：「問曰：『聞師門禁學者靜坐，
慮學者偏靜淪枯槁也，似也。今學者初入門，此心久濡俗習，淪浹膚髓，
若不使求密室，耳目與物無睹聞，澄思絕慮，深入玄漠，何時得見真面目
乎？師門亦嘗言之，假此一段以補小學之功。〔……〕今禁此一法，恐令人
終無所入。』洪對曰：『師門未嘗禁學者靜坐，亦未嘗立靜坐法以入人。』
曰：『舍此有何法可入？』曰：『只教致良知。良知即是真面目。良知明，
自能辨是與非，自能時動時靜，不偏於靜。』曰：『何言師門不禁靜坐？』

曰：『程門嘆學者靜坐為善學，師門亦然。但見得良知頭腦明白，更求靜處精鍊，便全體著察，一滓不留；又在事上精鍊，使全體著察，一念不欺。此正見吾體動而無動，靜而無靜，時動時靜，不見其端，為陰為陽，莫知其始：斯之謂動靜皆定之學。』曰：『偏於求靜，終不可與入道乎？』曰：『離喜怒哀樂以求中，必非未發之中；離仁敬孝慈以求止，必非緝熙之止；離視聽言動以求仁，必非天下歸仁之仁。是動靜有間矣，非合內合外，故不可與語入道。』」（頁1481–1482。）此段文字正可見陽明的致良知乃內在的逆覺體證，而德洪亦能緊守師說。(c) 至於劉蕺山，或許是因他早年曾受學於白沙一脈的許孚遠（敬菴，1535–1604），故喜靜坐，嘗作〈靜坐說〉（參看劉宗周著，戴璉璋、吳光主編，鍾彩鈞編審，《劉宗周全集》〔臺北：中研院文哲所，1996〕，第2冊，卷10，頁357–358。）；又謂「延平教人看喜怒哀樂未發時作何氣象，此學問第一義工夫。」（劉宗周，《學言上》，《劉宗周全集》，第2冊，卷12，頁438。）後立誠意慎獨教則又走回內在的逆覺體證的路，而謂「即後世學者有一種瞑目杜聰工夫，亦是禪門流弊，聖學原無此教法。」（同上，頁461。）

72　王畿，〈三山麗澤錄〉，《龍谿先生全集》，卷1，頁258。

73　黃宗羲，《明儒學案》，卷18，〈江右王門學案三〉，《黃宗羲全集》，第7冊，頁446。

74　江右主張歸寂的毛病並非出於靜坐見體的工夫，而是順此而過當地在工夫上支解陽明的良知為已發未發兩段。這明顯已偏離了陽明良知無分於動靜、無分於已發未發之旨。詳參牟宗三，《從陸象山到劉蕺山》，第3章〈王學之分化與發展〉，頁298–311。值得注意的是，牟的批評並未注意到江右歸寂是在工夫而非本體上分拆良知的已發與未發。

75　牟宗三，《從陸象山到劉蕺山》，頁310。

76　同前註，頁318–319。

77　陳獻章，〈送羅養明還江右序〉，《陳獻章集》，卷1，頁25。

78　牟宗三此一時未能免之不理解或許是出於他根本不契靜坐工夫。他早年談儒家工夫時嘗謂：「抗戰期間，我在成都有一個朋友對我說：『你要唸宋明理學，必須打坐。』我說：『打坐不能增加人的道德感。』打坐的工夫與佛老的教義相應，不與儒家的教義相應。」見牟宗三主講，蔡仁厚輯錄，《人文講習錄》（臺北：臺灣學生書局，1996），頁95。另在《王陽明致良知教》（臺北：中央文物供應社，1954）中亦有相近的說法：「蓋儒家以『敬以直內，義以方外』為大綱領。相應此綱領而言工夫，自有其坦蕩之大途。後

來受佛家影響，遂有靜坐一途。此作個人受用，一時之權法，自無不可。然決不是敬以直內義以方外之開而出之之正道。〔……〕吾從不作靜坐見道想。有人勸我你要學理學不可不作靜坐工夫。我說不必。靜坐不能增加人的道德感，只是一片私心。友人語塞。」(頁56–57。) 另陳特先生嘗告訴筆者，說牟先生曾對他表示過習靜坐而無所入，又說牟夫人有一次見牟先生靜坐間忽然抽起煙來。陳先生認為牟先生因對靜坐淺嘗輒止故無所得。但依本章的看法，牟宗三更可能是因他對靜坐根本無存在之感應故。在此提及陳特先生的記述，聊作本章分析的一個參證。

79 牟宗三，《從陸象山到劉蕺山》，頁286。

80 陳獻章，《陳獻章集》，卷6，頁644。

81 黃宗羲《明儒學案》卷37〈甘泉學案一〉錄〈語錄〉云：「衝謂：『初學之士，還須令靜坐息思慮，漸教以立志，體認天理，煎銷習心，及漸令事上磨縛。衝嘗歷歷以此接引人，多見其益。動靜固宜合一用工，但靜中為力較易。〔……〕』先生曰：『靜坐，程門有此傳授。伊川見人靜坐，便歎其善學。然此不是常理，日往月來，一寒一暑，都是自然常理流行，豈分動靜難易？若不察見天理，隨他入關入定，三年九年，與天理何干？若見得天理，則耕田鑿井，百官萬物，金革百萬之眾也，只是自然天理流行。〔……〕』」《黃宗羲全集》，第8冊，頁161。

82 陳獻章，〈龍岡書院記〉，《陳獻章集》，卷1，頁34。

83 陳獻章，〈復趙提學僉憲三則之第一則〉，《陳獻章集》，卷2，頁145。

84 陳獻章，〈與羅一峰七則之第二則〉，《陳獻章集》，卷2，頁157。

85 陳獻章，〈湖山雅趣賦〉，《陳獻章集》，卷4，頁275。

86 陳獻章，〈和楊龜山此日不再得韻〉，《陳獻章集》，卷4，頁279。

87 陳獻章，〈八月二十四日颶作，多溺死者〉，《陳獻章集》，卷4，頁303。

88 陳獻章，〈夜坐二首〉，《陳獻章集》，卷5，頁422–423。

89 黃宗羲，《明儒學案》，卷58，〈東林學案一〉錄《小心齋箚記》，《黃宗羲全集》，第8冊，頁741。

90 陳榮捷嘗謂白沙之學「不只在靜中見動，且在靜中創出動來，此于周子二程與象山均大進一步矣」。實則白沙「至無有至動，至近至神焉」所重申明者乃本心之寂感義、泛應曲當義。此義為宋明儒共同肯定者，似難說於周子、二程與象山均大進一步。參看陳榮捷，〈白沙之動的哲學與創作〉，《白沙學刊》，第2期，1965年3月，頁27–29。

91 陳獻章，〈與湛民澤十一則之第十一則〉，《陳獻章集》，卷2，頁193。

92 黃宗羲，《明儒學案》，卷37，〈甘泉學案一〉錄湛甘泉〈答陽明論格物〉，
《黃宗羲全集》，第7冊，頁153。

93 黃宗羲，《明儒學案》，卷58，〈東林學案一〉，《黃宗羲全集》，第8冊，頁
766–767。

94 如早年習靜坐的劉蕺山，其〈靜坐說〉中便亦十分強調靜坐講求平常自然之
義。其言云：「日用之間，除應事接物外，苟有餘刻，且靜坐。坐間本無
一切事，即以無事付之。既無一切事，亦無一切心，無心之心，正是本
心。瞥起則放下，沾滯則掃除，只與之常惺惺可也。此時伎倆，不合眼，
不掩耳，不趺跏，不數息，不參話頭。只在尋常日用中，有時倦則起，有
時感則應，行住坐臥，都作坐觀，食息起居，都作靜會。昔人所謂「勿忘
勿助間，未嘗致纖毫之力」，此其真消息也。」（《劉宗周全集》，第2冊，
卷10，頁357。）此中值得注意的是，「行住坐臥，都作坐觀，食息起居，
都作靜會」，可見宋明儒吸收佛老的靜坐工夫絕非一成不變而是加上了自
己靈活的詮解。

95 陳獻章，《陳獻章集》，卷1，頁47–48。

96 朱子雖不契孟子本心之說，更無靜坐見體的工夫體會。但正如前文所說，
他並不反對作為日用常行工夫的靜坐。而他回答學生問靜坐時，乃是將之
放在孟子言志與氣的關係中來解說。可知實可由志與氣的區分中更進一步
涵蘊靜坐見體的理論根據。《朱子語類》卷26記云：「問：『《集注》云：「志
之所至，氣必至焉。」以泳觀之，亦有始立之志不足以帥久縱之氣者。』
曰：『也是志不足。』問：『養得志完全時，只在持守否？』曰：『持守體察，
講學考索，凡聖人所說底，皆著去做。』問：『須有一箇本領？』曰：『貫通
處只是敬。』問：『南軒云：「敬字貫通動靜，而以靜為本。」』曰：『那是就
那主靜上說。閑時若靜坐些小，也不妨。』因舉明道教上蔡且靜坐，彼時
卻在扶溝縣學中。明道言：『某只是聽某說話，更不去行。』上蔡對以『無
可行處』。明道教他且靜坐。『若是在家有父母合當奉養，有事務合當應
接，不成只管靜坐休！』」黎靖德編，《朱子語類》，頁656。

97 劉宗周，《劉宗周全集》，第2冊，卷12，頁460–461。

98 陳獻章，〈復趙提學僉憲三則之第三則〉，《陳獻章集》，卷2，頁147。

99 本心或主體意識的「形式特性」是指分析本心或主體意識的概念即可得者。
換言之，即本心或主體意識的概念所蘊涵（logically imply）的意義，用傳統
的話說，是「義相」。例如，本心或主體意識必是：超越者（超越欲望和現
實的限制）、解放者（自欲望和現實的限制中解放出來）、無限者（不受限於

欲望和現實的限制)、自由者(不受限即自由)與價值者(嚮往比欲望和現實
的限制更有價值的方向)。用三教的共同語言說,亦可謂本心或主體意識
必是:虛(虛以控種種實)、無(非特定表現的有)、空(不執於任一特定表
現)、明覺(覺其自己故謂明)、靈(必靈動無方泛應曲當)、能(能動)等。
至於本心或主體意識的「內容特性」是指隨實踐者於生命存在的感觸中所悟
會而及者,如儒家特感成己成物之重要、老莊特感有為之束縛桎梏、佛氏
特感一切法之無常。由內容特性之悟會可通至形式特性之把握,反之則不
然。於此可見,本心或主體意識的形式特性是三教的共義,其內容特性的
不同路向是三教的不共義。明代心學自白沙始則對此共與不共有相當認
識,後來陽明便由此入手鼓動三教合一的風潮。對明末王學的三教合一
論,筆者曾撰文分析,參看鄭宗義,〈明末王學的三教合一論及其現代迴
響〉,收吳根友編,《多元範式下的明清思想研究》(北京:三聯書店,
2011),頁181–233。此文的修訂版將收入筆者整理的另一本書稿《道德、
政治與宗教——儒家哲學之開新》(待刊)。

100 陳獻章,〈與林時矩三則之第三則〉,《陳獻章集》,卷3,頁243。

101 陳獻章,《陳獻章集》,卷5,頁505。

102 陳獻章,〈書自題大塘書屋詩後〉,《陳獻章集》,卷1,頁68。大體走超越
的逆覺體證之路者多會對靜坐中所見的本心性體作描述。如明末清初李二
曲嘗云:「水澄則珠自現,心澄則性自朗。故必以靜坐為基,三炷為程,
齋戒為功夫,虛明寂定為本面。而靜而虛明寂定,是謂未發之中;動而虛
明寂定,是謂中節之和,時時返觀,時時體驗。」(李二曲,〈學髓〉,《二
曲集》,卷2,頁20–21。)又云:「即是此景,更有何景。虛若太虛,明若
秋月,寂若山嶽,則幾矣。然亦就景而言景耳。若著於景,則必認識神為
本面,障緣益甚,本覺益昧。」(同上)此中二曲之虛明寂定雖與白沙之虛
明靜一用詞稍有不同,然箇中意思實可相通互觀。

103 陳獻章,〈復張東白內翰〉,《陳獻章集》,卷2,頁131。

104 周敦頤,《周敦頤集》,頁31。

105 陳獻章,〈復趙提學僉憲三則之第三則〉,《陳獻章集》,卷2,頁147。另可
參看本章第二節曾引錄之〈書蓮塘書屋冊後〉,《陳獻章集》,卷1,頁64–
65。

106 陳獻章,《陳獻章集》,卷1,頁12。

107 陳獻章,〈與湛民澤十七則之第七則〉,《陳獻章集》,卷2,頁192。

108 陳獻章,〈與湛民澤十七則之第九則〉,《陳獻章集》,卷2,頁192–193。

109 陳獻章，《陳獻章集》，卷1，頁11。

110 陳獻章，〈仁術論〉，《陳獻章集》，卷1，頁57。

111 陳獻章，〈與太虛〉，《陳獻章集》，卷2，頁225。

112 陳獻章，《陳獻章集》，卷1，頁15–16。

113 參看牟宗三，《從陸象山到劉蕺山》，頁195–199。

114 程顥、程頤，《河南程氏文集》，卷2，〈答橫渠張子厚先生書〉，《二程集》，頁460。

115 陳獻章，〈與林郡博七則之第七則〉，《陳獻章集》，卷2，頁217。

116 同前註，頁215。

117 黃宗羲，《黃宗羲全集》，第7冊，頁843。

118 陳獻章，《陳獻章集》，卷3，頁242。

119 白沙從本心與道體處說的自然義，在〈示湛雨〉中有扼要的綜括：「有學無學，有覺無覺，千金一瓠，萬金一諾。於維聖訓，先難後獲。天命流行，真機活潑。水到渠成，鳶飛魚躍。得山莫杖，臨濟莫喝。萬化自然，太虛何說？繡羅一方，金針誰掇？」陳獻章，《陳獻章集》，卷4，頁278。

120 陳獻章，《陳獻章集》，卷1，頁27–28。

121 陳獻章，《陳獻章集》，附錄2，頁829。

122 黃宗羲，《明儒學案》，卷37，〈甘泉學案一〉錄湛甘泉論學書〈答聶文蔚〉，《黃宗羲全集》，第8冊，頁150。另甘泉〈重刻白沙先生全集序〉亦云：「夫自然者，天之理也。理出於天然，故曰自然也。在勿忘勿助之間，胸中流出而沛乎，絲毫人力亦不存。故其詩曰：『從前欲洗安排障，萬古斯文看日星。』以言乎明照自然也。夫日月星辰之照耀，其孰安排是？其孰作為是？〔……〕夫先生詩文之自然，定徒然哉？蓋其自然之文言，生於自然之心胸；自然之心胸，生於自然之學術；自然之學術，在於勿忘勿助之間，如日月之照，如雲之行，如水之流，如天葩之發，紅者自紅，白者自白，形者自形，色者自色，孰安排是，孰作為是，是謂自然。」見陳獻章，《陳獻章集》，附錄3，頁896。

123 王守仁，《傳習錄下》，《王陽明全集》，卷3，頁133。

124 王畿，〈三山麗澤錄〉，《龍谿先生全集》，卷1，頁257。

125 牟宗三先生在析論龍溪的思想時也看到龍溪講即本體便是工夫的四無教之毛病，但卻因激賞龍溪的穎悟而竟說其無法病，此恐有欠允當。參看牟宗三，《從陸象山到劉蕺山》，第3章第2節〈王學底分派〉，頁266–282。另可參看鄭宗義，《明清儒學轉型探析──從劉蕺山到戴東原》（香港：中文大

學出版社，2009增訂版），第1章〈形上與形下之間的緊張——明末王學的再省察〉，頁1–40。

126 黃宗羲，《明儒學案》，《黃宗羲全集》，第8冊，頁3。

127 陳獻章，《陳獻章集》，卷4，頁279–280。

128 見牟宗三，《從陸象山到劉蕺山》，頁291。另參看鄭宗義：《明清儒學轉型探析——從劉蕺山到戴東原》，第1章。

129 王守仁，《傳習錄中》〈答聶文蔚（二）〉，《王陽明全集》，卷2，頁93–94。

130 明末顧涇陽曾評論陽明之攻白沙、甘泉說：「至勿忘勿助之闢，乃是平地生波，白沙曷嘗丟卻有事，只言勿忘勿助？非惟白沙，從來亦無此等呆議論也。」（黃宗羲，《明儒學案》，卷58，〈東林學案一〉，《黃宗羲全集》，第8冊，頁746。）從個人的踐履上看，白沙、甘泉的確未曾丟卻必有事焉。但從立教的角度看，則他們提倡勿忘勿助工夫且將之視作聖學只此一個路頭實很易誤導學子落入陽明所批評的窠臼。

131 參看姜允明〈當代新儒家與陳白沙〉。

132 王守仁，《王陽明全集》，卷20，頁866。

133 熊十力，〈陳白沙先生紀念〉，《十力語要初續（附：困學記）》，《熊十力全集》，第5卷，頁282。另此段文字亦見〈熊十力答應耀書〉，收陳應耀編，《白沙先生紀念集》（香港：陳氏耕讀堂，1952），頁25。

134 劉宗周，《劉宗周全集》，第2冊，頁325。

135 參看鄭宗義《明清儒學轉型探析——從劉蕺山到戴東原》第1章的分析。

136 黃宗羲，《黃宗羲全集》，第7冊，頁12。

第三章

湛甘泉心學探微

一、甘泉心學與湛王之辯

黃梨洲《明儒學案》記明中葉湛王分主教事云:「王、湛兩家,各立宗旨。湛氏門人,雖不及王氏之盛,然當時學於湛者,或卒業於王,學於王者,或卒業於湛,亦猶朱、陸之門下遞相出入也。」[1] 確實由於湛王的交宜甚篤,二人早歲「一見定交,共以倡明聖學為事」;[2] 陽明亦曾坦白承認「晚得友於甘泉湛子,而後吾之志益堅,毅然若不可遏,則予之資於甘泉多矣」。[3] 故即使後來兩家各立宗旨而有爭,還不至決裂。大概言之,甘泉初以陽明的格物説為「正念頭」,[4] 乃評其自小其心為「指腔子裏而為言者也」,[5] 復疑陽明不講學問思辨篤行工夫,有「以內外為二而離之」、[6]「是內而非外」之虞。[7] 後陽明揭良知教,甘泉則分拆知與良,力主知之良 (或良知) 必賴學問思辨篤行工夫,否則淪為空知,由是主張以天理救正良知,謂「故良知必用天理,天理莫非良知,不相用不足以為知。夫良知必用天理則無空知,天理莫非良知則無外求。」[8] 反觀陽明,初亦誤會甘泉隨處體認天理「是求之於外了」,[9] 及後經甘泉再三致辯,雖承認「『隨處體認天理』之説,大約未嘗不是」,[10] 並期彼此「終當殊途同歸」,[11] 然終判定甘泉之説「只要根究下落,即未免捕風捉影,縱令鞭辟向裏,亦與聖門致良知之功尚隔一塵。若復失之毫釐,便有千里之謬矣。」[12] 結果,陽明後學遂分成兩種意見。一著眼於殊途同歸,以陽明學為根基而補充以甘泉,如鄒守益 (東郭,1491–1562)、

歐陽德（南野，1496–1554）等，此即「其間為之調人者，謂天理即良知也，體認即致也，何異何同？」[13] 另一則著眼於毫釐千里，以甘泉仍拘於程朱格套，二家「終不可強之使合也」，[14] 並繞過甘泉而上溯陳白沙，識途白沙來光大陽明，如王龍溪、聶雙江輩。黃梨洲編《明儒學案》基本上繼承後一種意見，故謂「有明之學，至白沙始入精微，…… 至陽明而後大。」[15] 著意建立白沙、陽明這一條心學譜系者，固不無識見地看出甘泉在思想上與其師白沙有重要的差異，但也有嚴辨湛王、貶低甘泉的意圖。而這意圖經《明儒學案》的宣揚，無疑已成為理學研究的主流看法，影響迄今不斷。相較陽明，甘泉思想之備受研究者冷落，不能說是偶然的結果。本章之作，正是希望能脫出此主流成見來清理甘泉心學，並彰顯其說的特色。

值得注意的是，近人研究湛王公案，分歧也甚有類於王門後學者。此中一種觀點認為甘泉與陽明的思想大同小異，而其中又有主湛略遜於王，或主湛王各有偏勝。[16] 另有一種觀點則以為甘泉學是介乎朱學與陽明學之間而未脫朱學影響，乃將甘泉定位為明代心學由白沙至陽明的過渡人物。[17] 復有一種觀點欲為甘泉翻案，主張甘泉心學有勝於陽明處，或至少非陽明心學所能範圍取代。[18] 各家說法均持之有據，要皆反映出對湛王文字的不同詮釋。本章無意介入此紛紜眾說中以論各家得失，蓋是此非彼，不過徒於爭上起爭而已。

唐君毅嘗論明代儒者多爭辯的情況，其分析切中肯綮。他說：「〔……〕觀梨洲之所謂明代理學之盛于前代，更可見其千巖競秀，萬壑爭流之概。然亦使人有『大道以多歧亡羊，學者以多方喪身』之感。此中儒者之相爭，亦皆可謂出于其天理良知之是非。則天理良知之是非，又何以如此無定乃爾。今若于此，看作一場戲看，分別加以欣賞，自無所謂。若任取一家以為正宗，視餘者皆為儒學異端，截斷眾流，一切不理，亦甚灑脫。然若欲見此千巖萬壑，並秀平流，各得儒學一端，合以成此明代理學之盛，而不見諸家之學，唯是以互相辯難而相抵消，更見其永恆之價值與意義，則大難事。此則須知儒學之大，原有其不同之方向。其作始也簡，將畢也鉅。而此不同之方向，則初

未必皆相違。唯學問之事，人各有其出發之始點，以其有自得之處，更濟以學者氣質之殊，及互為補偏救弊之言，故不能不異。而于凡此補偏救弊之言，吾人若能知本旨所在，不在攻他之非，而唯以自明其是，更導人于正；則于其補偏救弊之言，其還入于偏者，亦可合兩偏，以觀其歸于一正，覽其言雖偏而意初無不正。人誠能本此眼光，以觀此最多爭辯之明代儒學，則亦未嘗不可得其通，而見儒學中之無諍法也。」[19] 誠然，儒者間之起爭，撇開意氣不論，實源於彼此下手入路處不同、所學不同以至所見所體會不同等有以致之。而後來者之視此論爭，復又可有種種不同的評判，爭上起爭，其理一也。對此，唐先生倡議對諸家之學作同情的理解以求匯歸成就一豐富的儒學大流，他所謂的無諍法，與其說是他個人那富於綜合會通的哲學心靈的獨特表現，無寧說是詮釋者應有的責任。當然更準確的說，此無諍法只是一態度，絕不意謂妄顧客觀研究，混淆黑白，強不同以為同。如是，本章以為倘能本此無諍法的態度來細看湛王之辯，當可見甘泉、陽明之相非，固各有誤解處、不盡處，然亦有所中處、相互影響處，而凡此皆是欲探甘泉心學底蘊（亦陽明心學底蘊）所不可不加措意者。要之，湛王公案，若孜孜於探究孰是孰非，不若藉之以見兩家宗旨特色，並合觀兩家以更明心學之義理規模。至於能否作到唐先生期望的更見心學「永恆之價值與意義」，則不敢說。

二、心之中正即天理

　　一般以為甘泉思想未脫朱學藩籬，乃因其說表面上確是沾染了不少程朱色彩。例如甘泉講主敬、重學問思辨篤行、認性即理、視心為灝氣之精、倡理一分殊等。於是他那隨處體認天理便很易讓人想成是朱子格物窮理的另一版本。不過甘泉雖自程朱處汲取靈感，惟細按之下，卻不難察覺其旨歸實與程朱迥異其趣。在理氣、心性屬理屬氣的問題上，甘泉思理誠有不諦處，然這並不礙其學的核心是奠基於對一道

德本心的肯認。既能肯認道德本心，則其學之義理系統客觀地說乃屬心學應無疑。

試看下面的文字，可知甘泉肯定仁義禮智根於心：

仁也者，心也，安之為大。[20]

心者生理，如樹在地，斯須弗存，生理索然。[21]

心道生仁，樹道生實。存心根之，省察防之，講習灌溉之，人力不與焉，而生生不已。[22]

心也者，體天地萬物而不遺者也。性也者，心之生理也。心性非二也。譬之穀焉，具生意而未發，未發故渾然不可見，及其發也，惻隱、羞惡、辭讓、是非萌焉，仁義禮智自此焉始分矣，故謂之四端。端也者，始也，良心發見之始也。[23]

合起來看，可見甘泉重在以生理釋心。突顯生理，其實等於把仁提升上來以之代表本心，以之綜括孟子所言的四端之心。蓋仁之含義，即是一「己」之愛、關懷、感通「他」人，以至見「他」人處於苦難之惻隱不安，故謂「安之為大」。而以仁待人，則一方面成己，成就人之所以為人者，另一方面成人，他人在己之關懷潤澤中亦得以成就。仁之成己成人即生理，即道德創造也。落於心上說，則心無非就是箇仁心，無非就是箇生理。推而廣之，辭讓之禮，乃是一己仁心生理於見他人有需要時而讓之之表現；羞惡之義，乃是一己仁心生理之不安於己有違逆此生理而生自責內疚之表現；是非之智，乃是一己仁心生理之知乎肯定乎順此生理為是逆此生理為非之表現。甘泉說此仁心生理的栽培「人力不與焉」，非謂無關人事，而是指點出仁心生理乃人存在之本然性格，故栽培之要不在勉強安排，唯在使此生理自生自動自發。又就仁心生理自身言，它的呈用必是無條件無封限的，因有條件有封限，則仁非仁矣。當然，說仁心生理的呈用原則上必是無條件無封限的，與實踐上因正視人底能力的有限性而須說個親疏厚薄之別，兩義是不矛盾的。仁心生理之自身既無封限，其呈用之感通原則上乃可及於人以外的天

地萬物。若用當代哲學的流行話説，即仁心生理之感通是必擴展至己（self）以外的「他者」（the other）。甘泉「心也者，體天地萬物而不遺者也」的話，即程明道「仁者，渾然與物同體」、[24] 孟子「萬物皆備於我」（〈盡心上〉）之義。必須指出，仁心之感通乃甘泉心學所特重發揮者，下將詳及之，這裏暫不多説。

　　既知心無非就是箇仁心，無非就是箇生理，則心與理一、心即理之肯定乃順理成章之事。《雍語》開首記云：

> 沈珠問：「天理何以見？」甘泉子曰：「其主一乎。天理者，吾心本體之中正也。一則存，二則亡，覺不覺而已。」[25]

天理者生理也，「理只是一個理，而謂之天理者，明其為自然不由安排耳。」[26] 此處「一則存，二則亡」，就是心即理、心與理一之義，因若析心理為二，則心非生理仁心而可謂亡矣。但值得注意的是，甘泉在肯定心即理之餘，卻說「天理者，吾心中正之本體」。事實上，甘泉是屢言心之中正即天理，「心之中正，其變化之矩也。」[27] 然心即理若要以心之中正為前提，則涵心可以不中正而非理。心不中正，甘泉謂之習心人心，須加「煎銷」之功；[28] 心之中正，甘泉謂之道心、仁、性、天理（或理或生理）。本來道心、人心之區分乃宋儒以降理學的共法（尤為朱子所發揮），重在申明道心乃轉化人心所以可能的超越根據，前者以理定，後者以氣定，屬異質的兩層。不過甘泉卻質疑此共法：

> 人心、道心只是一心。先儒謂出乎天理之正者道心，則是謂發於形氣之私者人心，則恐未然。凡謂之心，皆指具於形氣者言，惟得其正則道心也。又謂雖上智不能無人心，雖下愚不能無道心，又謂道心常為一身之主，人心每聽命焉，是有二心相役，此處不能無疑。[29]

此中「凡謂之心，皆指具於形氣者言」一語最關鍵，可知甘泉是用氣言心，並以氣之中正即心得中正言理。如此，即理之心遂不過是「灝氣之精」。[30] 甘泉不僅用氣言心，他甚至認為「宇宙間其一氣乎」，[31]「氣得其中

正焉，理也，性也，是故性氣一體」。[32] 性既以氣之中正者來界定，甘泉自不同意性有義理與氣質之分。在《新論》中有兩段文字十分清楚地總結了甘泉的觀點：

> 宇宙間一氣而已，自其一陰一陽之中者謂之道，自其成形之大者謂之天地，自其主宰者謂之帝，自其功用者謂之鬼神，自其妙用者謂之神，自其生生者謂之易，自其生物而中者謂之性，自其精而神、靈虛知覺者謂之心，自其性之動應者謂之情，自其至公至正者謂之理，自其理出於天之本然者謂之天理，其實一也。[33]

> 古之言性者，未有以理氣對言之者也。以理氣對言之也者，自宋儒始也，是猶二端也。夫天地之生物也，猶父母之生子也，一氣而已矣，何別理附之有。古之人其庶矣乎！劉子曰：「人受天地之中以生。」中也者，和也；人也者，得氣之中和者也；聖也者，極其中和之至者也。陰陽合德，剛柔適中，理也，天之性也。夫人之喜怒氣也，其中節焉理也。《易》曰：「一陰一陽之謂道。」道也者，陰陽之中也。「形而上者謂之道，形而下者謂之器。」器即氣也。氣有形，故曰形而下，及其適中焉，即道也。夫中何形矣，故曰形而上。上下一體也。以氣理相對而言之，是二體也。[34]

如問甘泉緣何有這樣特別的理氣觀？則答曰或出於兩個思理不清的誤解。一是誤以為唯有規定理為氣之中正者，理氣始可言合一、始可言一體。[35] 二是誤以為理氣若不合一；理若不以氣化為首出來充實之，則儒者的性理將無沒別乎釋老的空理、玄理。[36] 下引的文字可為佐證：

> 潘洋問：「理氣之說，自孟子周程而後鮮有能明之者。先生推明合一之學，曰：『氣之中正者道也。』曰：『一陰一陽之謂道，而偏陰偏陽者非道。』陽明先生亦曰：『理者氣之條理，氣者理之運用。』夫然後理氣合一之說章明於天下矣。如曰：『氣以成形，理亦賦焉。枯槁雖無氣而有理，則是天下有性外之物。』洋竊疑之。」先生曰：「此卻看得是。如曰：『理氣為二』，請於氣之外更尋個理出來，而世儒猶不信。陽明二句近之，亦似稍分了。」[37]

上下四方之宇，古往來今之宙。宇宙間只是一氣充塞流行，與道為體，何莫非有？何空之云？雖天地弊壞人物消盡而此氣此道亦未嘗亡，則未嘗空也。道也者，先天地而無始，後天地而無終者也。夫子川上之嘆，子思鳶魚之說，顏子卓爾之見，正見此爾。此老兄平日之所潛心者。[38]

說此乃思理不周的誤解，因即使肯定理氣異質；理為超越層，氣為現實層，但仍無礙二者可以說合一、說一體。無疑在朱子所規定的心（氣之靈）、性（理）、情（氣）的理論系統中，理氣在本然存有的層面上只能是不離不雜，唯有在工夫圓熟（或境界）的層面上才能是一體（心與理一、心即性即情），而朱子因不喜高蹈之論遂鮮言一體。不過從心學的角度看，理是（即活動即存有的）創生之理，乃必藉氣化之健行顯發大用；如此理是氣化有條不紊之超越的、動態的所以然，氣化則是理之生生所必具的載體。二者相即不離，何合一、一體之不可言？陽明「理者氣之條理，氣者理之運用」正是此義，又何有「亦似稍分」之虞。相反，倘順甘泉理也者氣之中正的想法，則氣之中正僅是氣之一種狀態，當氣不在此中正狀態時，理氣豈非要析而為二？其實甘泉這一理論困難，早為同輩學人羅整菴所道破。[39] 這裏還有一種詮釋可能，即甘泉的氣之中正是超越層的，但要建立超越主義的氣論，便得解釋氣何以由超越而為現實，亦即何以違理，又違理之氣何以得復歸於理（或超越的氣）的工夫，否則無法安頓道德實踐的問題。更何況，主張超越主義的氣論乃以氣概念為首出，此已脫出心學藩籬。[40] 凡此，恐非甘泉用思所及，他的某些說法雖似觸及超越的氣概念，但歸根結底仍屬心學，未可以超越主義氣學來解釋。

至於儒者之理究何以別於釋老之理，則既知儒者之理乃生生之理，自無離氣懸空的毛病，又何須定要突顯氣化、以氣之中正者來求保證。必須指出，甘泉這樣把理內化為氣之中正者，可謂乾坤易位，理的超越義、主宰義以至道德義難免大為減煞。試想若心得中正與心不得中正都不過是氣之兩態，那為何心不得中正時總是應該求得中正？為何心得中正之天理總是應該凌駕於（trump）心不得中正之違理？於此倘求之於中

正或理作答，則不啻是乞題而無效。故知心、中正者、天理等都必須有
一超越的規定，其超越義、主宰義、道德義始得以貞定。從理氣觀到心
性論，甘泉論性，雖云「性也者，心之生理也。心性非二也」，但觀其文
字，性體義、性能義、性覺義全不顯而性遂收縮為只是性分、理或中正
者之別稱；性成一虛說矣。[41] 甘泉論心，雖言「心者生理」、「心道生仁」，
又緊扣心之感通言「神、靈虛知覺者謂之心」，然當與陽明辯格物時，卻
屢屢強調無學問思辨之功、隨處體認天理之實，則心得中正與否亦未可
據。後辯難良知，又橫生別扭，拆知與良為二。凡此言性之有萎縮處，
言心之有不諦處，不能不說部分地是由其理氣觀 (提不住理之動態的超
越義) 所引致。不過即使如此，我們仍未可遽爾判甘泉之學非心學，並
其心學之獨特精彩處亦不顧。此蓋心學之為心學，非以本體宇宙論之體
認定，乃以存在之體會即道德本心之肯認定。對道德本心之肯認，甘泉
確有真切體會。下面讓我們繼續闡析甘泉心學的另一些方面。

三、自愛、自得、立志與知本

　　既揭仁心生理為人存在之本然性格，甘泉乃本孟子大體小體之辨而
有「自愛」之說。《樵語》記云：

> 甘泉子語東山子曰：「人之愛其身也不如愛其物矣，愛其心也不如
> 愛其身矣。」「何謂愛身不如愛物？」曰：「今夫為衣食宮室器械未
> 有不能而自為之者也，必求夫良者。至於身之病也則不然，護疾
> 忌醫以沒其身。此之謂愛身不如愛物。」「何謂愛心不如愛身？」
> 曰：「病或求醫，饑寒則求衣食焉。至於心之病也則不然，曰吾自
> 能正心也。吾既已知之也，自暴自棄以終其身，是之謂愛心不如
> 愛身。舜之好問、禹之拜昌，言其自愛也至矣。」[42]

顯而易見，甘泉的「自愛」近於西方古典倫理學所謂的「自愛」(self-love)
而非西方現代倫理學所謂的「自利」(self-interest)。蓋自愛者必愛惜己

所以為人者：即珍視仁心生理之稟賦。能本此仁心生理而行，則一方面是成己（為己），另一方面同時是成物（利他）。可見自愛是「義」所當為，而非「利」之所趨。如此方可謂善會孔子「為己之學」與「為人之學」之別。

而自愛者必有「自得」，此亦心學題中應有之義。陳白沙喜言自得，[43] 甘泉顯能繼承師說。陽明便嘗推許之，謂「甘泉之學，務求自得者也」；[44]「夫求以自得，而後可與之言學聖人之道。」[45] 換一個角度看，自愛就是「立志」、「知本」。甘泉為大科書院作訓規，首條便是要諸生「必先立志」：

> 諸生為學，必先立志，如作室者先日其基址乃可。志者，志於道也。立之是敬，匹夫不可奪志。若其可奪，豈謂之志。自始至終皆是此一字。[46]

至於知本，甘泉說：

> 夫學以立志為先，以知本為要。不知本而能立志者未之有也，立志而不知本者有之矣，非真志也。志立而知本焉，其於聖學思過半矣。[47]

另甘泉嘗倣明道「學者須先識仁」而云「學者須識種子，乃不枉了功夫。何謂種子？即吾此心中這一點生理，便是靈骨子也。」[48] 緊接著的問題自是志如何立？本如何知？心中生理靈骨子如何識得？

四、本然之覺

如何知本、識仁心？甘泉大體上是接著白沙「人爭一個覺」的教法，[49] 強調本心覺悟之義。本心之覺悟，質實言之，非謂把本心擺放在那裏，再用本心以外的另一個心去覺它；而實是本心隨其（關懷感通之仁的）呈現時的震動，即於震動而反照其自身的存在。故覺悟者，本心

即活動即存有之義也。牟宗三因見在覺悟過程中，本心乃不隨其呈現時之緣慮一往而流逝，相反是逆乎反乎此緣慮始能覺察、照見與體證其自身，遂進而把覺悟名為「逆覺體認」。[50] 總之，肯定本心之能覺能悟，實為心學的基石。陽明不也說過「蓋良知只是一個天理自然明覺發見處」。[51] 且看甘泉的表述：

> 甘泉子語諸生曰：「伊尹之言覺也，其至道乎。故學，覺而已矣。覺則正心生，不覺則邪生心；覺則達諸天，不覺則陷於人。故聰明聖知達諸天德，聖人之覺也。覺生於思，思曰睿，睿作聖，其惟覺乎。」[52]

> 故手足痿痺皆謂之不仁。知之，知本體矣。如夢有覺之者，非外益之也。伊尹曰：「天之生斯民也，使先知覺後知，先覺覺後覺。」[53]

> 陳應期問：「學而時習之，何謂也？」甘泉子曰：「學其覺也，覺其心之神明也。神明之昏，習心蔽耳，及其感於簡策、警於人言，本然之覺，如寐者之喚，寤而神全焉，知斯至矣；時而存習焉，行斯至矣。悅樂焉、君子焉，其皆本於此乎！君子非有他也，即悅樂而不慍在焉，所性分定也。」[54]

「如夢有覺之者，非外益之也」，即覺悟必是本心之自覺也，非外物使然。人於此或疑：人見孺子入井而心生惻隱，心隨其惻隱之動而反照其自身，豈非孺子入井使心有覺乎？則答曰：人見孺子入井亦可視而不見、麻木不仁，可知覺與不覺非繫於孺子入井之事。可知，心對孺子入井是「主動決斷地應」（active response）而非「被動反應地應」（passive reaction）。至於孺子入井之事，嚴格來說，是本心得以呈露覺悟的機緣（moral call）。若問覺悟的機緣如何可致，則答曰非人力所能強求。故於機緣，無求之之工夫；於機緣來時，有覺悟本心之工夫。甘泉以寐寤作喻，正是要強調那「寐者之喚」（arouse），即機緣使本心震動並由震動而自知自覺也。於此，若以為既無工夫可求機緣，則覺悟豈非終屬命

定（是否有機緣是命定）而實無工夫可言，則答曰這是用思太過的乖想，即把機緣之來否極化（或有或無）；這猶如說有寐者可寤，卻有寐者不可寤，實非應理。須知機緣在現實人生中雖非時時刻刻到來，但必有出現之時。此蓋人與萬物皆為有限的存在者就必有苦難之時，那吾人又豈會永無遇他者受苦而心生惻隱之機緣。甘泉堅信學問思辨篤行、聖賢古訓、經書等均能「感發」、「警醒」人心，這是他講工夫的獨特處。下面論甘泉工夫時，我們會回到這一點上再作詳析。

　　此處需要補充說明的是，宋明儒言覺悟本心有「即經驗」與「離經驗」兩路，牟宗三嘗分別以「內在的逆覺體證」與「超越的逆覺體證」名之。[55] 即經驗一路是孟子學本義，亦即前面曾提及的本心藉其呈現時的振動而反照其自身；藉本心之呈現而見之，故為即經驗。離經驗一路則是借取自釋道的工夫，為求不受世情紛擾，遂通過閉關靜坐以復見此心光明真體；藉閉關而見本心，故為離經驗。又區別兩路的關鍵不在於前者反對靜坐、後者主張靜坐，而是在於兩路對靜坐工夫有不同的體認。大抵即經驗的路亦不廢靜坐，惟僅視之為暫時隔離一下以免於俗累的常行工夫，但離經驗的路則視靜坐為能把握心體的關鍵工夫。白沙言覺，走的是離經驗的路子。[56] 甘泉接著師說，發揮的卻是即經驗的路數。明乎此，我們才能懂得為何甘泉一方面在《大科訓規》中教學生每日「申酉二時，默坐思索」，以為亦是「涵養體認之意」，[57] 另一方面卻孜孜於淡化白沙靜坐之教，說甚麼白沙嘗謂靜坐「恐生病」，「乃知先師不欲人靜坐」；[58]「靜坐久隱見吾心之體者，蓋先生為初學者言之」云云。[59] 如是，對江右王門聶雙江主歸寂，甘泉自也不以為然：

> 聶雙江有歸寂豫養之說。其言曰：「節者心之則也。不識不知，順帝之則，惟養之豫者能之。夫人豈能使之發而中乎，使之中節是宋人揠苗之故也。故必歸寂以通天下之感，致虛以立天下之有，主靜以該天下之動云云。」先生曰：「此亦想自先師靜見端倪之說來，然非有定本也。夫道在求自得爾。靜體渾融，虛通無間，原不在喧寂上。故有用之博約，如有所立者；有用之默坐澄心，體認天理者。各隨其資稟方便以入，入則得之，俱與揠助無干。其

言靜以養動者，亦默坐澄心法也。不善用之，未免絕念滅性枯寂強制之弊。故古來聖賢相授，無此法門。然則如之何？道以自然為至，知其自然，動不以我，斯無事矣。故學在知止，不在求靜。」[60]

此中甘泉似以本心天理無分於動靜，故從動處靜處體認只是人「各隨資稟方便以入」，但緊接著便警告靜坐見體之法，「不善用之，未免絕念滅性枯寂強制之弊」，而主張工夫應在體認心體之「動不以我」。所謂心體之「動不以我」，即心體自然而然之發用；動而無動，靜而無靜，蓋發用不以動靜時際言。因此說來說去，甘泉講覺悟工夫仍是即於本心的呈露處求，他說：「是故與其習靜以養動，不若慎動以養靜，慎動以養靜，不若動靜皆亡，時動時靜察見天理而存養之也。」[61]最後，值得一提的是，甘泉後期對陽明的良知說多所駁難，甚至分拆知（知覺）與良（天理），並屢屢申明知非心之本體，知之良才是心之本體。這若以心之覺悟言，無疑等於把本心的能覺與所覺分開，以能覺非本心，所覺才是本心。其言曰：

良知者何，天理是也。到見得天理乃是良知，若不見得天理只是空知，又安得良。[62]

所謂知者天理是也，賢輩等所言，似以知覺之知為知，而不知《中庸》所謂或生而知之，或學而知之，或困而知之，三之字皆指天理也。知覺之理乃心之本體，而謂本體是天理，本自知覺，則彼凡有知覺運動之蠢然者皆天理，與是自墮於即心見性成佛之弊而不自知也。故良知之說最為難信者此也。當觀《孟子》此章下面，原都在達之天下一句。達之一字便是擴充，須有學問思辨篤行之功乃不差也。[63]

無庸諱言，甘泉之駁辯既出於不解陽明的良知說，復激於王門後學脫略工夫的蕩越。彼分拆心之能覺與所覺，不以能覺為儒學本心之準，「知覺之理乃心之本體」，驟眼看來，也不無道理。因釋家的般若心亦有覺性、老氏的玄智心亦有覺性，單提能覺好像不足以彰明儒家踐仁行

義、為善去惡的天理，於是唯有求之於學問思辨篤行以為功。然細按之下，便知其駁辯甚無謂。蓋若所言之心是泛說的主體心靈，則主體心靈之能覺確是三教共法。但若所言之心是儒者之本心；是那仁義禮智所根之心；是惻隱不安之仁心；是生理之心，則能覺正是本心生理之不容已，能覺即所覺，是一不二。故知於此倘硬要分拆能所、分拆知良，便是信不過本心；倘以為必藉學問思辨篤行始可實其信，便不過是徒然使得本心虛歉無力（心體義、心能義、心覺義等皆萎縮不顯）而坐實其為求理於外的指控。甘泉恐不至於此，否則其心學所特重發揮之寂感義、天地萬物一體、隨處體認等豈不都成浪語。

五、道德本心是個寂感樞機

前文的分析已指出，甘泉是以仁心生理來把握道德本心。從本體宇宙論的層面看，仁心生理即天道生物之仁。天道生物之仁，用《易傳》、《中庸》的話說，即「曲成萬物而不遺」、「鬼神體物而不可遺」之意。這裏體物不遺的「體」字是動詞，妙運、潤通之謂也。有時「體」字可由動詞轉成名詞，即由生物不遺而見天道為萬事萬物之體（或可進一步說為萬事萬物的存在之理、存在之性）。從道德本心的層面看，仁心生理即道德本心之感通覺潤一切而不遺，感通覺潤之即成就之，猶如天道之生物。又本心之感通覺潤一切而不遺，亦可說是體一切而不遺；此「體」字若由動詞轉成名詞，即由感通覺潤不遺而見本心為一切之體。此體未發可言寂，但它分析地必然地要在感中，即寂即感，寂感一如，皆天機自然如此。總之，本心無非就是一個寂感樞機。此義正是甘泉心學出彩的地方：

> 夫天有元而人則有仁，天有利而人則有義，天有亨而人則有禮，天有貞而人則有智。仁義禮智，人之所得於天者也。得於天者天之機也，非人之所為也，人之所為則非天矣。此所以寂而能感、靜而能動、內而能外、隱而能彰之樞機也。君子必有事焉而勿正，

心勿忘勿助長，所以存天之機而不以人力參之也。本體自然，不犯手段，積以歲月，忽不自知其機之在我，則其睟面盎背，皆機之發所不能已。而寂不能以不感，靜不能以不動，內不能以不外，隱不能以不彰，亦理之常，無足怪者。子思所謂「誠則形，形則著，著則明」者，皆此物也。[64]

聰明睿智乃心之神通乎四德。彼寬裕溫柔，發強剛毅，齊莊中正，文理密察，皆感而發德之用爾。能知四德，神而明之，非天下之至聖，其孰能與於此。[65]

蟲之感也以春而鳴，草木之感也以陽而生，觀其所感而天地之仁可見矣。蟲之寂也蟄而息，草木之寂也歸其根，觀其所寂而萬物之仁可見矣。[66]

不肖則以為人心與天地萬物為體，心體物而不遺，認得心體廣大，則物不能外矣。[67]

心渾全無初，感處即初，寂與感皆心之全體也。[68]

性者，天地萬物一體者也。心也者，體天地萬物而不遺者也。性也者，心之生理也。心性非二也。[69]

眾所周知，寂感一詞本於《周易‧繫辭上》，非甘泉自造。其言云：「易無思也，無為也，寂然不動，感而遂通天下之故，非天下之至神，其孰能與於此。」後宋儒借題發揮亦多，如濂溪以之言誠體：「寂然不動，誠也；感而遂通，神也」；[70] 明道以之言定性：「天地之常，以其心普萬物而無心。聖人之常，以其情順萬物而無情。故君子之學，莫若廓然而大公，物來而順應」；[71] 張載以之言大心：「大其心則能體天下之物，物有未體，則心為有外。世人之心，止於聞見之狹。聖人盡性，不以見聞梏其心，其視天下無一物非我，孟子謂盡心則知性知天以此。天大無外，故有外之心不足以合天心。」[72] 凡此固皆為甘泉汲取靈感的泉源。[73] 白沙「至無有至動，至近至神焉。發用茲不窮，緘藏極淵源」[74] 或已暗示本心底寂感樞機，但確定地表示道德本心的道德創造無非是個寂感、無非是個

感應的，不能不說是甘泉對心學的貢獻。「仁義禮智，人之所得於天者也。得於天者天之機也，非人之所為也。人之所為則非天矣。此所以寂而能感、靜而能動、內而能外、隱而能彰之樞機也。」而由此入手演繹心學，自有許多義理可說，下面茲揭其大端者加以說明。

一、首先，言本心之寂感義，必預設感應的兩端：即一「己」與「他」（或物）的先在關係。「己」若不顯仁心之感應以通乎「他」，則「己」、「他」各自是其私而成敵體。《雍語》有兩段這樣的記載：

> 蔡琳問：「人與天地不相似，其起於人己之二乎？」甘泉子曰：「物我之初，一而已矣。形骸畢而彼此分，彼此分而私意生，子不孝於父，臣不忠於君，至於利害相攻賊滅無倫，二而已矣。惟夫克己則無我，無我則無物，無我無物則一矣。其惟天地乎。」[75]

> 楊欽問：「學欲時見吾心之生意如何？」甘泉子曰：「在不以己與物耳。舜禹有天下而不與焉，不以己與之也。不與則無所敝，無所敝則常與天地萬物為一體矣。」[76]

可見處在「己」、「他」為二的關係中，有的只是私意之求達遂，等而下者乃「至於利害相攻賊滅無倫」。要旋乾轉坤，惟在豁醒本心感應之機，通乎人我而為一體。此一體即「所謂同體知痛癢相關者」。[77] 值得注意的是，「己」、「他」之所以可能通為一體，根據的是本心之仁而非形骸私意之「我」，故知真正的感通他人絕非意謂以己意強加諸人或反以他意宰制自己。上引文字中的「無我」、「無物」、「不與焉」都是這個意思。真正的感通應是本乎仁心體恕、體諒、體貼他人（此即體物不遺之體；亦即一體之「體」字從名詞轉為動詞），如此方可謂關懷、潤澤、成就他人。

二、其次，本心既體萬物而不遺，自可說它是「包乎天地萬物之外而貫乎天地萬物之中者也」。[78] 甘泉與陽明辯格物時，因陽明初以「誠意」；「去其心之不正，以全其本體之正」；「但意念所在，即要去其不正以全其正」等解格物（即訓格為正，訓物為意之所在），[79] 乃疑陽明自限其心於「正念頭」，不及自己認得心體廣大。論者有據此稱甘泉心學為

大心説，其心是形上心，相較而言，陽明之心則是道德心。[80] 不過從本章的觀點看，甘泉與陽明看心之不同，與其説是大或小、形上或道德的分別，無寧説是他們對本心之實性的把握體會有異。上文的分析已指出，甘泉以本心為仁心生理、為寂感樞機，無疑是在仁義禮智四端中把仁提升上來以之代表本心天理。至於陽明，則無論是前期的誠意工夫抑或後期的致良知，所重者都是本心之能撥亂返正、知善知惡與好善惡惡。易言之，即旨在突顯本心於道德是非上的自樹準則與自作斷制。如是，等於把良知 (攝智與義兩端) 提出來以之代表本心天理。重仁或重良知固會造成不同的心學理路，但仁與良知分途畢竟只是權説，要之四端之心唯是一心。所以仁之寂感與良知之是非是可以相通的，陽明後來就把二者打通。他説：

> 夫人者，天地之心，天地萬物，本吾一體者也。生民之困苦荼毒，孰非疾痛之切於吾身者乎？不知吾身之疾痛，無是非之心者也。是非之心，不慮而知，不學而能，所謂良知也。良知之在人心，無間於聖愚，天下古今之所同也。世之君子惟務致其良知，則自能公是非，同好惡，視人猶己，視國猶家，而以天地萬物為一體，求天下無治，不可得矣。古之人所以能見善不啻若己出，見惡不啻若己入，視民之饑溺猶己之饑溺，而一夫不獲，若己推而納諸溝中者，非故為是而以蘄天下之信己也，務致其良知，求自慊而已矣。[81]

此即不仁就是未致良知，「不知吾身之疾痛，無是非之心者也」。反過來，致良知必求踐仁，「惟務致其良知，則能公是非，同好惡，視人猶己，視國猶家，而以天地萬物為一體」。尤有甚者，良知的好善惡惡其實即是仁心的感善感惡，故陽明亦以感應言是非。他説：「心無體，以天地萬物感應之是非為體。」[82] 有了這樣的背景，我們才能明白為何力揭良知教的陽明會在他辭世前一年口授的王門教典〈大學問〉中開首便申明「大人者，以天地萬物為一體者也」。[83] 陽明之可以由發見良知是非而收攝一體之仁，相信就是他長期與甘泉及出入兩家的門人弟子論學的

結果。當然論學的影響總是相互的，甘泉後來十分講求本心於體物時如何泛應曲當；如何當機而知所當為之理，恐怕也與陽明屢言知是知非不無關係。

三、復次，甘泉由本心的隨感隨應而強調於其中體認分殊之理。朱子「理一分殊」的觀念遂為甘泉所喜言。本來本心泛應曲當，操功全在一心。這既非以本心天理是一普遍固定的道德法則，吾人持之則可一勞永逸地應用於萬變不窮的具體特殊情況並當機而知所當為。這更非以萬變不窮的具體特殊情況各有其當然之理而須為吾心所認知，若如此乃成求理於外。所謂本心廓然大公物來順應，不過是吾人認得道德本心之理（即仁為善不仁為惡）真切，隨感應而靈活地作處境考慮（situation consideration）以知所當為。故心學不重視「分殊」的説法乃自然不過的事情。陽明便曾謂聖人應變不窮非因預先講求，「講求事變，亦是照時事，然學者卻須先有個明的工夫。學者惟患此心之未能明，不患事變之不能盡。」[84] 作為朱子學者，羅整菴當然不會同意有甚麼明的工夫，但亦因此懷疑甘泉講分殊之理只是裝點門面以「稍自別於禪學」。《困知記》卷下云：

> 陳白沙謂林緝熙曰：「斯理無一處不到，無一息不運，得此把柄入手，更有何事！」其説甚詳。末乃云：「自茲以往，更有分殊處合要理會。」夫猶未嘗理會分殊，而先已「得此把柄」，愚恐其未免於籠統瞞盰也。況其理會分殊工夫，求之所以自學，所以教人，皆無實事可見，得非欲稍自別於禪學，而姑為是言邪？湛元明為作改葬墓碑，并「合要理會」一句亦不用，其平日之心傳口授，必有在矣。[85]

必須指出，整菴的批評全是想像之辭。甘泉在〈白沙陳先生改葬墓碑銘〉中不用「合要理會」一句，並不表示他講分殊之理只是隨意説説。事實上，「白沙先生謂林緝熙曰」一段全載於甘泉晚年講學的《天關語通錄》中，其下還有甘泉的按語：「此就緝熙工夫學力而言是周匝説話。體用一原，顯微無間。」[86] 在〈答太常博士陳惟浚〉書中，甘泉明白提出「理一分殊」説之重要：

天下非身外也一句甚好，甚得〈西銘〉理一及程子仁者渾然與天
地萬物同體之意。但理一之中自有分殊，不能不別也，此仁義並
行而不悖者也。昔朱元晦初見延平，甚愛程子渾然同體之説。延
平語云要見理一處卻不難，只分殊處卻難，又是一場鍛鍊也。愚
以為未知分殊則亦未知理一，未知理一亦未必知分殊，二者同體
故也。敬以直內，義以方外，所以體夫此者。敬義無內外，皆心
也，合內外之道也，而云內外者為直方言之耳。[87]

這裏「未知理一亦未必知分殊」即心學操功在於一心；陽明所謂「須先有
個明的工夫」的意思。但「未知分殊則亦未知理一」一句需加簡別。大
抵，甘泉認為不識本心為能即感即應之生理自不算識得本心，但要本心
感應皆中節就必須有對具體特殊情況之具體特殊性的正確認識，而此則
非學問思辨篤行不足以竟其功。否則常常好心作壞事，本心便有窒息
之虞。這是甘泉為何主張學問思辨篤行工夫為不可缺者，特別是當他
誤會陽明良知教不用讀書時，乃再三致意焉。

　　甘泉重視體認分殊、重視學問思辨篤行雖易教人想成是求理於外，
但他自己很清楚「理無內外心事之間」，[88]「此理畢竟在心」，[89] 所以對具體
特殊情況之講明無非是涵養本心。他在上引答惟浚的信中再借用朱子
涵養致知如車兩輪之譬來説明這層意思：

涵養須用敬，進學在致知，如車兩輪。夫車兩輪同一車也，行則
俱行，豈容有二。而謂有二者，非知程學者也。鄙見以為如人行
路，足目一時俱到，涵養進學豈容有二。自一念之微以至於事為
講習之際，涵養致知一時並在，乃為善學也。[90]

可見，甘泉未嘗不知進學致知唯在收功於本心始可免於朱學格物窮理的
舊路。對於甘泉或未致於守不住此一關節，陽明其實了然於胸。在〈與
毛古庵憲副〉書中，陽明説：

凡鄙人所謂致良知之説，與今之所謂體認天理之説，本亦無大相
遠，但微有直截迂曲之差耳。譬之種植，致良知者，是培其根本
之生意而達之枝葉者也；體認天理者，是茂其枝葉之生意而求復之

根本者也。然培其根本之生意，固自有以達之枝葉矣；欲茂其枝葉之生意，亦安得舍根本而別有生意可以茂之枝葉之間者乎？[91]

陽明擔心的是：彼若說吾人如不於酬酢感應中辨其曲折，則本心有貫不通事物的危險，故講求學問思辨篤行以知曲折乃涵養本心所不可無的工夫，這是可以同意的。(案：陽明自己便把學問思辨攝於良知之工夫下) 但彼若進而說吾人如不於酬酢感應中辨其曲折，則本心能否自覺善惡真妄亦成疑問，那就是個虛妄。一步滑落為虛妄，只表示彼終是信不過本心「隨他發見流行處當下具足，更無去求，不須假借」，[92] 而卒成「似是而非」之論。[93] 那麼甘泉到底有否此一步滑落？甘泉雖說過「故學問思辨篤行諸訓，所以破其愚去其蔽，警發其良知良能者耳，非有加也」，[94] 卻又謂「若徒守其心而無學問思辨篤行之功，則恐無所警發，雖似正實邪」。[95] 後他有激於王門弟子脫略工夫，辯難良知不遺餘力，至說須以學問思辨篤行工夫始可保證良知非空知，滑落之跡已不可掩矣。無怪乎有陽明弟子譏其為「行格式」。[96] 如是，回看陽明判甘泉語：「及根究老兄命意發端處，卻似有毫釐未協」；[97]「只要根究下落，即未免捕風捉影」；「若復失之毫釐，便有千里之謬」等，能不嘆服陽明法眼之厲害。

四、最後，就本心無非是個寂感樞機言，即可說本心有「虛」、「靈」、「明」、「覺」、「照」、「神」等諸德。虛以言其感應乃一活潑生機；靈以言其即感即應；明以言其感應無非天理；覺、照以言其感應無方體物不遺；神以言其即感即應之神妙。凡此諸義皆常見於湛、王兩家的文字。且看甘泉的體會：

窮索不窮索，窮索終役役。若惟不窮索，是物為我隔。大明無遺照，虛室亦生白。至哉虛明體，君子成諸默。[98]

吾常觀吾心於無物之先矣，洞然而虛，昭然而靈。虛者心之所以生也，靈者心之所以神也。吾常觀吾心於有物之後矣，窒然而塞，憒然而昏。塞者心之所以死也，昏者心之所以物也。其虛焉靈焉，非由外來也，其本體也。其塞焉昏焉，非由內往也，欲蔽之也。其本體固在也。一朝而覺焉，蔽者徹，虛而靈者見矣。日

月蔽於雲，非無日月也；鑑蔽於塵，非無明也；人心蔽於物，非無虛與靈也。心體物而不遺，無內外、無始終、無所放處、亦無所放時，其本體也。[99]

或問：「知覺之與思慮也有異乎？」曰：「不同。知覺者心之體也。思慮者心之用也。靈而應，明而照，通乎萬變而不汨，夫然後能盡心之神，明照而無遺，靈應而無方。」[100]

顯而易見，上引「吾常觀吾心於無物之先」一段，甚類於《老子》「故常無欲，以觀其妙；常有欲，以觀其徼」的表達方式。此蓋「虛」、「靈」、「明」、「覺」、「照」、「神」等雖可謂道德本心之諸德，而實亦是自覺心靈之諸般形式特性，為同樣肯定自覺心靈的三教所共認。對於這些通乎三教的共義，湛王的取態截然異趣。陽明是本著一開放的心靈，由共義及於欣賞釋老「彼於聖人之道異，然猶有自得也」；[101]「二氏與聖人之學所差毫釐」，[102] 且欲進而吸納彼等的睿智於儒學中以成就「聖學之全」；「二氏之用，皆我之用：即吾盡性至命中完養此身謂之仙；即吾盡性至命中不染世累謂之佛。」[103] 相反，甘泉或因禪之忌諱，或憂於陽明鬆動三教，乃持守一封閉的心靈，嚴辨儒與釋道門戶不同。他後來所以孜孜於駁良知之不足恃，部分正是由於懷疑良知說只是陽明在這些虛靈明覺義上出彩頭來和會三教。結果甘泉自己亦鮮再措意於此，上引文字全是他作於四十至五十餘歲的較早階段。

六、隨處體認天理、勿忘勿助與學問思辨篤行

甘泉心學的工夫，綜括而言，即他那句有名的教旨「隨處體認天理」。此句之悟早於師事白沙時，且曾被白沙許為「著此一鞭，何患不到古人佳處。」[104] 從字面上看，它確實很易教人想起朱子的格物窮理，因「隨處」有外在義；「體認」有認知義。但依上文的分析，這純屬望文生義的誤會。在甘泉的心學中，天理即吾心之中正；隨處乃隨本心的

時寂時感、時動時靜而體認之；[105] 體認就是涵養本心，雖則其中還有一時並在的進學致知工夫（即學問思辨篤行工夫），且必與力行並進。可見此根本上是個心地工夫，目的是要調理得本心停停當當地如如呈用。要能調理得本心如如呈用，換一種說法，即讓本心底戒慎恐懼、勿視聽言動之作用始終無間地發揮，甘泉名之曰「敬」。他〈四勿總箴〉中的「事雖惟四，勿之則一。如精中軍，八面卻敵」，[106] 亦即〈心性圖說〉裏「故始之敬者，戒懼慎獨以養其中也」；「終之敬者，即始之敬而不息焉者也」的工夫。[107] 又就敬的工夫乃教本心自動自發言，甘泉又名之曰「不容一毫人力」、「勿忘勿助」的「自然工夫」（此亦其繼承師說處）。〈答聶文蔚侍郎〉云：

> 勿忘勿助元只是說一個敬字，先儒未嘗發出，所以不墮於忘則墮於助，忘助皆非心之本體也。此是聖賢心學最精密處，不容一毫人力，故先師石翁又發出自然之說至矣。聖人之所以為聖，亦不過自然如此。學者之學聖人，舍是何學乎！來喻說忘助二字乃分開看，區區會程子之意，只作一時一段看，蓋勿忘勿助之間只是中正處也。來諭又以為丹爐火候者正如此，故《老子》曰：「綿綿若存，用之不勤」，即火候也。學者下手須要理會自然工夫，不須疑其為聖人熟後而姑為他求。蓋聖學只此一個路頭，更無別個路頭。若尋別個路頭，則終枉了一生也。先儒多未說出此苦。[108]

總之，「隨處體認天理」、「敬」、「勿忘勿助」三者義雖各有所重，指的卻是同一工夫。

上引甘泉〈答聶文蔚侍郎〉書，曾引起陽明強烈反應，去信雙江狠批勿忘勿助之說。陽明說：

> 近歲來山中講學者往往多說「勿忘勿助」工夫甚難，問之則云：「才著意便是助，才不著意便是忘，所以甚難。」區區因問之云：「忘是忘個甚麼？助是助個甚麼？」其人默然無對。始請問。區區因與說我此間講學，卻只說個「必有事焉」，不說「勿忘勿助」。「必有事焉」者，只是時時去「集義」。若時時去用「必有事」的工夫，而或有時

間斷，此便是忘了，即須「勿忘」。時時去用「必有事」的工夫，而或有時欲速求效，此便是助了，即須「勿助」。其工夫全在「必有事焉」上用，「勿忘勿助」只就其間提撕警覺而已。若是工夫原不間斷，即不須更說「勿忘」；原不欲速求效，即不須更說「勿助」。此其工夫何等明白簡易！何等灑脫自在！今卻不去「必有事」上用功，而乃懸空守著一個「勿忘勿助」，此正如燒鍋煮飯，鍋內不曾漬水下米，而乃專去添柴放火，不知畢竟煮出個甚麼物來。吾恐火候未及調停，而鍋已先破裂矣。近日一種專在「勿忘勿助」上用工者，其病正是如此。終日懸空去做個「勿忘」，又懸空去做個「勿助」，濟濟蕩蕩，全無實落下手處；究竟工夫只做得個沉空守寂，學成一個痴騃漢，才遇些子事來，即便牽滯紛擾，不復能經綸宰制。此皆有志之士，而乃使之勞苦纏縛，擔閣一生，皆由學術誤人之故，甚可憫矣！

夫「必有事焉」，只是「集義」。「集義」只是「致良知」。說「集義」則一時未見頭腦，說「致良知」即當下便有實地步可用工。[109]

謂「勿忘勿助」說學術誤人，使有志之士勞苦纏縛，擔擱一生，陽明之指控不可謂不大矣。然以為甘泉勿忘勿助工夫「不去必有事上用工」；「乃懸空守著一個勿忘勿助」；「究竟工夫只做得個沉空守寂」，則恐全是誤解。蓋甘泉的勿忘勿助是見體後求真切；即求本心於事上能如如呈用的工夫，何來懸空守寂之弊？請看甘泉的回應：

宇宙皆是道體，如川上鳶魚之類。聖賢明白指出此體，欲人察見此體，存養而有之於己而已矣。未見此體，則所養可事？外家猶能言「如將水火煮空鐺」。[110]

甘泉子謂門弟子曰：「意必固我既亡之後，必有事焉，明道之學至矣。彼佛氏豈不云意必固我之亡，然而不知有事焉，其諸異乎聖人之學與。」[111]

須於勿忘勿助之間停停當當乃見真切，真切即天理本體也。[112]

所舉明道必有事焉、勿正勿忘勿助、元無絲毫人力之說最好。勿正勿忘勿助中間未嘗致絲毫人力，乃必有事焉之功夫的當處。《朱傳》「節度」二字最好。當此時節，所謂參前倚衡，所謂鳶飛魚躍之體自見矣。陽明謂勿忘勿助之說為懸虛，而不知此乃所有事之的也。舍此則所有事無的當功夫，而所有事者非事矣。[113]

陽明的批評雖落空，但兩家對勿忘勿助的理解確有天壤之別。大抵陽明以勿忘勿助為提撕警覺工夫：此即於致良知或有間斷時提撕以勿忘；於致良知或欲速求效時警覺以勿助。故「若是工夫原不間斷，即不須更說『勿忘』；原不欲速求效，即不須更說『勿助』。」或問既已知致良知，緣何有間斷求效之虞？則答曰工夫有熟不熟故，而提撕警覺實亦良知自己之提撕警覺自己。不過從甘泉的觀點看，這與其說是工夫熟不熟，無寧說是對本心之體認未夠真切。而要認得本心真切，便須有他說的勿忘勿助工夫，「此乃所有事之的也」。欲明瞭甘泉所謂的勿忘勿助，關鍵乃繫於前引陽明文字中近歲來山中講學者的疑難：即「才著意便是助，才不著意便是忘，所以甚難。」檢讀甘泉相關的文字，可發現他確是以「心中無一物」、「不著絲毫」、「全放下」等來說明勿忘勿助。其言曰：

云敬者心在於是而不放之謂，此恐未盡。蓋程子云：「主一之謂敬」。主一者心中無有一物也，故云一。若有一物則二矣。故孟子曰：「心勿忘勿助長」。勿忘勿助之間乃是一。今云心在於是而不放，謂之勿忘則可矣，恐不能不滯於此事，則不能不助也，可謂之敬乎？[114]

云不著絲毫最是的當，孟子勿忘勿助正是如此。如此即無欲矣！云直行打破，不若與全放下。全放下則破關入奧，絲毫不著、無欲、靜虛動直而聖可幾矣！[115]

合起來看，可知甘泉的想法是本心應事接物（即必有事焉）時如著意操存、著意為善去惡、著意戒慎恐懼，則仍未是認得心體真切。因本心真體如如呈用時乃不著意操存、不著意為善去惡、不著意戒慎恐懼，而

操存、為善去惡、戒慎恐懼自在其中矣；此即唯是天機流行，不犯造手。所以本心如著意時，便須有勿助工夫，放下此著意。問題是放下著意後，本心或會有淪於亡失的危險(特別是久之以後)而不一定即能如如，山中講學者的疑惑絕不是個假問題。所以本心不著意時如有疑於亡，則須有勿忘工夫，放下此不著意。放下不著意即恢復著意之謂也。如是，著意以不著意救之，不著意以著意救之，勿助勿忘迴環施功，丹爐火候一到，不著意著意全皆放下，絲毫不著，而本心自如如矣。[116] 必須指出，本心如如之義，陽明亦非不識。《傳習錄上》記云：

> 曰：「為學工夫有淺深。初時若不著實用意去好善惡惡，如何能為善去惡？這著實用意便是誠意。然不知心之本體原無一物，一向著意去好善惡惡，便又多了這分意思，便不是廓然大公。《書》所謂『無有作好作惡』，方是本體。所以說『有所忿懥好樂則不得其正』。正心只是誠意工夫裏面體當自家心體，常要鑑空衡平，這便是未發之中。」[117]

言下之意，陽明雖知本心若著意去好善惡惡即是「多了這分意思」，與心之本體自己遂有一間之隔，卻認為這只是工夫淺深問題，且初學者不能「不著實用意去好善惡惡」，否則「如何能為善去惡」？用他後來致良知的話說，即致得良知久了自會自然如如：

> 夫心之本體，即天理也。天理之昭明靈覺，所謂良知也。君子戒懼之功，無時或間，則天理常存，而其昭明靈覺之本體，自無所昏蔽，自無所牽掛，自無所歉餒愧怍，動容周旋而中禮，從心所欲而不踰：斯乃所謂真灑落矣。是灑落生於天理之常存，天理常存生於戒慎恐懼之無間。孰謂敬畏之心反為灑落累耶？[118]

由是觀之，吾意恐陽明終會嫌甘泉勿忘勿助求見體真切的工夫不及致良知三字明白簡易。

以為甘泉勿忘勿助工夫是沉空守寂乃陽明的誤解，那麼以為陽明廢學問思辨篤行工夫是否也是甘泉的誤解？其實甘泉弟子高簡亦嘗疑不用

學問思辨篤行工夫只是王門弟子流傳之差，應非陽明本旨。《新泉問辨續錄》記云：

> 高簡讀陽明議論其致良知，如曰惟精者惟一之功，博文者約禮之功，道問學者尊德性之功，皆是致的意思。第其門人流傳之差，故有謂不用學問思辨篤行之功者，非其本旨也。先生於《錄》中有為之指其弊，得非懼流傳之差，抑亦有先見乎立言者之果偏而故救之。（案：下為甘泉案語）吾元年同方西樵、王改齋過江弔喪，陽明曾親說：『我此學途中小兒亦行得，不須讀書。』想是一時之言乎，未可知也，亦是吾後來見其學者說此。吾云：「吾與爾說好了，只加學問思辨篤行，如此致之便是了。」[119]

甘泉記憶陽明親說不須讀書，此不見於陽明《年譜》。《年譜》只記「後甘泉先生來弔，見肉食不喜，遣書致責。先生引罪不辯。」[120] 不過同年稍後，甘泉在他那封與陽明辯格物最激烈的〈答陽明王都憲論格物〉書中仍再三申明學問思辨篤行工夫之不可缺，加上陽明正是在年前始揭良知教，故一時說過「不須讀書」的話應為可信。大概由於陽明剛開始宣揚他的致良知，遂十分強調良知當下具足不假外求之義。此即剋就良知本心之自覺言，讀書既非決定者（不能保證良知本心之必覺），亦非必要者（良知本心不是只靠讀書才能呈露）。況且良知本心若不覺，讀書徒口耳之學矣。這就是為何心學一般來說總是把學問思辨篤行視為非本質相干之工夫、第二義之工夫、外在助緣之工夫的理由。不過甘泉卻與此背道而馳，極力發揮學問思辨篤行工夫的重要性。他當然明白覺悟是本心之自覺而非他覺，也十分清楚「經也者，濟道之舟也。舟能濟物亦能溺物，世之不濟於道而溺者多矣。噫！可不慎諸。」[121] 他之所以仍十分重視「經也者，濟道之舟也」，乃是基於以下三個理由：(1) 在本心未覺悟前，學問思辨篤行雖非自覺工夫，但仍不失為可以持之以警醒人心，為本心得以觸機呈露作積極有力的助緣。若全無此悟前之真積，人又憑甚麼相信在實存生活中乍現乍滅的本心必會有那儻來一悟。並且在甘泉看來，立志、覺悟本心、擴充存養以至躋身聖域

是心學的一個整體的奮鬥歷程，此中在立志而未有得時，學問思辨篤行應有其重要的工夫位置。如要說這不過是助緣工夫，則亦必須正視此助緣工夫的正面意義，正視助緣之為助的積極意義，甚至進而承認此亦是心學工夫中應有的一個環節。(2) 在本心覺悟後的擴充存養過程中，學問思辨也是此中必須具備的「知言」工夫。依甘泉，孟子申明知言養氣，正欲見以學問思辨破詖淫邪遁之辭，乃聖學「第一步生死路頭也」。[122] (3) 又擴充存養本心，須於日常生活中隨時依乎本心以應事接物。但要本心能泛應曲當，廓然大公，物來順應，則重視學問思辨篤行以求曲體事物之殊別相乃不可缺者。否則無知無識、無審時度勢的考量、無聖人禮制之指引，絕對可以使得本心天理不容已的呈用適得其反，此即平常所謂好心做壞事也。倘若經常如此，則本心更會因無法貫徹於事事物物中而有窒息之虞。下面讓我們略舉甘泉的文字以為上述分析的佐證。

對於學問思辨篤行可以在人未悟得本心前產生警醒人心的作用，甘泉在〈廣德州儒學新建尊經閣記〉中說：

> 夫經也者，徑也，所由以入聖人之徑也。或曰警也，以警覺乎我也。《傳說》曰：「學於古訓。」夫學，覺也，警覺之謂也。是故六經註我心者也，故能警覺吾心。……是故能開聰明擴良知，非六經能外益之聰明良知也，我自有之，彼但能開之擴之而已也。如夢者醉者呼而覺之，非呼者外與之覺也，知覺彼固有之也，呼者但能覺之而已也。故曰六經覺我者也。今之謂聰明知覺不必外求諸經者，不必呼而能覺之類也；今之忘其本而徒誦六經者，展轉喪志於醉夢者之類也。不呼而覺之類也者，孔子不能也；喪志於醉夢之類也者，孔子不為也。是故中行者鮮矣。是故天下能尊經者鮮矣。[123]

至於學問思辨作為知言工夫，《新泉問辨錄》有下列兩條文字：

> 衡問：「儒釋之辯，是此非彼，終當有歸一處，如何請詳？」「子可謂切問矣。孟子之學，知言養氣，首欲知詖淫邪遁之害心，蓋此是第一步生死路頭也。往年曾與一友辯此，渠云：『天理二字，不

是校仙勘佛得來。』吾自此遂不復講。吾意謂天理正要在此歧路上辯，辯了便可泰然而行去，不至差毫釐而謬千里也。……」[124]

天理只是自家體認，說便不濟事。然天理亦從何處說得？可說者，路頭耳。若連路頭也不說，便如何去體認？其全不說者，恐是未曾加體認功夫，如未曾行上路的人，更無疑問也。所云心求中正便是天理，良是，然亦須達得天理乃可中正，而不達天理者有之矣，釋氏應無所住而生其心是也，何曾達得天理。[125]

最後，對學問思辨篤行之能助本心之貫徹於事事物物中，甘泉〈答陽明王都憲論格物〉書云：

昔曾參芸瓜誤斷其根，父建大杖擊之，死而復甦，曾子以為無所逃於父為正矣。孔子乃曰：「小杖受，大杖逃，乃天理矣。」一事出入之間天人判焉，其可不講學乎？詰之者則曰孔子又何所學，心焉耳矣。殊不知孔子至聖也，天理之極致也，仁熟義精也，然必七十乃從心所欲不踰矩。人不學則老死於愚矣。[126]

總之，「大本立而不問學，則不足以精義而入神」，[127] 乃甘泉畢生信守者。

上引〈廣德州儒學新建尊經閣記〉及〈答陽明王都憲論格物〉，皆甘泉針對陽明而發的文字。後者是甘泉直接去信與陽明辯格物，陽明未有回覆。前者則是甘泉間接針對陽明〈稽山書院尊經閣記〉「故《六經》者，吾心之記籍也，而《六經》之實則具於吾心，猶之產業庫藏之實積，種種色色，具存於其家。其記籍者，特名狀數目而已」的話而發，[128] 結果引起陽明頗大的反應。陽明在〈寄鄒謙之（五）〉中怪責甘泉「則似急於立言，而未暇細察鄙人之意矣。」[129] 但甘泉亦嘗謂「若云致良知亦用學問思辨篤行之功，則吾敢不服。」[130] 倘依前述甘泉講求學問思辨篤行之三點理由以觀陽明，則第一點陽明實未措意而可謂甘泉之義理發明。至於第二、三點，則陽明確未嘗排斥學問思辨篤行，但亦無如此仔細分疏的講明。大抵陽明所重者，乃在嚴格區別良知天理與知識（或聞見之知），以前者作為人知善知惡為善去惡的根據，而學問思辨篤行無非是

幫助人於各種特殊處境中講明此根據，不在求經驗知識的多寡。《傳習錄下》有一段話把這層意思講得十分明白：

> 「聖人無所不知，只是知個天理；無所不能，只是能個天理。聖人本體明白，故事事知個天理所在，便去盡個天理。不是本體明後，卻於天下事物都便知得，便做得來也。天下事物，如名物度數，草木鳥獸之類，不勝其煩。聖人須是本體明了，亦何緣能盡知得？但不必知的，聖人自不消求知；其所當知的，聖人自能問人。如『子入太廟，每事問』之類，先儒謂『雖知亦問，敬謹之至』，此說不可通。聖人於禮樂名物，不必盡知。然他知得一個天理，便自有許多節文度數出來。不知能問，亦即是天理節文所在。」[131]

總之，「良知不由見聞而有，而見聞莫非良知之用，故良知不滯於見聞，而亦不離於見聞。」[132] 良知不滯於見聞，即不可混淆作規矩的良知與作方圓的節目時變，「良知誠致，則不可欺以節目時變」。[133] 見聞莫非良知之用，即見聞之求亦是良知推致所理當如此者，故可攝於致良知而為良知發用之工夫。[134] 陽明說：

> 夫萬事萬物之理不外於吾心，而必曰窮天下之理，是殆以吾心良知為未足，而必外求於天下之廣以裨補增益之，是猶析心與理而為二也。夫學、問、思、辨、篤行之功，雖其困勉至於人一己百，而擴充之極，至於盡性知天，亦不過致吾心之良知而已。[135]

又說：

> 良知之外，更無知；致知之外，更無學。外良知以求知者，邪妄之知矣；外致知以為學者，異端之學矣。[136]

無庸諱言，陽明把學問思辨篤行當作良知發用之工夫，則良知教確是直截簡易。但這樣一來，學問思辨篤行無非致良知，而致良知又無非良知之自覺自致，不由見聞而有，人於此便很易輕視學問思辨篤行。事實上，陽明自己就說過「如何講求得許多」一類的話。由輕視乃易生脫略，此陽明後學蕩越之病，而為甘泉所深慮者：

> 今說致良知以為是是非非，人皆有知，其是則極力行之知，其非則極力去之，而途中童子皆能，豈不害道。子等慎之。若云致良知亦用學問思辨篤行之功，則吾敢不服。[137]

甘泉非無的放矢也。不過後來甘泉為救偏而竟謂無學問思辨篤行之功則本心之能否別真妄善惡亦未可知，則救偏而又入於偏者。此已詳析於前，不重贅。

最後讓我重錄文首所引唐君毅先生的話以作結：「唯學問之事，人各有其出發之始點，以其有自得之處，更濟以學者氣質之殊，及互為補偏救弊之言，故不能不異。而于凡此補偏救弊之言，吾人若能知本旨所在，不在攻他之非，而唯以自明其是，更導人于正；則于其補偏救弊之言，其還入于偏者，亦可合兩偏，以觀其歸于一正，覽其言雖偏而意初無不正。」[138]

註 釋

1　黃宗羲，《明儒學案》，卷37，〈甘泉學案一〉，《黃宗羲全集》，第8冊，頁138。

2　王守仁，《年譜一》，《王陽明全集》，卷33，三十四歲下，頁1352。

3　王守仁，〈別湛甘泉序〉，《王陽明全集》，卷7，頁257–258。

4　湛若水，〈答楊少默〉，《湛甘泉先生文集》，卷7，據《四庫全書存目叢書》集部，第56冊 (臺南：莊嚴文化事業公司，1997)，頁571。(《四庫全書存目叢書》集部收《湛甘泉先生文集》，分在56、57兩冊，下面引用，標示冊數於卷數後。)

5　同前註。

6　湛若水，〈答徐曰仁工曹〉，《湛甘泉先生文集》，卷7，第56冊，頁561。

7　湛若水，〈復方西樵〉，《湛甘泉先生文集》，卷7，第56冊，頁560。

8　湛若水，〈贈掌教錢君之姑蘇序〉，《湛甘泉先生文集》，卷17，第56冊，頁705。

9　王守仁，《傳習錄下》，《王陽明全集》，卷3，頁102。

10　王守仁，〈寄鄒謙之〉，《王陽明全集》，卷6，頁224。

11　王守仁,〈答甘泉〉,《王陽明全集》,卷5,頁202。

12　王守仁,〈寄鄒謙之〉,《王陽明全集》,卷6,頁224。

13　黃宗羲,《明儒學案》,卷37,〈甘泉學案一〉,《黃宗羲全集》,第8冊,頁140。

14　同前註。

15　黃宗羲,《明儒學案》,卷5,〈白沙學案上〉,《黃宗羲全集》,第7冊,頁78。

16　參看唐君毅,《中國哲學原論——原教篇》,第13章〈王學之論爭及王學之二流(上)〉,中有論「湛甘泉與陽明學之異同」一節,頁356–362;林繼平,〈甘泉學探究與王湛比較〉,收氏著,《明學探微》,頁257–273;錢穆,《宋明理學概述》(臺北:臺灣學生書局,1977修訂重版),頁291–298;陳郁夫,《江門學記——陳白沙及湛甘泉研究》;陳來,《宋明理學》,頁282–297。此中唐、林、錢皆大抵主湛學略遜於王學,而二陳則似以為兩家各有偏勝。

17　參看蒙培元,《理學的演變——從朱熹到王夫之戴震》(臺北:文津出版社,1990),頁320–332;崔大華,〈劉宗周與明代理學的基本走向〉,收鍾彩鈞主編,《劉蕺山學術思想論集》(臺北:中央研究院中國文哲研究所籌備處,1998),頁186–188。值得注意的是,對宋明理學用力至深的牟宗三,四卷巨著中竟無片言隻字及於甘泉。牟先生僅有的譏評白沙「本人實並無真正孟子工夫」的話,實是取自梨洲評斷白沙「畢竟不離精魂者近是」之說(《明儒學案·師說》),參見牟宗三,《從陸象山到劉蕺山》,頁286。由此推測,他極可能跟隨陽明及其部分後學的意見,視甘泉隨處體認天理為朱子格物窮理的舊說,故無足深論。

18　參看喬清舉,《湛若水思想研究》(臺北:文津出版社,1993);鍾彩鈞,〈湛甘泉哲學思想研究〉,《中國文哲研究集刊》,第19期,2001年,頁345–403。

19　唐君毅,《中國哲學原論——原教篇》,頁353。

20　湛若水,《新論》,《湛甘泉先生文集》,卷2,第56冊,頁528。

21　同前註,頁526。

22　同前註,頁527。

23　湛若水,〈心性圖說〉,《湛甘泉先生文集》,卷21,第57冊,頁72。24　程顥、程頤,《河南程氏遺書》,卷2上,《二程集》,頁16。

25　湛若水,《湛甘泉先生文集》,卷3,第56冊,頁533。

26　湛若水，《天關語通錄》，《湛甘泉先生文集》，卷23，第57冊，頁122。

27　湛若水，《樵語》，《湛甘泉先生文集》，卷1，第56冊，頁526。必須指出，以心之中正規定天理，是甘泉由始至終的一貫主張。在《天關語通錄》這本記載甘泉於嘉靖十九年庚子 (1540) 七十五歲致仕歸天關講學的文字中，這主張仍清楚可見。茲舉兩例如下：(a)「吾之體認天理，乃本體自然無漏處。過於防檢掃除，反生撓亂。虛以存中之體，幾以暢中之用，而或者不察，又遂以此為妄念，是明心之見也。」(b)「體認天理其體中否？先生曰：吾只有一虛心耳。心虛而中見，猶心虛而占筮神，落意識離虛體便涉成念之學。故予體認天理，必以勿忘勿助自然為至。」(湛若水，《湛甘泉先生文集》，卷23，第57冊，頁136。)

28　湛若水，《新泉問辨錄》，《湛甘泉先生文集》，卷8，第56冊，頁596。

29　湛若水，《知新後語》，《湛甘泉先生文集》，卷4，第56冊，頁544。

30　湛若水，〈四勿總箴〉，《湛甘泉先生文集》，卷21，第57冊，頁73。

31　湛若水，《新論》，《湛甘泉先生文集》，卷2，第56冊，頁530。

32　湛若水，《樵語》，《湛甘泉先生文集》，卷1，第56冊，頁521。

33　湛若水，《新論》，《湛甘泉先生文集》，卷2，第56冊，頁531。

34　同前註。

35　嚴格來說，「合一」、「一體」之說仍應加以區別。蓋「合一」有把兩端關聯相合之義。「一體」則可以有兩解：一是合而為一，在此，言合是實說；一是一本義，即本來是一，在此，言合是虛說。甘泉的理氣合一，取的是理氣一本義，故合只是虛說。

36　在王陽明心學逐漸風行的過程中，心學近禪的疑慮一直揮之不去。陽明本其心學的開放精神，從未忌諱吸收與肯定佛老性命之學的精彩處，由是推動了三教合一的思潮。但與此同時也出現了嚴辨三教的想法，而下手處即在強調理氣一體 (或理氣為一) 以見儒家的理是創生實理非佛家空理。甘泉論理氣，可見屬於嚴辨三教的陣營，同時的朱子學者羅整菴亦然。並且理氣為一的觀念亦大力促成明清之際儒學的一元化傾向。關於羅整菴的思想，見本書第4章〈理氣一物 —— 羅整菴的朱子學〉；一元化傾向，見本書第6章〈明清之際儒學的一元化傾向〉。

37　湛若水，《天關語通錄》，《湛甘泉先生文集》，卷23，第57冊，頁111。

38　湛若水，〈寄陽明〉，《湛甘泉先生文集》，卷7，第56冊，頁561。

39　整菴云：「『一陰一陽之謂道』，吾夫子贊《易》語也。元明云：『自其一陰一陽之中者謂之道。』然則聖人之言，亦容有欠缺處邪？殆不然矣！」又

云：「《易》卦三百八十四爻，中正備者六十有四，中而不正者亦六十有四，正而不中者百二十有八，不中不正者亦百二十有八。元明云：『吾觀於大《易》，而知道器之不可以二也。爻之陰陽剛柔，器也。得其中正焉，道也。』其說器字甚明，然但以得其中正者為道，不過六十四爻而已，餘爻三百二十以為非道，則道器不容於不二矣。如以為道，則固未嘗得其中正也。不識元明果何以處之邪？」羅欽順，《困知記》，卷下，《困知記》（北京：中華書局，1990），頁41。

40 對超越主義氣論的分析，見本書第1章〈張橫渠氣學評議〉及第9章〈理氣論——從宋明理學到當代新儒家〉。

41 試看下列兩段文字：(a)「天地間只是一個性。氣即性也，性即理也，更無三者相對。《易》曰：『一陰一陽之謂道』；孟子曰：『形色天性也』；《詩》曰：『天生蒸民，有物有則』；孔子在川上曰：『逝者如斯夫』；《中庸》『鳶飛魚躍』，皆是此意。舍氣何處尋得道來，故曰：『乾坤毀則無以見易』。蓋氣與道為體者也，得其中正即是性，即是理，即是道。故曰：『一陰一陽之謂道，而偏陰偏陽則非道矣。』為人為物為君子為小人，於此焉分。若君子之學，體認天理，得其中正，即性道矣，是為全歸。」（湛若水，《新泉問辨錄》，《湛甘泉先生文集》，卷8，第56冊，頁600。）(b)「天地間萬物只是一氣而已，氣之偏者即蠢然為物，氣之中正者則渾然為聖人，及氣之病而痿痺者即謂之不仁，病風狂者即不知有義理。故知氣為定，品性為虛位。」（湛若水，《知新後語》，《湛甘泉先生文集》，卷4，第56冊，頁544。）

42 湛若水，《湛甘泉先生文集》，卷1，第56冊，頁524。

43 白沙云：「人要學聖賢，畢竟要去學他。若道只是個希慕之心，卻恐末梢未易輳泊，卒至廢馳。若道不希幕聖賢，我還肯如此學否？思量到此，見得個不容已處。雖使古無聖賢之依歸，我亦住不得，如此方是自得之學。」《陳獻章集》，卷2，〈與賀克恭黃門十則之第三則〉，頁133。

44 王守仁，〈別湛甘泉序〉，《王陽明全集》，卷7，頁258。

45 同前註，頁257。

46 湛若水，《大科訓規》，《湛甘泉先生文集》，卷6，第56冊，頁554。

47 湛若水，〈再答鄭進士啟範〉，《湛甘泉先生文集》，卷7，第56冊，頁568。

48 湛若水，《新泉問辨錄》，《湛甘泉先生文集》，卷8，第56冊，頁599。

49 白沙云：「人爭一個覺，纔覺便我大而物小，物有盡而我無盡。夫無盡者，微塵六合，瞬息千古，生不知愛，死不知惡，尚奚暇銖軒冕而塵金玉耶？」《陳獻章集》，卷3，〈與林時矩三則之第一則〉，頁243。

50　參看牟宗三，《心體與性體》，第2冊，頁476。

51　王守仁，《傳習錄中》〈答聶文蔚（二）〉，《王陽明全集》，卷2，頁95。

52　湛若水，《樵語》，《湛甘泉先生文集》，卷1，第56冊，頁524。

53　同前註。

54　湛若水，《雍語》，《湛甘泉先生文集》，卷3，第56冊，頁536。

55　參看牟宗三，《心體與性體》，第2冊，頁476–477。

56　關於「即經驗」與「離經驗」兩路覺悟工夫在宋明理學發展過程中的傳承、雙互間引起的辯難、靜坐見體在儒學工夫論中的合理性以及白沙「從靜中坐養出個端倪來」的主張，分析詳見本書第2章〈覺悟與自 —— 陳白沙的心學〉。

57　《大科訓規》記云：「諸生進德修業，須分定程限，日以為常。每日雞鳴而起，以寅卯辰三時誦書，以巳午時看書，以未時作文，申酉二時默坐思索，戌亥二時溫書。然此等大抵皆不可失了本領，通是涵養體認之意。如此持循，當月異而歲不同矣。」《湛甘泉先生文集》，卷6，第56冊，頁554。

58　《天關語通錄》記云：「記吾初遊江門時，在楚雲臺夢一老人，曰：『爾在山中坐百日便有意思。』後以問先師，曰：『恐生病。』乃知先師不欲人靜坐也。」《湛甘泉先生文集》，卷23，第57冊，頁123。

59　《新泉問辨錄》記云：「虛見與實見不同。靜坐久隱見吾心之體者，蓋先生為初學言之，其實何有動靜之間。心熟後雖終日酬酢萬變朝廷百官萬象金革百萬之眾，造次顛沛而吾心之本體澄然無一物，何往而不呈露耶，蓋不待靜坐而後見也。」《湛甘泉先生文集》，卷8，第56冊，頁608–609。

60　湛若水，《天關語通錄》，《湛甘泉先生文集》，卷23，第57冊，頁129。

61　湛若水，〈復王宜學內翰〉，《湛甘泉先生文集》，卷7，第56冊，頁567。

62　湛若水，《新泉問辨錄》，《湛甘泉先生文集》，卷8，第56冊，頁598。

63　同前註，頁606。

64　湛若水，〈睟面盎背論〉，《湛甘泉先生文集》，卷21，第57冊，頁77。

65　湛若水，《樵語》，《湛甘泉先生文集》，卷1，第56冊，頁523。

66　湛若水，《知新後語》，《湛甘泉先生文集》，卷4，第56冊，頁524。

67　湛若水，〈與陽明鴻臚〉，《湛甘泉先生文集》，卷7，第56冊，頁560。

68　湛若水，〈答洪峻之侍郎〉，《湛甘泉先生文集》，卷7，第56冊，頁580。

69　湛若水，〈心性圖說〉，《湛甘泉先生文集》，卷21，第57冊，頁72。

70　周敦頤，《通書·聖第四》，《周敦頤集》，卷2，頁16。

71 程顥、程頤,〈答橫渠張子厚先生書〉,《河南程氏文集》,卷2,《二程集》,頁460。

72 張載,《正蒙·大心篇》,《張載集》,頁24。

73 甘泉有得於宋儒特別是明道多矣,嘗編《遵道錄》以示遵明道之道。有關甘泉思想淵源的分析,參看鍾彩鈞〈湛甘泉哲學思想研究〉。

74 陳獻章,〈答張內翰廷祥書,括而成詩,呈胡希仁提學〉,《陳獻章集》,卷4,頁279。

75 湛若水,《湛甘泉先生文集》,卷3,第56冊,頁537。

76 同前註,頁535。

77 湛若水,〈與蔣卿實諸君〉,《湛甘泉先生文集》,卷7,第56冊,頁579。

78 湛若水,〈心性圖說〉,《湛甘泉先生文集》,卷21,第57冊,頁72–73。

79 王守仁,《傳習錄上》,《王陽明全集》,卷1,頁7。

80 參看鍾彩鈞,〈湛甘泉哲學思想研究〉,頁370–376。

81 王守仁,《傳習錄中》〈答聶文蔚〉,《王陽明全集》,卷2,頁89–90。

82 王守仁,《傳習錄下》,《王陽明全集》,卷3,頁123。

83 王守仁,《王陽明全集》,卷26,頁1066。

84 王守仁,《傳習錄上》,《王陽明全集》,卷1,頁14。

85 羅整菴,《困知記》,頁41–42。

86 湛若水,《湛甘泉先生文集》,卷23,第57冊,頁119。

87 湛若水,《湛甘泉先生文集》,卷7,第56冊,頁564。

88 甘泉〈答洪峻之侍御〉云:「天理者,吾心中正之本體而貫萬事者也。此外何有血脈?此外何有骨髓?即由仁義行之學,集義所生之學也。天理二字不落心事不分內外者何?理無內外心事之間故也。」《湛甘泉先生文集》,卷7,第56冊,頁588。

89 《新泉問辨錄》記云:「心問:『萬物皆天命,無不有個理在。』一友云:『在物無理,自吾心處之為理。如水火用得其道則為利用,否則為災害。是理從吾心出也,水火何理之有?』心謂:『物若無理則鳶魚川水何指為道體?蓋如水就下,水之理也。吾導之,即是水之理,即為吾之理;吾逆之,即非水之理,即非吾之理也。』一友云:『然則義豈外至者耶?』心又謂:『物既有個下之之理,吾心原有個導之之理,理一也。特感應之而已,順應之而已,是物莫不有理,理莫非吾心,故曰萬物皆備於我。』一友云:『物與人兩個相對相形,合然後見理。若物不遇我,何處討理?我心不遇物,亦無從見理。』心又謂:『此說併人物皆無理矣。使物不各有此理,則遇我時

決不能強假之以理。我心不原有此理，則物至時亦何有應之耶？夫天理萬物一源也，人特物中之靈耳，豈可分之為二，亦豈待合之而後成耶。』（案：下為甘泉答語）前說為非，後說差勝。蓋物我一體、理無內外、萬物皆備於我之說盡之矣。畢竟在心，通貫乎萬物萬事。」《湛甘泉先生文集》，卷8，第56冊，頁610。

90　湛若水，《湛甘泉先生文集》，卷7，第56冊，頁564。

91　王守仁，《王陽明全集》，卷6，頁243-244。此信作於陽明歿前一年，應是他最後評論甘泉的文字。

92　王守仁，《傳習錄中》〈答聶文蔚（二）〉，《王陽明全集》，卷2，頁96。

93　陽明〈答顧東橋書〉云：「來書云：『人之心體本無不明，而氣拘物蔽鮮有不昏，非學問思辨以明天下之理，則善惡之機，真妄之辨，不能自覺；任情恣意，其害有不可勝言者矣。』此段大略似是而非，蓋承沿舊說之弊，不可以不辨也。」（《傳習錄中》，《王陽明全集》，卷2，頁51。）〈寄鄒謙之〉云：「世間無志之人，既已見驅於聲利詞章之習，間有知得自己性分當求者，又被一種似是而非之學兜絆羈縻，終身不得出頭。」（《王陽明全集》，卷6，頁224。）又〈與馬子莘〉云：「蓋有謂良知不足以盡天下之理，而必假於窮索以增益之者，又以為徒良知未必能合於天理，須以良知講求其所謂天理者，而執之以為一定之則，然後可以率由而無弊。是其為說，非實加體認之功而真有以見夫良知者，則亦莫能辯其言之似是而非也。」（《王陽明全集》，卷6，頁243。）

94　湛若水，〈答陽明王都憲論格物〉，《湛甘泉先生文集》，卷7，第56冊，頁572。

95　同前註。

96　甘泉〈復洪峻之侍御〉云：「近來陽明之徒以為行格式，整菴之說又以為禪，真我只在中間也。」《湛甘泉先生文集》，卷7，第56冊，頁589。

97　王守仁，〈答甘泉〉，《王陽明全集》，卷5，頁202。

98　湛若水，〈九章贈別并序〉，《湛甘泉先生文集》，卷26，第57冊，頁164。

99　湛若水，〈求放心篇〉，《湛甘泉先生文集》，卷21，第57冊，頁75。

100　湛若水，《樵語》，《湛甘泉先生文集》，卷1，第56冊，頁523。

101　王守仁，〈別湛甘泉序〉，《王陽明全集》，卷7，頁257。

102　王守仁，《年譜三》五十二歲下，《王陽明全集》，卷35，頁1422。

103　同前註，頁1423。

104　羅洪先，〈墓表〉，見《湛甘泉先生文集》，卷32，第57冊，頁242。

105 甘泉嘗稱許弟子王元德演繹此「隨處」義，《新泉問辨續錄》記云：「元德竊思體認天理，不曰某處而曰隨處最好。隨意隨心隨身隨家隨國隨天下，只是一個格物；隨性隨情隨形隨體隨禮隨樂隨政隨教，只是一個慎獨；隨視隨聽隨言隨動，只是一個勿；隨色隨貌隨言隨事隨疑隨忿隨得，只是一個思，何等容易，何等快樂。(案：下為甘泉案語) 此段見得甚好，首二句尤足破惑人之惑，尤好。」《湛甘泉先生文集》，卷9，第56冊，頁615。

106 湛若水，《湛甘泉先生文集》，卷21，第57冊，頁73。

107 同前註，頁72。

108 湛若水，《湛甘泉先生文集》，卷7，第56冊，頁574。

109 王守仁，《傳習錄中》〈答聶文蔚 (二)〉，《王陽明全集》，卷2，頁93-94。

110 湛若水，〈答潘廷評〉，《湛甘泉先生文集》，卷7，第56冊，頁575。

111 湛若水，《雍語》，《湛甘泉先生文集》，卷3，第56冊，頁537。

112 湛若水，《新泉問辨續錄》，《湛甘泉先生文集》，卷9，第56冊，頁625。

113 湛若水，《新泉問辨錄》，《湛甘泉先生文集》，卷8，第56冊，頁607。

114 湛若水，〈與聶文蔚侍郎〉，《湛甘泉先生文集》，卷7，第56冊，頁573。

115 湛若水，〈答潘廷評〉，《湛甘泉先生文集》，卷7，第56冊，頁575。

116 《明儒學案》卷11〈浙中王門學案一〉記錢德洪嘉靖二十七年戊申 (1548) 冬至增城求甘泉為父作墓誌銘，嘗與甘泉印證自己對勿忘勿助的體認而得到甘泉的稱許。此可作本文分析的佐證，茲引錄如下：「公請予言。予曰：『公勿忘勿助之訓，可謂苦心。』曰：『云何苦心？』曰：『道體自然，無容強索，今欲矜持操執以求必得，則本體之上無容有加，加此一念，病於助矣！然欲全體放下，若見自然，久之則又疑於忘焉。今之工夫，既不助，又不忘，常見此體參前倚衡，活潑呈露，此正天然自得之機也。蓋欲揭此體以示人，誠難著辭，故曰苦心。』先生瞿然顧予曰：『吾子相別十年，猶如相聚一堂。』予又曰：『昔先師別公詩有「無欲見真體，忘助皆非功」之句，當時疑之，助可言功，忘亦可言功乎？及求見此體不及，注目所視，傾耳所聽，心心相持，不勝束縛。或時少舒，反覺視明聽聰，中無罣礙，乃疑忘可以得道。及久之，散漫無歸，漸淪於不知矣。是助固非功，忘亦非功也。始知只一無欲真體，乃見「鳶飛魚躍」與「必有事焉」，同活活潑潑地，非真無欲，何以臻此？』公慨然謂諸友曰：『我輩朋友，誰肯究心及此？』」《黃宗羲全集》，第7冊，頁259-260。

117 王守仁，《王陽明全集》，卷2，頁39。

118 王守仁，《年譜三》五十三歲下，《王陽明全集》，卷35，頁1425。

119 湛若水，《湛甘泉先生文集》，卷9，第56冊，頁619。

120 王守仁，《年譜三》五十一歲下，《王陽明全集》，卷35，頁1418。

121 湛若水，《新論》，《湛甘泉先生文集》，卷2，第56冊，頁528。

122 湛若水，《新泉問辨錄》，《湛甘泉先生文集》，卷8，第56冊，頁599。

123 湛若水，《湛甘泉先生文集》，卷18，第57冊，頁5。

124 湛若水，《湛甘泉先生文集》，卷8，第56冊，頁599。

125 同前註，頁603。

126 湛若水，《湛甘泉先生文集》，卷7，第56冊，頁572–573。

127 湛若水，《樵語》，《湛甘泉先生文集》，卷1，第56冊，頁525。

128 王守仁，《王陽明全集》，卷7，頁284。

129 王守仁，《王陽明全集》，卷6，頁230。

130 湛若水，《天關語通錄》，《湛甘泉先生文集》，卷23，第57冊，頁124。

131 王守仁，《王陽明全集》，卷3，頁110。

132 王守仁，《傳習錄中》〈答歐陽崇一〉，《王陽明全集》，卷2，頁80。

133 王守仁，《傳習錄中》〈答顧東橋〉，《王陽明全集》，卷2，頁56。

134 牟宗三曾仔細分析此義，參看氏著，《從陸象山到劉蕺山》，頁245–265。

135 王守仁，《傳習錄中》〈答顧東橋〉，《王陽明全集》，卷2，頁52。

136 王守仁，〈與馬子莘〉，《王陽明全集》，卷6，頁243。

137 湛若水，《天關語通錄》，《湛甘泉先生文集》，卷23，第57冊，頁124。

138 唐君毅，《中國哲學原論 —— 原教篇》，頁353。

第四章

理氣一物
——羅整菴的朱子學

一、整菴的朱子學

　　《明史·儒林傳》論明代學術思想的變化云：「原夫明初諸儒皆朱子門人之支流餘裔，師承有自，矩矱秩然。曹端、胡居仁篤踐履，謹繩墨，守先儒之正傳，無敢改錯。學術之分則自陳獻章、王守仁始。宗獻章者曰江門之學，孤行獨詣，其傳不遠。宗守仁者曰姚江之學，別立宗旨，顯與朱子背馳；門徒遍天下，流傳逾百年，其教大行，其弊滋甚。嘉、隆而後，篤信程朱不遷異説者，無復幾人矣。」又云：「時天下言學者，不歸陽明則歸湛若水，堅守程朱者，惟呂柟與羅欽順。」[1] 此中謂明初諸儒謹守朱學繩墨無敢改錯或有不盡符合事實處，但及至心學大盛，仍高舉朱學旗幟以相抗衡者確是無復幾人，而其中羅整菴尤為特出。是故研究整菴的思想，實為全面了解明代朱學的發展以及評估朱子學者的造詣所不可缺略的。惜乎迄今為止，有關整菴思想的探究並未達至令人十分滿意的地步。無庸置疑，學宗朱子是整菴自己的供詞，[2] 但嚴格來說，整菴是個朱學的修正派，特別是在理氣問題上他與朱子的主張持異。近人論及這點時，更幾乎毫無例外地把他的理氣觀詮釋為 (唯物主義的) 唯氣論或氣本論：[3] 此即認為他只以氣為實體，理只是氣本身的條理、屬性或規律。不過論者多少警覺到這樣一來，整菴便不僅是個朱學的修正派，簡直變成革命派，其朱子學者的身份遂大可商榷。於是，一個折衷的辦法乃主張撇開理氣觀不論，整菴的朱學應以

其心性論、工夫論來衡定。[4] 然此則無異於說整菴的理氣觀與心性論為不相協合的兩套。誠然，明末黃梨洲編《明儒學案》對整菴的學說早就下過「第先生之論心性，頗與其論理氣自相矛盾」的評語。[5] 問題是此判辭明顯與整菴的自述為學經歷不侔，他曾說：

> 朱子嘗言：「伊川『性即理也』一語，便是千萬世說性之根基。」愚初發憤時，常將此語體認，認來認去，有處通，有處不通。如此累年，竟不能歸一，却疑伊川此語有所未盡，朱子亦恐說得太過，難為必信也。遂姑置之，乃將理氣二字參互體認，認來認去，一般有處通，有處不通。如此又累年，亦竟不能歸一，心中甚不快，以謂識見有限，終恐無能上達也。意欲已之，忽記起「雖愚必明」之言，又不能已，乃復從事於伊川之語，反覆不置。一旦於理一分殊四字有箇悟處，反而驗之身心，推而驗之人人，又驗之陰陽五行，又驗之鳥獸草木，頭頭皆合。於是始渙然自信，而知二君子之言，斷乎不我欺也。愚言及此，非以自多，蓋嘗屢見吾黨所著書，有以「性即理」為不然者，只為理字難明，往往為氣字之所妨礙，纔見得不合，便以先儒言說為不足信，殊不知工夫到後，雖欲添一箇字，自是添不得也。[6]

可見經過多年的反覆思索後，整菴是自信已將理氣觀與心性論通貫為一，且不悖於伊川、朱子之遺教。當然主觀的自信不即等於客觀地為稱理，但完全忽略他親身的證辭而不深究其背後的理據就遽爾判定他的理氣觀與心性論為屬一背離、一繼承於朱學的兩套，恐怕難以使人信服。

總之，整菴思想的研究仍有不少待解的疑難，本章撰寫的目的就是嘗試提出一個與既有研究不同的解讀。此固非求標新立異，實是過去的研究還有很多不一致的地方，本章則希望能對整菴的文字作一融貫的詮釋。用現代哲學詮釋學的話說，這是理解之為理解者，亦是詮釋者應有的責任。用整菴的話說，即「顧其言論間有未歸一處，必須審求其是」。[7] 如是，下文將分為三部分：一、揭示整菴宗朱的態度乃在求對朱子的言論作一致、合理的解釋。依他的閱讀，朱子的文字仍有「未定于

一者」，[8] 不能使人無疑。而當中理氣問題更是「僕之所疑，莫甚於此」。[9]
二、分析整菴「理氣為一物」的主張，[10] 以見唯氣論或氣本論的判定如果
不是基於對文本過於簡略的閱讀，就是出於跳躍太快的推論。扼要言
之，整菴的理氣觀所表現出的是一種「內在一元的傾向」：即將（超越的）
理徹底內化於（內在的）氣中。事實上，因反省朱子的理氣觀而及於內
在一元的傾向，明初朱子學者如曹端（月川，1376–1434）、薛瑄（敬軒，
1389–1464）及胡居仁（敬齋，1434–1484）等人的討論已見端倪。整菴可
以說是在此朱學承傳的背景下更進一步而已。另一方面，自明中葉以
降，為了遏止儒學佛家化的趨勢，遂有強調理非懸空獨立而是徹底內化
於氣中（或曰生生之理無非就是天地間未嘗間斷止息的氣化流行）的內
在一元傾向之盛行。整菴亦不過此中之推波助瀾者，其他走上近似思
路的還有湛甘泉。而其後更有高看氣，將之上提至超越層的思路，可
謂「超越一元的傾向」，如劉蕺山。此內在與超越的一元傾向共同譜奏
成明清之際儒學的一元化傾向，這裏不能多說。[11] 可見，各人的義理關
懷，細按之下，是有毫釐千里的差別。明乎此，我們才能懂得為何屬
於心學陣營的梨洲竟會推許整菴說：「蓋先生之論理氣，最為精確」。[12]
然而必須承認的是，所謂理氣一物、內在一元的傾向，倘辨析其實義，
便知其理論困難大矣。整菴自詡能善化朱子的理氣觀，實則只抓住理
氣之一物二物作文章，其說恐反不及朱子學思之縝密與貫徹。朱子亦
未可輕議也。三、申明從理氣觀到心性論，整菴的理氣一物說將面對
嚴重的理論困難。但他似乎以為藉著對「理一分殊」的獨特解悟，由體
認理氣一物到「氣與性一物」，[13] 便能脫出困局。實則其所謂解決之道雖
使他能接上朱子的心性論，但卻隱涵一從原先主張理氣一物的立場的
退卻。無論如何，細讀整菴的文字，可知他是完全繼承朱子心性情三
分、心具（性）理主乎情（欲）的格局。由是其工夫論自亦不出朱學藩
籬，如主格物致知、讀書明理、涵養未發、誠明兩進等。當王學逐漸
風行天下之時，整菴正是堅守這樣鮮明的朱學立場來力斥心即理、良知
即天理等說法為陰售佛氏之說。無怪乎後有尊奉朱學者讚譽之曰：「明
之有整菴，非猶夫宋之有晦菴哉？」[14]

二、整菴所疑於朱學者所謂朱子「未定于一者」

先不論整菴的朱學造詣如何，其繼述朱學的態度值得一書。他多番強調所謂善學者絕非謂取一護教學的立場唯朱子之言是從，相反，應該仔細爬梳文本，求一融貫、合理的解釋。所以當察覺到文本自身有未歸一處、未稱理處，學者的責任便在於審求其是為文本補強以期終能求得一致。說整菴這種傳承學問的態度或曰解經的方法，與現代詮釋學闡明詮釋即融貫的解讀即同情的了解若合符節，大概不算誇張吧。且看整菴的自白：

> 然義理真是無窮，吾輩之尊信朱子者，固當審求其是，補其微罅，救其小偏，一其未一，務期於完全純粹，而毫髮無遺恨焉，乃為尊信之實，正不必委曲遷就於其間。如此，則不惟有以服妄議者之心，而吾心正大光明之體亦無所累。且朱子之於兩程子，何如其尊信也！觀其註釋經書，與程說亦時有小異，豈非惟是之從乎？然非極深研幾，則所謂是者，要亦未易言也。[15]

> 且吾二人之學，皆宗朱子者也。執事守其說甚固，必是無疑。僕偶有所疑，務求歸于至一，以無愧乎尊信之實。道理自當如此，未可謂之「橫生議論」也。[16]

如是，當整菴發現朱子文字中確有罅縫、不一致處而「補其微罅，救其小偏，一其未一」時，便是在盡詮釋者的責任「以無愧乎尊信之實」，「未可謂之橫生議論也」。當然，他所疑於朱學者所謂朱子未定于一者，是否真的成疑真是未定于一？抑其錯讀文字？則歸根究底仍是個有待考查的詮釋問題。

檢讀整菴所疑於朱學者所謂朱子未定于一者，大概可分為三類：一、是涉及工夫的體會；二、是對於某些文句的詮釋；三、也是最主要的，即在理氣之一物二物的問題上批判並改造朱說。以下則分別列舉相關文獻作進一步的析論。首先，涉及工夫體會的文字有下列三條：

1. 二程教人，皆以知識為先。其言見及於《遺書》及諸門人所述，歷歷可考。《大學》所謂：「欲誠其意者，先致其知。知至而後意誠。」此不易之序也。及考朱子之言，則曰：「上蔡說『先有知識，以敬涵養』，似先立一物了。」他日却又有云：「未能識得，涵養箇甚？」嘗屢稱「明道『學者須先識仁』一段說話極好。」及胡五峯有「欲為仁，必先識仁之體」之言，則又大以為疑，却謂：「不必使學者先識仁體。」其言之先後不一如此，學者將安所適從哉！愚嘗竊以所從入者驗之，斷非先有知識不可。第識仁大是難事，明道嘗言：「天理二字，是自家體貼出來。」此所以識仁之方也。然體貼工夫，須十分入細，一毫未盡即失其真。朱子之言，大抵多隨學者之偏而救之，是以不一，然因其不一而求以歸于致一，在我有餘師矣。[17]

2. 「靜中有物」者，程伯子所謂「亭亭當當，直上直下之正理」是也。朱子以為「思慮未萌，而知覺不昧」，似乎欠一理字。學者或認從知覺上去，未免失之。[18]

3. 「思慮未萌，而知覺不昧。」朱子嘗有是言。余嘗疑其欠一理字。精思默究蓋有年矣，輒敢忘其僭越，擬用「所」字易「知」字，覺那意義都完。然非敢臆決也，《書》曰「顧諟天之明命」，《論語》曰「立則見其參於前也；在輿則見其倚於衡也」，非「所覺不昧」而何？此實平日存養工夫，不容有須臾之間者也。[19]

第1條是關於朱學工夫中知識（即察識、致知）、涵養孰先孰後的問題。整菴注意到在朱子的文字中有先後不一的說法，而以為此乃朱子「大抵多隨學者之偏而救之，是以不一」。這解說不無根據。蓋朱子參悟中和形成新說即其學之規模已大體確定後，工夫則結穴於伊川「涵養須用敬，進學則在致知」兩語。依朱子，涵養、致知猶如車兩輪、鳥兩翼，缺一不可，所謂敬義夾持也。故孰先孰後並非關鍵所在，朱子亦確常隨機施教而有可多面說者，不能執一以拘也。較持平的說法應是「且如涵養、致知，亦何所始？但學者須自截從一處做去。程子：『為學莫

先於致知。』是知在先。又曰：『未有致知而不在敬者。』則敬也在先。
從此推去，只管恁地。」[20] 若然，可知整菴最後以「斷非先有知識不可」
為「歸于至一」，似不能說真善會朱子。大概整菴後來修正朱學，得益
於明道的啓發甚多（此點下文將作交代），遂堅信明道「學者須先識仁」
的「識仁」就是朱學中的致知工夫。由是不解為何朱子大疑五峰相近之
說而謂「不必使學者先識仁體」。其實朱子亦確是以致知訓解明道的識
仁，他說：「『學者識得仁體，實有諸己，只要義理栽培。』識得與實
有，須做兩句看。識得，是知之也；實有，是得之也。若只識得，只
是知有此物，却須實有諸己，方是己物也。」[21] 他之所以懷疑五峰的相
近之說，實緣於彼在中和舊說的階段時已走過湖湘「先察識後涵養」的
路而不契，乃知湖湘所謂察識是察識於良心發見之端，非彼意謂的格物
致知工夫。此亦正是為何朱子在〈答張欽夫書〉即其中和新說的一篇重
要文字中孜孜於駁難湖湘之說而卒以先涵養後察識為定是。[22] 凡此則顯
非整菴所能及知。

　　第 2、3 條同是質疑朱子以「思慮未萌，而知覺不昧」規定未發之
靜，「似乎欠一理字」，並援明道「靜中有物」為據。「思慮未萌，而知
覺不昧」是朱子中和新說下的體悟語，見〈答張欽夫書〉。在新說中，
朱子以「事物未至，思慮未萌」言未發，以「事物交至，思慮萌焉」言已
發，心則周流貫徹於未發已發。未發時，心非死體而是知覺不昧。易
言之，能知理覺理的心，所謂心體，只是寂然不動而已。已發時，心
則感而遂通以求「事物紛糾而品節不差」。又相對已發時心之感通「見」
理之燦然，未發時心之寂然亦涵「見」理之渾然；雖則後一個「見」只是
心性平列地說，不同於前一個「見」為指心具眾理。[23] 此義朱子申之再
三，如云：「然方其靜也，事物未至，思慮未萌，而一性渾然，道義全
具，其所謂中，是乃心之所以為體而寂然不動者也。」[24] 又云：「按《文
集》、《遺書》諸說，似皆以思慮未萌、事物未至之時，為喜怒哀樂之未
發。當此之時，即是此心寂然不動之體，而天命之性，當體具焉。」[25]
又如云：「皆以思慮未萌、事物未至之時，為『喜怒哀樂之未發』。當此
之時，即是心體流行，寂然不動處，而天命之性，體段具焉。」[26] 其解

明道「靜中有物」，亦是本乎上述思路而謂：「『喜怒哀樂未發謂之中』，
『亭亭當當，直上直下』等語，皆是形容中之在我，其體段如此。」[27] 總
之，朱說並未如整菴所批評般欠一理字；整菴易「知覺不昧」為「所覺不
昧」，倒反失掉朱子突顯未發時心體仍默默任運而行的用心。但如此一
來，則人或疑整菴「精思默究蓋有年矣」豈非白費，全屬不諦。實則他
所以究心於此多年，乃是想提出未發之中也有認理工夫的新見。《困知
記》卷上有以下一段文字：

4. 「喜怒哀樂之未發謂之中。」子思此言，所以開示後學，最為深
　　切。蓋天命之性，無形象可覩，無方體可求，學者猝難理會，
　　故即喜怒哀樂以明之。夫喜怒哀樂，人人所有而易見者，但不
　　知其所謂「中」，不知其為「天下之大本」，故特指以示人，使知
　　性命即此而在也。上文「戒慎恐懼」即所以存養乎此，然知之未
　　至，則所養不能無差，或陷於釋氏之空寂矣。故李延平教人「須
　　於靜中體認大本未發時氣象分明，即處事應物自然中節。」李之
　　此指，蓋得之羅豫章，羅得之楊龜山，楊乃程門高弟，其固有
　　自來矣。程伯子嘗言：「學者須先識仁，識得此理，以誠敬存之
　　而已。」叔子亦言：「勿忘勿助長，只是養氣之法，如不識怎生
　　養？有物始言養，無物又養箇甚？」由是觀之，則未發之中，安
　　可無體認工夫！雖叔子嘗言：「存養於未發之時則可，求中於未
　　發之前則不可。」此殆一時答問之語，未必其終身之定論也。且
　　以為「既思即是已發」，語亦傷重。思乃動靜之交，與發於外者
　　不同，推尋體認，要不出方寸間爾。伯子嘗言：「天理二字，是
　　自家體貼出來。」又云：「中者，天下之大本。天地之間，亭亭
　　當當，直上直下之正理，出則不是。」若非其潛心體貼，何以見
　　得如此分明？學者於未發之中，誠有體認工夫，灼見其直上直
　　下，真如一物之在吾目，斯可謂之知性也已。疊疊焉，戒懼以
　　終之，庶無負子思子所以垂教之深意乎！[28]

「學者於未發之中，誠有體認工夫」，此所以整菴總覺「思慮未萌，而知
覺不昧」一句欠一理字。先不論此於未發中體認性理的工夫到底是否

即是《中庸》「喜怒哀樂之未發謂之中」、延平「須於靜中體認大本未發時氣象分明」、明道「學者須先識仁」、甚至是伊川不同意的「求中於未發之前」，問題在於在朱學的義理系統內這種工夫如何可能？上引文字中「思乃動靜之交，與發於外者不同，推尋體認，要不出方寸間爾」數語顯是關鍵所在。仔細推敲，整菴似乎是以心未應事接物時的內思（或曰心的自知）屬未發，而認為此中亦有認理具理的工夫，故謂「灼見其直上直下，真如一物之在吾目，斯可謂之知性也矣。」若然，則此所謂新見不過變換其辭而已。蓋朱子本明白規定未發為「思慮未萌」，今整菴乃謂「『既思即是已發』，語亦傷重」。若謹守朱子未發已發的分判，未發時知覺不昧即心體流行（默默任運）雖平行地涵一渾然性理，惟工夫只在涵養敬心以期心靜理明發而中節，此處並沒有甚麼體認性理的工夫。

　　回到整菴所疑於朱學者所謂朱子未定于一者，其中有關於某些文句的詮釋問題，如下面幾條：

5. 程伯子論「生之謂性」一章，反覆推明，無非理一分殊之義。朱子為學者條析，雖詞有詳略，而大旨不殊。然似小有未合，請試陳之。……切詳章內「以上」二字，止是分截動靜之界，由動而言，則靜為以上，猶所謂「未發之前」，未發更指何處為前？蓋據已發而言之爾。朱子於此，似求之太過，却以為「人物未生時」，恐非程子本意。蓋程子所引「人生而靜」一語，正指言本然之性，繼之以「纔說性時，便已不是性」二語，蓋言世所常說乃性之動，而非性之本也。此意甚明，詳味之自可見。若以「人生而靜以上」，為指人物未生時，則是說「維天之命」，「不是性」三字無着落矣。[29]

6. 「凡言心者皆是已發」，程子嘗有是言，既自以為未當而改之矣。朱子文字，猶有用程子舊說未及改正處，如《書傳》釋人心道心，皆指為已發，《中庸序》中「所以為知覺者不同」一語，亦皆已發之意。愚所謂「未定于一」者，此其一也。[30]

7. 《虞書》之所謂「道心」，即《樂記》所謂「人生而靜，天之性也」，
　　即《中庸》所謂「未發之中天下之大本也」。決不可作已發看。
　　若認道心為已發，則將何者以為大本乎？愚於此，所以不能無
　　少異於朱子者，前已有說。平生所見，以為至先。比年反覆窮
　　究，益信此論之不容易也。[31]

第5條評朱子解明道「生之謂性」章「『人生而靜』以上不容說」（見《河南
程氏遺書》卷1，〈二先生語一〉）為指「人物未生時」，「似求之太過」。
依整菴，「以上」是指未發之靜，「人生而靜」是指本然之性，合起來整
句是指未發時的性之本體。及至已發，則性必內在於氣，「而非性之本
也」。（案：此嚴格說非謂性能發用，乃是藉心之已發情之已發而假說
性動，所以才會說「蓋言世所常說乃性之動」）其實，若衡之於「生之謂
性」的章名，朱子之解非但不是求之太過反更貼切於「生」字。朱子的詮
釋是：

問「人生而靜以上不容說」一段。曰：「『人生而靜以上』，即是人物
未生時。人物未生時，只可謂之理，說性未得，此所謂『在天曰命』
也。『纔說性時，便已不是性』者，言纔謂之性，便是人生以後，
此理已墮在形氣之中，不全是性之本體矣，故曰『便已不是性也』，
此所謂『在人曰性』也。大抵人有此形氣，則是此理始具於形氣之
中，而謂之性。纔說是性，便已涉乎有生而兼乎氣質，不得為性
之本體也。然性之本體，亦未嘗離。要人就此上面見得其本體元
未嘗離，亦未嘗雜耳。……」[32]

明道論性一章，「人生而靜」，靜者固其性。然只有「生」字，便帶
却氣質了。但「生」字以上又不容說，蓋此道理未有形見處。故今
才說性，便須帶著氣質，無能懸空說得性者。[33]

「才說性，便已不是性也。」蓋才說性時，便是兼氣質而言矣。「人
生而靜以上不容說。」「人生而靜以上」，只說得箇「人生而靜」，
上面不通說。蓋性須是箇氣質，方說得箇「性」字。若「人生而靜
以上」，只說箇天道，下「性」字不得。所以子貢曰「夫子言性與天

道，不可得而聞也」，便是如此。所謂「天命之謂性」者，是就人身中指出這箇是天命之性，不雜氣稟者而言爾。若才說性時，則便是夾氣稟而言，所以說時，便已不是性也。[34]

合而觀之，可見朱子是很能把握住明道此章所抒表的斷自有生以後理氣不離渾淪為一之義。此義亦即二程「論性，不論氣，不備；論氣，不論性，不明。二之則不是」之法語所示者。[35] 尤有進者，朱子藉此在某一意義下明確界分「理」、「性」二字。「理」以「在天曰命」定；「性」以「在人曰性」定，也就是「纔說是性，便已涉乎有生而兼乎氣質」。於是，明道「才說性，便已不是性也」是意謂性既涉乎有生兼乎氣質，遂不全是性之本體（即理、天道、天命之性）矣，而伊川「性即理」一語更成「要人就此上面見得其本體元未嘗離，亦未嘗雜耳。」朱子的解釋既周密且順適，整菴卻硬要說「人物未生時」的話太過，細繹其意，乃是因為若果承認理氣不離是斷自有生以後之事，那麼豈非也得承認人物未生時理氣為可離者，此則為主張理氣一物的整菴所斷不能接受的。從下文的分析我們將可清楚看到，連朱子「此理已墮在形氣之中」、「然性之本體，亦未嘗雜」等語，整菴也以為有（理氣）二物之嫌。

第6、7兩條皆是不滿朱子「釋人心道心，皆指為已發」，遂懷疑彼仍取「凡言心者皆指已發」此一伊川「以為未當而改之」的話。對伊川此語的取捨，朱子在〈已發未發說〉、〈與湖南諸公論中和第一書〉中早有交代。[36] 此即他正因為見到伊川以此語為未當而改之，始覺舊說以心為已發為非是，並有新說之悟。新說下對已發未發及心性之分說，前已論及，不贅。要之，整菴不滿朱子對道心人心的詮釋，實無需牽扯到伊川此語。朱子論道心人心，最簡潔者莫如注〈大禹謨〉「人心惟危、道心惟微，惟精惟一，允執厥中」的所謂十六字心傳：

心者，人之知覺主於身而應事物者也。指其生於形氣之私者而言，則謂之人心；指其發於義理之公者而言，則謂之道心。人心易動而難反，故危而不安；義理難明而易昧，故微而不顯。惟能省察於二者公私之間以致其精，而不使其有毫釐之雜；特守於道心

微妙之本以致其一，而不使其有頃刻之離，則其日用之間思慮動作
自無過無不及之差，而信能執其中矣。[37]

無疑，朱子是依心之發乎形氣之私者言人心；依心之發於義理之公者
言道心。這與整菴理解道心為未發之中、寂然不動之體、亦即天命之
性，表面看來確有不同。《困知記》卷上云：

8. 道心，「寂然不動」者也，至精之體不可見，故微。人心，「感而
遂通」者也，至變之用不可測，故危。[38]

9. 道心、性也。人心、情也。心一也，而兩言之者，動靜之分，
體用之別也。凡靜以制動則吉，動而迷復則凶。「惟精」，所以
審其幾也。「惟一」，所以存其誠也。「允執厥中」，「從心所欲不
踰矩」也，聖神之能事也。[39]

整菴的理解涵兩義：一、在某義下心、性、情是一；二、道心與人心或
性與心可以體用言。必須指出，此兩義一方面與整菴繼承朱學心性情
三分的基本格局不悖，另一方面實也可通乎朱子道心人心之說。依朱
學，「性是心之道理，心是主宰於身者。四端便是情，是心之發見處。
四者之萌皆出於心，而其所以然者，則是此性之理所在也。」[40] 是以如
心能具眾理主乎情發應乎事變，自豁然貫通處看，心即道心，亦可謂與
性理與情為一。這圓融理境朱子雖不多說，但亦非不曾說到，如謂：
「心之全體湛然虛明，萬理具足，無一毫私欲之間；其流行該徧，貫乎
動靜，而妙用又無不在焉。故以其未發而全體者言之，則性也；以其
已發而妙用者言之，則情也。然『心統性情』，只就渾淪一物之中，指
其已發、未發而為言爾；非是性是一箇地頭，心是一箇地頭，情又是一
箇地頭，如此懸隔也。」[41] 由是不難推知，若整菴以其說「道心、性也。
人心、情也。心一也，而兩言之者，動靜之分，體用之別也」質諸朱
子，應能得朱子的首肯。不過以道心人心或性心言體用，在朱學的義
理下是須有進一步的簡別。顯然，此中體用非一般意謂的體能生發動
用的體用義，否則道心惟微的體發出人心惟危的用豈不錯謬難通。簡

略而言，朱學言性體心用（或情用）是指性為心之所以能主乎身之所本（或性為情之所以能發而中節之所本），換一種說法，即心之所以能具理乃是因為有性的緣故。朱子說：「心以性為體，心將性做餡子模樣。蓋心之所以具是理者，以有性故也。」[42] 他甚至做過一個很生動的譬喻：「人只是合當做底便是體，人做處便是用。譬如此扇子，有骨，有柄，用紙糊，此則體也；人搖之，則用也。如尺與秤相似，上有分寸星銖，則體也；將去秤量物事，則用也。」[43]

最後，讓我們看看在整菴所疑於朱學者所謂朱子未定於一者中，「僕之所疑，莫甚於此」的理氣之一物二物的討論。

10. 或者因「易有太極」一言，乃疑陰陽之變易，類有一物主宰乎其間，是不然。夫易乃兩儀、四象、八卦之總名，太極則眾理之總名也。云「易有太極」，明萬殊之原於一本也，因而推其生生之序，明一本之散為萬殊也。斯固自然之機，不宰之宰，夫豈可以形迹求哉？斯義也，惟程伯子言之最精，叔子與朱子似乎小有未合。今其說具在，必求所以歸于至一，斯可矣。……所謂叔子小有未合者，劉元承記其語有云：「所以陰陽者道。」又云：「所以闔闢者道。」竊詳所以二字，固指言形而上者，然未免微有二物之嫌。以伯子「元來只此是道」之語觀之，自見渾然之妙，似不須更著「所以」字也。所謂朱子小有未合者，蓋其言有云：「理與氣決是二物。」又云：「氣強理弱。」又云：「若無此氣，則此理如何頓放？」似此類頗多。惟〈答柯國材〉一書有云：「一陰一陽，往來不息，即是道之全體。」此語最為直截，深有合於程伯子之言，然不多見，不知竟以何者為定論也。[44]

11. 理一殊分四字，本程子論〈西銘〉之言，其言至簡，而推之天下之理，無所不盡。在天固然，在人亦然，在物亦然；在一身則然，在一家亦然，在天下亦然；在一歲則然，在一日亦然，在萬古亦然。持此以論性，自不須立天命、氣質之兩名，粲然其如視諸掌矣。但伊川既有此言，又以為「才稟於氣」，豈其所謂分之殊者，專指氣而言之乎！朱子嘗因學者問理與氣，亦稱伊

川此語説得好，却終以理氣為二物，愚所疑未定于一者，正指此也。[45]

12. 朱子〈辯蘇黃門老子解〉有云：「道器之名雖異，然其實一物也，故曰『吾道一以貫之』。」與所云「理氣決是二物」者，又不同矣。為其學者，不求所以歸于至一可乎！[46]

13. 周子〈太極圖説〉篇首無極二字，如朱子之所解釋，可無疑矣。至於「無極之真，二五之精，妙合而凝」三語，愚則不能無疑。凡物必兩而後可以言合，太極與陰陽果二物乎？其為物也果二，則方其未合之先各安在耶？朱子終身認理氣為二物，其源蓋出於此。愚也積數十年潛玩之功，至今未敢以為然也。嘗考朱子之言有云：「氣強理弱」，「理管攝他不得」。若然，則所謂太極者，又安能為造化之樞紐，品物之根柢耶？惜乎！當時未有以此説叩之者。姑記於此，以俟後世之朱子云。[47]

14. 蓋朱子嘗有言曰：「氣質之性，即太極全體墮在氣質之中」。又曰：「理只是泊在氣上」。僕之所疑，莫甚於此。理果是何形狀，而可以「墮」，以「泊」言之乎？「不離不雜」，無非此意，但詞有精粗之不同耳。只緣平日將理氣作二物看，所以不覺説出此等話來。晚歲自言「覺得於上面猶隔一膜」，亦既明有所指，此正後學之所宜致察也。高論以「陰陽是道之所在」，與「泊在氣上」之言有何差別？但不曾明用泊字耳，非習矣而不察之過歟？[48]

15. 「天命之謂性」，理之一也，「率性之謂道」，分之殊也。「性善」，理之一也，而其言未及乎分殊，「有性善，有性不善」，分之殊也，而其言未及乎理一。程、張本思、孟以言性，既專主乎理，復推氣質之説，則分之殊者誠亦盡之。但曰「天命之性」，固已就氣質而言之矣，曰「氣質之性」，性非天命之謂乎？一性而兩名，且以氣質與天命對言，語終未瑩。朱子尤恐人之視為二物也，乃曰：「氣質之性，即太極全體墮在氣質之中。」

> 夫既以墮言，理氣不容無罅縫矣。惟以理一分殊蔽之，自無往
> 而不通，而所謂「天下無性外之物」，豈不亶其然乎！[49]

以上 10 至 15 條反反覆覆皆批評朱子「理氣決是二物」的話為不當，並舉
朱子著作中「然不多見」但卻暗合己所謂理氣一物的幾條文字（即〈答柯
國材〉、〈辯蘇黃門老子解〉）來證明朱子於理氣之一物二物問題上乃未
定於一。那麼到底朱子所謂理氣二物是甚麼意思？整菴的理氣一物又
當作何解？此兩說究孰對孰錯？凡此本文將於下節作詳細的析論，這
裏只想先說明一點：即整菴主理氣一物起碼從他自己看來決非只在發
明朱子理氣不離不雜之說中不離的一面。錢穆（1895–1990）嘗評論整菴
說：「朱子言理氣，有合而看，有離而看，如整菴所引諸條，此皆離而
看之語也。然更有合而看之一邊，故整菴亦僅謂朱子小有未合。實則
朱子之言乃是更周到，更細密，勝於整菴之只看一邊。」[50] 但依上引第
14 條，整菴明明表示「理果是何形狀，而可以『墮』，以『泊』言之乎？
『不離不雜』，無非此意，但詞有精粗之不同耳。」此則彼非不知朱子有
不離不雜之說，卻以為這仍不過是在認理氣二物下較精細的表達而已。
他在〈答林次崖僉憲〉書中對此有更詳盡的交代：

> 16. 凡執事之所為說，率本諸晦翁先生，僕平日皆曾講究來，亦頗
> 有得。謂「是理不離乎氣，亦不雜乎氣」，乃其說之最精者，但
> 質之明道之言，似乎欠合。說來說去，未免時有窒礙也。姑借
> 來書「父子慈孝」一語明之。夫父之慈，子之孝，猶水之寒，火
> 之熱也。謂慈之理不離乎父，孝之理不離乎子，已覺微有罅縫
> 矣。謂慈之理不離乎父，孝之理不離乎子，其可通乎？抑尤有
> 可疑者，曰「以氣言之」則如何如何，「以理言之」則如何如何，
> 道器判然，殆不相屬。然則性命之理，果何自而明哉？良由將
> 理氣作二物看，是以或分或合，而終不能定於一也。然晦翁〈辯
> 蘇黃門老子解〉，又嘗以為一物，亦自有兩說矣，請更詳之。[51]

謂整菴只看到理氣不離一邊，整菴必不肯服。然則其理氣一物說是如
何持異於朱子之言理氣不離不雜？由此我們可轉至下一節的討論。

三、理氣一物：內在一元的傾向

以上不嫌辭費地條析整菴所疑於朱學者所謂朱子未定於一者，正欲藉此以窺其朱學造詣。以下則看整菴自詡有進於朱學的理氣一物說。但在剖析其說之前，我們還須先作兩項準備工夫：一、考查整菴倡理氣一物的背景；二、分疏理與氣的各種理論關係，由之以見「理氣一物」的六種可能說法。唯有通過這樣的義理澄清，我們才能有明確的判準來衡定整菴說法的實義。

關於整菴倡理氣一物的背景，可說者有三。一是明初諸儒對朱學理氣問題的反省；二是明中葉儒學日趨佛家化的危機；三是有得於明道思想的啓迪。茲逐一略說於下。首先，從明初諸儒反省朱學理氣問題的線索來看，整菴的理氣觀實其來有自。細讀明初朱子學者如曹月川、薛敬軒與胡敬齋等人討論理氣的文字，則知他們的思考主要環繞著四個問題：即理之能動與否、理氣之先後、理氣之聚散以及更突顯氣的重要性而明「有此氣則有此理，理乃氣之所為」。[52] 朱學中理是否能動，研究者向有爭議。牟宗三嘗費大氣力將朱子有關詞語及觀念俱作釐清，卒判定其理為靜態的存在之理（即氣之然背後超越的所以然），實為有據之論。[53] 事實上，朱子謂理不能動動者是氣，於其文字中俯拾可見。如云：「且如天地間人物草木禽獸，其生也，莫不有種，定不會無種子白地生出一箇物事，這箇都是氣。若理，則只是箇淨潔空闊底世界，無形迹，他却不會造作；氣則能醞釀凝聚生物也。但有此氣，則理便在其中。」[54] 又如云：「無是氣，則是理亦無掛搭處。」[55] 然靜態的理究如何作為天地氣化流行不息的本體，確難免啓人疑寶。明初曹月川便針對朱子「理搭在陰陽上，如人跨馬相似」之喻，[56] 提出死人騎活馬的質疑：

〈太極圖說辨戾文〉略云：周子謂太極動而生陽，靜而生陰，則陰陽之生，由乎太極之動靜，而朱子之解極明備矣。其曰「有太極，則一動一靜而兩儀分；有陰陽，則一變一合而五行具」，亦不異焉。又觀《語錄》，却謂「太極不自會動靜，乘陰陽之動靜而動靜耳」。

遂謂「理之乘氣，猶人之乘馬，馬之一出一入，而人亦與之一出一入」，以喻氣之一動一靜，而理亦與之一動一靜。若然，則人為死人，而不足以為萬物之靈，理為死理，而不足以為萬物之原，理何足尚，而人何足貴哉！今使活人騎馬，則其出入行止疾徐，一由乎人馭之如何爾，活理亦然。不之察者，信此則疑彼矣，信彼則疑此矣。經年累歲，無所折衷，故為〈辨庪〉，以告夫同志君子。[57]

案：理之能動與否是決定朱學義理性格的關鍵之一。月川既已見及於此，則重要的是回到心性論的層面去反省性理是否應同樣為能生起動用者而非復只是心所知所具的對象？惜乎明初儒者皆未能更進一步，所論遂只糾纏局限於理氣的層面。於是又復強調理氣不可分先後，薛敬軒論之詳矣：

理只在氣中，決不可分先後。如太極動而生陽，動前便是靜，靜便是氣，豈可說理先而氣後也。[58]

四方上下，往來古今，實理實氣，無絲毫之空隙，無一息之間斷。[59]

竊謂理氣不可以分先後，蓋未有天地之先，天地之氣雖未成，而所以為天地之氣，則渾渾乎未嘗止息，而理涵乎氣之中也。[60]

今天地之始，即前天地之終也。雖天地混合為一，而氣則未嘗有息。但翕寂之殺，猶四時之貞，乃靜之極耳。至靜之中，而動之端已萌，即所謂太極動而生陽也。……原夫天地之終靜，而太極已具；今天地之始動，而太極已行。是則太極或在靜中，或在動中，雖不離乎氣，亦不離乎氣也，若以太極在氣先，則是氣有斷絕，而太極別為一懸空之物而能生夫氣矣，是豈動靜無端，陰陽無始之謂乎？[61]

理非「別為一懸空之物而能生夫氣矣」，這在朱學中無問題。朱子講理生氣並不是說從理中生出氣來；理學家不論其義理關懷為何都絕不會如此說。生化總是理氣不離渾淪在一起的結果，是以理也不妨說就是

那「渾渾乎未嘗止息」的氣化。敬軒「今天地之始，即前天地之終也」一語壯美矣莊嚴矣！在此亦無妨說「四方上下，往來古今，實理實氣，無絲毫之空隙，無一息之間斷。」但必須注意的是，強調生化中理氣無空隙無間斷不等於就能否定朱子「理先氣後」之說。蓋理若是氣化所以可能的超越本體，則「本」與「體」即涵一存有的、形而上的先在性。朱子在此義理分寸處拿揑得極準確，故當學生問理氣先後，他就答：「此本無先後之可言。然必欲推其所從來，則須說先有是理。」[62]又嘗答：「理未嘗離乎氣。然理形而上者，氣形而下者。自形而上下言，豈無先後！」[63]後來整菴便完全不懂此義，以為理先氣後即是歧理氣為二；彼自然更不懂理氣說一說二皆可，然這屬後話，此處暫不多說。無庸置疑，敬軒理氣不可分、無空隙、無間斷的話頭都啓發著其後整菴的思考。《困知記》中整菴推許敬軒的話便是明證。其文曰：「薛文清《讀書錄》甚有體認工夫，見得到處儘到。區區所見，蓋有不期而合者矣。……《錄》中有云：『理氣無縫隙，故曰器亦道，道亦器。』其言當矣。」[64]不過敬軒實仍保留朱子理氣不離不雜的看法，故當論及理氣之聚散時，乃謂氣有聚散但作為氣聚散底超越根據的理本身則不能有聚散。他借日光飛鳥作喻：

> 理如日光，氣如飛鳥，理乘氣機而動，如日光載鳥背而飛。鳥飛而日光雖不離其背，實未嘗與之俱往。而有間斷之處，亦猶氣動而理雖未嘗與之暫離，實未嘗與之俱盡，而有滅息之時。氣有聚散，理無聚散，於此可見。[65]

> 理如日月之光，小大之物，各得其光之一分。物在則光在物，物盡則光在光。[66]

從整菴的觀點看，說「物盡則光在光」無異於承認理為可離乎氣，而這豈非與前說理氣「無絲毫之空隙」自相矛盾？因此他批評說：「至於反覆證明『氣有聚散，理無聚散』之說，愚則不能無疑。夫一有一無，其為縫隙也大矣，安得謂之『器亦道，道亦器』耶？蓋文清之於理氣，亦始終認為二物，故其言未免時有窒礙也。」[67]實則此所謂窒礙矛盾無非整

菴思理不周終不明白理氣二物之實義所致。生化時理氣固無空隙地渾淪為一，然各殊別物所稟賦之氣（或命）是能界劃出其所稟賦之理（或性），此即有如此之氣化，乃有如此之理之表現。而當如此之氣化消散，普遍地說，固有散之理也；特殊地說，則可謂如此之理之表現亦歸無有。理之某一隨氣而來的特殊表現可有可無或可聚可散，非謂理本身可有可無或可聚可散，此兩說並不相悖。總之，以上所論似非敬軒所思及，也顯非整菴所相契。至於順理氣不分而反過來突顯氣為可界劃出理之表現者，此義胡敬齋見得到。其言曰：

> 「立天之道，曰陰與陽」，陰陽，氣也，理在其中；「立地之道，曰柔與剛」，剛柔，質也，因氣以成理；「立人之道，曰仁與義」，仁義，理也，具於氣質之內，三者分殊而理一。[68]

> 「有此理則有此氣，氣乃理之所為。」是反說了。有此氣則有此理，理乃氣之所為。[69]

「有此氣則有此理，理乃氣之所為」不能不說是整菴「理只是氣之理，當於氣之轉折處觀之」、「理須就氣上認取」等說之先導。[70]

除了有得於明初朱子學者的討論外，直接刺激整菴使他不得不堅持主張理氣不分決是一物的，相信是他對儒學日趨佛家化所懷有的危機感。自整菴看來，當其時釋家對儒學的染污已深入至心性論、理氣觀方面。他認為佛氏在心性論方面只重一覺性（虛明靈覺），並本此以否定天地生化的實理。所以他要嚴辨儒釋：「程子嘗言：『聖人本天，佛氏本心。』此乃灼然之見，萬世不易之論，儒佛異同，實判於此。」[71]又說：「夫佛氏之所謂性者覺，吾儒之所謂性者理，得失之際，無待言矣。」[72] 如是，心學尤其是王學主心即理、良知即天理實不啻是陰售佛說誤認（虛明的）靈覺為（至實的）天理。整菴對王學的誤解，深識王學者自不難加以駁正，此不贅述。但正是在這樣的憂慮下，朱學性即理、心具理的義理特點便成為整菴藉以糾正王學之失的資具。至於理氣觀方面，整菴認為佛氏既否定生化流行，乃以其空理為能懸空獨立於氣化外而視空理為真際氣化為幻相。因此他孜孜於強調儒學的理氣

是不可分的；理氣一物由是遂成為他堅守不移的信念。大概他有一忌
諱，以為一講理氣二物就是彌近理而大亂真，淪於釋家而不自知。此
一忌諱及由之形成的危機感在下面的文字裏情見乎辭：

> 「有物先天地，無形本寂寥，能為萬象主，不逐四時凋。」此詩乃高
> 禪所作也。自吾儒觀之，昭然太極之義，夫復何言？然彼初未嘗
> 知有陰陽，安知有所謂太極哉？此其所以大亂真也。……佛氏初
> 不識陰陽為何物，固無由知所謂道，所謂神。但見得此心有一點
> 之靈，求其體而不可得，則以為空寂，推其用而遍於陰、界、入，
> 則以為神通。所謂「有物」者，此爾。以此為性，萬無是處。而其
> 言之亂真，乃有如此詩者，可無辨乎！[73]

> 誠以鳶、魚雖微，其性同一天命也。飛、躍雖殊，其道同一率性
> 也。彼所謂般若、法身，在花、竹之身之外。吾所謂天命、率
> 性，在鳶、魚之身之內。在內則是一物，在外便成二物。二則二
> 本，一則一本，詎可同年而語哉？[74]

誠然，儒家的生生之理是表現為陰陽不息之造化，但這不等於說儒家不
能承認理本的先在性而謂理先氣後、理氣二物；講理先氣後、理氣二物
亦不悖於講理氣不分先後、理氣一物，更不會一講便沉空滯寂淪為佛
說。此則非整菴所能知。整菴為了不讓理離乎氣，有時甚至以氣化為
首出。他說：「理果何物也哉？蓋通天地，亙古今，無非一氣而已。氣
本一也，而一動一靜，一往一來，一闔一闢，一升一降，循環無已。
積微而著，由著復微，為四時之溫涼寒暑，為萬物之生長收藏，為斯民
之日用彝倫，為人事之成敗得失。千條萬緒，紛紜膠轕而卒不可亂，
有莫知其所以然而然，是即所謂理也。初非別有一物，依於氣而立，
附於氣以行也。」[75]論者多有一見此段文字便斷言整菴是（唯物主義的）
唯氣論者，整菴恐未至於此。

　　整菴不滿王學之佛家化（以良知為天理），乃可假朱學之性即理、
心具理以相抗，但他不滿佛氏以理氣為二，則似乎不易在朱學中找到
理論支援，蓋朱子亦以理氣為不雜故。結果被朱子評為「説話渾淪，煞

高，學者難看」的明道思想，[76] 反成整菴理氣一物說的思想靈泉。對此整
菴毫不諱言：

> 僕雖不敏，然從事於程朱之學也，蓋亦有年，反覆參詳，彼此交
> 盡。其認理氣為一物，蓋有得乎明道先生之言，非臆決也。明道
> 嘗曰：「形而上為道，形而下為器，須著如此說。器亦道，道亦
> 器。」又曰：「陰陽亦形而下者，而曰道者，惟此語截得上下最分
> 明。原來只此是道，要在人默而識之也。」竊詳其意，蓋以上天之
> 載無聲無臭，不說箇形而上下，則此理無自而明，非溺於空虛，即
> 膠於形器，故曰「須著如此說」。名雖有道器之別，然實非二物，
> 故曰「器亦道，道亦器」也。至於「原來只此是道」一語，則理氣渾
> 然，更無縫罅，雖欲二之，自不容於二之，正欲學者就形而下者之
> 中，悟形而上者之妙，二之則不是也。前書雖嘗舉此二條，只是
> 帶過說，今特推明其意，以見其說之無可疑。惟是默識心通，則
> 有未易言者耳。[77]

可見明道解《周易·繫辭上》「形而上者謂之道，形而下者謂之器」兩句
對整菴啟迪最大。明道此解是一圓融體悟：從理不離氣（即「一陰一陽
之謂道」）中當下見乎理氣相即、道器相即，全體是用，全用是體，更
不分孰為理孰為氣、孰為道孰為器。不過必須指出，這圓融體悟絕非
混淆理與氣、道與器，它背後仍有一分解的預定，故謂「陰陽亦形而下
者也」、「截得上下最分明」。夫即使作圓融的體會，道如非只是氣，亦
非不認有理，又焉可不承認分別說的理氣為二？倘必據此圓融說的理氣
一去反對分別說的理氣二，則是誤把圓融語句當作概念斷定語句，不引
起思想之混亂錯謬難矣！整菴的理氣一物說屬之。尤有甚者，明道之
喜作圓融表示，是跟他對理氣心性的理解分不開的。扼要言之，明道
所體會的理是那妙運乎氣化以創生的能動者，此則易於說理體氣用並再
進而說「體用一源、顯微無間」。[78] 相比之下，朱子體會的理不能動動者
是氣，所以便不能至亦不欲說此類圓融話頭，而只定於理氣不離不雜。
整菴不滿朱子歧理氣為二而歸於明道「器亦道，道亦器」的圓融體悟，

即知其非真能辨兩系統之分別；他只是將明道的圓融語讀作概念斷定語以極成其理氣一物的主張。由是更誤以為明道、朱子之未合者在理氣一不一處，實則依明道、朱子之系統都可以說理氣一，亦無礙可以說理氣二，理氣一不一非兩系統之大較所在。又明道之能透悟圓融理境，實因其把握得住那實有諸己、感通無隔覺潤無方的仁體。「學者須先識仁。仁者，渾然與物同體。」[79] 若以心性言，仁體即是孟子能生起道德創造的本心本性，此〈識仁篇〉明白表示。[80] 試問整菴既忠於朱學心性情三分、心具理主情的格局，又怎能契接此仁體？觀乎整菴之竟以「同一陰陽之氣以成形，同一陰陽之理以為性」釋「仁者，渾然與物同體」，則知其不相應也甚矣！[81]

　　整菴緣何主理氣一物之哲學思想史背景既明，下面則作另一準備工夫。此即分疏理與氣的各種理論關係，由之以見「理氣一物」可以有六個可能說法。藉此義理澄清，我們將能有明確的判準來衡定整菴說法的實義。理氣關係，換一種說法，即「所以然」與「然」的關係。氣是存在之然，理則存在之然所以然之理或簡曰所以然。然與所以然底關係，依牟宗三的劃分，可有兩大類。[82] 一是就氣化之然的自然徵象說的所以然，猶如漢董仲舒謂「如其生之自然之資謂之性」（《春秋繁露‧深察名號》）。故「此種『所以然』是現象學的、描述的所以然，物理的、形而下的所以然，內在于自然自身之同質同層的所以然」。如以理言，可名之曰「形構之理」（principle of formation），即構成一存在之然的特徵也。顯然此形構之理是通乎（唯物主義的）唯氣論的氣之條理、屬性或規律；是通乎自然科學的律則；亦是通乎形上學的「形式」概念。另一是就氣化之然之如此而非彼處說的所以然，故為「形而上的、超越的、本體論的、推證的、異質異層的『所以然』」。如以理言，可名之曰「存在之理」（principle of existence）或「實現之理」（principle of actualization），即使一存在之然如此而非彼地存在的理由也。顯然此存在之理是通乎觀念論的「精神」；是通乎宗教神學的上帝；亦是通乎形上學的「目的」概念。宋明理學家體究、體認、體貼的太極、天道、天理、生化之源等所指目者正是此存在之理，而當中復因朱子繼承伊川異軍突起另成一

路，所體會的理或超越的所以然乃有靜態的與動態的兩套。此亦即前面曾提及的理之能動與否的問題。又形構之理固屬雜多，無所謂一；存在之理則是一，無所謂多，試問焉有幾個太極、幾個天道、幾個上帝之理？惟這裏有一點須補充的是，存在之理雖是一，然其藉氣化而顯現則因氣化之限制遂可被界劃出多相。易言之，存在之理是一，其表現是多。伊川「理一分殊」、朱子「物物一太極」申明的就是此義。不過我們於此若聯想存在之理的分殊表現便是形構之理的雜多則非是，此蓋分殊必歸本理一，但形構之理的雜多卻無統一性故。

宋明儒的理既是超越的所以然、生生之理，其不離乎氣乃題中應有之義。順此更立「理氣一物」之說亦無不可，關鍵只在於怎樣說。理氣一物之「物」字自非指有形跡之具體物，而應是平常說「東西」的意思。所以理氣之一物二物即是理氣之一不一、二不二的問題。然說理氣是一、理氣一物之實義為何？此則可以有六種可能的說法。

一、依理氣之不相離言理氣一物。這是理氣一物說最核心的意義，亦可謂是宋明儒的共法，無人會反對。用朱子的話說，即「天下未有無理之氣，亦未有無氣之理。」[83]

二、依斷自有生以後理氣不離渾淪在一起言理氣一物。這是上一節曾提及明道解「生之謂性」章所特重發揮者。朱子是完全吸收此義而承認斷自有生以後個體之成言性總是理與氣雜而言之。他甚至借此界分「理」（天地之性、性之本體）與「性」（氣質之性、性之表現），前已論及，茲不重贅。於此若進而說理氣同體、理氣一體，乃是指同一事體，非體用一如之體，更非同一本體。

三、依全體是用全用是體的圓融體會言理氣一物。這是前述明道解《繫辭》「形而上者謂之道，形而下者謂之器」兩句所抒表之慧悟。此即自理不離氣中當下見乎理氣相即，更不分孰為理孰為氣。朱子由於所把握的理不能動動的是氣，遂不能至亦不欲說理體氣用、理氣相即及體用一如這類圓融話頭。整菴的理氣一物說雖云有得於明道此解，然恐非真能相契其背後之理境。

四、依內在一元的傾向言理氣一物。理氣一物無論依上述哪一種說法，都會承認一理氣分解即形上形下分解的預定。這也就是說都不能否認理本的先在性。如是，應知理氣說一可說二可；說理氣一物可說二物亦可。要之，在於了然乎說一說二之實義為何。惟明中葉以來逐漸盛行的內在一元傾向，則欲將理向下向內緊吸於氣中。結果乃誤將理氣一物、理氣是一、理即氣等語句當成是概念斷定語，當成是主張的陳述，以為可用來非斥一切理氣為二的說法。不過此內在一元猶非徹底的內在一元而只表現為一傾向而已，蓋其雖不明理本的先在性亦不許理氣為二物，卻仍守得住理氣之形上形下的分際。用整菴的話說，即「然認氣為理便不是」。[84]

五、依內在一元論或（唯物主義的）唯氣論、氣本論言理氣一物。順以上的傾向再進一步，則滾落為徹底的內在一元論，亦可名之曰（唯物主義的）唯氣論、氣本論。此即把理往下拋落為氣之條理、屬性或規律。依此言理氣一物，理氣乃一物（同一本體、實體）之兩名。顯而易見，此氣之條理已完全脫略於宋明儒探究存在之理的傳統而入於形構之理的範圍。

六、依超越一元的傾向（或超越主義的氣學）言理氣一物。此即順理之生化不能離乎氣而想於本原處氣亦應為形而上、超越的，此形而上超越的氣，究其實乃與理為一體兩面。如此，則「理」與「（超越的）氣」為二名一實，理氣一物、理氣是一、理即氣等語句可當成是概念斷定語，主張的陳述。不過即便如此，亦不能否認氣化為物乃囿於形，而超越的氣遂不復超越矣，此即不能反對理氣為二、理氣不是一的說法；若反對，便成思考未瑩之乖謬。尤有進者，超越主義的氣學強調超越的氣概念（雖非以理為派生物），則其整套理論應以之為首出來建構，方能顯示有別於程朱理學（性即理）與陸王心學（心即理）的殊勝處。[85] 必須指出，此一思路在宋明理學的發展歷史中，張橫渠雖可謂孤明先發，然在二程、朱子的批評下並未充分展開。至明末劉蕺山在前述重視氣的思想背景下雖又再次觸及，卻也未有完成一套超越主義氣學，只夾雜於

心學而成王學以外更端別起者。故嚴格說，乃表現為超越一元的傾向。

有了上述的義理澄清作判準，回頭來看整菴理氣一物的主張，便知他雖有取於前三種說法，但明白地是表現為一內在一元的傾向。以整菴的說法屬（唯物主義的）唯氣論或氣本論，要麼是基於對文本過於簡略的閱讀，要麼是出於跳躍太快的推論。又整菴有些文字雖似把氣上提至道的層面，但細按之下，其所重者非形而上超越的氣概念，而是理氣為一，他說「理須就氣上認取，然認氣為理便不是」；[86]「正欲學者就形而下者之中，悟形而上者之妙，二之則不是也」的話即是明證。[87]下面則舉整菴的文字來論證此內在一元傾向之研判為不謬。

17. 《易》《大傳》曰：「《易》有太極，是生兩儀，兩儀生四象，四象生八卦。」夫太極，形而上者也；兩儀、四象、八卦，形而下者也。聖人只是一直說下來，更不分別，可見理氣之不容分矣。《中庸》曰：「大哉！聖人之道！洋洋乎！發育萬物，峻極于天。優優大哉！禮儀三百，威儀三千。」夫「發育萬物」，乃造化之流行，「三千」「三百」之儀，乃人事之顯著者，皆所謂形而下者也。子思明以此為聖人之道，則理氣不容分又可見矣。明道程先生「只此是道」之語，僕已嘗表出，還有可為證者一條，「形而上為道，形而下為器，須着如此說。器亦道，道亦器」是也。合此數說觀之，切恐理氣終難作二物看。據《大傳》數語，只消說一箇理一分殊，亦未為不盡也。[88]

18. 僕雖不敏，然從事於程朱之學也，蓋亦有年，反覆參詳，彼此交盡。其認理氣為一物，蓋有得乎明道先生之言，非臆決也。明道嘗曰：「形而上為道，形而下為器，須着如此說。器亦道，道亦器。」又曰：「陰陽亦形而下者，而曰道者，惟此語截得上下最分明。原來只此是道，要在人默而識之也。」竊詳其意，蓋以上天之載無聲無臭，不說箇形而上下，則此理無自而明，非溺於空虛，即膠於形器，故曰「須着如此說」。名雖有道器之別，然實非二物，故曰「器亦道，道亦器」也。至於「原來只此

是道」一語，則理氣渾然，更無罅縫，雖欲二之，自不容於二之，正欲學者就形而下者之中，悟形而上者之妙，二之則不是也。前書雖嘗舉此二條，只是帶過說，今特推明其意，以見其說之無可疑。惟是默識心通，則有未易言者耳。[89]

19. 自夫子贊《易》，始以窮理為言。理果何物也哉？蓋通天地，亘古今，無非一氣而已。氣本一也，而一動一靜，一往一來，一闔一闢，一升一降，循環無已。積微而著，由著復微，為四時之溫涼寒暑，為萬物之生長收藏，為斯民之日用彝倫，為人事之成敗得失。千條萬緒，紛紜膠轕而卒不可亂，有莫知其所以然而然，是即所謂理也。初非別有一物，依於氣而立，附於氣以行也。[90]

20. 楊方震〈復余子積書〉有云：「若論一，則不徒理一，而氣亦一也。若論萬，則不徒氣萬，而理亦萬也。」此言甚當，但「亦」字稍覺未安。[91]

21. 理只是氣之理，當於氣之轉折處觀之。往而來，來而往，便是轉折處。夫往而不能不來，來而不能不往，有莫知其所以然而然，若有一物主宰乎其間而使之然者，此理之所以名也。「易有太極」，此之謂也。若於轉折處看得分明，自然頭頭皆合。……愚故嘗曰：「理須就氣上認取，然認氣為理便不是。」此言殆不易哉！[92]

22. 理須就氣上認取，然認氣為理便不是。此處間不容髮，最為難言，要在人善觀而默識之。「只就氣認理」與「認氣為理」，兩言明有分別，若於此看不透，多說亦無用也。[93]

23. 《正蒙》云：「聚亦吾體，散亦吾體。知死之不亡者，可與言性矣。」又云：「游氣紛擾，合而成質者，生人物之萬殊。其陰陽兩端，循環不已者，立天地之大義。」夫人物則有生有死，天地則萬古如一。氣聚而生，形而為有，有此物即有此理。氣散而死，終歸於無，無此物即無此理，安得所謂「死而不亡者」耶！若夫天地之運，萬古如一，又何死生存亡之有？[94]

依此七條觀之，整菴的理氣一物説可以從下列幾點來説明。(1) 第17、18條強調「理氣不容分」、「理氣渾然，更無罅縫」。此主要是扣緊造化之流行説，故舉《大傳》、《中庸》的文字為佐證。(2) 順此，第19條復言理決非別為懸空一物依附於氣而行。從造化流行處看誠然，但若以為這可以否認理本的先在性則非是。(3) 點明理既內在於氣顯現，則因氣化之限制乃可被界劃出多相。第20條「若論萬，則不徒氣萬，而理亦萬也」，不是説形構之理的雜多而是指存在之理之表現的多相 (即理一之分殊)，否則説理一便成悖謬。(4) 若然，則第21條謂於氣往而來來而往的轉折處觀理，「理須就氣上認取」，也非謂研究雜多的形構之理。要於氣之往來屈伸處認取的，應是統宗會元的存在之理、生化之理。觀氣化所形成的種種曲折相，無非是想由此體悟其背後超越的所以然，所謂透體立極也。整菴嘗以觀山作喻：「窮理譬則觀山，山體自定，觀者移步，其形便不同。故自四方觀之，便是四般面目，自四隅觀之，又各是一般面目。面目雖種種各別，其實只是此一山。山之本體，則理一之譬也，種種面目，則分殊之譬也。在人所觀之處，便是日用間應接之實地也。」[95]其實宋明儒中明道觀鷄雛觀魚游的觀物工夫、朱子的格物窮理，若取一寬泛的意義，亦可説是「就氣認理」。(5) 為了突出理氣一物的主張，整菴有時會以氣化為首出，「蓋通天地，亙古今，無非一氣而已」，「理只是氣之理」。顯然這些措辭皆有突兀不穩之嫌，人易於此誤認其為 (唯物主義的) 唯氣論。(6) 不過整菴斷非 (唯物主義的) 唯氣論，以其未有脱略於理氣之形上形下的分解故。第22條嚴辨「只就氣認理」非「認氣為理」；第18條説「蓋以上天之載無聲無臭，不説箇形而上下，則此理無自而明，非溺於空虛，即膠於形器」，都是明證。(7) 第23條評張橫渠《正蒙》「知死之不亡者，可與言性矣」為不諦，正反映出整菴始終不願觸及理本的先在性。彼總以為一講此先在性，理氣就成二物、理就會沉空滯寂。這無謂的拘執忌諱是明中葉以降流行的內在一元傾向的一個鮮明的特徵。

　　人於此或疑如以上的分析不謬，則整菴之爭理氣一物豈非無實義的纏夾？從義理的標準看，這是不得不承認的結論。而整菴實亦不及朱子學思之慎密與貫徹，朱子未易輕議也。但從哲學思想史的脈絡來

看，內在一元的傾向儘管有理論困難處，卻是明中葉思想界十分盛行的思潮，整菴只是不能自外矣。同道中人還有與整菴同時的湛甘泉。例如，甘泉《新論》有云：

> 宇宙間一氣而已，自其一陰一陽之中者謂之道，自其成形之大者謂之天地，自其主宰者謂之帝，自其功用者謂之鬼神，自其妙用者謂之神，自其生生者謂之易，自其生物而中者謂之性，自其精而神靈虛知覺者謂之心，自其性之動應者謂之情，自其至公至正者謂之理，自其理出於天之本然者謂之天理，其實一也。[96]

至蕺山雖轉而為超越一元的傾向，但同在講求理氣為一的前提下，有些話亦說得跟整菴、甘泉十分近似。如《聖學宗要》解濂溪〈太極圖說〉云：

> 「一陰一陽之謂道」，即太極也。天地之間，一氣而已，非有理而後有氣，乃氣立而理因之寓也。就形下之中而指其形而上者，不得不推高一層以立至尊之位，故謂之太極；而實本無太極之可言，所謂「無極而太極」也。使實有是太極之理，為此氣從出之母，則亦一物而已，又何以生生不息，妙萬物而無窮乎？今曰：「理本無形，故謂之無極。」無乃轉落註腳。太極之妙，生生不息而已矣。生陽生陰，而生水火木金土，而生萬物，皆一氣自然之變化，而合之只是一箇生意，此造化之蘊也。[97]

梨洲自謂本其師之說，亦云：

> 理也，氣也，心也，歧而為三，不知天地間祇有一氣，其升降往來即理也。人得之以為心，亦氣也。氣若不能自主宰，何必春而必夏、必秋、必冬哉！草木之榮枯，寒暑之運行，地理之剛柔，象緯之順逆，人物之生化，夫孰使之哉？皆氣之自為主宰也。以其能主宰，故名之曰理。其間氣之有過不及，亦是理之當然，無過不及，便不成氣矣。氣既能主宰而靈，則理亦有靈矣。[98]

最後，作為朱學後勁的整菴既誤以為理氣之一物二物乃關鍵問題而再三辨難糾纏，那麼他對朱學理氣觀的真正關鍵處即理之能動與否又有

何看法？仔細檢讀其文，便知他並未正面接觸此問題，惟從下列的文字中亦不難推測他的答案：

24. 理，一也，必因感而後形。感則兩也，不有兩即無一。然天地間，無適而非感應，是故無適而非理。[99]

25. 神化者，天地之妙用也。天地間非陰陽不化，非太極不神，然遂以太極為神，以陰陽為化則不可。夫化乃陰陽之所為，而陰陽非化也。神乃太極之所為，而太極非神也。「為」之為言，所謂「莫之為而為」者也。張子云：「一故神，兩故化。」蓋化言其運行者也，神言其存主者也。化雖兩而言其行也常一，神本一而兩之中無弗在焉。合而言之則神，分而言之則化。故言化則神在其中矣，言神則化在其中矣，言陰陽則太極在其中矣，言太極則陰陽在其中矣。一而二、二而一者也。學者於此，須認教體用分明，其或差之毫釐，鮮不流於釋氏之歸。[100]

26. 程子嘗言：「天地間只有一箇感應而已，更有甚事？」未往者感，則來者應；來者感，則往者應。一感一應，循環無已，理無往而不存焉，在天在人一也。天道惟是至公，故感應有常而不忒。人情不能無私欲之累，故感應易忒而靡常。夫感應者，氣也。如是而感則如是而應，有不容以毫髮差者，理也。適當其可則吉，反而去之則凶，或過焉，或不及焉，則悔且吝，故理無往而不定也。然此多是就感通處說，須知此心雖寂然不動，其沖和之氣自為感應者，未始有一息之停，故所謂「亭亭當當，直上直下之正理」，自不容有須臾之間。此則天之所命，而人物之所以為性者也。[101]

可見整菴雖以體用、感通言理，惟「感應者，氣也」，理只是感應之所以然，即「如是而感則如是而應，有不容以毫髮差者」。換以神化言，則理是神，「言其存主者也」；氣是化，「言其運行者也」。所以整菴是恪守朱學以理為不能動。但大概因為他主理氣一物，重神化或理氣是「一而二、二而一者也」，故理之能動與否遂被掩蓋而顯得無關重要，反正

有如此之感應氣動亦可假説即有如此之感應理動。而從理氣觀到心性論，整菴就更忠於朱説以能感通者為心（氣）、所感通者為性（理）。

四、理一分殊：性命之妙

整菴主理氣一物，在理氣觀的層面引起的不過是無實義的理氣之一物二物的糾纏，但在心性論的層面卻產生極其嚴重的理論困難。此理論困難，扼要來説，即既主理氣之緊吸不分、無罅縫間斷，又不承認理本的先在性，那麼凡氣化之然皆有理，則違理或惡之出現便為不可解，而以理變化乎氣質的澄治工夫亦無著落。這對以為己之學、性命之教為本懷的儒學來説是難以想像的。整菴思想中的這個難局，明末蕺山、梨洲師徒似大概摸著，然或因彼等亦有一元傾向的纏夾，故議論不盡不切。先看蕺山的評語：

> 止緣先生認定佛氏以覺為性，謂覺屬已發，是情不是性，即本之心，亦只是惟危之心，而非惟微之心，遂以其微者拒之於心外，而求之天地萬物之表，謂天下無性外之物，格物致知，本末一貫，而後授之誠正，以立天下之大本。若是，則幾以性為外矣。我故曰先生未嘗見性，以其外之也。夫性果在外乎？心果在內乎？心性之名，其不可混者，猶之理與氣，而其終不可得而分者，亦猶之乎理與氣也。先生既不與宋儒天命、氣質之説，而蔽之以「理一分殊」之一言，謂理即是氣之理，是矣。獨不曰性即是心之性乎？心即氣之聚於人者，而性即理之聚於人者，理氣是一，則心性不得是二；心性是一，性情又不得是二。使三者於一分一合之間，終有二焉，則理氣是何物？心與性情又是何物？天地間既有箇合氣之理，又有箇離氣之理；既有箇離心之性，又有箇離性之情，又烏在其為一本乎？[102]

再看梨洲本師説而發卻不盡相同的質疑：

第先生之論心性，頗與其論理氣自相矛盾。夫在天為氣者，在人為心，在天為理者，在人為性。理氣如是，則心性亦如是，決無異也。人受天之氣以生，祇有一心而已，而一動一靜，喜怒哀樂，循環無已，當惻隱處自惻隱，當羞惡處自羞惡，當恭敬處自恭敬，當是非處自是非，千頭萬緒，輵輵紛紜，歷然不能昧者，是即所謂性也。初非別有一物立於心之先，附於心之中也。先生以為天性正於受生之初，明覺發於既生之後，明覺是心而非性。信如斯言，則性體也，心用也；性是人生以上，靜也，心是感於物而動，動也；性是天地萬物之理，公也，心是一己所有，私也。明明先立一性以為此心之主，與理能生氣之說無異，於先生理氣之論，無乃大悖乎？豈理氣是理氣，心性是心性，二者分，天人遂不可相通乎？[103]

合起來看，可見彼等以為整菴心性論最主要的問題在於歧心性為二，此即與其主理氣一物不侔。蓋性為理、心屬氣，則理氣是一，心性便不得為二。這批評驟看起來很合邏輯，但其中牽涉的義理得仔細簡別。首先，如果不採取超越一元的傾向，即高看氣為超越的，則理氣是一與心性是一非屬同層而可類推的兩語句。心性是一，是建立本心之概念的斷定語句，是分析語，即心分析地就是性。理氣是一，不管是指斷自有生以後理氣不離渾淪為一抑或是指體用一如，乃是體悟語、圓融語，是綜合語，即理氣是辯證地綜合為一。大抵戴山是以其超越一元的傾向去看整菴（梨洲則跟隨並發揮師說），而整菴實非超越一元的思路。其次，退一步說，就算整菴應接受心性是一，此心性是一亦是指如內在一元傾向下理氣緊吸不分般，性徹底內在於心而無間隙罅縫。那麼心固能「當惻隱處自惻隱，當羞惡處自羞惡，當恭敬處自恭敬，當是非處自是非」，但心於當惻隱處不惻隱遂成不可解之事，修證工夫也成無須作之事。這才是整菴心性論要面對的最大難處。此難處在心學中不存在，因即理即性的本心仍是會受到氣質情欲的遮蔽，故須求放心擴充存養；亦正是在工夫熟後方能體悟到全氣是理、理即氣的圓融境界。此難處在朱學中也不存在，因朱子的理氣是一乃依理氣不離不雜講，非內在一元傾向下的理氣緊吸。而為了強調生命充滿違理之危機

及工夫之必須，朱子甚至有「氣強理弱」的說法。[104] 所以此難處可以說是整菴理氣一物說所自造出來的。

我們有理由相信整菴是察覺到或至少儻倘觸及到此理論困難之存在。在本章開首曾引錄《困知記續》卷上整菴自述為學經歷的一段文字，當中他說體認累年而未能弄通伊川、朱子「性即理也」一語，後「乃將理氣二字參互體認，認來認去，一般有處通，有處不通」，「亦竟不能歸一」，結果「一旦於理一分殊有箇悟處」才完全釋疑歸宗朱子。無論如何，整菴確是藉著「理一分殊」來解釋違理或惡之出現何以可能。不過他理解的理一分殊非伊川、朱子的原意，而是有得於明道「生之謂性」章的解釋。試看下列三條：

27. 竊以為性命之妙，無出理一分殊四字，簡而盡，約而無所不通，初不假於牽合安排，自確乎其不可易也。蓋人物之生，受氣之初，其理惟一，成形之後，其分則殊。其分之殊，莫非自然之理，其理之一，常在分殊之中。此所以為性命之妙也。語其一，故人皆可以為堯舜，語其殊，故上智與下愚不移。聖人復起，其必有取於吾言矣。[105]

28. 程伯子論「生之謂性」一章，反覆推明，無非理一分殊之義。……夫謂「人生氣稟，理有善惡」，以其分之殊者言也。「然不是性中元有此兩物相對而生」，以其理之一者言也。謂「人生而靜以上不容說」，蓋人生而靜，即未發之中，一性之真，湛然而已，更着言語形容不得，故曰「不容說」。「繼之者善」，即所謂「感於物而動」也，動則萬殊，剛柔善惡於是乎始分矣。然其分雖殊，莫非自然之理，故曰「惡亦不可不謂之性」。既以剛柔善惡名性，則非復其本體之精純矣，故曰「纔說性時，便已不是性也」。下文又以水之清濁為喻，蓋清其至靜之本體，而濁其感動之物欲也。本體誠至清，然未出山以前無由見也，亦須流行處方見，若夫不能無濁，安可無修治之功哉！修治之功既至，則濁者以之澄定，而本體常湛然矣。然非能有所增損於其間也，故以「舜有天下而不與」終之。[106]

29. 所謂「約而無所不通」者，請以從古以來凡言性者明之。「若有恆性」，理之一也，「克綏厥猷」，則分之殊者，隱然寓乎其間。「成之者性」，理之一也，「仁者」、「知者」、「百姓」也、「相近」也者，分之殊也。「天命之謂性」，理之一也，「率性之謂道」，分之殊也。「性善」，理之一也，而其言未及乎分殊，「有性善，有性不善」，分之殊也，而其言未及乎理一。程、張本思、孟以言性，既專主乎理，復推氣質之說，則分之殊者誠亦盡之。但曰「天命之性」，固已就氣質而言之矣，曰「氣質之性」，性非天命之謂乎？一性而兩名，且以氣質與天命對言，語終未瑩。朱子尤恐人之視為二物也，乃曰：「氣質之性，即太極全體墮在氣質之中。」夫既以墮言，理氣不容無罅縫矣。惟以理一分殊蔽之，自無往而不通，而所謂「天下無性外之物」，豈不亶其然乎！[107]

前面我們已論及明道對生之謂性的別解，乃在抒表斷自有生以後（個體之成）理氣是不離渾淪為一的。由此明道更進而點出個體形成時氣稟對於性理之限制，並突顯澄治工夫的重要性。第28條提到明道以水之清濁作喻：「蓋清其至靜之本體，而濁其感動之物欲也。本體誠至清，然未出山以前無由見也，亦須流行處方見，若夫不能無濁，安可無修治之功哉！」整菴於此以性之本體為理一，以其渾淪乎氣化流行受限於不同程度的氣稟所成的各種偏全表現為分殊。以性命言，理一是性，分殊是命，故謂「性命之妙，無出理一分殊四字」。以善惡言，理一是孟子的性善，分殊即此性善受不同程度氣稟所污而表現出的有善有惡。第29條可見整菴是以為他這一對理一分殊的獨特解悟是完全與其理氣一物的主張融合一致，且解決了如何安頓善惡及修證工夫的困難。不過細按之下，便不難發現此理一分殊解釋背後所涵的理氣一物義已非復是內在一元傾向下的理氣一物義。換言之，整菴是不自覺地從原先的立場退卻下來。惟正是有此一步退卻，理氣緊吸方能被鬆開為理氣渾淪，而善惡及工夫兩問題始有落腳處。但這樣一來，整菴的思想又變得跟朱子沒有兩樣，其理一分殊解及此解所涵的理氣一物義（即理氣渾

淪為一），朱子全都說及過。[108] 這亦是為何整菴經過悟得理一分殊後便能順適地接上朱子心性論的緣故。

以上兩節所論是清理整菴思想最難懂理處。然能握此綱領，則整菴朱子學的特色及造詣可思過半矣。至於整菴講心性情三分、心具理主情；講格物致知、誠明兩進等工夫，均不出朱學矩矱。他批評心學誤以明覺為天理，自南宋象山、慈湖以降，明白沙、甘泉、陽明全遭非議。其對心學之不解自不難加以駁正，惟其朱學立場則甚鮮明也。凡此檢讀其文明白可見，不煩贅述。

註 釋

1　張廷玉等撰，〈儒林一〉，《明史》（北京：中華書局，1974），卷282，頁7221。

2　羅整菴在〈答林次崖第二書（甲辰夏）〉中云：「且吾二人之學，皆宗朱子者也。」羅欽順，《困知記》，頁159。

3　參看陳來，《宋明理學》，頁297–312；胡發貴，《羅欽順評傳》（南京：南京大學出版社，2001），頁166–194；劉又銘，《理在氣中：羅欽順、王廷相、顧炎武、戴震氣本論研究》（臺北：五南圖書，2000），頁21–52。林繼平雖沒有用氣本論、唯氣論等名稱，卻認為整菴「用氣的觀念來替換理字的第一義——形上明瑩的本體」，「只強調宇宙人生社會乃一氣之循環，否定能主導氣的形上本體——理，這就動搖了理學的根本，問題可嚴重了。他雖然尊崇程朱，卻破壞了程朱哲學的基本觀念與思想結構。故就程朱派的觀點來看，羅整菴特創一氣循環的宇宙論，恐怕很難得到人們的首肯。」見林繼平，〈論羅整菴的哲學慧境——兼述對程朱學的貢獻〉，收氏著，《明學探微》，頁285。少數例外的是鍾彩鈞，他提出整菴的主張應是「理氣渾一說」，並判定其為「『理的哲學』與『氣的哲學』的折衷形態」。參看鍾彩鈞，〈羅整菴的理氣論〉，《中國文哲研究集刊》，第6期，1995年，頁199–220。

4　陳來說：「從哲學史的角度看，羅欽順與朱熹的理氣觀有很大差異，明顯地從『理學』向『氣學』發展。但從理學史的觀點看，決定一個思想家的學派屬性，主要決定於他的心性論和功夫論，即他對於心性的看法和對修養

方法的看法，這是我們研究理學史的一個基本方法原則。否則，我們就難以理解羅欽順這一類思想家對朱學的明確認同，難以理解當時及後來學者視羅欽順為『朱學後勁』的普遍提法。」見氏著，《宋明理學》，頁297–298。

5　黃宗羲，《明儒學案》，卷47，〈諸儒學案中一〉〈文莊羅整菴先生欽順〉，《黃宗羲全集》，第8冊，頁408。

6　羅欽順，《困知記續》，卷上，《困知記》，頁67。另《困知記》卷上亦有類似的話：「愚嘗寤寐以求之，沉潛以體之，積以歲年，一旦恍然，似有以洞見其本末者。竊以性命之妙，無出理一分殊四字，簡而盡，約而無所不通，初不假於牽合安排，自確乎其不可易也。」《困知記》，頁7。（案：北京中華書局出版的《困知記》包括《困知記》、《困知記續》、《三續》、《四續》及附錄〔包括論學書信、序跋和傳記資料〕，本章引用將先列出處，如屬《困知記》、《困知記續》，則標示卷上或下，最後頁碼前的《困知記》指中華書局本。）

7　羅欽順，〈答林正郎貞孚〉，《困知記》，頁143。

8　羅欽順，《困知記》，卷上，《困知記》，頁9。

9　羅欽順，〈答林次崖第二書（甲辰夏）〉，《困知記》，頁159。

10　羅欽順，〈與林次崖僉憲（辛丑秋）〉，《困知記》，頁151。

11　詳細分析見本書第6章〈明清之際儒學的一元化傾向〉。

12　黃宗羲，《明儒學案》，卷47，〈諸儒學案中一〉，〈文莊羅整菴先生欽順〉，《黃宗羲全集》，第8冊，頁408。

13　羅欽順，《困知記》，卷上，《困知記》，頁10。

14　張貞生（幹臣，1623–1675），〈序〉，《困知記》，附錄〈序跋〉，頁190。

15　羅欽順，〈答陳侍御國祥〉，《困知記》，頁132。

16　羅欽順，〈答林次崖第二書（甲辰夏）〉，《困知記》，頁159。

17　羅欽順，《困知記》，卷上，《困知記》，頁21–22。

18　同前註，頁23–24。

19　羅欽順，《困知記三續》，《困知記》，頁93。

20　黎靖德編，《朱子語類》，卷12，頁218。

21　黎靖德編，《朱子語類》，卷95，頁2447。

22　〈答張欽夫〉云：「又如所謂『學者先須察識端倪之發，然後可加存養之功』，則熹於此不能無疑。蓋發處固當察識，但人自有未發時，此處便合存養，豈可必待發而後察、察而後存耶？且從初不曾存養，便欲隨事察識，竊恐浩浩茫茫，無下手處，而毫釐之差、千里之謬將有不可勝言者。

此程子所以每言孟子才高，學之無可依據；人須是學顏子之學，則入聖人為近，有用力處。其微意亦可見矣。且如『灑掃應對進退』，此存養之事也，不知學者將先於此而後察之耶，抑將先察識而後存養也？以此觀之，則用力之先後判然可觀矣。」《晦庵先生朱文公文集》，卷32，《朱子全書》，第21冊，頁1420。

23 詳細的分析參看牟宗三，《心體與性體》，第3冊，頁130–154。

24 朱熹，〈答張欽夫〉，《晦庵先生朱文公文集》，卷32，《朱子全書》，第21冊，頁1419。

25 朱熹，〈與湖南諸公論中和第一書〉，《晦庵先生朱文公文集》，卷64，《朱子全書》，第23冊，頁3130。

26 朱熹，〈已發未發說〉，《晦庵先生朱文公文集》，卷67，《朱子全書》，第23冊，頁3267。

27 黎靖德編，《朱子語類》，卷95，頁2435。

28 羅欽順，《困知記》，卷上，《困知記》，頁9–10。

29 同前註，頁20–21。

30 同前註，頁23。

31 羅欽順，《困知記續》，卷下，《困知記》，頁85。

32 黎靖德編，《朱子語類》，卷95，頁2430。

33 同前註。

34 同前註，頁2431–2432。

35 程顥、程頤，《河南程氏遺書》，卷6，〈二先生語六〉，《二程集》，頁81。

36 〈已發未發說〉云：「《中庸》未發、已發之義，前此認得此心流行之體，又因程子『凡言心者皆指已發』之云，遂目心為已發，而以性為未發之中，自以為安矣。比觀程子《文集》、《遺書》，見其所論多不符合，因再思之，乃知前日之說雖於心性之實未始有差，而未發、已發命名未當，且於日用之際欠却本領一段工夫。蓋所失者，不但文義之間而已。」（《晦庵先生朱文公文集》，卷67，《朱子全書》，第23冊，頁3266。）〈與湖南諸公論中和第一書〉云：「《中庸》未發、已發之義，前此認得此心流行之體，又因程子『凡言心者皆指已發而言』，遂目心為已發、性為未發。然觀程子之書，多所不合，因復思之，乃知前日之說，非惟心、性之名命不當，而日用功夫全無本領，蓋所失者不但文義之間而已。」（《晦庵先生朱文公文集》，卷64，《朱子全書》，第23冊，頁3130。）

37 朱熹，《晦庵先生朱文公文集》，卷65，《朱子全書》，第23冊，頁3180。

38　羅欽順，《困知記》，卷上，《困知記》，頁1–2。

39　同前註，頁2。

40　黎靖德編，《朱子語類》，卷5，頁90。

41　同前註，頁94。

42　同前註，頁89。

43　同前註，頁102。

44　羅欽順，《困知記》，卷上，《困知記》，頁5。

45　同前註，頁9。

46　同前註，頁24。

47　羅欽順，《困知記》，卷下，《困知記》，頁29

48　羅欽順，〈答林次崖第二書（甲辰夏）〉，《困知記》，頁159。

49　羅欽順，《困知記》，卷上，《困知記》，頁7–8。

50　錢穆，《朱子新學案》（北京：九州出版社，2011），第1冊，頁282。

51　羅欽順，《困知記》，頁157。

52　黃宗羲，《明儒學案》，卷2，〈崇仁學案二〉〈文敬胡敬齋先生居仁〉，《黃宗羲全集》，第7冊，頁27。

53　參看牟宗三，《心體與性體》，第3冊，頁503–509。

54　黎靖德編，《朱子語類》，卷1，頁3。

55　同前註。

56　黎靖德編，《朱子語類》，卷94，頁2374。

57　黃宗羲，《明儒學案》，卷44，〈諸儒學案上二〉〈學正曹月川先生端〉，《黃宗羲全集》，第8冊，頁361。

58　黃宗羲，《明儒學案》，卷7，〈河東學案上〉〈文清薛敬軒先生瑄〉，《黃宗羲全集》，第7冊，頁129。

59　同前註，頁133。

60　薛瑄，《讀書續錄》，卷3，轉引自陳來，《宋明理學》，頁226。

61　薛瑄，《讀書錄》，卷4，轉引自陳來，《宋明理學》，頁227。

62　黎靖德編，《朱子語類》，卷1，頁3。

63　同前註。

64　羅欽順，《困知記》，卷下，《困知記》，頁38。

65　黃宗羲，《明儒學案》，卷7，〈河東學案上〉〈文清薛敬軒先生瑄〉，《黃宗羲全集》，第7冊，頁130。

66　同前註。

67　羅欽順，《困知記》，卷下，《困知記》，頁38。

68　黃宗羲，《明儒學案》，卷2，〈崇仁學案二〉〈文敬胡敬齋先生居仁〉，《黃宗羲全集》，第7冊，頁31。

69　同前註，頁27。

70　羅欽順，《困知記續》，卷上，《困知記》，頁68。不過奇怪的是，整菴好像只讀到胡敬齋說話的上半截，即「有此理則有此氣，氣乃理之所為」，並依其理氣一物的觀點評之為欠透。《困知記》卷下云：「胡敬齋大類尹和靖，皆是一『敬』字做成。《居業錄》中言敬最詳，蓋所謂身有之，故言之親切而有味也。然亦儘窮理，但似乎欠透。如云『氣乃理之所為』，又云『人之道乃仁義之所為』，又云『所以為是太和者道也』，又云『有理而後有氣』，又云『《易》即道之所為』。但熟讀《繫辭傳》，其說之合否自見。」《困知記》，頁39。

71　羅欽順，《困知記續》，卷下，《困知記》，頁80。

72　羅欽順，《困知記》，卷下，《困知記》，頁33。

73　羅欽順，《困知記續》，卷上，《困知記》，頁56–57。

74　同前註，頁59。

75　羅欽順，《困知記》，卷上，《困知記》，頁4–5。

76　黎靖德編，《朱子語類》，卷93，頁2358。

77　羅欽順，〈答林次崖僉憲（壬寅冬）〉，《困知記》，頁156–157。

78　參看牟宗三，《心體與性體》，第2冊，頁21–86。

79　程顥、程頤，《河南程氏遺書》，卷2上，〈二先生語上〉，《二程集》，頁16。

80　其文曰：「《訂頑》意思，乃備言此體。以此意存之，更有何事？『必有事焉而勿正，心勿忘，勿助長』，未嘗致纖毫之力，此其存之之道。若存得，便合有得。蓋良知良能元不喪失，以昔日習心未除，却須存習此心，久則可奪舊習。」《河南程氏遺書》，卷2上，〈二先生語上〉，《二程集》，頁17。

81　《困知記續》卷上云：「程子嘗言『仁者，渾然與物同體』，佛家亦有『心佛眾生，渾然齊致』之語，何其相似也？究而言之，其相遠奚啻霄燕、越哉！唐相裴休，深於禪學者也，嘗序《圓覺經疏》，首兩句云：『夫血氣之屬必有知，凡有知者必同體。』此即『心佛眾生，渾然齊致』之謂也。蓋其所謂齊同，不出乎知覺而已矣。且天地之間，萬物之眾，有有知者，謂有知者為同體，則無知者非異體乎？有同有異，是二本也。蓋以知覺為性，其窒礙必至於此。若吾儒所見，則凡賦形於兩間者，同一陰陽之氣以成形，同一

陰陽之理以為性，有知無知，無非出於一本。故此身雖小，萬物雖多，其血氣之流通，脈絡之聯屬，元無絲毫空闕處，無須臾間斷之時，此其所以為渾然也。然則所謂同體者，亦豈待於採攬牽合以為同哉？夫程子之言，至言也，但恐讀者看得不仔細，或認從知覺上去，則是援儒以助佛，非吾道之幸矣。」《困知記》，頁55–56。

82 以下所論多本牟宗三的分析，詳細可參看《心體與性體》，第1冊，頁87–100。

83 黎靖德編，《朱子語類》，卷1，頁2。

84 羅欽順，《困知記續》，卷上，《困知記》，頁68。

85 簡中義理分析參看本書第1章〈張橫渠氣學評議〉、第6章〈明清之際儒學的一元化傾向〉及第9章〈理氣論 —— 從宋明理學到當代新儒家〉。

86 羅欽順，《困知記》，卷下，《困知記》，頁32。

87 羅欽順，〈答林次崖僉憲 (壬寅冬)〉，《困知記》，頁157。

88 羅欽順，〈與林次崖僉憲 (辛丑秋)〉，《困知記》，頁152。

89 羅欽順，〈答林次崖僉憲 (壬寅冬)〉，《困知記》，頁156–157。

90 羅欽順，《困知記》，卷上，《困知記》，頁4–5。

91 羅欽順，《困知記》，卷下，《困知記》，頁43。

92 羅欽順，《困知記續》，卷上，《困知記》，頁68。

93 羅欽順，《困知記》，卷下，《困知記》，頁32。

94 同前註，頁30。

95 羅欽順，《困知記續》，卷上，《困知記》，頁68。

96 湛若水，《湛甘泉先生文集》，卷2，第56冊，頁531。

97 劉宗周，《劉宗周全集》，第2冊，頁268。

98 黃宗羲，《明儒學案》，卷3，〈崇仁學案三〉〈恭簡魏莊渠先生校〉，《黃宗羲全集》，第7冊，頁41–42。

99 羅欽順，《困知記》，卷上，《困知記》，頁13。

100 同前註，頁13–14。

101 羅欽順，《困知記續》，卷上，《困知記》，頁68。

102 黃宗羲，《明儒學案》，〈師說〉，《黃宗羲全集》，第7冊，頁18。

103 黃宗羲，《明儒學案》，卷47，〈諸儒學案中一〉〈文莊羅整菴先生欽順〉，《黃宗羲全集》，第8冊，頁408–409。

104《朱子語類》卷4記云：「又問：『若氣如此，理不如此，則是理與氣相離矣！』曰：『氣雖是理之所生，然既生出，則理管他不得。如這理寓於氣

了，日用間運用都由這箇氣，只是氣強理弱。譬如大禮赦文，一時將税都放了相似，有那村知縣硬自捉縛須要他納，緣被他近了，更自叫上面不應，便見得那氣麄而理微。又如父子，若子不肖，父亦管他不得。聖人所以立教，正是要救這些子。』」黎靖德編，《朱子語類》，頁71。

105　羅欽順，《困知記》，卷上，《困知記》，頁7。

106　同前註，頁20。

107　同前註，頁7–8。

108　例如，《朱子語類》卷4云：「人物之生，天賦之以此理，未嘗不同，但人物之禀受自有異耳。如一江水，你將杓去取，只得一杓；將椀去取，只得一椀；至於一桶一缸，各自隨器量不同，故理亦隨以異。」又云：「性只是理。然無那天氣地質，則此理沒有安頓處。但得氣之清明則不蔽錮，此理順發出來。蔽錮少者，發出來天理勝；蔽錮多者，則私欲勝，便見得本原之性無有不善。孟子所謂性善，周子所謂純粹至善，程子所謂性之本，與夫反本窮源之性，是也。只被氣質有昏濁，則隔了，故『氣質之性，君子有弗性者焉。學以反之，則天地之性存矣。』故說性，須兼氣質說方備。」黎靖德編，《朱子語類》，頁58、66。

第五章

再論王陽明的知行合一

一、知行合一是所有形態知識共有的知識結構

王陽明的「知行合一」說，在他同時代的學者與門人及後來的研究者眼中都極富爭議。20世紀以來，中外學者對此的討論不少，[1] 本章以再論為題，是自信有些新見，當然成功與否，得待方家指正。本章的論點是：(1) 不少研究者認為陽明的知行合一是講「道德的知」或良知 (moral knowledge or knowing)，他雖以好好色、惡惡臭的知覺 (perception) 及知痛、知寒的感覺 (feeling) 作類比 (analogy)，又曾提及 (道德的知以外)「其他的知」(other knowledge or knowing)，但只徒添理解的混亂。本章反對這種說法，以為未能盡陽明知行合一說的底蘊。無疑，陽明在龍場之悟後所提出的知行合一及與徐愛的相關討論，完全是關於道德的知，但當他的學說不斷受到質疑，特別是來自程朱理學強調知先行後的觀點，他已將知行合一的思考伸展至其他的知，並自信知行合一是道德的知與其他的知所共有的知識結構 (所謂知識結構，即使知識得以成立的條件)，[2] 猶如知先行後在程朱理學中也是如此。下面我們將先考察陽明是如何論述與證立其他的知是知行合一的。(2) 但即便如此，陽明仍十分清楚道德的知與其他的知有著根本的差異，此差異不在於知行合一，而是在於知的性質、作用與來源。故我們會接著考察道德的知與其他的知的不同以及它如何是知行合一的。(3) 最後，本章會聚焦於知行合一之「合」字的意義，指出陽明早期講的知行合一，嚴

格說來，應是知行「本」一（即知行本來是一事，或知行的本然狀態是一事），此則合字的（道德踐履的）工夫義不顯。一直要到他晚年提出致良知之後，合字的工夫義才明確起來。陽明的致良知不像有些學者說的已「與知行合一的思路不同」，[3]而是更加善化的演繹。

為了方便下面的分析，讓我們先列舉陽明有關知行合一的主要論述。下面的討論將對各條文字立論的脈絡及涵義解說明白。

1. 此已被私欲隔斷，不是知行的本體了。未有知而不行者。知而不行，只是未知。聖賢教人知行，正是要復那本體，不是著你只恁的便罷。（《傳習錄上》，頁4。）[4]

2. 故《大學》指個真知行與人看，說「如好好色，如惡惡臭」。見好色屬知，好好色屬行。只見那好色時已自好了，不是見了後又立個心去好。聞惡臭屬知，惡惡臭屬行。只聞那惡臭時已自惡了，不是聞了後別立個心去惡。……又如知痛，必已自痛了方知痛；知寒，必已自寒了；知饑，必已已自饑了；知行如何分得開？此便是知行的本體，不曾有私意隔斷的。（同上，頁4。）

3. 某嘗說知是行的主意，行是知的功夫；……（同上，頁5。）

4. 知是行之始，行是知之成。（同上，頁5。）

5. 若會得時，只說一個知，已自有行在；只說一個行，已自有知在。（同上，頁5。）

6. 某今說過知行合一，正是對病的藥。又不是某鑿空杜撰，知行本體原是如此。（同上，頁5。）

7. 今若知得宗旨時，即說兩個亦不妨，亦只是一個。（同上，頁5。案：與5、6條相通。）

8. 知者行之始，行者知之成。（案：同4條。）聖學只一個功夫，知行不可分作兩事。（同上，頁15。）

9. 知之真切篤實處，即是行；行之明覺精察處，即是知。知行工夫本不可離。（《傳習錄中》，〈答顧東橋書〉，頁47。）

10. 只為後世學者分作兩截用功，失却知行本體，故有合一并進之說。「真知即所以為行，不行不足謂之知」，即如來書所云「知食乃食」等說可見，前已略言之矣。（同上，頁47–48。案：此即6條講「對病的藥」。）

11. 此雖喫緊救弊而發，然知行之體本來如是，非以己意抑揚其間，姑為是說以苟一時之效者也。（同上，頁48。案：同6條。）

12. 外心以求理，此知行之所以二也。求理於吾心，此聖門知行合一之教，吾子又何疑乎？（同上，頁48。）

13. 夫「學問思辨行」皆所以為學，未有學而不行者也。如言學孝，則必服勞奉養，躬行孝道，然後謂之學，豈徒懸空口耳講說，而遂可謂之學孝乎？學射則必張弓挾矢，引滿中的；學書則必伸紙執筆，操觚染翰；盡天下之學無有不行而可以言學者，則學之始固已即是行矣。（同上，頁51。）

14. 篤者，敦實篤厚之意，已行矣，而敦篤其行，不息其功之謂爾。蓋學之不能以無疑，則有問，問即學也，即行也；又不能無疑，則有思，思即學也，即行也；又不能無疑，則有辨，辨即學也，即行也；辨既明矣，思既慎矣，問既審矣，學既能矣，又從而不息其功焉，斯之謂篤行，非謂學、問、思、辨之後而始措之於行也。是故以求能其事而言謂之學，以求解其惑而言謂之問，以求通其說而言謂之思，以求精其察而言謂之辨，以求履其實而言謂之行。蓋析其功而言則有五，合其事而言則一而已。此區區心理合一之體，知行并進之功，所以異於後世之說者，正在於是。（同上，頁51–52。案：即13條所述之義。）

15. 學至於窮理至矣，而尚未措之於行，天下寧有是邪？是故知不行之不可以為學，則知不行之不可以為窮理矣；知不行之不可

以為窮理，則知知行之合一并進而不可以分為兩節事矣。(同上，頁52。)

16. 吾子謂「語孝於溫凊定省，孰不知之」，然而能致其知者鮮矣。若謂粗知溫凊定省之儀節，而遂謂之能致其知，則凡知君之當仁者皆可謂之能致其仁之知，知臣之當忠者皆可謂之能致其忠之知，則天下孰非致知者邪？以是而言，可以知「致知」之必在於行，而不行之不可以為「致知」也明矣。知行合一之體，不益較然矣乎？(同上，頁56。)

17. 君子之學，何嘗離去事為而廢論説？但其從事於事為論説者，要皆知行合一之功，正所以致其本心之良知，而非若世之徒事口耳談説以為知者，分知行為兩事，而果有節目先後之可言也。(同上，頁58。)

18. 所謂「生知安行」，「知行」二字亦是就用功上説；若是知行本體，即是良知良能，雖在困勉之人，亦皆可謂之「生知安行」矣。(同上，〈答陸原靜書〉，頁78。)

19. 問「知行合一」。先生曰：「此須識我立言宗旨。今人學問，只因知行分作兩件，故有一念發動，雖是不善，然却未曾行，便不去禁止。我今説個『知行合一』，正要人曉得一念發動處，便即是行了。發動處有不善，就將這不善的念克倒了。須要徹根徹底，不使那一念不善潛伏在胸中。此是我立言宗旨。」(《傳習錄下》，頁109–110。)

20. 或疑知行不合一，以「知之匪艱」二句為問。先生曰：「良知自知，原是容易的。只是不能致那良知，便是『知之匪艱，行之惟艱』。」(同上，頁137。)

21. 又問：「孔子言『知及之，仁不能守之』，知行却是兩個了。」先生曰：「説『及之』已是行了，但不能常常行，已為私欲間斷，便是『仁不能守』。」(同上，頁137。)

22. 門人有疑「知行合一」之說者。直曰：「知行自是合一。如今能行孝，方謂之知孝；能行弟，方謂之知弟。不是只曉得個『孝』字『弟』字，遽謂之知。」先生曰：「爾說固是。但要曉得一念發動處，便是知，亦便是行。」（《傳習錄拾遺》，頁1292–1293。案：與19條合看。）

23. 孟子云：「是非之心，知也。」「是非之心，人皆有之」，即所謂良知也。孰無良知乎？但不能致之耳。《易》謂「知至，至之」，知至者，知也；至之者，致知也。此知行之所以一也。近世格物致知之說，只一知字尚未有下落，若致字工夫，全不曾道著矣。此知行之所以二也。（《王陽明全集》，卷5，〈與陸原靜（壬午）〉，頁211。）

24. 行之明覺精察處，便是知；知之真切篤實處，便是行。若行而不能精察明覺，便是冥行，便是「學而不思則罔」，所以必須說個知；知而不能真切篤實，便是妄想，便是「思而不學則殆」，所以必須說個行；元來只是一個工夫。（《王陽明全集》，卷6，〈答友人問（丙戌）〉，頁232。案：與9條合看。）

25. 知行原是兩個字說一個工夫，這一個工夫須著此兩個字，方說得完全無弊病。若頭腦處見得分明，見得原是一個頭腦，則雖把知行分作兩個說，畢竟將來做那一個工夫，則始或未便融會，終所謂百慮而一致矣。若頭腦見得不分明，原看做兩個了，則雖把知行合作一個說，亦恐終未有湊泊處，況又分作兩截去做，則是從頭到尾更沒討下落處也。（同上，頁233。案：同7條，與8條合看。）

26. 知之真切篤實處，便是行；行之明覺精察處，便是知。若知時，其心不能真切篤實，則其知便不能明覺精察，不是知之時只要明覺精察，更不要真切篤實也。行之時，其心不能明覺精察，則其行便不能真切篤實，不是行之時只要真切篤實，更不要明覺精察也。（同上，頁234。案：與9、24條合看。）

二、非道德的知之知行合一

先說陽明如何論證其他的知乃知行合一。誠如研究者已指出，陽明的知行合一是在程伊川、朱子的啟發與影響下對程朱的批判與顛覆。所以，在陽明的說法中，不難找到程朱的影子。例如，伊川說：

> 知至則當至之，知終則當終之，須以知為本。知之深，則行之必至，無有知之而不能行者。知而不能行，只是知得淺。飢而不食烏喙，人不蹈水火，只是知。人為不善，只為不知。[5]

朱子說：「知與行須是齊頭做，方能互相發」[6]；「愚謂知而未能行，乃未能得之於己，豈特未能用而已乎？然此所謂知者，亦非真知也，真知則未有不能行者」。[7]以下一段朱子的話，驟眼看開首幾句，簡直與陽明如出一轍：

> 知與行，工夫須著並到。知之愈明，則行之愈篤；行之愈篤，則知之益明。二者皆不可偏廢。如人兩足相先後行，便會漸漸行得到。若一邊軟了，便一步也進不得。然又須先知得，方行得。[8]

不過，正是在程朱必說知行有個先後這一點上，亦即須先知得方行得，陽明的思考與他們分道揚鑣。理由在於朱子所理解的道德的知，必藉格物窮理工夫（即致知）方能為心所把握，即心具理，然後使意誠（即涵養），然後心始能依理而行（即力行），如是自必主張知先行後。[9]又朱子既求窮究道德的知在曲折事相中的表現，便不能忽略曲折事相的知（即其他的知），故他講格物窮理時常是拖帶著其他的知。並且通常看來，其他的知亦與道德的知同是知先行後的；「如去長安，未到長安，却先知道長安在那裏，然後行去，這便是進德之事。」[10]與此不同，陽明在龍場悟得心即理後，所理解的道德的知即是心發用的理（道德的道理如孝）與事（道德的行為如孝親），此以知行關係言乃是知行合一、知行本體（本來的體性或狀態）原是如此。此所以第12條謂「求理於吾心，此聖門知行合一之教」。心即理為何是知行合一，我們在下一節分析陽

明講道德的知時再作詳述。這裏只需指出，正因為陽明在道德的知的層面上必不能接受知先行後，故當別人依程朱的觀點用其他的知是知先行後來質疑他的知行合一時（程朱學者不承認陽明的良知概念，故質疑知行合一遂多自其他的知入手），他被迫得去思考其他的知與道德的知在知行關係上是否截然不同。對此，答案可以是劃開道德的知與其他的知，承認前者是知行合一而後者是知先行後。但陽明思考的結論卻是其他的知也是知行合一的，並且提出了極富洞見的看法。

在析述陽明的理由之前，必須補充一點，即當陽明拒絕朱子的知先行後而主張知行合一時，他對「知」與「行」的定義自必持異於朱子，但我們切不可將兩人的不同簡單地視作定義之爭。同樣，我們也不應將第1條「未有知而不行者。知而不行，只是未知」視作只是陽明如此特別地界定「知」，界定其必包含「行」，來說「知行合一」。實則下不同的定義乃表示陽明重新提出一個迥異於朱子的對「知」、「行」及兩者關係的設想（conception）。所以，如何理解這一設想的涵義及其理據才是關鍵所在。

陽明以為其他的知亦不外乎知行合一，其理由主要見於《傳習錄中》〈答顧東橋書〉。此中，東橋以為「工夫次第不能無先後之差」（即途徑有先後階段）為理由，並舉例說「如知食乃食，知湯乃飲，知衣乃服，知路乃行，未有不見是物，先有是事。此亦毫釐倏忽之間，非謂截然有等，今日知之而明日乃行也」（頁47）。這即是說由知道是食物到食食物、由知道是湯到飲湯、由知道是衣服到穿衣服、由知道是路到行路，雖然是瞬間的事，但知都必須在行之前。[11] 值得注意的是，就像第2條陽明以「見好色屬知，好好色屬行」來類比知行合一，此處東橋的知食、知湯、知衣和知路都是「見」（seeing），故說「未有不見是物，先有是事」。或謂見是知覺而不屬知識，此非是，識者早有辨明。[12] 對東橋的質疑，陽明的回應是：

> 夫人必有欲食之心然後知食。欲食之心即是意，即是行之始矣。
> 食味之美惡必待入口而後知，豈有不待入口而已先知食味之美惡

者邪？必有欲行之心，然後知路。欲行之心即是意，即是行之始矣。路歧之險夷必待身親履歷而後知，豈有不待身親履歷而已先知路歧之險夷者邪？「知湯乃飲」，「知衣乃服」，以此例之，皆無可疑。（頁47）

可見，陽明認為先知後行的觀點忽略了知之前還必有個求知的意（intention）或欲（desire），而此已是求知行動的開始。好像某甲的目光被麵包店櫥窗內惹人垂涎的麵包所吸引，必是他有個想吃的意欲，或純粹出於好奇的意欲，甚或其他的意欲。值得注意的是，此意欲是與看見吸引的麵包俱起的（俱起非時間上同時之義，乃此生彼生、此滅彼滅之義）。於是，某甲可能入店詢問店員關於麵包的一切，他甚至會買個來吃，親嚐而知其美味。當然，某甲亦可能在看了麵包一眼後就趕著上班，這是因為他那求食（或求知或其他）的意欲不夠強，被趕上班的意欲所隔斷。[13]

或謂陽明將意欲當作行動或行動的開始，有混淆心理活動與物理活動之嫌，但這批評成立嗎？陽明自然明白有時意欲（動機）不一定會付諸（物理意義的）行動，因為它有被別的意欲隔斷的可能。然這並不礙意欲是具意向性（或具意識）的行動的開始，它本身已是行動不可或缺的部分，此則如果它不被隔斷必會付諸實行。陽明對行動的看法，即「意之所用，必有其物。物即事也」（頁53），此比起將心理與物理、意欲與行動斬截為二的看法其實更為全面周到。意欲既是行或行之始，而知又必涵求知的意欲，則知先行後說為不當。此處我們不宜錯用心機，以為陽明既謂知之先有意欲，意欲是行（之始），故他應主張行先知後。必須知道，求知的意欲與知乃俱起而不可妄分先後，故知行合一，知行本就是同一回事。所以上面「夫人必有欲食之心然後知食」一句中的「必有」正表示俱起之義，「然後」非時間義，乃表示知食必已涵欲食之心，沒有欲食之心亦沒有知食，有欲食之心然後有知食。明乎此，便不難懂得第3條「知是行的主意，行是知的功夫」的意思，此即知包括求知意欲（即行）乃求知活動的頭腦或引導，而行（即求知活動）乃

實現知包括求知意欲的過程或努力。至於第4條「知是行之始，行是知之成」，則「行之始」不可作字面解並謂其與知行合一相矛盾（因作字面解即表示知行之間始終有一先後的時間差而不必是一事），[14] 應緊扣「欲食之心即是意，即是行之始矣」來看。所以「知是行之始」是指知必涵求知意欲，此已是行即求知行動的發端，而在行即求知行動中，知遂得以成就（achievement）。雖然，「成」相對「始」，人多作完成（completion）解，但一來始字既非重在時間義，二來知識可以不斷求深化精進，說完成似不合，故說為成就更佳。

對陽明來說，其他的知是知行合一的，除了因為知與求知意欲俱起之外，還因為他心目中設想的「知」乃是個整全（holistic）的求知活動或過程（knowing activity or process）即「行」，其中知與行不是不離（bound together）而是相互穿透（interpenetrating）。我們可以將其設想陳構如下：[15]

> 知 K（對 K 的知識，如 K 是長安）：必有一與之俱起的意欲 D_k，此意欲亦是一意向性行動 IA 的發端，如想去長安旅遊，或要研究長安，或其他→在 D_k 的推動下（它不為別的意欲隔斷），去問人、查地圖、找資料，這是意向性行動的展開 IA_1，結果獲得 K_1，即在較粗淺的程度上認識長安→仍在 D_k 的推動下（它仍不為別的意欲隔斷），親自去長安，這是意向性行動的持續展開 IA_2，並因身親履歷，對長安有更深的認識，知道 K_2→仍可以在 D_k 的推動下（如果它依舊不為別的意欲隔斷），決定留居長安一段時間，這是意向性行動的持續展開 IA_3，則知 K_3，比 K_2 更深刻的認識→此求知活動或知識的深化還可延續下去……

這裏有數點可說：(1) 此求知活動或知識的深化得以延續下去，必是那與知俱起的求知意欲能不為別的意欲隔斷，一直貫徹到底，否則隨時會中斷。並且，求知意欲在不被隔斷貫徹到底的過程中，亦會不斷強化（strengthening），甚至轉化（transforming）。[16] 例如，最初的求知意欲是「想研究長安」，則在問人、查地圖、找資料而獲得較粗淺的知識後，可

以因不滿足而「強化」為「想作更深入的研究」，並展開為求更深入研究的意向性行動。但「想研究長安」的意欲，在問人、查地圖、找資料而獲得較粗淺的知識後，亦可以因被美麗的長安風景相片所吸引而「轉化」為「想親睹長安」，並展開為赴長安的意向性行動。在意欲轉化的情況下，「想研究長安」與「想親睹長安」表面上似是兩個不同的意欲，但從獲得深刻真實知識（真知長安）的結果看，則二者其實是同一求知意欲的引申推擴而已。

（2）知識有深淺精粗可言，陽明說：「知行二字即是工夫，但有淺深難易之殊」（《傳習錄下》，頁126）。淺深是就知識程度言，難易是就意欲能否貫徹言。淺知，陽明在第16條名為「粗知」，或第17條「口耳談說以為知者」；深知，陽明或會沿舊說名為「真知」（即第2條「故《大學》指個真知行與人看」），[17] 第10條引顧東橋來書的話「真知即所以為行，不行不足謂之知」，陽明的意思是真正的知識（即知識的深化）正表現為真切的求知意欲（不被隔斷而能貫徹到底）所形成的整全的求知活動。[18] 一般以為，只有實踐或技藝知識（knowing how）因涉及人的能力才有程度差異，理論或命題知識（knowing that）則無有。實則這種單從知識內容看的客觀主義立場甚可疑，若把知識與認知者重新連繫起來，明乎知識總是認知者之所知，便知一切知識皆有程度可言。[19] 試想今時的物理學或數學知識遠超從前，不正是知識有程度之分的最佳佐證。

（3）要獲得深知、真知，認知者的親身履歷（即行）至關重要。[20] 然親身履歷非是泛說的意思，像說是我在讀書、我在聽講、我在求知，如此則有甚麼不是親身履歷。親身履歷之實義，乃是認知者得主動展開探究，以求將聞見而得的二手知識（secondhand knowledge）如上面例子中的 K_1，轉化為恍若出於自己的一手知識（firsthand knowledge）如上面例子中的 K_2 和 K_3，這用傳統的話說，即深造而自得之的自得知識。而此一手或自得知識，實已涵有對二手或口耳談說知識的第二序反省（second order reflection），知識因而變得更深刻（亦可謂擴大）與真實。

（4）知與行既在求知意欲的驅動下相互穿透，陽明在第9條遂說：「知之真切篤實處，即是行；行之明覺精察處，即是知。知行工夫本不

可離」。此中陽明是故意把原本用來説行的真切篤實説到知上去，因為知與求知意欲 (行之始) 俱起，而求知意欲可言真切篤實，即不為別的意欲隔斷；又故意把原本用來説知的明覺精察説到行上去，因為親身履歷可言明覺精察，真知正由此而得。故若親身履歷流於泛説，像説我在學習，卻只流於口耳，則第24條云「便是冥行，便是『學而不思則罔』」，此「所以必須説個知」來提撕，以復明覺精察的親身履歷；而若求知意欲不夠堅強，常為他者隔斷，則「便是妄想，便是『思而不學則殆』」，此「所以必須説個行」來提撕，以復真切篤實的求知意欲。箇中遣辭的良苦用心，第26條正是解説，不贅錄。

(5) 最後，從這幅整全的圖像看，真知便無非是行，如上面例子中 K 無非是 IA (D_k 即在其中，且 K_1、K_2、K_3 實無異於 IA_1、IA_2、IA_3)。當然，知即行，絕不是把二者等同起來 (如 K=A)，而是説二者根本是同一回事，説知，行已在其中；説行，知已在其中。若不嫌比附，則借用蘇沙 (Ernest Sosa) 的話説，陽明的知行合一即表示 "Judgment and knowledge itself are forms of intentional action" 或 "knowledge as action"。[21]

(6) 依此，第5條便説「只説一個知，已自有行在；只説一個行，已自有知在」；第6條「知行本體原是如此」；第8條「聖學只一個功夫，知行不可分作兩事」。然既非等同知與行的概念，則第7條遂謂「今若知得宗旨時，即説兩個亦不妨，亦只是一個」；第25條補充道「知行原是兩個字説一個工夫，這一個工夫須著此兩個字，方説得完全無弊病」；「見得原是一個頭腦，則雖把知行分作兩個説，畢竟將來做那一個工夫」。

或疑朱子亦承認知行互發 (前面曾引相關文字)，亦強調親身履歷可以深化知識，《朱子語類》卷9記云：「論知之與行，曰：『方其知之而行未及之，則知尚淺。既親歷其域，則知之益明，非前日之意味。』」[22] 所以，陽明必説個知行合一，不過是他選擇以一個整全的角度來理解知行，若選擇一個局部的角度看，似仍可説 (有) 知在行之先，如前面例子中 K_1 在 IA_2 之先、K_2 在 IA_3 之先。但這樣一來，就也可説 (有) 行在知之先，如前面例子中 IA_1 在 K_1 之先、IA_2 在 K_2 之先、IA_3 在 K_3 之先。[23] 而沿此以往，或更可説知在行之先是理論或命題知識的特點，行在知之

先是實踐或技藝知識的特點。若然，則陽明與反對他的程朱學者，便只是觀點與角度的不同。面對這樣的質疑，陽明會反駁說局部的看法非徒為不同的角度，它根本上是個錯誤，「此不是小病痛，其來已非一日矣」（《傳習錄上》，頁5），故第6條「某今說過知行合一，正是對病的藥。又不是某鑿空杜撰，知行本體原是如此」；第10條「只為後世學者分作兩截用功，失却知行本體，故有合一并進之説」；第11條再三強調「然知行之體本來如是，非以己意抑揚其間，姑為是説以苟一時之效者也」。那麼病痛到底何在？依上述的分析，乃(1)昧於知必與求知意欲俱起，而求知意欲已是意向性行動的發端；(2)復昧於獲得深知、真知的關鍵端賴於如何保任那求知意欲真切篤實，不為他意隔斷；(3)更昧於局部的觀點（即分知行先後）實無異於將那本可貫徹到底的意欲或動機打得不成片段，於是要先立個心去知，知後又另立個心去行，知行互相穿透並進以得真知遂成不可能。第2條以好好色、惡惡臭類比知行，正是要點破若求知意欲不為他意隔斷，知行應是在同一個心的驅使下無有間斷而不可分，「見好色屬知，好好色屬行。只見那好色時已自好了，不是見了後又立個心去好。聞惡臭屬知，惡惡臭屬行。只聞那惡臭時已自惡了，不是聞了後別立個心去惡」；「此便是知行的本體，不曾有私意隔斷的」。相反，如必強分知行先後，像「今人卻就將知行分作兩件去做，以為必先知了然後能行」，則「我如今且去講習討論做知的工夫，待知得真了方去做行的工夫，故遂終身不行，亦遂終身不知」（《傳習錄上》，頁5）。當然，這並不等於説程朱學者不可以辯護其説，但此已超出本章的論旨。

知（或求知）可以說即是學（或求學）。吾人既不應流於口耳談說以為知，則學亦當如是，第13條「豈徒懸空口耳講說，而遂可謂之學孝乎？學射則必張弓挾矢，引滿中的；學書則必伸紙執筆，操觚染翰」。這裏切戒望文生義，或以為陽明在講實踐或技藝知識的學習；或以為陽明的知行合一只適用於實踐或技藝知識。實則在第13、14條，當陽明將博學、審問、慎思、明辨、篤行看成是一整個求學即求知因而即是行（知行合一）的歷程時，他等於表示非實踐或技藝知識，如理論或命

題知識，亦不外乎此。請看第13條最後的話：「盡天下之學無有不行而可以言學者，則學之始固已即是行矣」。試想一名學生學習數學，必有學習意欲與之俱起；最初，他可能只是記憶老師講解的方程式來演練算題，但如果其學習意欲真切篤實不為別的意欲隔斷，則他自會進一步主動探究，親身履歷，結果可能逐步掌握到方程式的數理，甚至觸類旁通，懂得老師未曾講授的部分，這時他的數學知識不是更深刻真實嗎？而整個過程與其他知識的追求學習並無二致，都是「知之真切篤實處，即是行；行之明覺精察處，即是知」，都是知行「合一并進」。是以第15條乃謂「是故知不行之不可以為學，則知不行之不可以為窮理矣；知不行之不可以為窮理，則知知行之合一并進而不可以分為兩節事矣」。「知行本體原是如此」，誠非虛言。

必須指出，陽明之所以能揭示知行合一為（不論道德或其他的）知識的共同結構，與他對認知者認知能力結構的了解密切相關。此認知者認知能力的結構，即身、心、意、知、物是一個（或一體）。陽明説：「身之主宰便是心，心之所發便是意，意之本體便是知，意之所在便是物」（《傳習錄上》，頁6–7）；又首肯陸原靜「身之主為心，心之靈明是知，知之發動是意，意之所着為物」的話（同上，頁27）；又説：

> 耳、目、口、鼻、四肢，身也，非心安能視、聽、言、動？心欲視、聽、言、動，無耳、目、口、鼻、四肢亦不能，故無心則無身，無身則無心。但指其充塞處言之謂之身，指其主宰處言之謂之心，指心之發動處謂之意，指意之靈明處謂之知，指意之涉着處謂之物：只是一件。（《傳習錄下》，頁103。）

此中「身」乃認知者自己（「身」除了身體義外，還有存在域義，指吾人處身其中的家庭、社會和國家等；陽明言身重在前者，其泰州門人王心齋與羅近溪等則重在後者）；其認知能力包括耳目口鼻四肢等皆統合於「心」，故心為身之主；而心應感（於物）而發為「意」，此意包括意念、欲求、情感、認知等，然皆以彰顯「知」為其要（意念、欲求、情感非純為對物之被動反應，它們都有能主動認識物之知），故謂「意之本體便

是知」、「心之靈明是知」、「意之靈明處謂之知」；最後，此包含知之意
會表現為「物」(或事)，即意向性行動。可見，正是因為明白在認知者
認知能力結構中意與知俱起、身心意知物是一件，陽明才堅定不移地肯
定知行合一說。對其他的知而言，身是認知者，心是認知心，心所發
之意是欲知之意，與知俱起，亦已是行即求知活動之始，假使此意不為
他意隔斷，則在知行一體不分、並進互發下乃可得深刻真實的知識。
同樣，對道德的知而言，身是認知者也是踐履者，心是道德心即良知，
心所發之意是好善惡惡之意，此好善惡惡之意與知善知惡之知俱起，亦
已是行即道德行為之始，假使此意不為他意隔斷(須有《大學》格物、致
知、誠意、正心、修身的工夫)，則在知行一體不分、並進互發下乃可
得深刻真實的道德知識(亦即表現為深刻真實的道德行動)。[24] 由是下面
可轉至分析道德的知。

三、良知的性質、作用與來源

　　道德的知與其他的知之不同處，不在知行合一的知識結構，也不在
認知者認知能力中身心意知物是一的結構，而是在知識的性質、作用與
來源三方面。綜括而言，道德的知是一種道德的規範性知識，且必能
對吾人的行為產生規範作用，而其來源則是吾人道德心或良知之自知。
下面試析而論之。

　　先就性質來說，道德的知是道德的規範性知識，即知(在某處境下)
道德上應該如何如何。問題是當有人宣稱具有道德的知，例如說他知
道應該孝順父母，我們到底該怎樣評估(assess)他是否真的知道？假設
原來他的知道，是指在倫理學課上經過慎思明辨得到，即理念上「知道
應該孝順父母」(這一道德規範命題)，但此知道卻不一定對他的行為產
生規範作用，亦即他不一定會孝順父母。對此，我們有理由批評他並
未真正具有道德的知，並未真正知道應該孝順父母，因為道德的知本有
的規範力量(special binding force)不起作用，而這是由於他誤把關乎道

德的理論或命題知識當作道德的知。又假設原來他的知道，是指在照顧長者的培訓課程中經過實習得到，即實踐上「知道如何照顧父母」（這一實踐知識），但此知道卻不一定對他的行為產生規範作用，亦即他不一定會照顧父母。[25] 對此，我們亦有理由批評他並未真正具有道德的知，並未真正知道如何照顧父母，因為道德的知本有的規範力量不起作用，而這是由於他誤把關乎道德的實踐或技藝知識當作道德的知。

　　陽明正是由此評估的角度來批評知道但不踐行根本不可謂知道道德，他說：「就如稱某人知孝、某人知弟，必是其人已曾行孝行弟，方可稱他知孝知弟，不成只是曉得說些孝弟的話，便可稱為知孝知弟」（《傳習錄上》，頁4）；又第16條說：「若謂粗知溫凊定省之儀節，而遂謂之能致其知，則凡知君之當仁者皆可謂之能致其仁之知，知臣之當忠者皆可謂之能致其忠之知，則天下孰非致知者邪」；且更糟的是，有些人在講論關乎道德的理論或命題知識與實踐或技藝知識時，內心卻充滿不道德的欲望，「如今一說話之間，雖只講天理，不知心中倏忽之間已有多少私欲。蓋有竊發而不知者，雖用力察之，尚不易見。況徒口講而可得盡知乎」（《傳習錄上》，頁28）。所以，對陽明來說，道德的知即那實能產生規範吾人行為作用的道德知識，絕非來自求得其他的知的認知心，而只能來自吾人的道德心或良知，故謂「德性之良知，非由於見聞耳」（《傳習錄中》，〈答顧東橋書〉，頁57）；「良知不由見聞而有」（同上，〈答歐陽崇一〉，頁80）。這樣，聖人之學乃「大端惟在復心體之同然，而知識技能非所與論」（《傳習錄上》，頁62）；也就是說，不當把理論知識、實踐技能與心體之同然（《孟子‧告子上》云：「心之所同然者，何也？謂理也，義也。」），亦即良知所發出的道德的知（或道德的理義），混為一談。或謂關乎道德的理論或命題知識，如講論透徹，將可猶如信念（belief）般產生規範吾人行為的作用。則陽明會答曰，良知要泛應曲當故不廢講論，第17條云「君子之學，何嘗離去事為而廢論說？但其從事於事為論說者，要皆知行合一之功，正所以致其本心之良知」，然若脫略於良知工夫的論說，即使能產生規範作用，「其極至，只做得個義襲而取的工夫」（《傳習錄上》，頁28）。

　　至於道德的知為何必能產生規範吾人行為的作用，這在陽明思想中有數點可說。(1)道德的知之所以必能規範吾人行為，乃因它是本於吾人的道德心或良知。道德心或良知不僅發出道德的知，亦是實現道德的知的動力之源(the faculty or origin of moral motivation)。[26]陽明說：「知是理之靈處。就其主宰處說，便謂之心；就其稟賦處說，便謂之性。孩提之童，無不知愛其親，無不知敬其兄，只是這個靈能不為私欲遮隔，充拓得盡，便完；完是他本體，便與天地合德。」(《傳習錄上》，頁39。)又說：「知是心之本體。心自然會知：見父自然知孝，見兄自然知弟，見孺子入井自然知惻隱，此便是良知，不假外求。若良知之發，更無私意障礙，即所謂『充其惻隱之心，而仁不可勝用矣』。」(同上，頁7。)又依仁而說：「仁是造化生生不息之理」(同上，頁29)。凡此，用心學的話說，即是「心即理」。[27]此理，總言之，乃惻隱之仁，乃道德心或良知作乎知乎「仁是道德、不仁是不道德」的核心道德判斷(core moral judgment)；分言之，乃道德心或良知之仁理在不同對象或情景中表現為(或曰裁斷不同對象或情景所成的)不同道理，亦即當機知所當為者，如孝、弟、忠、信等。必須注意的是，道德心所作所知的核心道德判斷乃是與好仁惡不仁的道德情感俱起；吾人道德心當機發為惻隱且好之，但如為私意障礙，當惻隱時不惻隱，則道德心亦會當機發為羞惡且惡之，而好善惡惡之好惡即涵知善知惡之良知，故陽明說：「良知只是個是非之心，是非只是個好惡，只好惡就盡了是非，只是非就盡了萬事萬變。」(《傳習錄下》，頁126。)並且，知善知惡(之知)即好善惡惡(之意)，即已是行之始，亦即已是為善去惡(之行)，故知行必合一。

　　(2)正如前面曾提及，道德心或良知所發出的道德的知，與其他的知一樣，從知本身說是個意向性行動；從認知者認知能力的結構說是身、心、意、知、物是一體。兩種知的不同只在於其他的知是個求知的意向性行動，道德的知則是個道德規範的意向性行動。也就是說，道德心當機而知道德或善，必有一道德的意念或欲求(即好善)與之俱起，這已是行之始，若此意念或欲求不為其他意念或欲求隔斷(隔斷道

德意念或欲求者可名為「私」意、「私」欲，以其違反道德之「公」故），
則必實現為道德行動。同樣，吾人的意念或欲求如為氣稟物欲所驅而
發為不正，道德心亦會當機而知其為不道德或惡（陽明名為「恆照」[28]），
此知必有一克倒不正以歸於正的道德意念或欲求（即惡惡）與之俱起，
這已是行之始，若此意念或欲求不為其他意念或欲求隔斷，則必實現
為克倒不正以歸於正的道德行動。第19條云：「我今說個『知行合一』，
正要人曉得一念發動處，便即是行了。發動處有不善，就將這不善的
念克倒了。須要徹根徹底，不使那一念不善潛伏在胸中。此是我立言
宗旨。」陽明強調一念發動處即是行，發動處有不善就將這不善的念克
倒，除表示知行合一外，自含有細膩的工夫意義。他在別處便說：

> 省察克治之功，則無時而可間，如去盜賊，須有個掃除廓清之意。
> 無事時，將好色、好貨、好名等私欲逐一追究搜尋出來，定要拔去
> 病根，永不復起，方始為快。常如貓之捕鼠，一眼看着，一耳聽
> 着，纔有一念萌動，即與克去，斬釘截鐵，不可姑容與他方便，不
> 可窩藏，不可放他出路，方是真實用功，方能掃除廓清。」（《傳習
> 錄上》，頁18。案：此中盜賊之喻取自朱子。）

或謂一念發動處即是行的看法有問題，因為如果發動的不是惡念而是善
念，則善念不算行善，否則吾人只停留於善念而不付諸行動，豈非正是
陽明批評的知而不行，故一念發動處即是行「只體現了知行合一的一個
方面，它只適用於『去惡』並不適用於『為善』」。[29] 但根據上面的分析可
知，此批評正是未契陽明知行合一說的實義。對陽明來說，道德心或良
知的一念發動處既是意念也是行之始，若不被私意隔斷則必實現為道德
行動，又豈有不付諸行動之理。這從第22條陽明亦以一念發動處言知孝
行孝可得證明。而下面一段話就更清楚表示陽明知行合一說的要旨：

> 蓋鄙人之見，則謂意欲溫凊，意欲奉養者，所謂「意」也，而未可
> 謂之「誠意」，必實行其溫凊奉養之意，務求自慊而無自欺，然後
> 謂之「誠意」。知如何而為溫凊之節，知如何而為奉養之宜者，所
> 謂「知」也，而未可謂之「致知」。必致其知如何為溫凊之節者之

知,而實以之溫凊,致其知如何奉養之宜者之知,而實以之奉養,
然後謂之「致知」。溫凊之事,奉養之事,所謂「物」也,而未可謂
之「格物」。必其於溫凊之事也,一如其良知之所知,當如何為溫
凊之節者而為之,無一毫之不盡;於奉養之事也,一如其良知之
所知,當如何為奉養之宜者而為之,無一毫之不盡,然後謂之「格
物」。(《傳習錄中》〈答顧東橋書〉,頁55。)

此即必須使道德的知及與之俱起的意不被隔斷,貫徹實行方是真知,方
是《大學》言誠意、致知與格物的意思。

(3) 與知俱起的意是行之始,能貫徹實行是知之成,此即吾人在知
行互相穿透並進的過程中將可獲得更真實深刻的知(真知);其他的知如
此,道德的知亦然。道德的知的核心內容雖只是仁,或仁不仁的道德
判斷與規範,陽明名之曰「一」,但此判斷與規範要能於複雜多變的人
生處境中當機知所當為,即能泛應曲當地適切於具體情況而為具體的道
德判斷與規範,陽明名之曰「精」,[30] 便必得藉由實行與真知合一並進的
求知歷程,所謂「能隨事隨物精察此心之天理」;「能精察天理於此心之
良知」(《傳習錄中》,〈答顧東橋書〉,頁52);「『惟一』是『惟精』主意,
『惟精』是『惟一』功夫,非『惟精』之外復有『惟一』也」(《傳習錄上》,
頁15,此句與第3條「知是行的主意,行是知的功夫」義同);「天理即是
良知,千思萬慮,只是要致良知。良知愈思愈精明,若不精思,漫然
隨事應去,良知便粗了。」(《傳習錄下》,頁125。)這裏必須補充的是,
良知要愈思愈精明,見聞之知乃不可或缺,故陽明說:「良知不由見聞
而有,而見聞莫非良知之用,故良知不滯於見聞,而亦不離於見聞。」
(《傳習錄中》〈答歐陽崇一〉,頁80。)尤有進者,則不僅篤行,就連博
學、審問、慎思、明辨皆屬致良知之工夫,「夫學、問、思、辨、篤行
之功,雖其困勉至於人一己百,而擴充之極,至於盡性知天,亦不過致
吾心之良知而已。」(同上,〈答顧東橋書〉,頁52。)而從知行合一的角
度看,陽明甚至不許說「致其良知而求之見聞」,他說:

大抵學問功夫只要主意頭腦是當,若主意頭腦專以致良知為事,則

> 凡多聞多見，莫非致良知之功。蓋日用之間，見聞酬酢，雖千頭
> 萬緒，莫非良知之發用流行，除卻見聞酬酢，亦無良知可致矣。
> 故只是一事。若曰致其良知而求之見聞，則語意之間未免為二，
> 此與專求之見聞之末者雖稍不同，其為未得精一之旨，則一而已。
> （《傳習錄中》〈答歐陽崇一〉，頁80-81。）

為何「若曰致其良知而求之見聞，則語意之間未免為二」？這是因為如此，則有吾人立個心去致良知，在面對處境後又立個心去求之見聞，在求得見聞後又立個心去助成良知之慮，此與知行合一講求一個道德的知或意欲不被隔斷貫徹始終的精神不侔。[31]

最後就來源說，道德的知不像其他的知之源於外界，它是源於吾人內在的道德心或良知，更準確說，是源於道德心或良知之自知。此自知之義，陽明曾以不同的話說明：

> 若是良知發用之思，則所思莫非天理矣。良知發用之思，自然明
> 白簡易，良知亦自能知得。若是私意安排之思，自是紛紜勞擾，
> 良知亦自會分別得。蓋思之是非邪正，良知無有不自知者。（《傳
> 習錄中》〈答歐陽崇一〉，頁81。）

> 蓋良知只是一個天理自然明覺發見處，只是一個真誠惻怛，便是他
> 本體。故致此良知之真誠惻怛以事親便是孝，致此良知之真誠惻
> 怛以從兄便是弟，致此良知之真誠惻怛以事君便是忠。只是一個
> 良知，一個真誠惻怛。（同上，〈答聶文蔚（二）〉，頁95-96。）

> 爾那一點良知，是爾自家底準則。爾意念著處，他是便知是，非便
> 知非，更瞞他一些不得。爾只不要欺他，實實落落依著他做去，善
> 便存，惡便去。他這裏何等當快樂。此便是格物的真訣，致知的
> 實功。若不靠着這些真機，如何去格物？（《傳習錄下》，頁105。）

良知應物而發，當惻隱、辭讓時惻隱、辭讓，它亦自知自己應惻隱、辭讓；當惻隱、辭讓時（被私意隔斷而）不惻隱、不辭讓，它亦自知自己不應不惻隱、不辭讓，此即自知羞惡、是非。良知固自知是、自知

非，「蓋思之是非邪正，良知無有不自知者」，「爾那一點良知，是爾自家底準則」，但歸根究底，它所自知的無非是「一個天理」（「自然明覺發見處」即自知之義），無非是「一個真誠惻怛」，而說自知是非、善惡已落於第二義，已落於良知為氣稟物欲所動並自知（前述「恆照」）此所動為非為惡亦即自知不當有此動為是為善。易言之，良知若能不為氣稟物欲所動，如如呈現，則只是自知一個天理，而它本身乃是超越是非善惡之意識（beyond being conscious of good and evil）。這點陽明說得十分明白：「無善無惡者理之靜，有善有惡者氣之動。不動之氣，即無善無惡，是謂至善」；「聖人無善無惡，只是『無有作好』，『無有作惡』，不動於氣。」（《傳習錄上》，頁33。）

對良知之自知，牟宗三主要以「逆覺體證」作解，他說：「逆覺之覺，亦不是把良知明覺擺在那裏，而用一個外來的無根的另一個覺去覺它。這逆覺之覺只是那良知明覺隨時呈露時之震動，通過此震動而反照其自己。故此逆覺之覺就是那良知明覺之自照。自己覺其自己，其根據即是此良知明覺之自身。說時有能所，實處只是通過其自己之震動而自認其自己，故最後能所消融而為一，只是其自己之真切地貞定與朗現（不滑過去）。」[32] 此即是說良知之自知乃良知在其發用時能逆覺、反照、自認其自己。不過，說「自覺」的重點乃在良知自己對自己的體認，即那「自」字，這與說「自知」的重點在良知自己對自己所知的認識，即那「知」字，涵義仍略有不同。關於自知，牟宗三亦嘗論及，他說：「另一個心，一方它於『心之呈現之所是』無所增益，亦無所減損。是以此自知，就其為知的意思說，它自身無顏色，故仍可說為認知的心（心之認知活動），而此認知的心實不是另一個心，只是那心之呈現之所是中的覺明所透示出的一種作用反身而肯認那各呈現之所是之自己耳。這一種反身肯認的作用，因無顏色，而對於各呈現之是又無損益，故名曰認知的作用，但卻是自知，而並不是他知（由他而知）。既是自知，則此知之為『能』即消融於心之呈現之所是自己中而為一，而泯失其為『能』義，故不是另一個心也。『能』義既泯，『所』義亦泯，還是那『呈現之所是』之自己。（但此所透示出的認知作用，如自持其如是之作用，

不反身用于心之『呈現之所是』之自己，而用於外物，這便是認知心與外物相對，此義為異質的二物之相對，一為主，一為客，此時主客義有實義，不只是名言。在此主客關係上即形成各種特定的知識系統。用於心之呈現之所是自己不形成知識，只是這呈現之所是自身之自我肯認。此相當于邏輯上a⊃a，為反身關係也。反於其自己，除其自己外，無有他物可被知也。故不形成知識。）」[33] 這裏有數點值得注意：(1)牟論自知是將之對照於他知作形式特性的分析，指出自知非認知能力外用於物，而是它反身自用於自己。(2)大概因重形式特性的分析，遂謂自知只是反身關係的自我肯認，它不落能所、不涉及他物之知，故不形成知識。實則良知之自知，若作內容特性的分析，則它固不涉及他物之知，卻關乎自身之知，故形成天理、道德的知識。(3)牟以為自知根本上還是認知的作用，如它不反身自用而用於外物，便成了與外物有對（有能所之分）的認知心，這似乎是視自知為他知的本源。此義陽明並未清楚表示，他那「良知之外，別無知矣」（《傳習錄中》〈答歐陽崇一〉，頁80）的話，不必是表示此義。[34]

　　無獨有偶，耿寧(Iso Kern)研究陽明及其後學，亦特別檢出良知自知之義，稱之為「對本己意向中的倫理價值的直接意識（本原意識）」，並解釋道「新的『本原知識』概念所指的是一種對本己意向的直接倫理意識、一種對其倫理性質的『知識』。因此，新的『本原知識』按照這個含義不再是一種對父母之愛、對兄長之敬、同情等等自發的萌動和意向，它不是一種特殊的意向，甚至根本就不是意向，而毋寧說是對所有意向的一種內意識，對善和惡的意向的內意識，它是一種對這些意向的道德善、惡的直接『知識』。這個道德意識不能被理解為一種對本己意向進行倫理評判的反思。因為這種『本原知識』在王陽明看來是在一本己意向出現時直接現存的，而且是必然與它同時現存的，而對這種意向的反思則是一種特殊的精神行為，它並不必然會進行，而且即使它進行，在時間上也只能出現在被反思的意向之後。這樣一種反思在王陽明看來已經屬於『本原知識』的實現了。」[35] 這段話有兩點值得注意：(1)自知不是自我反思(self-reflection)，像曾子的吾日三省吾身，因為反思是吾

人把自己的意識當作對象來作道德審查，而自知卻是作審查的道德意識之自我呈現或自明，故說反思已是自知的實現了。(2)必須承認，耿寧敏銳地注意到陽明是在提出致良知之後才經常申說良知自知之義。但他認為自知是一個新的良知概念，迥異於見父知孝、見兄知弟之知，因前者是「對本己意向中的倫理價值的直接意識」，而後者只是「向善的秉性（本原能力）」，則恐有商榷的餘地。[36] 無疑，良知之自知與見父知孝見兄知弟之知，涵義不盡相同，然不必是兩個良知概念。陽明不是說「蓋日用之間，見聞酬酢，雖千頭萬緒，莫非良知之發用流行，除卻見聞酬酢，亦無良知可致矣」（前引〈答歐陽崇一〉），則良知既於見聞酬酢中推致，所謂發用流行，且亦於推致中反身自致自知。因此，我們不妨說能自知的良知是體（本體），見父知孝見兄知弟之知是其用（工夫），更不妨說良知是體，良知之自知與見父知孝見兄知弟之知皆是其用。總之，良知自知之義，非是陽明後來提出的新良知概念，乃是他對從前講求良知發用所從出的本體或本源有了更加深刻的體認而已。

四、回應質疑及合一的「合」義

現在讓我們來總結一下。陽明的知行合一是道德的知與其他的知共有的知識結構，其要旨在於揭示：(1)知要能發展為真實深刻的知（真知），關鍵端賴於保任與知俱起的意念或欲求，使之不被他意隔斷而能真切篤實貫徹始終。(2)從知與意俱起的角度看，知本身即是一意向性行動，或者說知與行本來就是一事。對其他的知而言，知是一求知的意向性行動；對道德的知而言，知是一道德規範的意向性行動。(3)從認知者認知能力的結構看，身、心、意、知、物是一事。(4)在求知意欲不被隔斷而能貫徹始終的情況下，吾人必親身履歷去求知，由是知行互相穿透並進，真知即實行，知識才能由口耳談說的粗知（二手知識）不斷深化為真實深刻的真知（一手知識或自得之知）。至於道德的知與其他的知之不同，不在知行合一，而是在(1)知識的性質，即道德的知

是道德的規範性知識；(2)知識的作用，即道德的知是必能對吾人的行為產生規範作用；以及(3)知識的來源，即道德的知是來源於吾人道德心或良知之自知。

或疑陽明這樣說，又如何解釋吾人在日常生活中常見到知行不合一的事例。其實這些事例主要是關於道德的知，陽明弟子徐愛初聞知行合一時就提出「如今人儘有知得父當孝、兄當弟者，却不能孝、不能弟，便是知與行分明是兩件。」(《傳習錄上》，頁4。)由於本文認為陽明的知行合一不只是用來說道德的知，故順此應可從三方面來回應知行不合一的質疑。首先，從一般意義上說知行不合一，實無異於將知與行視作兩事。陽明的回應會是，這是囿於常途俗見的看法，若能恰當理解「知」，則應明白知即是「行」，知行本是一事，而知行不合一乃是對「知」與「行」的錯誤設想。其次，謂其他的知可以知行不合一，則陽明的回應會是，這是因(與知俱起的)求知意欲被隔斷，吾人的知遂停留於口耳談說的粗知階段。最後，謂道德的知可以知行不合一，如知得當孝卻不孝，陽明的回應會是，這是因(與道德的知俱起的)道德規範意欲被隔斷，亦即良知(或知行)本體為氣稟物欲所蔽，而此時人說知得當孝實非真知，實不可算具備道德的知，以道德的知之規範作用不起故，所以「聖賢教人知行，正是要復那本體，不是着你只恁的便罷。」(同上)由此，我們可轉至析論知行合一之「合」字的意義。

根據前文的分析，陽明的知行合一應為知行本一，即知行本體(本然狀態)原是一個，而他起初之所以主張「合」一，便完全只有補偏救弊的意義。也就是說，因時人定要說知行做兩個，陽明遂刻意將他們強分為二者重新聯合起來，「某今說個知行合一，正是對病的藥」(《傳習錄上》，頁5)。不過，在江右提出致良知之後，陽明似乎找到了「合」字的工夫意義。此即吾人的良知固可當機應物而萌發，它亦自知自己萌發，它(知與意俱起)亦自是知行本一。但吾人若不能推致良知(於事事物物，使事事物物皆得其理)，則它便易為私意私欲隔斷，它若為私意私欲隔斷，則吾人的行為便與知行本體「分離」，此時唯有作致良知工夫，才可使行(為)重新與知(行本體)「合一」。第21條說孔子「知

及之」之說「已是行了，但不能常常行，已為私欲間斷，便是『仁不能守』」，故「知及之，仁不能守之」的話不但未能反對知行合一，相反正可見知行合一的工夫意義。同樣，「知之匪艱，行之惟艱」的話亦不能反對知行合一，第20條解釋道「良知自知，原是容易的。只是不能致那良知」，則亦是在強調知行合一的工夫意義。第18條總結說：「『知行』二字亦是就用功上說；若是知行本體，即是良知良能」。第23條借《周易·乾文言》「知至至之」更作發揮：「知至者，知也；至之者，致知也。此知行之所以一也。近世格物致知之說，只一知字尚未有下落，若致字工夫，全不曾道著矣。此知行之所以二也。」而記錄於《傳習錄下》的第19條，不正明白表示陽明知行合一的立言宗旨已從對病的藥轉為致良知工夫。很明顯，陽明的致良知並未偏離知行合一的思路，反而是充實了「合」字的工夫意義。明乎此，則知陽明晚年的四句教（見《傳習錄下》）正是此「合」字工夫義的綜括表達；「有善有惡意之動」即是道德的意欲被私意私欲隔斷而為惡意與惡行，「知善知惡是良知」、「為善去惡是格物」即是致良知工夫，以使行為重新與知行本體合一，最後既無惡即亦無相對之善而復那純是吾心天理（真誠惻怛）之流行，所謂「無善無惡心之體」。

註 釋

1　以下舉一些筆者在撰寫本章時新讀與及重溫的研究成果，掛一漏萬，在所難免。錢穆，《王守仁》（臺北：臺灣商務印書館，1968）；張君勱，《比較中日陽明學》（臺北：中華文化出版事業委員會，1955），頁5–49；唐君毅，《中國哲學原論——原教篇》，頁204–350；牟宗三，《從陸象山到劉蕺山》，頁215–265；勞思光，《新編中國哲學史（三上）》，頁400–451；馮友蘭，《中國哲學史》，下冊，頁355–371；蔡仁厚，《王陽明哲學》（臺北：三民書局，1974）；陳來，《有無之境——王陽明哲學的精神》（北京：人民出版社，1991）；錢明，《陽明學的形成與發展》（南京：江蘇古

籍出版社，2002），頁38-105；吳震，《〈傳習錄〉精讀》（上海：復旦大學出版社，2011）；岡田武彥著，吳光、錢明、屠承先譯，《王陽明與明末儒學》（上海：上海古籍出版社，2000），頁35-70；耿寧（Iso Kern）著，倪梁康譯，《人生第一等事：王陽明及其後學論「致良知」》（北京：商務印書館，2014），上下冊；李明輝，〈從康德的實踐哲學論王陽明的「知行合一」說〉，《中國文哲研究集刊》，第4期，1994年，頁415-440；陳立勝，〈何種「合一」？如何「合一」？——王陽明知行合一說新論〉，《貴陽學院學報》，第3期，2015年，頁2-9；陳立勝，《入聖之機》（北京：三聯書店，2019）；郁振華，〈論道德——形上學的能力之知——基於賴爾與王陽明的探討〉，《中國社會科學》，第12期，2014年，頁22-41；黃勇，〈論王陽明的良知概念：命題性知識、能力之知，抑或動力之知〉，《學術月刊》，第48卷，2016年1月，頁49-66；郁振華，〈再論道德的能力之知——評黃勇教授的良知詮釋〉，《學術月刊》，第48卷，2016年12月，頁14-24；黃勇，〈再論動力之知：回應郁振華教授〉，《學術月刊》，第48卷，2016年12月，頁24-30；丁為祥，〈王陽明「知行合一」之內解內證〉，《哲學與文化》，第43卷，第8期，2016年8月，頁93-112；Carsun Chang, *Wang Yangming: The Idealist Philosopher of the 16th Century China* (New York: St. John University Press, 1962)；Tu Wei-ming, *Neo-Confucian Thought in Action: Wang Yang-ming's Youth (1471-1509)* (Berkeley: University of California Press, 1976)；Julia Ching, *To Acquire Wisdom: The Way of Wang Yang-ming* (New York: Columbia University Press, 1976)；A. S. Cua, *The Unity of Knowledge and Action: A Study in Wang Yang-ming's Moral Psychology* (Honolulu: University of Hawai'i Press, 1982)；David Nivison, "The Philosophy of Wang Yangming," in *The Ways of Confucianism*, edited with an introduction by Bryan W. Van Norden (Chicago: Open Court Press, 1996), pp. 217-231; P. J. Ivanhoe, *Ethics in the Confucian Tradition: The Thought of Mengzi and Wang Yangming* (Indianapolis: Hackett Publishing, 2002)；Warren G. Frisina, "Are Knowledge and Action Really One Thing? Wang Yang-ming's Doctrine of Mind," in *The Unity of Knowledge and Action: Toward a Nonrepresentational Theory of Knowledge* (Albany, NY: State University of New York Press, 2002)；Shun Kwong-loi, "Wang Yang-ming on Self Cultivation in the Daxue," *Journal of Chinese Philosophy*, Supplement to vol. 38 (2011): 96-113；Bryan Van Norden, "Wang Yangming," in *Stanford Encyclopedia of Philosophy*, http://plato.stanford.edu/entries/wang-yangming。

2 據筆者所知，過往的研究中只有弗里西納（Warren G. Frisina）主張陽明的知行合一是所有形態的知識的結構（the structure of knowledge in all its form）。他的理由是陽明心學打破了依主客、內外來分別心物的思維，故吾人心之所知實質上等於重建了吾人與所知者的關係，即必然牽涉到吾人的自我轉化亦即行動。而這樣一來，便根本不可能有不涉及自我轉化或行動的純粹理論性知識。並且他以為陽明改造了（程朱的）知行說是要使之與其所體悟的形而上學相一致，故提議應從以下五項形而上學宣稱來把握知行合一說，此即：存有的動態性質、陰陽、理、萬物一體與（貫通天人表示創造的）誠。參看 Warren G. Frisina, "Are Knowledge and Action Really One Thing? Wang Yang-ming's Doctrine of Mind," pp. 73–100。筆者雖大抵同意他的觀點，但這有把知行合一的知識論涵義化歸存有論之嫌，本章則要提出一知識論的論證。不過必須說明的是，本章以為陽明有將知行合一視為所有知識的共同結構這想法，卻不得不承認他並未充分展開論證，所以本章的工作正是要替他作此補充，也可以說是對其思想作一最強義的解讀。另外，當筆者在香港新亞研究所報告本章的一個初稿時，蒙吳甿相賜他一篇未發表的會議文章〈「知行合一」與「寂感真幾」——從反思判斷看知行問題的哲學意義〉（宣讀於第十屆當代新儒學國際學術會議，2013年11月），其中亦主張各種知識類型（文章分為五種）皆是知行合一。不過，文章主要是假途康德哲學以為說，並未見有緊扣陽明文字而作的詳細論證，倒是後半指出陽明的知行合一應為知行本一，合一乃對病的權說，則與本章所見略同。

3 陳來，《有無之境》，頁112。

4 下面正文引用王陽明的文字，所標頁碼均依《王陽明全集》，不另以註出之。

5 程頤、程顥，《河南程氏遺書》，卷15，〈伊川先生語一〉，《二程集》，頁164。

6 黎靖德編，《朱子語類》，卷117，頁2816。

7 朱熹，〈張無垢中庸解〉，《晦庵先生朱文公文集》，卷72，《朱子全書》，第24冊，頁3483。

8 黎靖德編，《朱子語類》，卷14，頁281。

9 關於致知、涵養、力行三者的先後問題，朱子必以致知先於力行，惟對致知與涵養之先後，則有不一致的說法。例如，(a) 問致知涵養先後。曰：「須先致知而後涵養。」問：「伊川言：『未有致知而不在敬。』如何？」曰：「此是大綱說。要窮理，須是着意。不着意，如何會理會得分曉。」（黎靖德編，《朱子語類》，卷9，頁152。）(b)「〔……〕如公昨來所問涵養、致知、

力行三者，便是以涵養做頭，致知次之，力行次之。不涵養則無主宰。如做事須用人，纔放下或困睡，這事便無人做主，都由別人，不由自家。既涵養，又須致知；既致知，又須力行。若致知而不力行，與不知同。亦須一時並了，非謂今日涵養，明日致知，後日力行也。要當皆以敬為本，敬却不是將來做一箇事。今人多先安一箇『敬』字在這裏，如何做得？敬只是提起這心，莫教放散；恁地，則心便自明白，這裏便窮理、格物。見得當如此便是，不當如此便不是；既見了，便行將去。……」(同上，卷115，頁2777。) 要之，這不一致乃朱子一方面重知，以為知得道理真切分明，具體的涵養始有方向著落，但另一方面又以為缺乏涵養即持敬，致知便有散漫無歸之虞，亦有知而不行之虞。試看以下文字，(c)「學者工夫，唯在居敬、窮理二事。此二事互相發。能窮理，則居敬工夫日益進；能居敬，則窮理工夫日益密。譬如人之兩足，左足行，則右足止；右足行，則左足止。又如一物懸空中，右抑則左昂，左抑則右昂，其實只是一事。」(同上，卷9，頁150。) (d)「學者若不窮理，又見不得道理。然去窮理，不持敬，又不得。不持敬，看道理便都散，不聚在這裏。」(同上) 此外，這不一致亦同時引起朱子學說中致知與誠意之先後問題，但此處不能多說。

10　黎靖德編，(朱子語類)，卷69，頁1725。

11　類似的質疑不少，例如呂柟 (涇野，1479–1542) 曾與陽明門下鄒東廓辯論知行合一。《涇野子內篇》卷13記云：「先生 (案：即呂涇野) 曰：『今夜必要講同了。君嘗謂知便是行，向日登樓，云不至樓上，則不見樓上之物。』東郭子曰：『非謂知便是行，但知便要行耳。如知戒慎就要戒慎，如知恐懼就要恐懼，知行不相離之謂也。』先生曰：『若如此說，則格致固在戒慎之先矣，故必先知而後行也。』東廓子曰：『聖人原未曾說知，只是說行，行得方算得知。譬如做檯，須是做了檯，纔曉得檯；譬如做衣服，須是做了，纔曉得衣服。若不曾做，如何曉得？此所以必行得，方算作知。』先生曰：『謂行了然後算作知亦是。但做衣服，若不先問衿多少尺寸，領多少尺寸，衿是如何縫，却不錯做了也？必先逐一問知過，然後方曉得縫做，此却是要知先也。』東廓子猶未然。」呂柟，《涇野子內篇》(北京：中華書局，1992)，頁127–128。從下文的分析看，此處鄒東廓以為知行合一「非謂知便是行，但知便要行耳」，且「行得方算得知」，實未可謂盡陽明想法的底蘊。而在呂涇野看來，更是未有超過朱子「真知則未有不能行者」、「知之愈明，則行之愈篤；行之愈篤，則知之益明」的說法，故根本未能反對知先行後。

12 柯雄文（A. S. Cua，1932–2007）將好好色、惡惡臭稱為「審美類比」（aesthetic analogy），知痛、知寒稱為「心理類比」（psychological analogy），以為前者見好色屬知，是一種識別之知（knowledge would be a state of recognition），後者知痛，是一種精神狀態之知（knowledge of mental states）。他更指出：審美類比的長處是表示道德的知與行之間沒有間隙（there is no gap），短處則是好好色、惡惡臭不像道德的知般是有意識與主動的（conscious and active）；而心理類比的長處是表示個人（親身）經驗是道德的知的一個來源（personal experience as a source of moral knowledge），短處則是道德的知還有其他非個人經驗的來源。參看 Cua, *The Unity of Knowledge and Action*, pp. 9–14。但從本章的觀點看，陽明知痛、知寒的類比乃是要強調道德的知是自知（self-knowing or knowledge），不假外求，柯的批評不當。

13 陽明認為：知X，必有欲X之意與之俱起，這對意識地知（consciously knowing）而言確實如此。 然而我們還有下意識地知（subconsciously knowing），像某甲在路過麵包店時匆匆瞥見櫥窗內的麵包，他見麵包即知麵包，惟此知卻沒有一意欲與之俱起。儘管陽明未有考慮到下意識地知的情況，但由於我們（重要）的知識都是意識地知，故無傷於知行合一說的理論效力。

14 陳來，《有無之境》，頁99。

15 接下來的陳構與分析（乃至本章認為陽明的知行合一亦適用於其他的知），是有啟於蘇沙（Ernest Sosa）在擔任香港中文大學唐君毅訪問教授時的一場演講 "Insight and Understanding"（talk for the 24th Tang Chun-I Visiting Professorship, March 30, 2017），特此說明，示不掠美。蘇沙是當前「德性知識論」（virtue epistemology）的倡議者之一，他的工作，扼要言之，是想在傳統的知識定義即知識是能證立的真的信念（justified-true-belief）以外，另闢蹊徑來界說知識，以避免葛提爾（Edmund Gettier, 1927–2021）對傳統知識定義的挑戰。所謂葛提爾挑戰（Gettier's challenges），即是指出符合能證立、真和信念此三項條件者，仍可能因運氣（luck）因素而難以稱為知識。為了排除運氣因素對知識的干擾，蘇沙重新將認知者的能力納入知識的界說， 提出以AAA作為知識的規範性結構。 此中， 第一個A是「準確」（accuracy），相當於真；第二個A是「熟練」（adroitness），即認知者的能力，如能恰當解說形成知識的證據；第三個A是「適切」（aptness），指第一個A的獲得完全是基於第2個A，即知識的獲得完全是認知者認知能力的結果。他最常舉的例子是箭手射箭，箭手必須完全依靠其技藝能力把箭射中

目標，方能説是展示了射箭(的活動或知識)。箭手射箭中的，即具準確性，卻不一定是出於其熟練技藝；箭手技藝熟練，即具熟練性，卻不一定能中的；即使箭手既技藝熟練且射箭中的，但箭卻可能是因中途被風先吹歪後又吹正才中的，此亦很難説是在展示射箭，因為不具適切性。後來，蘇沙更補充認知者可以對其適切性作第二序的反省(second order reflection)以形成「充分的適切性」(fully apt 或 aptly apt) 來深化知識。有趣的是，他以射箭來説明知識的規範性結構，與中文的「知」字不謀而合，蓋人所言者如矢中的正是知字的形象意義(雖有謂知字的「矢」部是聲符，但不妨亦可作義符看)。而他將視角轉向認知者，就更有可與中國哲學相互攻錯之處。事實上，傳統中國哲學本就是以認知者的認知能力來界説知，《墨辯》〈經上〉3：「知，材也」；〈説〉：「知材，知也者所以知也而必知。若明。」見譚戒甫，《墨辯發微》(北京：中華書局，1996)，頁78。另參看 Ernest Sosa, "Getting It Right," http://opionator.blogs.nytimes.com/2015/05/25/getting-it-right/；*Epistemology* (Princeton and Oxford: Princeton University Press, 2017), Chapter 5 "Knowledge as Action," pp. 71–86。

16 不斷強化與轉化的意欲，亦即真切篤實的意欲，陽明又名為「志」。儘管陽明言志，幾乎全是道德意義的(即順孟子説立志、持志)，但「意」與「志」的精微區分，亦適用於其他的知。試看下面一段文字：「大抵吾人為學緊要大頭腦，只是立志，所謂困忘之病，亦只是志欠真切。今好色之人未嘗病於困忘，只是一真切耳。自家痛癢，自家須會知得，自家須會搔摩得，既自知得痛癢，自家須不能不搔摩得。」見王守仁，《傳習錄中》〈啟問道通書〉，《王陽明全集》，卷2，頁65。

17 必須指出，「真知」在陽明思想中也許並不是個核心概念，陽明只是順著程朱學者的使用而賦予自己的解釋。在《傳習錄》中，前引文字第2條「故《大學》指個真知行與人看」，嚴格説是使用「真知行」；第10條「真知即所以為行，不行不足謂之知」，則是重述顧東橋來書的話，此外未見使用「真知」。對非道德的其他的知而言，假如陽明用「真知」，則應是對應粗知、淺知，指真切的求知意欲(行之始)不被隔斷而能貫徹到底所形成的整全的求知活動(即行)。對道德的良知而言，假如陽明用「真知」，則應是對應口耳談説道德以為知者，指良知(好善惡惡之意)不被隔斷而能貫徹到底所形成的整全的道德活動(即行)。可知，「真知」之於陽明，必涵真切、意不被隔斷而能貫徹到底以及知行合一等義。李煥然(Harvey Lederman)因看到陽明的「良知」可以是乍現乍滅的故非「真知」，乃提出陽明的真知應是自省

(introspective) 或自知的，即良知能進而自知其自己並自持其自己 (即自誠其所發之意)，故可視之為當前知識論中有研究者提出的 objectual knowledge。此說確把握住真知之真切、意不被隔斷等涵義，但對意能貫徹到底形成整全的道德活動即知行合一，則似只將「行」局限於「知之始」的「意」。參看 Harvey Lederman, "The Introspective Model of Genuine Knowledge in Wang Yangming," *Philosophical Review*, vol. 131, no. 2 (2022): 169–213。

18 這裏我們不妨進一步說，對粗知、淺知或口耳談說以為知者而言，知行合一是其「描述性結構」(descriptive structure)，則僅表示了「知X，必有欲X之意與之俱起」，但對真知而言，知行合一卻是其「規範性結構」(normative structure)，則不單表示了「知X，必有欲X之意與之俱起」，還表示了「(真)知乃是個求知意欲不被隔斷而能貫徹下去所形成的整全的求知活動或過程，即行」。

19 此義陽明亦有所見，《傳習錄上》記云：「問道之精粗。先生曰：『道無精粗，人之所見有精粗。如這一間房，人初進來，只見一個大規模如此；處久，便柱壁之類一一看得明白；再久，如柱上有些文藻，細細都看出來。然只是一間房』。」《王陽明全集》，卷1，頁23。

20 《傳習錄上》記云：「先生曰：『啞子喫苦瓜，與你說不得。你要知此苦，還須你自喫』。時曰仁在傍，曰：『如此才是真知即是行矣』。一時在座諸友皆有省。」(《王陽明全集》，卷1，頁42。) 可知，真知必須由知者親身履歷方能獲得。另《傳習錄中》〈答羅整菴少宰書〉有一段與講求親身履歷之義相類的話，其言曰：「然世之講學者有二：有講之以身心者；有講之以口耳者。講之以口耳，揣摸測度，求之影響者也；講之以身心，行著習察，實有諸己者也，知此則知孔門之學矣。」(《王陽明全集》，卷2，頁85。)

21 Sosa, *Epistemology*, p. 71.

22 黎靖德編，《朱子語類》，頁148。

23 柯雄文便將此中在行之先的知 (knowledge that is anterior to action) 稱為「先知的知」(prospective knowledge)，在行之後的知 (knowledge that is posterior to action) 稱為「回顧的知」(retrospective knowledge)，參看 Cua, *The Unity of Knowledge and Action*, p. 15。

24 陽明講身心意知物是一件，固時常關連於道德的知，但下面的話更清楚表示對道德的知來說，認知者即踐履者的身心意知物本為一體。(a)「心者身之主也，而心之虛靈明覺，即所謂本然之良知也。其虛靈明覺之良知，應感而動者謂之意。有知而後有意，無知則無意矣。知非意之體乎？意之所

用，必有其物，物即事也。如意用於事親，既事親為一物；意用於治民，即治民為一物；意用於讀書，即讀書為一物；意用於聽訟，即聽訟為一物：凡意之所用無有無物者，有是意即有是物，無是意即無是物矣。物非意之用乎？」（《傳習錄中》〈答顧東橋書〉，《王陽明全集》，卷2，頁53-54。）(b)「理一而已。以其理之凝聚而言，則謂之性；以其凝聚之主宰而言，則謂之心；以其主宰之發動而言，則謂之意；以其發動之明覺而言，則謂之知；以其明覺之感應而言，則謂之物。故就物而言謂之格，就知而言謂之致，就意而言謂之誠，就心而言謂之正。正者，正此也；誠者，誠此也；致者，致此也；格者，格此也。皆所謂窮理以盡性也。」（《傳習錄中》〈答羅整庵少宰書〉，《王陽明全集》，卷2，頁86-87。）

25　假如某人「知道如何照顧父母」是從一個照顧長者的培訓課程中習得，則這實踐知識自不一定對他的行為產生規範作用，即他不一定會照顧父母。實則此中所謂「知道如何照顧『父母』」只是「知道如何照顧『長者』」而已。但假使某人「知道如何照顧父母」是從他曾經照顧父母的實踐經驗中習得，則這實踐知識已涵蘊他曾照顧父母。而假若他現在不照顧父母，則在陽明看來，乃是他那誠孝的心被私欲隔斷了。從以上的分析可知，為何道德的知常被視為近於實踐或技藝知識而遠於理論或命題知識，因為道德的知確實是從道德實踐中獲得。不過，正如上文的分析指出，陽明的知行合一是一切知識共有的結構，故在陽明心目中道德的知（或良知）既非可以理論或命題知識言，亦非可以實踐或技藝知識言，而理論或命題知識與實踐或技藝知識（如是貫徹知行合一的真知）卻都可以是道德的知（或良知）的表現或工夫。

26　這用孟子的話說，即良知與良能為一體兩面。然要深入說明道德心或良知為何能生起實踐動力，則關鍵在於明乎：(1) 道德的知的規範性結構乃知行合一；道德心的結構乃身心意知物是一體，這是本章的論旨所在。(2) 道德的知的核心內容是能動之「仁」：仁理生生不息、仁心感通無隔覺潤無方、仁心不容已，此若詳說，須另文為之。(3) 道德的知源於道德心或良知之自知，這點下文續有分析，此處暫不多說。

27　陽明對「心即理」的理解，從早期龍場悟道到後期提倡致良知教，可以說是益發精準。陽明早期的說法是「心外無理」，如「且如事父，不成去父上求個孝的理？事君，不成去君上求個忠的理？交友治民，不成去友上、民上求個信與仁的理？都只在此心。心即理也。此心無私欲之蔽，即是天理，不須外面添一分」（《傳習錄上》，《王陽明全集》，卷1，頁3）；「所以某說無心外之理，無心外之物」（同上，頁7）。無庸諱言，這些話確很易教人

誤以為理只在心內，實則他想強調的是不可外心以求理。須知理既是天理，以今語言之，即超越的（transcendental）道德道理，則它雖必藉由吾人本心良知來顯發，但亦必自存於天壤，不可謂只在心內。所以，當面對程朱學者的質疑時，陽明遂修正其說為「理無內外」，謂「夫理無內外，性無內外，故學無內外；講習討論，未嘗非內也；反觀內省，未為遺外也。夫謂學必資於外求，是以己性為有外也，是義外也，用智也；謂反觀內省為求之於內，是以己性為有內也，是有我也，自私者也：是皆不知性之無內外也。」（《傳習錄中》〈答羅整庵少宰書〉，《王陽明全集》，卷2，頁86。）不過，最終適切的表達還是「此心在物則為理」，謂「在物為理，在字上當添一心字，此心在物則為理。如此心在事父則為孝，在事君則為忠之類。」（《傳習錄下》，《王陽明全集》，卷3，頁137。）說「此心在物則為理」，不是說此心感於物並於物中尋個理來，而是說此心感於物並反身（reflexively）自覺、自明、自知其自己之仁理及此仁理對所感之物的裁斷之理。

28 其言曰：「良知者，心之本體，即前所謂恆照者也。心之本體，無起無不起，雖妄念之發，而良知未嘗不在，但人不知存，則有時而或放耳。雖昏塞之極，而良知未嘗不明，但人不知察，則有時而或蔽耳。雖有時而或放，其體實未嘗不在也，存之而已耳；雖有時而或蔽，其體實未嘗不明也，察之而已耳。」王守仁，《傳習錄中》〈答陸原靜書〉，《王陽明全集》，卷2，頁69。

29 陳來，《有無之境》，頁107。

30 仁理是一，但其於事變中的表現為（未定之）多。所以，陽明乃說義理無定在、無窮盡，不容分析湊合，更不必預先講求。試看以下幾條文字：（a）義理無定在，無窮盡。吾與子言，不可以少有所得而遂謂止此也。再言之，十年、二十年、五十年未有止也。（《傳習錄上》，《王陽明全集》，卷1，頁14。）（b）問：「『析之有以極其精而不亂，然後合之有以盡其大而無餘』，此言如何？」先生曰：「恐亦未盡。此理豈容分析，又何須湊合得？聖人說『精一』自是盡。」（同上，頁17。此中所引之言出自朱子《大學或問》。）（c）問：「聖人應變不窮，莫亦是預先講求否？」先生曰：「如何講求得許多？聖人之心如明鏡，只是一個明，則隨感而應，無物不照，未有已往之形尚在，未照之形先具者。若後世所講，卻是如此，是以與聖人之學大背。周公制禮作樂以文天下，皆聖人所能為，堯、舜何不盡為之而待於周公？孔子刪六經以詔萬世，亦聖人所能為，周公何不先為之而有待於孔子？是知聖人遇此時，方有此事。只怕鏡不明，不怕物來不能照。講求事

變，亦是照時事，然學者却須先有個明的工夫。學者惟患此心之未能明，不患事變之不能盡。」（同上，頁13-14。）

31 由此可知，牟宗三的良知坎陷說非是陽明的本意（這牟其實知道）。牟的說法是：「此言將知識攝入致良知教義中。然知識雖待外，而亦必有待於吾心之領取。領取是了別。了別之用仍是吾心之所發。徒說知識攝入致良知，尚不足以盡此融攝之真實義。蓋此不過將一現成之知識參入其中耳。此融攝之真實義，須如此說：吾心之良知決定此行為之當否，在實現此行為中，固須一面致此良知，但即在致字上，吾心之良知亦須決定自己轉而為了別。此種轉化是良知自己決定坎陷其自己：此亦是其天理中之一環。坎陷其自己而為了別以從物。從物始能知物，知物始能宰物。及其可以宰也，它復自坎陷中湧出其自己而復會物以歸己，成為自己之所統與所攝。如是它無不自足，它自足而欣悅其自己。此入虎穴得虎子之本領也。此方是融攝知識之真實義。」（見牟宗三：《從陸象山到劉蕺山》，頁252。）陽明之所以反對說致良知而求之見聞，是想強調在良知的發用與實現中固有見聞之知參與，但此無非是一個不被私意隔斷的道德的知與意欲貫徹始終的結果。而牟宗三之所以說良知坎陷其自己為認識心，則是想強調在道德融攝知識中，知識仍有其獨立的地位。下面的話清楚反映出牟說的用心所在：「是以陽明所言之良知只是決定道德行為之天心天理，而致亦是只致此。而對於良知自己決定坎陷其自己而成了別心因之而成知識系統則忽而不察矣。殊不知『事親』這一件行為自身同時即是一知識系統也。譬如溫凊之定省，奉養之節目，即是一個知識系統也。此皆含在『事親』行為中。至於事親為什麼便當溫凊定省，那却是道德天心所自決，而無可外求者。大凡一成知識系統，便須客化而靜化，靜化而置定之為一『是』。既為一『是』矣，便須與心對而為外，而此時之心亦為了別心。」（同上，頁254。）

32 牟宗三，《從陸象山到劉蕺山》，頁231。

33 牟宗三，《心體與性體》，第3冊，頁335-336。

34 此義牟宗三的老師熊十力倒是明白說出。依熊十力，量智相當於他知，「所以量智，只是一種向外求理的工具」（熊十力，《新唯識論（語體文本）》，第1章〈明宗〉，《熊十力全集》，第3卷，頁22。），性智相當於自知，「就是這個本心的自知自識。換句話說，就是他本心自己知道自己」（同上，頁21），而兩者的關係是「此智（量智），元是性智的發用，而卒別於性智者，因為性智作用，依官能而發現，即官能得假之以自用。易言之，官能可假性智作用以成為官能之作用，迷以逐物，而妄見有外，而習

之既成，則且潛伏不測之淵，常乘機現起，益以障礙性用，而使其成為官能作用。」(同上，頁16。)

35 耿寧 (Iso Kern) 著，倪梁康譯，《人生第一等事：王陽明及其後學論「致良知」》，上冊，頁217。

36 與耿寧商榷的文字不少，可參看林月惠，〈陽明與陽明後學的「良知」概念〉，《哲學分析》，第5卷，第4期，2014年8月，頁4–22；黃敏浩，〈耿寧的陽明三義 —— 以《人生第一等事》為中心的檢討〉，《中國哲學與文化》，第19輯，2021年11月，頁96–116。

第六章

明清之際儒學的一元化傾向

一、研究與爭議

明清之際的儒學流行一股可以名為一元化的思潮，這在過去的研究中雖曾引起注意，但往往只被目為個別儒者學說的特色，好像王陽明及其後的劉蕺山與黃梨洲師徒等。特別是在蕺山身上，因這股思想傾向表現得十分突出，故更受注目。對此，牟宗三最初的判斷是，蕺山承接宋明儒學六百多年的豐厚遺產，見「諸多分別解說，概念繁多，不勝其支離，故就其中重要論題悉欲統而一之」；[1] 而「其統一之法大體是直下將形而下者向裡向上緊收於形而上者，而同時形而上者亦即全部內在化而緊吸於形而下者中，因而成其為一滾地說。此大體是本體論地即體即用之一滾地說。」[2] 這是將蕺山的「一滾說」看成是宋明儒學理論發展的必然歸趨 (即從觀念的分解進至辯證的綜合以極成即體即用的圓融說法)。他甚至稱許「在此種本體論地上下緊收緊吸即體即用的一滾而化中，固可有許多甚深甚妙之談」。[3] 不過他對一滾說要將理徹底納於氣之中卻大有保留，認為「不免矯枉過正，遂有此突兀不平之辭」，[4] 需「撥開其滯辭，不穩之辭，乖戾悖謬之辭所成之煙霧」，[5] 才能恰當地把握蕺山思想的實義。後來牟宗三對那些不穩甚至乖戾悖謬之辭的疑慮明顯加強，乃直斥為「無實義，乃故作驚人之筆之險語」；「即使可以這樣一之，又何礙於分別說耶？」[6] 勞思光則把蕺山的一元化思想稱為「合一觀」，以此「為描述蕺山學說之歸宿」，[7] 並分別從「工夫論方面」(合

存養與省察或靜養與動察為一)、「對工夫基礎之解釋方面」(合性與情為一)及「對存有之解釋方面」(合理與氣、心與天、心與道為一)來析述其說。[8] 他亦注意到蕺山講工夫的合一,其實早在陽明思想中已露端倪。[9] 最後,他判定合一觀最大的特色在於「將一切分立或對立之觀念合而為一」,[10]「即喜消滅理論上種種區分」,[11] 且以為這不必是病,但「若於應作區分處強去此區分,則結果必有大弊。」[12] 值得注意的是,勞思光看到的大弊不是牟宗三眼中混理氣為一的乖謬,而是蕺山既規定了喜怒哀樂(四情)屬超驗性的情感,又如何可以之相配於春夏秋冬的經驗性現象。[13] 到了劉述先(1934–2016)的研究,則可以說有一大突破,此即他較能跳出個別學說的視域,將蕺山與梨洲師徒所表現出的一元化思想置於整個明清儒學轉型的背景下來考查。他先是提出蕺山與梨洲都有一種「內在一元論」,即將理內化於氣中,認為這無論如何必然使得理的超越義減煞,結果一轉手就成了反宋明儒學的思想,促成了儒學的轉型。[14] 儘管他極力為蕺山、梨洲辯護,認為二人仍能守得住理的超越性,卻也知道思想本身的合理性(哲學意義)與它在歷史中產生的作用(歷史意義)可以是截然不同的兩回事。及後他更斟酌內在一元論的用詞易生誤解(誤解為唯氣論),遂建議改為「內在一元的傾向」。[15] 但即便如此,劉說還是遭到嚴厲的批評,指他順著牟宗三的思路以內在一元的傾向來解說蕺山、梨洲完全是誤讀,實則二人的思想是主張有超越意義的「元氣」;[16] 若要用一元的觀念來表達,應屬超越一元論(將氣上提至與超越的理同樣的地位)。先勿論劉說對蕺山、梨洲有否誤讀之處,他的研究進路無疑是最能依據明清之際儒學內部的思想變化來說明儒學的轉型,捨此而糾纏於元氣論將反使思想發展的曲折線索模糊不清。下文的分析會指出這一點。

如是,本章將首先釐清宋明儒學中一元化思想的涵義,接著梳理此一元化思想如何在明中葉以降逐步強化並呈現為一股思想潮流和傾向,最後說明此思想傾向如何導致明清儒學的轉型。

二、「一元化」釋義

本章用「一元化」一詞來描述宋明儒學的一項思想及其在明中葉以來被逐步強調而形成的一股思想傾向。[17] 首先必須澄清的是，它與西方哲學的一元論無關。西方哲學中的一元或二元，是形而上學中討論存在 (或世界) 的真實性 (reality) 到底是一抑或是二，所以是實體一元論或二元論 (substance monism or dualism)。如果主張一元，則表示其他的存在物皆是此一元所派生 (derivatives)，故可約化 (reduce) 於此一元。但在宋明儒學中，存在的實體是一是二根本不是其關心的問題，由此而引出的化約主義就更不必論了。下面我們將根據宋明儒者的文字，說明此一元化思想其實早在北宋儒者奠立宋明儒學的中心課題時即已出現 (牟宗三綜括此中心課題為天道性命相貫通)，同時亦是宋代儒者以之來自別於釋氏，並且在往後的發展中此思想的內涵更是不斷豐富。

一元化思想的最基本涵義是 (1) 道一、理一、性一。張橫渠在《正蒙·乾稱篇》中說：「有無虛實通為一物者，性也；不能為一，非盡性也。」[18] 他的門人范育 (巽之，生卒不詳) 為《正蒙》作序亦說：「嗚呼！道一而已，互萬世，窮天地，理有易乎是哉！」[19] 這就是說，天地萬物都是一道 (從運化處說道) 一理 (從法則處說理) 的表現，因而乃有其之所以存在的存在性 (從存在處說性，用橫渠的話說即「天地之性」)。此一道、一理、一性的具體內容是《易》的生生之義，亦即儒者體認到天地萬物是個生生不已的化育過程，生生是萬物存在的道理，也是萬物存在的存在性。程明道便擷取〈繫辭上〉的話說：「生生之謂易。天地設位而易行乎其中。乾坤毀，則無以見易。易不可見，乾坤或幾乎息矣。」[20]必須指出，生生是儒者體認天地萬物作為價值或意義的表達 (expression of value and meaning) 而非作為物的表達 (expression of things)，因此道一、理一、性一的一與其說是實體的一元 (substance oneness)，無寧說是價值的本源 (the origin of values)。很明顯，這一生生不已的價值體認恰正可以清楚劃分儒釋的疆界。上引〈乾稱篇〉的話還有一句下文：「然則有無皆性也，是豈無對？莊、老、浮屠為此說久矣，果暢真理乎？」[21]

天地萬物既是一道、一理、一性的表現，則 (2) 彼此不相離也。若用現代的話説，即它們之間是有一種內在的關聯性 (interconnectedness)。要揭示和彰明這一內在的關聯性，責任自然落在人身上。所以，(a) 首要的是吾人能認識到人與天地萬物不離之義，而此正繫於吾人能否把握住稟受於生生化育之源的本性 (本性就其能動處説即是本心)。用《中庸》的話説，此本性是人之「誠」，此本性之能通達天人不離的意義是人性之「明」。依此，橫渠提出「天人合一」：「儒者則因明致誠，因誠致明，故天人合一，致學而可以成聖，得天而未始遺人」。[22] 在橫渠看來，佛家雖有不少看似與儒家相近的説法，實則在天人合一這點上，「與吾儒二本殊歸矣」；[23] 因為説到底，「道一而已，此是則彼非，此非則彼是，固不當同日而語。」[24] 其次，(b) 自二程兄弟以來，理學家慣用「理」與「氣」這一對概念來進一步解説生化。這樣，理與氣自然也是不離的。理是創生之理 (實現原理)，氣是陰陽變化；氣化的陽動陰靜而創生萬物正體現了創生之理作用於其中。在橫渠時，仍未以理、氣對言，理在他的用語中是「神」，故謂「一故神，兩故化」。[25] 且神既不離乎化，則亦不妨從氣一面看 (「神，天德；化，天道。德，其體；道，其用，一於氣而已。」[26])，而把神視為能使氣化創生的感通之性 (氣化的陽動陰靜是感通，氣化所成各正性命的天地萬物的內在關聯性亦是感通)。故橫渠説：「感者性之神，性者感之體。在天在人，其究一也。惟屈伸、動靜、終始之能一也，故所以妙萬物而謂之神，通萬物而謂之道，體萬物而謂之性。」[27] 這感通之性在人是人的「天地之性」，亦是人的「義理之性」(具體地感通到那創造的意義與道理)，亦是人之能感通的「大心」(「大其心則能體天下之物，物有未體，則心為有外。」[28]) 道或理或性之不離乎氣的一元化思想，在明道那裏亦有發揮。他説：「形而上為道，形而下為器，須著如此説。器亦道，道亦器，但得道在，不繫今與後，己與人。」[29] 又説：「又曰：『一陰一陽之謂道。』陰陽亦形而下者也，而曰道者，惟此語截得上下最分明，元來只此是道，要在人默而識之也。」[30] 此處「器亦道，道亦器」、「元來只此是道」就是強調不離之義，但「須著如此説」(即分形而上與形而下)、「截得上下最分明」則表示明道不大同意

橫渠之偏向氣一邊說，而顧慮到有混淆形而上下之虞。(故有謂「子厚以清虛一大名天道，是以器言，非形而上者。」[31]) 這點對朱熹很有影響。朱子自亦肯定理與氣之不離，他說：「天下未有無理之氣，亦未有無氣之理。」[32] 他亦認識到凡人與物之所以生，「理與氣合而已」，[33] 不過他似乎更強調理與氣的不雜(不雜即表示二者不能等同；理不可化歸為氣，反之亦然)。為了辨明應以理為本，朱子甚至提出理先氣後的說法(以理為本乃可說先在)：「理與氣本無先後之可言，但推上去時，卻如理在先，氣在後相似。」[34] 無庸諱言，在這一點上朱子有時把話說得太過了，如謂「未有天地之先，畢竟也只是理」；[35]「且如萬一山河大地都陷了，畢竟理卻只在這裏」。[36] 他又以人騎馬喻理乘乎陰陽，說「理搭在陰陽上，如人跨馬相似」，[37] 就更使理氣彷彿成了兩樣可分離的東西。明初以來，程朱學者便都對此表示不滿並提出修正。不過究竟朱子為甚麼要特別強調理與氣的不雜乃至理本的先在性？這是因為若將理與氣等同，二者可以互相化約，則違理便成不可解。其實，違理在自然現象的層面(如天災) 還比較容易解釋，畢竟生生的觀念並不排斥死亡的現象而是可以視生死現象皆屬於生生的表現，但在人事現象的層面(如人的行為、意念、情感與欲望等常有不合理處) 便無法說明。必須知道，(c) 宋明儒者申明天道性命相貫通，是將對天地萬物的生生體認與對人的仁義(道德) 體認關連起來。天地化育所彰顯的生生不已，從人的角度看，乃至仁也；此即通乎吾人成己成物的仁義(《中庸》「天命之謂性」；「誠者，天之道也；誠之者，人之道也」等義)。於是，以理氣言，吾人仁義的本性或本心應以理來規定(故名義理之性)，而吾人「生之自然之資」(董仲舒語) 像耳目口鼻之官、欲望、情感與意念等則應以氣來規定(故名氣質之性)。而所謂或以理或以氣來規定，絕不意謂只是理而沒有氣，或只是氣而沒有理，以此與不離之義相悖故。或以理或以氣來規定，指的是以誰作主宰。本性本心以理作主宰，雖則其呈用不能無氣而必發為合理之氣。這用孟子的話說是「志壹則動氣」(〈公孫丑上〉)；用橫渠的話說是「德勝其氣，性命於德」(性聽命於德即性為義理之性)、「形而後有氣質之性，善反之則天地之性存焉」。[38] 相較之下，各種生而有的自然之資以

氣作主宰，雖則其暴露會遮蔽本性本心之理，但理只是成為隱藏而非無有。這用孟子的話說是「氣壹則動志」、「是氣也而反動其心」（同上）；用橫渠的話說是「德不勝氣，性命於氣」（性聽命於氣即性為氣質之性）。[39]可知，正因理（或本性本心）與氣（或四體、情、意與欲）不離，理必藉氣以呈用，氣遂有反制理的可能，而違理為可解。朱子一生對氣稟物欲之雜有極其深刻的體驗，所以他才會說出「氣強理弱」、「理管他（指氣）不得」的話。[40]總之，理與氣之不離不雜在存在層面如是，在性命層面亦如是，故明道說：「論性，不論氣，不備；論氣，不論性，不明。」[41]（此句未定是誰語，然伊川亦必同意。）

明乎一元化思想中的不離義，必涵不雜、氣可違理等義，就知此中吾人必須要有工夫來領悟和揭示存在層面的萬物不相離之義，及改正性命層面的違理行為以使之皆如理合道。由此便可引申出 (3) 一元化思想之合一義與一體義；合一者，使兩端（或異者）成一體（或一致）。前面提及橫渠的大其心是合一的工夫，明道的識仁亦然。〈識仁篇〉云：「學者須先識仁。仁者，混然與物同體。」又云：「孟子言『萬物皆備於我』，須反身而誠，乃為大樂。若反身未誠，則猶是二物有對，以己合彼，終未有之，又安得樂？」[42]另別處云：「醫書言手足痿痺為不仁，此言最善名狀。仁者，以天地萬物為一體，莫非己也。」[43]此即明道著重藉由吾人仁心之感通無間、覺潤無方（不痿痺不仁）以體悟到一種與天地萬物為一體的經驗（one bodily experience）；仁心把所感者都納入一可以不斷擴充的自我中（莫非己也），而使所感者與我痛癢相關而怳若同體。明道甚至認為這「合」只有工夫歷程的意義，到了最終的圓融化境，則連合字亦不必說。試看以下幾條文字：「只心便是天」；[44]「言體天地之化，已剩一體字，只此便是天地之化，不可對此箇別有天地」；[45]「合天人，已是為不知者引而致之。天人無閒。」[46]這種圓融論，若套落體用的觀念上講（即分創生之體與氣化之用，或分道德心性之體與如理的情意之用），就是全體是用，全用是體，體用一源，顯微無間。

尤有進者，(4) 則順著圓融論再推進一步想，可以說合一之所以可能乃在於本一。本一是實踐合一的先天根據，合一是恢復本一的

後天工夫。這點橫渠早已點破，〈乾稱篇〉云：「以萬物本一，故一能合異；以其能合異，故謂之感；若非有異則無合。天性，乾坤、陰陽也，二端故有感，本一故能合。」[47] 類似的話亦見於明道：「天人本無二，不必言合」；[48]「若不一本，則安得『先天而天不違，後天而奉天時？』」。[49] 值得注意的是，這一種由(後天關聯的)合一進至(先天本然的)本一的思路，在兩宋儒學中已十分流行。這是因為本一的觀念能保證合一努力的合理性；合一非吾人私心自用的構作。明乎此，我們才懂得為何朱子一方面講心易受氣稟物欲之雜故得通過涵養用敬、格物窮理始能具理而與理為一，另一方面又再三強調「心之本體未嘗(本無)不善」；[50]「(心)不須去著實通(理)，本來貫通。」[51] 不過，這本一的觀念如稍一不慎很易引向錯誤或偏差的思考。首先，本一易使人想到理與氣是一，將「理即氣」的圓融論(體用不二，即體即用無間之一)誤作一特定的主張或陳述，誤作概念的斷定語(理是氣，如A＝B)，而忘記本一出於合一或一體；合一或一體源自不離之義；不離之義本乎道一、理一與性一。所以本一的觀念仍不能外乎道一、理氣不離、理氣合等義而不能以此來反對理氣不雜、理不是氣(理的概念不等同氣的概念)的主張。其次，本一易使人一條鞭地將氣的概念通於理。由理的呈用不能無氣，或仁義之心的發動莫非浩然正氣，而想到在本體(或本然狀態)的層面而非圓融(理境)的層面上理與氣已是無間之一，二者實一體之兩面。於是理莫非(具超越性、道德性的，屬形而上的)氣。這一思路不能說錯誤，不能說即是(唯物主義)唯氣論的濫觴，前面引錄橫渠「一於氣而已」的話亦可說是早已觸及此義。實則二程文字中也有「元氣會則生聖賢。理自生」的話，[52] 但二程總不忘以理的概念來規定形而上的氣實亦大有道理在焉。要之，如細按超越主義氣論的理論涵義與效力，便不難察覺它確易引向偏至的想法。蓋將氣的概念高看為形而上的，則形而上的氣是否只是理之別名？並且形而上的氣也必涵其動而離乎天(即離乎其中和之性)的氣變過程，變成錯出雜亂的氣，否則違理成不可解、變化氣質的工夫為多餘。此處若問形而上的氣為何必涵一自身異化的過程，則唯有以氣化成形物後

(形而上的氣必然如此，否則無創造生化可言)乃反為形物所限制來解釋，所謂囿於形也。可知，超越主義氣論同樣必須預認一形而上、形而下兩層的區分，只是把理與氣兩層換作了形而上的氣與氣變兩層(或因而更強調此兩層為形以前、形以後之義)，如否定此兩層區分的預認便成乖戾。但更重要的是，形而上的氣與氣變兩層如何劃開？僅憑氣的概念本身 (per se) 是不易作出妥善交代的，由此可見將氣的概念無限制地擴大使用所易招致的困難。要劃開形而上的氣與氣變，訴諸理是最直截了當的(描述形而上的氣的狀詞「中和」究其實亦是理)；形而上的氣合乎理而氣變違乎理。此處涉及如何準確地使用概念，箇中的關鍵，熊十力曾一語道破：「理之一詞，是體和用之通稱，氣之一詞，但從用上立名。」[53] 後來牟宗三亦基於同樣的理由不允許氣概念的混漫使用，[54] 遂因此(有意無意地)忽略形而上的氣的說法，並嚴厲批評黃梨洲「萬古之中氣自如也」、「不知天地之間只有氣，更無理。所謂理者，以氣自有條理」的話為「豈不落於自然主義之實然之平鋪乎？」[55] 回到本章，我們之所以不嫌辭費仔細分析了本一的觀念所易引向的錯誤思考，是因為這些都在明清之際儒學的一元化傾向中表露無遺。羅整菴主張理氣一物，不許理氣為二；[56] 蕺山與梨洲師徒提倡形上的氣，蕺山更欲將宋明以來的分解表示悉統而一之，正反映出他們把握的一元化思想有偏，乃不知可以說一，亦可以說二，復亦不知一不一、二不二的實義何在。

最後，一元化思想還有一個涵義，(5) 即儒者是以此自別於釋氏。從上面的析論可知，宋代儒者在發展一元化思想時往往通過對比佛家來立言。這一點，朱子可謂是集其大成者，他明白道出：「釋氏虛，吾儒實；釋氏二，吾儒一。」[57] 這裏的虛實、一二之判，細閱朱子的文字，主要有兩個理據，一是心性論的，一是存有論的。先說 (a) 心性論的理據。這其實也是朱子較強調的，此即以為「吾以心與理為一，彼以心與理為二。亦非固欲如此，乃是見處不同，彼見得心空而無理，此見得心雖空而萬理咸備也。」[58] 朱子之所以選擇由心與理的角度切入，是因為在他看來儒釋最近理處乃是彼此都將心視為能知覺者，但亦同樣是

在心的理解上，兩家見處不同而判若雲泥。如所周知，佛教在中土發展至華嚴、禪宗，如來藏一系佛性真心的觀念大為流行，講求明心見性。在朱子的學說中，心亦是「能覺者，氣之靈也」；[59]「虛靈自是心之本體」。[60] 但朱子認為儒家的心是要知覺(性)理(生生之理、仁義之理)，「所知覺者是理」，[61] 最後達至心與理一，故絕不同於釋氏就只認得那知覺(心之虛空)為理；「便認知覺運動做性」；[62]「他只是將知覺運動做玄妙說」。[63] 所以嚴格來說，「佛氏偏處只是虛其理」；[64]「只是守得這些子光明，全不識道理」；[65]「他都無義理，只是箇空寂」。[66] 釋氏既不識道理，「彼見得心空而無理」，則朱子所謂「彼以心與理為二」實是指其將心與理斷成兩截，而儒家既「見得心雖空而萬理咸備」，則所謂「吾以心與理為一」乃是指其以心為可覺知、貫通理並使理在心中。顯然，朱子的「心與理為一」相較於陸象山心學的「心即理」似乎仍稍嫌間接，不過朱子絕不會接受心即理的說法，因為「雖說心與理一，不察乎氣稟物欲之私，是見得不真，故有此病。《大學》所以貴格物也。」[67] 他甚至批評心學：「近世一種學問，雖說心與理一，而不察乎氣稟物欲之私，故其發亦不合理，卻與釋氏同病，不可不察。」[68] 再看 (b) 存有論的理據。朱子既判釋氏虛其理、不見理，即不能肯認天道之生生化育，遂「以天地為幻妄，以四大為假合，則是全無也」；[69]「理是實理，他卻虛了，故於大本不立也」。[70]《朱子語類》卷126專論釋氏，卻鮮有自氣化的角度作批評，大概是以為釋氏既無理自亦不認氣。又或者以為之前的橫渠在這方面已說得明白，如謂「不悟一陰一陽範圍天地、通乎晝夜、三極大中之矩，遂使儒、佛、老、莊混然一塗。」[71] 必須指出，想嚴辨儒釋(以至三教)，正是明中葉以來一元化思想得以逐步強化為一種思想傾向的重要成因，這在下一節將作詳細梳理。

　　以上我們步步分析了一元化思想的五個涵義：道一、理一、性一之義；(天地人我、理與氣、性與情)不離之義；合一或一體之義；本一之義；及吾儒一、釋氏二之辨儒佛之義，目的是為了講明義理的不同分際，以便為下一節的討論作好準備。下面讓我們來梳理一元化思想自明中葉以降的發展過程。

三、明清之際儒學的一元化傾向

黃梨洲《明儒學案》說:「有明之學,至白沙始入精微,⋯⋯至陽明而後大」,[72] 這雖是從心學的立場說,但也大體符合實情。明代儒學是以心學的發展為主導,且因心學確實參用了不少佛家的思想資源,故自始就脫不了近禪的嫌疑。陳白沙學宗自然,講求覺悟,又提倡靜坐見體的工夫,更直承儒釋要在毫釐間方能分別霄壤。[73] 到了王陽明則由悟會本心的各種形式特性或義相(分析本心的概念即可得者為形式特性即義相)如能、覺、明、寂、感、神、虛、空、無等,為通乎三教的共法,[74] 遂肯定「二氏與聖人之學所差毫釐,謂其皆有得於性命也」,[75] 而那毫釐就在於二氏最終未能掌握到本心的本色是良知。[76] 所以歸本於心學者或可辯說,正因心學能如此辨析精微,從毫釐處見出兩家之所以似同而實異,其理論貢獻不可謂不大,例如梨洲便說:「程、朱之闢釋氏,其說雖繁,總是只在跡上;其彌近理而亂真者,終是指他不出。明儒於毫釐之際,使無遁影。」[77] 不過實情卻是陽明及其後學所牽動的是三教合一而非嚴辨三教的風潮,梨洲的話難免給人此地無銀的感覺。羅整菴就曾反過來批評說:「吾儒之闢佛氏有三,有真知其說之非而痛闢之者,兩程子、張子、朱子是也;有未能深知其說而常喜闢之者,篤信程、張數子者也;有陰實尊用其說而陽闢之者,蓋用禪家訶佛罵祖之機者也。」[78] 此中「有陰實尊用其說而陽闢之者」指的便是陸王心學。

對於心學有雜於禪的疑慮其實亦出現於心學內部。湛甘泉為了使心學的本心不致淪為腔子裏的靈覺,乃特別強調心之中正才是天理,「天理者,吾心本體之中正也」;[79]「心之中正,其變化之矩也」。[80] 他又主張隨處體認天理,甚至把陽明的良知分拆為知與良,以為知之良必賴學問思辨篤行工夫,否則只成空知,是即所謂以天理救正良知。[81] 但甘泉的努力不單未獲陽明首肯,[82] 亦無法釋除朱子學者的指摘。整菴嘗質疑甘泉:「中間(案:指甘泉著作)以知覺為心之本體,凡數處;又以天理為心之本體,亦數處。不知所謂本體者,一耶二耶?謂心體有二,斷無此理。體既不容有二,則其所認以為天理者,非知覺而何!」[83] 又

説：「但以知覺為天理，則凡體認工夫，只是要悟此知覺而已。分明借天理二字，引入知覺上去。」[84] 畢竟在對心的理解上，整菴是緊守朱子學的矩矱，堅決不接受心即理，認為這是誤將心的知覺當成性理，結果只會把性理變成心的虛靈之理，流入佛說。但整菴卻亦注意到甘泉另有從理氣合一並反對理氣為二的角度來分判儒釋，似與自己同調，儘管雙方的表述不能無異，遂謂其與甘泉「區區之見多有未合，恨無由相與細講，以歸於至一。」[85] 正是在要求劃清儒釋疆界以避免儒學（心學）陷溺為佛說的前提下，理氣合一的觀念成了論述的焦點，並逐漸使一元化的思想在當其時儒者的學說中不斷發酵膨脹。

　　為甚麼甘泉與整菴會認為理氣合一的觀念能嚴辨儒釋的疆界？朱子雖然批判佛家不認得理，但釋家的很多言論卻仍然給人彼亦有理的印象。整菴曾以南朝善慧大士（傅翕，497–569）的詩為例：「『有物先天地，無形本寂寥，能為萬象主，不逐四時凋。』此詩乃高禪所作也。自吾儒觀之，昭然太極之義，夫復何言？然彼初未嘗知有陰陽，安知有所謂太極哉？此其所以大亂真也。」[86]（此詩亦見《朱子語類》卷126〈釋氏〉）可見以佛家（中觀）義理言，真俗不二，不壞假名幻有而證中道實相。用現代的話說，即佛家可以說無常的現象表現了一理，雖這理是個空理。因此要真正辨清佛家的彌近理而大亂真，則必須強調在理與現象之間還有一生生化育、大化流行的氣化過程，如此理是氣化之生生不息方能見乎其為實（理）而非虛（理）；「彼初未嘗知有陰陽，安知有所謂太極哉？」而甘泉亦是同一思路，他說：「上下四方之宇，古今往來之宙。宇宙間只是一氣充塞流行，與道為體，何莫非有？何空之云？雖天地弊壞人物消盡而此氣此道亦未嘗亡，則未嘗空也。」[87] 這理氣合一的一元化思路，固可溯源於前面曾提及的程明道「器亦道，道亦器」或朱子理氣不離的主張，但更清楚的表述還是張橫渠的話：「不悟一陰一陽範圍天地、通乎晝夜、三極大中之矩，遂使儒、佛、老、莊混然一塗。」

　　但必須指出的是，在羅整菴那裏理氣合一的一元化思想是被強化至絕不容許說理氣為二的程度。為此整菴主張理氣一物，甚至反覆批評朱子「理氣決是二物」的話不當。在他看來，理氣一物是指理與氣之間

「無縫隙」，[88] 即是無間之一。我們在上一節的義理分析中已明白指出，若理氣的無間不是體用不二的圓融論，就是將氣高看成形而上而與理在本原層面上為一體兩面（即超越主義氣論或超越的一元傾向），但無論何者都不能反對在分解表示上理與氣為二（即區分形而上與形而下）的意思。如硬要將理與氣等同，則違理成不可解、工夫為多餘。更何況整菴既非主張形而上的氣，他只是將理緊收於氣，不容許絲毫分別理氣的說話（即內在的一元傾向），結果他亦不是完全沒有想及箇中的困難，卻以為訴諸於理一分殊的觀念可以得一解決。實則他只是不自覺地從原先理氣一物（無縫隙故決不是二物）的強硬立場退回到理氣合一、理氣不離、理氣一滾而現的舊路，而不知此舊路實不能反對理氣不離、理氣為二。[89] 無獨有偶，甘泉亦有近似的思考。當被問到陽明「理者氣之條理，氣者理之運用」的話（此句出自《傳習錄中》〈答陸原靜書〉）與他推明理氣合一之學是否相同時，甘泉的回答是「陽明二句近之，亦似稍分了」，「如曰：『理氣為二』，請於氣之外更尋個理出來」。[90] 總之，整菴理氣一物的想法儘管非稱理之談，但此強化版的一元化思想在當時卻產生很大的影響，甚至影響到他的論敵王陽明的心學，這從上引陽明那句「理者氣之條理，氣者理之運用」的話已可略見消息。

下面來看陽明心學對這一元化思想的回應。首先值得注意的是，陽明心學本就有一元化的特色，這是因為他特重良知本心在推致於事事物物中必貫徹到底不能為他意隔斷；隔斷則有二心之嫌，貫徹始終方為一心（此是理解陽明思想最關鍵處）。依此，陽明於工夫上便喜將不同的工夫或工夫次第悉收攝為一心之工夫或本心工夫的不同方面。如其解「惟精惟一」云：「『惟一』是『惟精』主意，『惟精』是『惟一』功夫，非『惟精』之外復有『惟一』也」；「博學、審問、慎思、明辨、篤行者，皆所以為『惟精』而求『惟一』也。他如『博文』者，即『約禮』之功；『格物致知』者，即『誠意』之功；『道問學』即『尊德性』之功；『明善』即『誠身』之功。無二說也。」[91] 又如其晚年教典〈大學問〉把《大學》的工夫次第悉統而一之，曰：「蓋身、心、意、知、物者，是其工夫所用之條理，雖亦各有其所，而其實只是一物。格、致、誠、正、修者，是其條理所

用之工夫，雖亦皆有其名，而其實只是一事。」[92] 由工夫到心性本體，陽明同樣喜將心性的各個基礎觀念（或機能）統合成相互關連的一體，他說：「理一而已。以其理之凝聚而言，則謂之性；以其凝聚之主宰而言，則謂之心；以其主宰之發動而言，則謂之意；以其發動之明覺而言，則謂之知；以其明覺之感應而言，則謂之物。」[93] 如是，理、性、心、意、知、物都成了一個。至於陽明從本體與工夫兩面提倡的知行合一，就更是其學一元化特色的典例。[94] 所以，嘗有門人問陽明：「聖賢言語許多，如何却要打做一個？」陽明乃回答說：「我不是要打做一個，如曰：『夫道，一而已矣。』又曰：『其為物不二，則其生物不測。』天地聖人皆是一個，如何二得？」[95] 這裏必須補充一點，則陽明思想的一元化特色，固有本於其立言宗旨，但他應不會反對在觀念分解上各個本體與工夫概念實亦可分說（即他不會把各個概念等同起來），就像他解釋知行合一時說：「如今苦苦定要說知行做兩個，是甚麼意？某要說做一個是甚麼意？若不知立言宗旨，只管說一個兩個，亦有甚用？」[96] 又說：「知行原是兩個字說一個工夫，這一個工夫須著此兩個字，方說得完全無弊病。若頭腦處見得分明，見得原是一個頭腦，則雖把知行分作兩個說，畢竟將來做那一個工夫，則始或未便融會，終所謂百慮而一致矣。若頭腦見得不分明，原看做兩個了，則雖把知行合作一個說，亦恐終未有湊泊處，況又分作兩截去做，則是從頭到尾更沒討下落處。」[97]

　　至於在存有論的層面，心學向來是以一心之朗現、伸展與遍潤來說明人與天地萬物之間的關係。這就是說，一心可以卷之退藏於密（陽明說良知是獨知之義），亦可以放之彌六合（陽明說良知是乾坤萬有基、心外無理、心外無物之義）。心學既不大措意於討論存有意義上理與氣的關係，加上前面分析陽明思想本涵一元化特色，故當他面對整菴、甘泉理氣合一甚或理氣一物的一元化思想（內在一元的傾向）時，根本沒有甚麼困難就可以接受。大概是在理氣合一的觀念的影響下，陽明將周濂溪的《太極圖說》解為：「太極之生生，即陰陽之生生。就其生生之中，指其妙用無息者而謂之動，謂之陽之生，非謂動而後生陽也。就

其生生之中，指其常體不易者而謂之靜，謂之陰之生，非謂靜而後生陰也」；「陰陽一氣也，一氣屈伸而為陰陽；動靜一理也，一理隱顯而為動靜」。[98] 此即將理之動靜全說成是陰陽之屈伸；陰陽之屈伸即理之動靜，即陰陽之生生，亦即太極之生生。又若轉從氣邊看，借道家元氣、元神、元精的概念來表達，陽明亦說：「只是一件：流行為氣，凝聚為精，妙用為神。」[99] 不過細審陽明的文字，他雖沒有直接參與理氣一物二物的討論，卻顯然並不反對理與氣可分解為形而上、下兩層。易言之，他並不會接受整菴那絕不許說理氣為二的極端立場。下面的文字可為佐證：「天地氣機，元無一息之停。然有個主宰，故不先不後，不急不緩，雖千變萬化，而主宰常定」；[100]「若無主宰，便只是這氣奔放，如何不忙？」[101] 可見主宰與氣化還是應該有所區別的。這也可以解釋為何陽明那句「氣者理之運用」的話在甘泉看來「亦似稍分了」。

　　但理氣一物這內在一元的傾向畢竟仍是影響到陽明，乃至產生一些義理上的混亂。例如，他說：「孟子『性善』，是從本原上說。然性善之端須在氣上始見得，若無氣亦無可見矣。惻隱、羞惡、辭讓、是非即是氣」；[102]「若見得自性明白時，氣即是性，性即是氣，原無性氣之可分也。」[103] 對此，牟宗三雖同意「陽明謂惻隱、羞惡等即是氣，自非全無理，蓋即所謂心氣、知氣是也。凡心皆以動用為性，一說到動用，便可以『氣』說」，卻以為「惻隱羞惡等明是心，而不是氣」，乃批評陽明「是一條鞭之形式的思考，而未真能諦見超越本心之實也。在此，當有『本心』一概念之建立，『氣』之應用自有其界域，不可混漫而踰越也。」[104] 陽明恐不至於未真能諦見本心之實，然在理氣合一思潮的熏染下，他確是擴大了氣概念的應用範圍，由「心（性）即理」（概念的斷定語，即心分析地即是理）、「理即氣」（理氣一物的一元化思想）而想到「心（性）即氣」（此不可視為概念的斷定語，因心分析地不即是氣，除非此「氣」為形而上的超越的氣，但陽明沒有這樣的氣概念）。尤有進者，陽明將本來歸屬於氣的情亦往上提，而幾乎可說「心（性）即情」。無疑，陽明沒有說過心（性）即情的話，但他提出「樂是心之本體，雖不同於七情之樂，而亦不外於七情之樂」，[105] 又謂「七情順其自然之流行，皆是良知之

用」。[106] 凡此，都為後來王門泰州學派之分別「性情」與「情性」及劉蕺山之分別「四德（喜怒哀樂）」與「七情」鋪平了道路。[107] 陽明思想竟能吸收（本是針對其學近禪而發的）理氣一物說，且加以發揮演繹，此恐非羅整菴等程朱學者始料所及。尤其是整菴的朱子學立場，只能讓他在理氣論上講理氣一物，卻絕不容許他在心性論上講性氣一物乃至性情一物，因為這將淪為釋氏的作用是性。朱子曾痛批：「釋氏棄了道心，卻取人心之危者而作用之；遺其精者，取其粗者以為道。如以仁義禮智為非性，而以眼前作用為性是也。」[108] 於是，整菴想以理氣一物的一元化思想來嚴辨儒釋，但竟導致陽明心學在他看來變得更雜於禪，思想發展在歷史中的曲折弔詭，於焉可見。至於工夫論，朱子學者講求的是工夫次第的步步分疏，豈容混為一體！這就更不必多說了。然王學既富一元化特色，則其進一步往上、往超越理境的一面走而成浙中王龍溪的四無教，或其往下、往日用倫常的一面走而為泰州王心齋父子及羅近溪的自然宗風，便都是順理成章的發展。那麼，同是源於浙中與泰州的蕩越，所謂的玄虛而蕩與情識而肆，當中應不難發現一元化傾向所起的作用。

有了上述的分析作背景，我們就知道蕺山、梨洲師徒思想中的一元化傾向絕非只是他們學說的特色。對此過去已有不少研究，下面僅舉其大要來結束本節的討論。首先，蕺山將理氣緊收緊吸。此即一面將氣緊收於理，他在《學言中》說：「乃四時之氣所以循環而不窮者，獨賴有中氣存乎其間，而發之即謂之太和元氣，是以謂之中，謂之和，於所性為信，於心為真實無妄之心，於天道為乾元亨利貞，而於時為四季。」[109] 梨洲《孟子師說》卷4〈「人之所以異」章〉亦說：「天以氣化流行而生人物，純是一團和氣，人物稟之即為知覺，知覺之精者靈明而為人，知覺之麤者昏濁而為物。人之靈明，惻隱羞惡辭讓是非，合下具足，不囿於形氣之內；禽獸之昏濁，所知所覺，不出於飲食牝牡之間，為形氣所錮，原是截然分別，非如佛氏渾人物為一途，共一輪迴託舍也。」[110] 將氣緊收於理，猶如將氣上提、高看成與理具同等理論地位的元氣（中氣、太和元氣或中和之氣）。而另一面即是將理緊吸於氣，《學

言中》云：「理即是氣之理，斷然不在氣先，不在氣外」；[111] 又云：「盈天地間，一氣而已矣。有氣斯有數，有數斯有象，有象斯有名，有名斯有物，有物斯有性，有性斯有道，故道其後起也。」[112] 顯然，蕺山之所以如此說，正像整菴一樣，原因在一元化傾向下不容許說理氣為二。無論如何，主張理氣為一實並不礙分解地說理氣為二（上節曾指出不能去掉區分形而上下的預認），可見牟宗三批評蕺山這些話為誤解不通之滯辭不無道理。[113]

其次，蕺山把《中庸》的喜怒哀樂上提為四德，配仁義禮智，以別於喜怒哀樂愛惡欲的七情，而視七情為四德的「性情之變」。他說：「《中庸》言喜怒哀樂，專指四德言，非以七情言也。喜，仁之德也；怒，義之德也；樂，禮之德也；哀，智之德也。而其所謂中，即信之德也。」[114] 又說：「喜怒哀樂，雖錯綜其文，實以氣序而言。至骰為七情，曰喜怒哀懼愛惡欲，是性情之變，離乎天而出乎人者，故紛然錯出而不齊。所謂感於物而動，性之欲也，七者合而言之，皆欲也。」[115] 後來梨洲發揮師說亦云：「其實孟子之言，明白顯易，因惻隱、羞惡、恭敬、是非之發，而名之為仁義禮智，離情無以見性，仁義禮智是後起之名，故曰仁義禮智根於心。若惻隱、羞惡、恭敬、是非之先，另有源頭為仁義禮智，則當云心根於仁義禮智矣。是故『性情』二字，分析不得，此理氣合一之說也。體則情性皆體，用則情性皆用，以至動靜未發皆然。」[116] 依此，他甚至將其師「心以氣言」[117] 的話直接說為「心即氣」：「理不可見，見之於氣；性不可見，見之於心；心即氣也。心失其養，則狂瀾橫溢，流行而失其序矣。養氣即是養心，然言養心猶覺難把捉，言養氣則動作威儀，旦晝呼吸，實可持循也。」[118] 陳榮灼推許這是蕺山、梨洲莫大的理論貢獻，即提出有超越的道德情感並以之規定本心之特性，[119] 但心學的本心原就是理情合一的（仁之理即惻隱之情），並且突出情感的一面在陽明及其門下泰州也已早著先鞭。蕺山師徒所爭者實在於以為本心最原初的表現應是「意」（好善惡惡）而不是「知」（知善知惡），「故意蘊於心，非心之所發也。又就意中指出最初之機，則僅有知好知惡之知而已，此即意之不可欺者也。故知藏於意，非意之所起也。又就知中指出最初之

機，則僅有體物不遺之物而已，此所謂獨也。故物即是知，非知之所照也。」[120] 由此蕺山更批評陽明：「只因陽明將意字認壞，故不得不進而求良於知。仍將知字認粗，又不得不退而求精於心，種種矛盾，固已不待龍溪駁正，而知其非《大學》之本旨矣。」[121] 其實陽明也非全未觸及本心的好善惡惡一面，如說：「良知只是個是非之心，是非只是個好惡，只好惡就盡了是非，只是非就盡了萬事萬變。」[122] 但他的確更著重本心的知善知惡一面。不過即使蕺山的批評不無道理，即好惡才是本心的最初之機（最初之表現），卻不等於說本心就只是超越的道德情感，並且道德理性乃依此來界定或依此而派生（derive）。因若問超越的道德情感與一般情感何異？答案恐怕只能是：因超越的道德情感是超越的、道德的，故不同於一般情感。如此則還是得諸訴於理（性）。可知，硬是要在心學即理即情的本心中分出是理抑或是情更為根本（或本源），大概是落入了西方理性與情感對立的窠臼而不自知。況且我們在上一節已指出，蕺山以四德為氣序（有序之氣即太和元氣），其紛然錯出而離乎天為性情之變（亦是元氣之變異），這兩層區分單從氣的概念本身是不易作出妥善解釋的。要之，這是對氣的概念要求太過的緣故。

此外，一元化傾向同樣表現於蕺山的工夫論。他說：「本體只是這些子，工夫只是這些子，并這些子，仍不得分此為本體，彼為工夫。既無本體工夫可分，則亦并無這些子可指，故曰：『上天之載，無聲無臭。』至矣！」[123] 梨洲在《子劉子行狀》中並不將「既無本體工夫可分」視為蕺山思想的綱領，而只看作是其晚年所造「愈精微，愈平實」的境界。[124] 不過，梨洲綜括出四項蕺山思想的綱領，其中第一項「靜存之外無動察」，即要將靜（存）養與動（省）察一之，所謂「省察，即是存養中最得力處，不省不察，安得所謂常惺惺者？」[125] 則清楚可見一元化傾向對蕺山工夫論的影響。

最後，蕺山思想中的一元化傾向最受注目的是他想把宋明以來的各種分解表示全都統而一之。《劉宗周年譜》在崇禎十六年下記十二月蕺山寫有《存疑雜著》一書，此條下有劉汋按語云：「先生平日所見，一一與先儒牴牾。晚年信筆直書，姑存疑案，仍不越誠意、已、未發、氣質、

義理、無極、太極之說，於是斷言之，曰：『從來學問只有一個工夫，凡分內分外、分動分靜、說有說無，劈成兩下，總屬支離。』」[126] 又云：「先儒言道分析者，至先生悉統而一之。」下舉數例，其中有：「分性為氣質、義理，先生曰『性只有氣質，義理者氣質之所以為性』。」[127] 在一元化傾向下，蕺山想統一分解表示是有其理由的。以氣質之性與義理之性的區分為例，這區分固然能說明：人性中有耳目口鼻以至情感欲望的一面，亦有仁義禮智、惻隱羞惡辭讓是非的一面，但人若沿此而想兩種性為截然二分，是相互隔離的獨立物 (independent entity) 則大謬不然。因為完全抽離氣質，義理之性便成了掛空之物。試想惻隱亦必是情感，儘管它是道德的情感，是藉氣以顯現的理。所以，在理氣為一的一元化思想下，「性只有氣質」指的是性的表現不能離乎氣質（表現莫不是氣質的表現），而「義理者氣質之所以為性」指的是義理乃是那使氣質成為人之所以為人的性，亦即是主宰乎氣質以成性。可知，蕺山的統而一之非徒為玩弄乖巧而已。但問題是這樣統而一之，即不許人把氣質與義理想成是兩個可以相互隔離的獨立物，仍不礙在概念上應區分開義理與氣質為兩個具有獨立意義 (independent meaning) 的概念，畢竟蕺山亦承認「義理」主宰乎「氣質」（即 A 主宰乎 B，而 A 與 B 必為概念上不等同者）。若然，則依兩者是具獨立意義的概念而作分解的表示亦應是許可的。這就是說，氣質與義理說是一可，說是二亦可，而「一」與「二」非屬同一理論層面上的觀念，故說一說二不相矛盾。蕺山顯然未徹底明瞭其中道理，故必堅決反對說為二而要把分解表示悉統而一之，這正是一元化思想強化為一種傾向後所易造成的思考盲點。不過，蕺山為其書取名《存疑雜著》，或表示他對此實仍是有所疑慮和保留亦未可知。

四、明清之際儒學的轉型

在這一節讓我們來看看一元化的傾向如何導致明清之際儒學的轉型。明清之際儒學的轉型是從宋明儒的道德形上學轉為清初達情遂欲

的哲學，其中轉變之最大端者，乃 (1) 形而上心靈的萎縮造成超越層面的陷落。於是，(2) 過去儒學中表示超越與內在關係的各種觀念，皆被顛倒過來。例如，過去以理為主來界說氣，現在則藉由氣的合理處來界說理，而氣的合理處需要另覓條件來界說；過去以心性為主來界說情，現在則藉由情之不爽失處來界說心性，而情之不爽失處需要另覓條件來界說。結果，(3) 本屬形而下的氣、情乃至欲等反成為主導觀念。並且 (4) 配合反宋明儒學之空談心性 (虛)，以為強調形而下的氣、情與欲等反可以打開一個重視客觀的、講求經世致用的「實」學領域。

　　至於一元化傾向在這轉型過程中所起的作用，則有幾點可說：

一、加促形而上心靈的萎縮。或疑一元化傾向是將理氣作形而上下的緊收緊吸，則應既是超越一元 (氣上收於理) 亦是內在一元 (理下吸於氣)，故未可歸咎其為促成形而上心靈的萎縮。則答曰：一元化傾向雖表面上看來有超越一元的涵義，但當其徹底否定理氣為二時，乃無可避免地大大減煞了理對氣的規範作用，而理對氣之規範義亦即理對氣之超越義；理若不能超越乎氣又如何能規範氣。明乎此，則知究其底蘊，一元化傾向 (至少從思想發展的角度看) 確乎是更導向「內在一元」的結果。劉述先說：「明儒乃有強烈的一元論的傾向。蕺山乃謂，道理皆從形氣而立，離形無所謂道，離氣無所謂理，則超越隱涵於內在之中，是一種內在主義的思想。」[128] 這仍是有根據的論斷，雖則劉說並未注意到超越一元的線索，也未仔細梳理出一元化傾向形成的曲折，而此正是本章所要補充者。

二、提升情的理論地位，而一轉手乃成只講求形而下的情感。從上面的分析可以看到，一元化傾向自陽明、泰州而至蕺山、梨洲，都把情的理論地位從被治者 (以性治情) 與載體者 (因情見性) 提升到與性為一體兩面者 (即性即情)。但此所謂具超越意義的道德情感，若不許仍以理來規定之，則與一般情感的界線只會逐漸模糊；一步滑落，即發展至陳確 (乾初，1604–1677)、戴東原，性情淪為情性乃不難想像之事。而要自圓其說，儒學需自宋明儒的道德形上學轉向另一型態典範。

三、一元化傾向使宋明儒即體即用的圓融論偏離了恰當的理論位置，因
　　而亦造成蕩越。在宋明儒學中，一元化思想如恰當地理解是有其
　　勝義的(本章第二節的分析)，此即充其極地發揮了即體即用的圓
　　融義，所謂體用一源、顯微無間。但由一元化思想發展為一元化
　　傾向，圓融論已被扭曲成一特定的主張、陳述或概念的斷定語(理
　　即氣成了 A = B)，這將使得圓融論中所涵的工夫義極易喪失，而
　　圓融化境遂淪為空描。此一蕩越實類乎禪宗之流為野狐禪，其導
　　致反宋明儒思想的出現豈非順理成章。

四、最後，一元化傾向亦大大加強了心學將一切收歸本心的旨趣(卷之
　　退藏於密)。若此旨趣亦由圓融論扭曲為概念的斷定語，則心學將
　　更易被誤解為完全遺落了客觀化的問題(即將一切問題如天下、
　　國、家都化約為心的修養問題)，而要求打破心學便顯得能將客觀
　　化的問題解放出來並予以獨立正視。明清之際反宋明儒者對所謂
　　「實」學的訴求即是明證。

註 釋

1　牟宗三，《心體與性體》，第 1 冊，頁 393。
2　同前註，頁 394。
3　同前註，頁 395。
4　同前註，頁 392。
5　同前註，頁 401。
6　牟宗三，《從陸象山到劉蕺山》，頁 460。
7　勞思光，《新編中國哲學史 (三下)》，頁 602。
8　同前註，頁 604–619。
9　同前註，頁 607。
10　同前註，頁 602。
11　同前註，頁 621。
12　同前註。
13　同前註。

14　參看劉述先，《黃宗羲心學的定位》（臺北：允晨文化公司，1986），〈自序〉，頁2–3。

15　參看劉述先，《黃宗羲心學的定位》（杭州：浙江古籍出版社，2006），〈重訪黃宗羲——新版自序〉，頁1。此外，筆者的《明清儒學轉型探析——從劉蕺山到戴東原》在初版（2000）時是由晚明王學的蕩越流弊入手，以為其造成了形而上與形而下之間的緊張，並引發出反形而上的反宋明儒思潮，推動了明清儒學的轉型。而在增訂版（2009）時則一方面更著重考查促成儒學轉型的內在理路，其中對儒學的新典範（達情遂欲哲學）如何自王門泰州學派的情欲觀轉手而出做了仔細的梳理，另一方面重估了戴東原思想的理論效力。且當時已察覺到另有一條一元化傾向的內在理路值得注意，惟未及清理而只在〈增訂版自序〉中約略提及。現在本章可以說是補充這一研究的缺漏，並認為用「一元化傾向」來描述當時儒學內部的思想變化應較「內在一元的傾向」更為準確。

16　參看陳榮灼，〈黃宗羲氣論之重新定位〉，《中央大學人文學報》，第44期，2010年10月，頁1–27；另〈黃宗羲之孟學解釋：從劉蕺山到王船山〉，收楊祖漢、楊自平主編，《黃宗羲與明末清初學術》（中壢：中央大學出版中心，2011），頁127–163。劉述先後來發表〈黃宗羲心學的定位重探〉一文，表示自己仍維持過去的觀點，文末提及陳的批評但未作回應，只是說：「新儒家後勁陳榮灼由《孟子師說》論梨洲對蕺山立場之繼承與宏揚，以其倡『唯氣論』，但非『自然主義』也非『唯物論』，其『元氣』指『形而上的本然之氣』，有『存有論之情』，也是良能，尚待闡發。本文牽涉問題複雜，仍維持我自己一貫的觀點，無需另寫結論，到此告一段落。」，見氏著，〈黃宗羲心學的定位重探〉，收鍾彩鈞主編，《東亞視域中的儒學：傳統的詮釋》〔第四屆國際漢學會議論文集〕（臺北：中央研究院，2013），頁173。細按陳的批評，他主要是反對將蕺山、梨洲師徒視為心學的別派，以為他們的思想與陽明心學已有本質的分歧，此即他們是以好善惡惡的純情而非知善知惡的良知為本心之首出特性（這點其實唐君毅早已指出），遂主張有「元氣」，與「陽明學派屬『主體主義』（subjectivist）之『唯心論』，於儒學中嚴守『以良知為中心』之範式」相較，是屬於「『非主體主義』（non-subjectivist）之『唯氣論』，於儒學中下開了『以良能為中心』之範式」。（〈黃宗羲氣論之重新定位〉，頁23。）由這個判斷來看，劉著仍從心學的角度來理解蕺山、梨洲自然是大錯特錯。不過，陳想證立蕺山、梨洲的思想與陽明心學屬不同範式，則不免推論過當。陳文無論在論證、文本證據的徵引與解釋以及對

明清之際儒學的哲學史梳理等方面均大可商榷，然因與本章論旨無關，不能在這裏多說。此處只需指出劉說跟隨牟宗三的思路，(有意無意地)忽略元氣說，這雖對詮釋蕺山、梨洲的思想或有不夠體貼的地方，但其指出蕺山、梨洲皆表現出「內在一元的傾向」，一轉手而為儒學的新典範，則是未易動搖的精確論斷。

17　必須指出，「一元化」一詞雖是本章所造，但其中的「一元」可見於宋明儒者的文字，例如劉蕺山說：「一元生生之理，互萬古嘗存，先天地而無始，後天地而無終。渾沌者，元之復；開闢者，元之通。推之至於一榮一瘁、一往一來、一晝一夜、一呼一吸，莫非此理。」劉宗周，《學言上》，《劉宗周全集》，第2冊，頁439。

18　張載，《張載集》，頁63。

19　范育，〈范育序〉，收《張載集》，頁5。

20　程顥、程頤，《河南程氏遺書》，卷12，〈明道先生語二〉，《二程集》，頁136。

21　張載，《張載集》，頁63。

22　張載，《正蒙‧乾稱篇》，《張載集》，頁65。

23　同前註。

24　同前註。

25　張載，《正蒙‧參兩篇》，《張載集》，頁10。

26　張載，《正蒙‧神化篇》，《張載集》，頁15。

27　張載，《正蒙‧乾稱篇》，《張載集》，頁63–64。

28　張載，《正蒙‧大心篇》，《張載集》，頁24。

29　程顥、程頤，《河南程氏遺書》，卷1，〈二先生語一〉，《二程集》，頁4。

30　程顥、程頤，《河南程氏遺書》，卷11，〈明道先生語一〉，《二程集》，頁118。

31　程顥、程頤，《河南程氏粹言》，卷1，《二程集》，頁1174。

32　黎靖德編，《朱子語類》，卷1，頁2。

33　黎靖德編，《朱子語類》，卷4，頁65。

34　黎靖德編，《朱子語類》，卷1，頁3。

35　同前註，頁1。

36　同前註，頁4。

37　黎靖德編，《朱子語類》，卷94，頁2374。

38　張載，《正蒙‧誠明篇》，《張載集》，頁23。

39　同前註。

40　黎靖德編，《朱子語類》，卷4，頁71。

41　程顥、程頤，《河南程氏遺書》，卷6，〈二先生語六〉，《二程集》，頁81。

42　程顥、程頤，《河南程氏遺書》，卷2上，〈二先生語二上〉，《二程集》，頁17。

43　同前註，頁15。

44　同前註。

45　同前註，頁18。

46　同前註，頁33。

47　張載，《正蒙》，《張載集》，頁63。

48　程顥、程頤，《河南程氏遺書》，卷6，〈二先生語六〉，《二程集》，頁81。

49　程顥、程頤，《河南程氏遺書》，卷2上，〈二先生語二上〉，《二程集》，頁43。

50　黎靖德編，《朱子語類》，卷5，頁86、92。

51　同前註，頁85。

52　程顥、程頤，《河南程氏遺書》，卷6，〈二先生語六〉，《二程集》，頁83。

53　熊十力，《新唯識論（語體文本）》，第6章〈功能下〉，《熊十力全集》，第3卷，頁440。

54　牟宗三說：「凡心皆以動用為性，一說到動用，便可以『氣』說。亦如在宇宙論處，神亦可以氣說。氣之清通即是神，氣之靈即是心。此是氣之觀念之無限制地直線應用。朱子即如此使用，故在朱子，心與神俱屬於氣也。在氣之此種一條鞭地無限制地直線使用中，最後必歸于朱子之系統，至少亦以朱子為最一貫而完整。此是一大癥結，亦是一極難應付之癥結。故吾在講濂溪與橫渠時，首先建立一限制，不允許氣之觀念如此混漫。濂溪『動而無動，靜而無靜，神也』之義，是一最好之標準。在講橫渠時，吾亦首先申明太虛神體之神不是氣之質性，鬼神之神不是太虛神體之神。太虛神體不可以『氣』論。神雖是寂然不動、感而遂通，自有其動用義，然卻是動而無動，用而無用，並無『動』相，亦無『用』相，此即是不可以『氣』說，而亦實無『氣』之義。若一見『動用』義，便一條鞭地用上『氣』，此實只是形式的、抽象的思考，而未能真諦見『神』之實也。」見氏著，《心體與性體》，第2冊，頁210。

55　牟宗三，《心體與性體》，第2冊，頁120。

56　參看本書第4章〈理氣一物──明儒羅整菴的朱子學〉。

57 黎靖德編，《朱子語類》，卷126，頁3015。

58 同前註，頁3015–3016。

59 黎靖德編，《朱子語類》，卷5，頁85。

60 同前註，頁87。

61 同前註，頁85。

62 黎靖德編，《朱子語類》，卷126，頁3020。

63 同前註，頁3026。

64 同前註，頁3027。

65 同前註，頁3016。

66 同前註，頁3018。

67 同前註，頁3016。

68 同前註。

69 同前註，頁3012。

70 同前註，頁3027。

71 張載，《正蒙・太和篇》，《張載集》，頁8。

72 黃宗羲，《明儒學案》，卷5，〈白沙學案上〉，《黃宗羲全集》，第7冊，頁78。

73 其言曰：「禪家語，初看亦甚可喜，然實是儱侗，與吾儒似同而異，毫釐間便分霄壤。此古人所以貴擇之精也。如此辭所見大體處，了了如此，聞者安能不為之動？但起腳一差，立到前面，無歸宿，無準的，便日用間種種各別，不可不勘破也。」陳獻章，〈與林時矩三則之三〉，《陳獻章集》，卷3，頁243。另詳細分析可參看本書第2章〈覺悟與自然 ——陳白沙的心學〉。

74 對此，筆者曾作分析：「心學首重的本心，是個仁義禮智所從出的超越根據或曰本體；心能生發仁義禮智的理，或應説心無非就是那些理，此心學的法語為『心即理』故。從能生發理處看，本心是個『能』。此能亦是個『覺』，蓋生發理即覺理之謂也。能覺理的覺自是『明』，以理無暗之故。此陽明所以說『良知只是一個天理自然明覺發見處』。又本心之能，亦見於其寂然不動、感而遂通的神感神應，所以它是個『寂』，是個『感』，更是個『神』。而所謂寂感神應，無非表示本心能當機呈現而知所當為。從本心之泛應曲當處看，則本心絕非只是具體各別的實理或是這些實理的總和，本心是『虛』，方能虛以控實，具體各別的實理皆從此出。本心既非徒為具體各別的理，則可説是『空』，空以遮其不滯於任一各別的理之有而言。最後，本心生發種種理，乃應機而自動自發，絕非依仿假借造作有為，故本心是『無』（或曰『無為』）。且當本心如如地自動自發時，乃是超乎理相（『無

有作好、無有作惡』，『不思善、不思惡』），而亦可謂『無』。職是之故，依循心學的進路勇往直前，儒者深刻體認到本心除是個道德根源外，它還具備『能』、『覺』、『明』、『寂』、『感』、『神』、『虛』、『空』、『無』等特性。但嚴格言之，仁義禮智等道德價值是本心的內容特性（substantive characteristics），此為儒家所獨契。而『能』、『覺』、『明』、『寂』、『感』、『神』、『虛』、『空』、『無』等是本心的形式特性（formal characteristics），即本心的概念得以成立的條件，從分析『本心』便可得而明者，此為三教（或凡言本心之教）所共認。」見鄭宗義，〈明末王學的三教合一論及其現代迴響〉，收吳根友編，《多元範式下的明清思想研究》，頁189。

75　王守仁，《年譜三》，《王陽明全集》，卷35，頁1422。

76　陽明曰：「仙家說到虛，聖人豈能虛上加得一毫實？佛氏說到無，聖人豈能無上加得一毫有？但仙家說虛，從養生上來；佛氏說無，從出離生死苦海上來；却於本體上加却這些意思在，便不是他虛無的本色了，便於本體有障礙。聖人只是還他良知的本色，更不着些子意在。」《傳習錄下》，《王陽明全集》，卷3，頁121。

77　黃宗羲，《明儒學案》，〈發凡〉，《黃宗羲全集》，第7冊，頁5–6。

78　羅欽順，《困知記續》，卷上，《困知記》，頁63。

79　湛若水，《雍語》，《湛甘泉先生文集》，卷3，第56冊，頁533。

80　湛若水，《樵語》，《湛甘泉先生文集》，卷1，第56冊，頁526。

81　參看本書第3章〈湛甘泉心學探微〉。

82　陽明與甘泉論學對雙方均互有影響。要之，陽明良知教有近禪的嫌疑促使了甘泉思考良知與天理的關係及提出隨處體認天理的工夫以防止良知淪為空知。而甘泉強調本心能感通天地之義亦讓陽明在講求本心之知善知惡以外，復將「知」善惡與「感」善惡兩義貫通起來，而有其晚年教旨〈大學問〉之作。凡此，可參看本書第3章〈湛甘泉心學探微〉。至於陽明對甘泉隨處體認天理之說的評價，則他最初是誤解其為求理於外，及至有相應了解後，仍終判定之為「只要根究下落，即未免捕風捉影，縱令鞭辟向裏，亦與聖門致良知之功尚隔一塵。若復失之毫釐，便有千里之謬矣。」見王守仁，〈寄鄒謙之〉，《王陽明全集》，卷6，頁224。

83　羅欽順，《困知記三續》，《困知記》，頁96–97。

84　同前註，頁97。

85　羅欽順，《困知記》，卷下，《困知記》，頁41。在這句話之後，整菴錄了兩條甘泉的文字，都是表達理氣不二、道器不二的思想，而他的質疑則在於

甘泉為何於此中多添了一個「中」字，即「自其一陰一陽之中者謂之道」；「爻之陰陽剛柔，器也。得其中正焉，道也。」

86 羅欽順，《困知記續》，卷上，《困知記》，頁56–57。

87 湛若水，〈寄陽明〉，《湛甘泉先生文集》，卷7，第56冊，頁561。

88 羅欽順，《困知記》，卷下，《困知記》，頁38。

89 詳細分析見本書第4章〈理氣一物——羅整菴的朱子學〉。

90 湛若水，《天關語通錄》，《湛甘泉先生文集》，卷23，第57冊，頁111。

91 王守仁，《傳習錄上》，《王陽明全集》，卷1，頁15。

92 王守仁，《王陽明全集》，卷26，頁1069。

93 王守仁，《傳習錄中》，《王陽明全集》，卷2，頁86–87。

94 較少研究者注意到王陽明的「知行合一」有前後期兩個不同講法，應加分別。前期是他在龍場悟道後，依知行本體而講知行合一，但這嚴格來說應是知行「本」一（知即行猶如心即理），「合」字的工夫意義落空。及至江右以後陽明揭致良知之教，才能申明知行合一那「合」字的工夫義；此即致良知就是知行合一，是把（無善無惡只是理之如如的）良知推致於（有善有惡的）行中而使行一皆如理，是把行來合於知。參看本書第5章〈再論王陽明的知行合一〉。

95 王守仁，《傳習錄下》，《王陽明全集》，卷3，頁138。

96 王守仁，《傳習錄上》，《王陽明全集》，卷1，頁4–5。

97 王守仁，〈答友人問（丙戌）〉，《王陽明全集》，卷6，頁233。

98 王守仁，《傳習錄中》〈答陸原靜（又）〉，《王陽明全集》，卷2，頁72–73。

99 王守仁，《傳習錄上》，《王陽明全集》，卷1，頁22。

100 同前註，頁34。

101 同前註，頁35。

102 王守仁，《傳習錄上》〈啟問道書書〉，《王陽明全集》，卷2，頁68–69。

103 同前註，頁69。

104 參看牟宗三，《心體與性體》，第2冊，頁209–212。

105 王守仁，《傳習錄中》〈答陸原靜（又）〉，《王陽明全集》，卷2，頁79。

106 王守仁，《傳習錄下》，《王陽明全集》，卷3，，頁126。

107 關於泰州學派對情概念的提升，參看鄭宗義，〈性情與情性——論明末泰州學派的情欲觀〉，收《明清儒學轉型探析——從劉蕺山到戴東原》，頁271–319。

108 黎靖德編，《朱子語類》，卷126，頁3021。

109 劉宗周，《劉宗周全集》，第2冊，頁489。

110 黃宗羲，《黃宗羲全集》，第1冊，頁111。

111 劉宗周，《劉宗周全集》，第2冊，頁483。

112 同前註，頁480。

113 參看牟宗三：《心體與性體》，第1冊，頁391–399。

114 劉宗周，《學言中》，《劉宗周全集》，第2冊，頁488。

115 劉宗周，《學言上》，《劉宗周全集》，第2冊，頁468–469。

116 黃宗羲，《孟子師說》，卷6，〈「公都子問性」章〉，《黃宗羲全集》，第1冊，
    頁136。

117 「心以氣言」見劉宗周《學言中》，《劉宗周全集》，第2冊，頁484。

118 黃宗羲，《孟子師說》，卷2，〈「浩然」章〉，《黃宗羲全集》，第1冊，頁
    60–61。但若以為如此梨洲已脫離心學則非是，試看以下幾條文字：(a)
    「人身雖一氣之流行，流行之中，必有主宰。主宰不在流行之外，即流行
    之有條理者。自其變者而觀之謂之流行，自其不變者而觀之謂之主宰。養
    氣者使主宰常存，則血氣化為義理；失其主宰，則義理化為血氣，所差在
    毫釐之間。」(同上，頁61。)(b)「孟子以為義理即心，而是以心之主宰而
    言曰『志』，有主宰則不患不流行。……告子病痛，在不知求義理於心。心
    既不知求，於氣何益？」(同上)(c)「蓋人之為人，除惻隱、羞惡、辭讓、
    是非之外，更無別心，其憧憧往來，起滅萬變者，皆因外物而有，於心無
    與也。故言『求放心』，不必言『求理義之心』；言『失其本心』，不必言『失
    其理義之心』，則以心即理也。孟子之言明白如此，奈何後之儒者，誤解
    人心道心，歧而二之？」(《孟子師說》，卷6，〈「仁人心也」章〉，《黃宗羲
    全集》，第1冊，頁141。)

119 參看陳榮灼，〈劉蕺山的「生命現象學」〉。

120 劉宗周，《學言上》，《劉宗周全集》，第2冊，頁457–458。

121 劉宗周，〈良知說〉，《劉宗周全集》，第2冊，頁373。

122 王守仁，《傳習錄下》，《王陽明全集》，卷3，頁126。

123 劉宗周，《學言上》，《劉宗周全集》，第2冊，頁475。

124 黃宗羲，《子劉子行狀》，卷下，收《劉宗周全集》，第5冊，頁45。

125 同前註，頁46。

126 劉宗周，《劉宗周全集》，第5冊，附錄《劉宗周年譜》，頁481。

127 同前註。

128 劉述先，《黃宗羲心學的定位》，頁26。

第二部

當代新儒家的宋明理學研究

第七章

本體分析與德性工夫
——論宋明理學研究的兩條進路

一、本體分析與德性工夫的研究進路

　　在20世紀漢語學術界的宋明理學研究中，以承接宋明傳統自許的當代新儒家(港臺新儒家)可謂貢獻良多。其中牟宗三《心體與性體》三冊(第一冊於1968年5月出版，第二冊於同年10月出版，第三冊於1969年6月出版)及《從陸象山到劉蕺山》(1979年8月出版)最為代表。有譽之為是把宋明理學「這一門學問提升到了前所未有的新境界」，其「義理精熟，解析入微，才可以把許多不容易講清楚的概念，賦以確定的內容」，[1]而牟先生乃「是把中國哲學由主觀體驗變成為客觀學問的一位具關鍵性的人物」。[2]相較之下，唐君毅雖亦有《中國哲學原論——原教篇》(1975年出版)專論宋明儒學思想的發展，與較早前的《原性篇》(1968年出版)中第十一至十七章及附編〈原德性工夫——朱陸異同探源〉等文字，[3]但卻甚少受到注意。一直要到近年，有研究者因欲跳出牟說的詮釋框架，才漸有援借唐先生的看法，來斟酌、修正、以至批評牟說。毋庸諱言，若我們仔細對照唐、牟的研究，將不難察覺兩先生對不少宋明儒者思想的詮釋與判定，確是大異其趣，甚至教人有所同不勝其異的印象。本章自不可能亦不必要鉅細靡遺地羅列出箇中的差別，卻想追究造成此差別背後的緣由。兩先生的差別，有謂是他們治學風格不同之故：此即論義理，牟先生重斬截分明，遂喜化鈍角為銳角；唐先生則重融貫會通，乃常化銳角為鈍

角。這種解釋，不可謂全無根據，但嫌籠統，且未切中問題的核心。
從本章的觀點看，唐、牟研究宋明理學的差別，與其說是由於二人治
學風格迥異，無寧說是因為他們採取了兩條不同的研究進路。扼要
來說，牟宗三閱讀宋明儒者的思想，更多地是著眼於彼等對本體（包
括道德實踐所本之體，如心、性、情、意等概念，與天地生化所本
之體，如太極、神體、天道、理、氣等概念）的體會、理解與講明，
由是而重視簡別各家在理解上的差異及因此形成的一套一套的理論系
統（故講分系問題）。而在評價方面，牟先生則唯是奉孟子心學為正
宗（此正宗非關歷史標準而純是依理論標準定）以判義理之是非：此即
在本體上是否肯定心即理、心性天是一；在工夫上是否把握住逆覺體
證之路。[4] 這條研究進路，我們可稱之為「本體分析」的詮釋進路（the
interpretative approach focuses on ontological analysis）。相較之下，唐君
毅的閱讀卻更多地是著眼於宋明儒者如何本乎他們自家存在的體驗、
困擾、掙扎與奮鬥，而終摸索出不同的工夫路數。唐先生並以為宋明
儒者順著不同的德性工夫所形成的本體論說，其中容或有當辨其義理
之是非者，惟大要率皆歸於一共同的肯認與追求：此即如何成就吾人
道德的本心本性，使之能無礙地如如呈現，以體認那生生不已的天道
創造及天人的相通相合。可見唐先生雖亦同樣肯定孟子的道德本心是
正宗（儒學在理論上所不能否定者），但就以之為不同儒者沿不同工夫
之殊途所求同歸的理想目標。如是，則宋明儒者在本體論說上的分歧
以至爭辯，便應溯源於彼等不同的工夫路數來求解始能得其相應。又
在評價方面，若以工夫本身之特性言，即對不同根器（或在不同處境
下）的人須用不同工夫方能收效；適於此者不必能適於彼，故很難說
工夫有對錯、高下之別。這條研究進路，我們可名之曰「德性工夫」的
詮釋進路（the interpretative approach focuses on virtuous efforts）。本此
大較量，下文將：首先，指出唐君毅的宋明理學研究是十分自覺地在
回應乃至駁辯牟宗三的觀點；接著，舉數例來對照、說明唐、牟詮釋
進路的出入所在；最後，綜括這兩條詮釋進路的理論涵義，並評估其
理論效力。

二、唐君毅與牟宗三的較量

　　早在1940年代開始唐君毅已專研宋明理學，他的《日記》在1954年3月15日下記有一段當時回顧自己學思歷程的話，其中述及「卅四歲後應教育部之約寫中國哲學史綱十七萬言，至卅六歲復補作宋明理學論廿萬言，後又寫朱子理氣論七萬言」，[5]可為佐證。到了1965年下半，唐先生計劃出版《原性篇》，乃陸續改寫舊作。從9月以降，我們可以在他的《日記》中不斷看到類似的記錄，如9月12日記：「上下午改作論朱子伊川者各一段共三千餘字」；13日：「終日重改論朱子者五千字，加論陸王者二千字」；14日：「晨改論朱子之學一段」；15日：「上下午重改論象山朱子之學之會通一節增補為八千字」等。[6]並且他還不時檢讀相關文獻，如18日「下午校對文，並翻覽性理大全、理學宗傳、聖學宗傳，至夜半」；27日「午睡後閱朱子全書至深夜」等。[7]尤其值得注意的是，牟宗三在同年出版的有關研究顯然對唐君毅帶來了頗大的衝擊，《日記》10月14日記：「閱宗三兄論朱子文」，之後整整兩個半月，唐先生都在一邊重閱《朱子語類》、《二程遺書》、《象山全集》、《傳習錄》、《胡子知言》、《上蔡語錄》、《龜山語錄》等，一邊改寫、標點、校改原性文。[8]查蔡仁厚《牟宗三先生學思年譜》，唐君毅10月所讀到的論朱子文，應是牟宗三於是年分期發表於《民主評論》的〈陸象山與朱子之爭辯〉，及前一年同樣分期發表於《民主評論》的〈胡五峯知言之疏解〉兩文。[9]可以推想，唐與牟在朱陸異同問題上的看法必相去甚遠，此所以唐先生本來已在10月5日的日記下寫道：「半月來論朱子與象山之會通之文已四易稿，今大體可算確定矣」，[10]但在14日讀了牟著論朱子文後，又重新再動筆修訂。而1966年1月2日，唐君毅「下午至宗三處談，夜再校改原性文」，則日記雖沒有記載所談內容，卻幾乎可以肯定是一場學術的切磋較量。因此其後他一連十多天「重校對原性文」、「取原性中二章分出為一文名朱陸異同淵源考辨，補一序言三千字」、「夜閱朱子語類」、「下午仍閱朱子語類」等，直至16日「終日改原性文大體完」，及17日「夜改原性文至夜深完」為止。[11]事實上，唐君毅在〈原德性工夫——朱陸

異同探原〉(《原性篇》附編) 一長文中，對這段學術因緣，亦記下一筆。其言曰：

> 近因讀吾友牟宗三先生辯胡子知言疑義及論朱陸之辯二文。前文就朱子于五峯之學之疑，解紛釋滯，以見五峯之學，有以自立。後文就朱陸之論辯，一一為之疏通；而非徒事於排比文句，以為和會。其意乃在明象山學方為上承孟子之正傳。吾於斯義，亦素未有疑。因牟先生文之觸發，更查考文籍，寫為此文。吾文所言，較為平易，學者可循序契入。又吾于朱子所以疑於五峯象山之言之故，亦更順朱子之心而代為說明，然後及於象山之高明，與朱子為學轉近象山之所在，以見二賢之通郵。則吾文又較多若干翻折，更不免朱子所謂援引推說太多，正意反成汩沒之病。然欲窮其理致，兼取徵信，又勢不獲已。是則望讀者耐心賜覽而明教之為幸。[12]

此中唐先生雖客氣地推許牟文「就朱陸之論辯，一一為之疏通；而非徒事於排比文句，以為和會」，但似乎更自信自己的詮釋方是「順朱子之心而代為說明」。

到了唐君毅的宋明專著《原教篇》，就更可謂是有激於牟宗三《心體與性體》三大冊的出版而作。先是唐先生在1969年6月21日的日記中記下了自己讀牟書的印象：「上午閱宗三心體與性體書完，此書為一大創作，有極精新處，但其論宋明儒學與我意尚多有所出入耳。」[13] 10月30日又記云：「閱宗三兄書第三冊完，此冊問題頗多，不如第一二冊」。[14] 我們有理由相信三、四年前改寫《原性篇》時曾發生的衝擊又再度影響著唐先生，並積蓄醞釀成他於1972年10月開始《原教篇》的寫作計劃。蓋他在10月19日「晚寫文論濂溪約三千字」後，[15] 翌日即重檢牟書，並不再客氣地批評「其書乃一家言，與宋明儒者之本旨或不相應。」[16] 今細讀《原教篇》，確處處可以發現唐君毅駁辯牟說的痕跡。扼要言之，有數點可說：(1) 與牟宗三之著力分判宋明儒者各種不同本體論說及由之形成的理論系統，唐君毅則再三強調宋明儒者所重應在工夫。他說：

「宋明儒之學，雖重明天道人道之大本大原所在，然尤重學者之如何本
其身心，以自體道、自修道之工夫，以見諸行事，非但於此道之本原作
思辨觀解也。」[17] 又以為「此體道修道工夫，恆須由面對種種非道之事物
而用」，而「對此種種非道之物，如邪暗之塞、氣質之偏、意見、私欲
等之存在，其認識之深切，其對治工夫之鞭辟入裡，正為宋明儒者之
進于先秦儒學之最大之一端」。[18] (2) 倘考慮到宋明儒者之所以有不同的
工夫主張，正是為了針對彼等自身不同的氣稟限制，或是修養工夫到
了某個階段的需要而求能當機受用，又或是用以破斥流行的陋見，則
嚴格來說，凡工夫主張，「其語皆足補偏救弊以為廉頑立懦、興教成化
之資」。[19] 再依此以觀儒者之相爭，唐先生乃提出他那「無諍法」的研究
態度：[20] 此即「於凡此補偏救弊之言，吾人若能知其本旨所在，不在攻
他之非，而唯以自明其是，更導人於正；則于其補偏救弊之言，其還入
於偏者，亦可合兩偏，以觀其歸于一正，覽其言雖偏而意初無不正。」[21]
可知正是循這條德性工夫的詮釋進路，唐先生才得以成就他那求會通的
心靈，認為研究宋明理學固應於同中辨異，但亦要能「於異見同，方得
其通」；[22] 而過分誇大儒者間的理論差異，除徒資立門戶者之口實外，更
是昧於義理「儘可異而俱是，以顯義理之無窮」，[23] 雖則於義理「異而不
皆是者，亦當辨其非；其不能辨是非之處，亦當使其同異分明，不能
一概和會」。[24] (3) 結果，唐君毅對北宋周濂溪、張橫渠至程明道的思想
發展、對程伊川、朱子是否歧出、對程朱與陸王的理論關係、對王門後
學分派的評估等，均有迥然不同於牟宗三的看法。

　　當然，牟宗三可以回應説，他之所以要在宋明六百多年的理學內
部同中辨異：區分伊川朱子、象山陽明、五峯蕺山三系，[25] 非關門戶陋
見，而正是要決斷義理之是非。此「蓋宋明儒之義理系統並非容易把握
者，其語錄中諸話頭，東一句西一句，時而説此，時而説彼，極不易見
其條貫；而各家之觀念辭語復有許多極其相似，語意含混，可上下其
解，亦極不易簡別其同異與輕重。是以解者惑焉，而不明其本質義理
究何在也；誤引迷謬、似是而非，亦不知其真實問題究為何也。」[26] 對
於唐説的商榷、詰難，牟先生最後是自信己見，故説：「雖然他 (案：

指唐君毅）寫了許多書，像『中國哲學原論』就有好幾冊，其中疏通致遠，精義絡繹，但這些書在客觀理解上，也有許多不甚妥貼處。」[27]

三、例示兩條研究進路的分別

下面讓我們舉數例來展示、比觀唐、牟兩條不同的詮釋進路，以見其中梗概。

〔例一〕**對北宋周濂溪、張橫渠至程明道的思想發展的解釋。**依牟宗三，周濂溪、張橫渠、程明道是宋明儒天道性命相貫通模型（即道德的形上學）的奠基者。要正確解讀他們的思想，必須：(1) 知乎周、張雖因受佛老的影響，故表現出較重視本體宇宙論的氣息，所謂重客觀面而輕主觀面，但無論如何，彼等思想皆非漢儒以宇宙論為中心的道德哲學，即以存有說明價值。相反，乃是本乎道德實踐以建立的形上學，即以價值說明存有。因此，釋讀濂溪的思想，應以《通書》來規定〈太極圖〉及〈圖說〉；同樣，釋讀橫渠的思想，應以其《正蒙》的〈大心篇〉、〈誠明篇〉來轉動〈太和篇〉、〈參兩篇〉、〈天道篇〉等。(2) 換一個角度看，即「先秦儒家是由《論》《孟》發展至《中庸》與《易傳》，而北宋諸儒則是直接由《中庸》《易傳》之圓滿頂峰開始漸漸向後返，返至於《論》《孟》」。[28] (3) 而發展至明道，則主、客觀兩面皆飽滿，且明道言「只心便是天，盡之便知性，知性便知天，當處便認取，更不可外求」；[29]「合天人，已是為不知者引而致之，天人無間。夫不充實則不能化育，言贊化育，已是離人而言之」，[30] 倡天人(心)不二、不須言合與贊的一本圓融論，更是「圓教之造型者」。[31] (4) 另明道在工夫方面亦體悟甚高，其〈定性書〉答橫渠「以定性未能不動，猶累於外物」之問，便提出使本心當體呈現，無一毫隱曲的頓悟工夫、積極工夫(此用明代王學的話說，乃「即本體便是工夫」)，所謂「莫若廓然而大公，物來而順應」；「苟規規於外誘之除，將見滅於東而生於西也。」[32] 牟宗三對此的解釋是：「其實頓悟亦並無若何神秘可言，只是相應道德本性，直下使吾人純道德的

心體毫無隱曲雜染地(無條件地)全部朗現,以引生道德行為之『純亦不已』耳,所謂『沛然莫之能禦』也。」[33] 至於明道輕視對治工夫、消極工夫,譏之為「自私而用智」;「自私,則不能以有為為應迹」,「用智,則不能以明覺為自然」,[34] 牟先生以為此乃「習心之事」,「自此翻上來便是天心之朗現」。[35] 不過這樣解說只順明道之言而未加深究,於理恐非是,蓋橫渠(的定性問題)應不至於猶在習心上打滾。大抵橫渠之問,乃學者於悟得本心後仍不免於氣稟物欲夾雜的問題。於此天資特高者如明道固可主張工夫應在心性本體上用力,使之當體呈現,若日出而浮雲之蔽自去。惟明道的非對治工夫、積極工夫對非天資特高的中下根人來說未必能用;彼等能用的就是時時作對治工夫以擴充本心(此用明代王學的話說,乃「用工夫以復本體」)。而工夫一落對治便必有一擇善固執、為善去惡之「自」相、「為」相,未是本心無為應跡、明覺自然之「如」相之境。然只要對治是以本心為根據的擴充存養工夫,則滴滴歸源,絕不會有明道「苟規規於外誘之除,將見滅於東而生於西也」的毛病。並且對治工夫、消極工夫亦必可臻至本心無為自然、當體呈現的境地,關鍵只在工夫純熟不純熟而已。明乎此,則知明道之輕視對治工夫,視之為習心的「自私」、「用智」,實未為稱理之談;牟先生順之而只著重講明本心上覺(頓)悟與習心上漸磨的對翻,亦未為妥貼之解。凡此正是唐君毅下手質疑之處。

　　唐君毅對牟說之判定宋明儒學的核心精神為「天道性命相貫通」當無異議,但對北宋周、張之重客觀面,他從工夫的角度看,卻提出一個十分值得注意的問題。(1)此即〈太極圖說〉、《正蒙》中關於本體宇宙論的觀念究竟依何而得以建立?唐先生說:「如將此『乾元』或『太極』、『誠』、『太和』等,扣緊于吾人之道德生活、或心靈生活中之性理之呈現于心知之健行不息、真實無妄處去講,此尚不難講。此即程朱以後學者之所為。然剋就濂溪橫渠之書言,乃直下說有此一『乾元』或『太極』、『誠』、『太和』為天道,則殊不易講。」[36] 誠然,周、張的本體宇宙論必是以道德為根據(否則便成漢儒宇宙論中心的道德哲學),但彼等亦明顯非純然以道德工夫為入路,這是後來程朱、陸王之所為。此中

如非依道德工夫為入路，又非思辨觀解的玄論，則表示必有另一工夫入路在焉。對此，唐先生提出周、張實有一觀萬物生生的工夫，他名之為「天外飛來」的觀法，[37] 以萬物創生皆從無到有，恍若天外飛來之故。可以說，唐先生提示出一條北宋儒學觀物工夫的線索；此觀物工夫與道德工夫相輔相成，有內外交養（即藉外觀萬物所表現的創生意義來印證吾人內在道德所表現的創造意義，反之亦然）之效。必須指出，觀物工夫不單可追溯至先秦儒家（孔子之觀水），[38] 亦可取證於北宋諸儒的文字，[39] 絕非無據。(2)循此線索，唐先生進而指出橫渠大其心的工夫，固是要人從「聞見之知」中解放出來，把心由「存象之心，亦象而已」轉化為「能體天下之物」的大心，[40] 但此所謂能體天下之物的大心，並非直接就是道德本心，而是「以觀自然之天之神化之表現之道」的感通心靈。[41]又橫渠名之曰「德性之知」，「唯因此心知之有自開自廓之德性，乃能順此莫究其極之太虛，而自合于太虛。此知，由人心之德性而成，亦由人心之自覺而見，固非由耳目之聞見而見。」[42] 故必由感通之心進一步，「順道成變化，以『過化』而『物物』，即敦仁之事。」[43] 易言之，即由感通莫非仁之事以顯「仁」，並更由感通之仁之必動而正（不為物累）以顯「義」，而大心（亦曰盡性）之涵仁義乃可見。此解證之於橫渠的文字，有〈神化篇〉云：「神不可致思，存焉可也；化不可助長，順焉可也。存虛明，久至德，順變化，達時中，仁之至，義之盡也。知微知彰，不舍而繼其善，然後可以成之人性矣。」[44] (3)結果，唐先生提出他對橫渠〈西銘〉的獨特判定：「西銘之言，乃橫渠學之結論而非其前提。」他說：

> 依其時代意義說，則明道之言仁，與橫渠之訂頑（即西銘）言「民、吾同胞，物、吾與也」，以至「凡天下疲癃殘疾，惸獨鰥寡，皆吾兄弟之顛連而無告者也」之言，與民物疾痛相感之旨合。故明道稱西銘。然此中明道之學與橫渠不同者，即在橫渠正蒙一書言為學之要，在先存虛明之神以去物累，而變化氣質。此即精義以入神之事，由此義方有仁。如前所說。故此西銘之言仁，乃橫渠學之結論而非其前提。[45]

(4)至於明道,唐先生亦極稱許其圓融的體悟而謂「明道所言者,皆剋就其德性所造,體證所及者,稱心而說此一天人物我、上下內外,圓融無礙之心與理一之境。後之學者,無論朱子與陸王之流,其所以皆同稱明道者,亦正由對此明道本其體證所及而言之心與理一之境,後人所嚮慕同在此,原不容有異議也。」[46]不過他卻質疑明道識仁、定性的工夫(即上面曾論及的頓悟本心感應無間的積極工夫)是否人人皆能,以為:大抵「此在人之天資高者,固能之,然未必人人皆能」,[47]且本心要能泛應曲當,「此物來順應之境,如何能致,如何知物之當喜,物之當怒,以知理之是非,亦皆非易事」。[48]是以知橫渠走對治工夫之路乃為不可廢者,而「明道之定性書之文之義,尚可有種種補充,亦不可據之以薄橫渠之見」。[49](5)尤有進者,若從其後程伊川之分別心之內外、仁性愛情、理氣為二等來看明道的圓融,唐先生甚至批評明道「未重理氣為二之旨,以更正視此理氣不合一之世界之存在」,[50]其言曰:

> 至在成己之道德生活上說,則若非氣質純粹清明,心思如理,而氣即從之以動者,亦必感其氣之動之恆不合乎理,而理之不易實現于氣,性之不能直見于情。伊川則正較明道更能正視一心之寂感、性情、理氣之為二;緣此以更正視此理氣之不合一之世界之存在,而亦更知人之成其個人之道德生活、與對人施教之事之艱難性及嚴肅性者也。[51]

由此我們可以轉至唐、牟對伊川、朱子思想是否為歧出的不同看法。

〔例二〕對程伊川、朱子思想是否為歧出的判定。(1)對二程兄弟,牟宗三自認費了大氣力來分別二者;「把他們的文獻抄了好幾遍,抄得久了,就看出自然的次序來。整理的結果,程明道有八篇,程伊川也有八篇,都在『心體與性體』裏面。」[52]他對明道的看法,前面已約略撮述其大要。至於伊川,(2)他認為伊川只在理與氣、性與情之分解對言上,講得比較清晰割截,但在涉及其他曲折關鍵處,則語多模稜、隱晦、歧義、滑轉,而其思想綱維的確定表達實在於朱子的繼承與發揮,故得藉朱子以釐清伊川。必須指出,牟先生對他自己這種研究方法(即本章所謂的本體分析的詮釋進路)是有高度的自覺:

一人之思想中，有是虛浮語，有是着實語；有是自覺的概念的主張
語，有是一時之靈感語或興會語；有是本質的，有不是本質的。
伊川此〈論心篇〉語最為雜亂、模稜、與依似，好像只是些靈感，
一時之想法，很難得其確定之條理與其立言之一貫的分際，亦很難
了解其概念的、本質的主張究何在。如果吾人不能有簡別，引其
虛浮語、靈感語、非本質語，以為證，則很可能講成另一系統。
如果真能講成另一系統亦大佳，要者在能貫澈下去。但恐講來講
去，貫澈不下去，而與其他思想相衝突，如是，則問題出矣。是
即逼迫吾人對於其許多話頭不能不予以簡別也。[53]

(3) 而簡別伊川文字的結果，可見其對本體概念的把握有如下幾點：

> 如只說「所以陰陽者是道」，尚不足以決定此形而上之道只是理，
> 即只存有而不活動者。因為「於穆不已」之體、自其為實現之理或
> 存在之理言，亦可以說是一超越的(動態的)所以然。但此為氣化
> 之所以然的於穆不已之體卻是即存有即活動者，是心、是神、亦是
> 理，是心神理為一者，是誠體神體，亦是寂感真幾，創生的實體。
> 是以唯因(一)、將此「所以然」之表示方式視為存有論的推證，或
> 視為對于陰陽氣化之「然」所作的存有論的解析，(二)、通過格物
> 窮理之方式以把握之，(三)、再加上于此所推證者不能明澈地說其
> 神義及寂感義，(四)、在心性方面不能明澈地言心性是一，而卻言
> 性只是理，仁是性、愛是情，心如穀種、生之理是性，發出來是
> 情：這樣，此「所以然」所表示之形而上之道才成「只是理」，只存
> 有而不活動者。在神與寂感方面，伊川態度似不甚明確，但亦可
> 以看出大體是並不以神體與寂感真幾言形而上之道體。伊川並無
> 一字言及神體，而於寂感方面則並不透澈。[54]

引文中雖提及的四點，但衡定伊川思想的關鍵主要還是在於其所理解
的心性不是一及採取格物窮理工夫這兩點上。概略言之，即伊川理解
的性是理但心不是性理，又(心)要通過格物方式來窮(性)理，如此則
可判定其「然」與「所以然」的關係是存有論的推證關係；「所以然」所代
表的理只是心所推證、認知的對象，本身是只存有而不活動者(「只是

理」），於是連帶地（本體宇宙論的與內在道德的）創生的神義與寂感義俱不明透。(4) 不過，伊川思想中隱含的心性情三分、理氣二元的義理綱維要到朱子始得以清楚明白地建立起來。此即朱子直接表示心是氣之靈明者，必藉涵養用敬、進學致知（格物窮理）的工夫來把握性理（心具理），使心與理關聯地為一，並使情依理而發（心具眾理以應萬事）。這一套若與孟子心學相較乃是岔開而為另一不同的講法、系統，此所以牟先生說其為歧出、支離，是「別子為宗」：「北宋自伊川開始轉向，不與濂溪、橫渠、明道為一組，朱子嚴格遵守之，此為伊川朱子系。伊川是《禮記》所謂『別子』，朱子是繼別子為宗者。」[55] (5) 在評價方面，牟先生強烈批判伊川、朱子這一套是走「順取」而非「逆覺」之路；[56] 以為彼等既不肯定道德本心，則涵養用敬之「所謂涵養是空頭的，並無察識體證之意在內」，[57] 而格物窮理即是以「泛認知主義之格物論」談道德，[58] 結果性理成了「心知之明與在物之理間之攝取關係，而真正的道德主體即泯失」，[59] 或性理成了「只有通過格物窮理所窮究之所以然之理而肯認其為性，以為吾人心氣情變之所依，是則性理之道德力量顯然不足夠，而所言之道德亦顯為他律道德者。」[60]

　　對上述牟宗三的詮釋觀點，唐君毅可以說幾乎是全盤反對的。首先，(1) 從德性工夫的角度看，唐先生雖亦承認伊川、朱子對道德本心之自動自發、自能表現義（spontaneity）未有真切的體悟，即未能真切體悟道德本心為可直下發為惻隱、羞惡、辭讓、是非之道德情感或仁、義、禮、智之道德道理，但這乃是因為伊川、朱子對道德本心恆不免於氣稟物欲夾雜之可能反更有深刻的體會。此用唐先生的話說，即他們實「更正視此理氣之不合一之世界之存在」。(2) 正是本乎如此的存在體驗（而非全然因為傾向於分解的表達），伊川才會把明道說的整個一心（即寂即感、即性即情、即理即氣），分作內外兩面（寂、性與理為內；感、情與氣為外），強調兩面有斷裂、不合一的可能，並思用何種工夫來彌縫此不合一以恢復那本與理為一的心。(3) 如是，在唐先生眼中二程至朱子的思想應是相承相續的發展：

> 而後之學者，于伊川朱子之學，唯重其「由性見理由情見氣、性情理氣，相對而成二」方面，而不重其以心為所主處之義，遂忽視其分性情、寂感，乃于一心分二面而開出，其所承者，正是明道之言整個一心，亦原有其內外二面之說。由于不明此中思想發展之迹，遂橫將明道伊川兄弟相承之說，化作對立之二論，而亦使此宋儒之學之道之流行，若有間斷無相續矣。[61]

十分明顯，這是對牟宗三之判伊川、朱子屬「別子為宗」的回應。(4) 又既知伊川、朱子的關切處是氣稟物欲的雜染，則應知他們儘管信不過道德本心能 (承體起用) 當機純然無雜地自動自發自表現，卻絕不等於否定道德本心之有。此所以對他們文字中那些談及心之本體 (道德本心) 的話，[62] 便不應像牟宗三般將之通通視為雜亂、模稜、依似、在義理上無決定性、或只是思想系統中「分解的預定」，[63] 而判定其「心」只是實然的、經驗的認知心或習心。對唐君毅來說，伊川、朱子在心性論上皆可確立道德本心之自存，他們與陸象山的差別，不在於道德本心之肯定與否，而在於彼此因存在體驗的不同故走上不同的工夫入路，並因工夫的不同造成對道德本心的內容特性亦有不盡相同的把握。[64] (5) 此不同的工夫入路，即是伊川、朱子因未能契接覺悟本心而轉至的涵養用敬、格物窮理。唐先生既肯定伊川、朱子有道德本心 (心與理為一) 的觀念，則涵養用敬雖非本心之自察識自體證 (本心之自動自發自表現)，然亦未可謂之空頭涵養，而實是一種求去除氣稟物欲之夾雜，「以存養此心之虛靈明覺之工夫」，亦即保任心之虛明靈覺於中的「自固」工夫。[65] 蓋若無此涵養用敬，「則氣稟物欲之拘仍在；則即有此心之發用之端，亦只此端之偶見，固難必其可擴充至與天同大矣。」[66] 誠然，此處所謂心體之虛明靈覺，非是象山之本心自覺 (逆覺體證) 其即是理 (道德的道理)，而是對本心之能知覺、攝具理 (心本具理) 的體認。這可以說是朱子對本心之內容特性有不盡同於象山所體認者。而本此不同體認，涵養用敬後的格物窮理遂為題中應有之義。對於格物窮理，唐君毅亦不同意牟說以之為泛認知主義之格物論 (攪混了知識與道德，用認知的方式談道德)，而是以之為一「求諸外以明諸內」(由表以至於裏) 的工夫：

「然此性理之顯，必待於心之有其所向所知之物而得顯。故即其物以致其知、窮其理，即所以更顯吾人之心體中所原具之此理，亦所以顯吾人之性，而使吾人更知此性者。故窮理之事，即知性之事。」[67] 又「如以粗俗之言喻之，實似人之心知之向于外之物理，以拉出其心之性理之事，如船上之一捲之繩索，將一頭拴在岸上，則船移，而繩皆自出。如以較文雅之言述之，即『求諸外而明諸內』之事。此乃實為一合內外之事，固不可專視為求諸外，或外在之事也。」[68] (6) 總之，唐先生從德性工夫的視角看，乃把朱陸之異主要視為下手工夫之不同，並以為不同工夫「原無必然之衝突，亦實無必然之得失。」他說：

> 則此二種工夫之效用，依人而定，原無必然之衝突，亦實無必然之得失。學者當因資質而學，教者亦當因材而教，而因時因事之不同，則言非一端，以各有其用。而人之「用」在此者，未嘗不能「知」在彼，而後其學為大學、其教為大教。人若本一工夫之得，以觀另一工夫之所失，而作之評論，實亦皆未必當矣。[69]

析論至此，我們才能真正懂得唐先生為何會說牟著《心體與性體》第三冊「問題頗多，不如第一二冊」；「其書乃一家言，與宋明儒者之本旨或不相應。」

必須指出，以上的對比只是一觀其大略的綜述，若要在兩造之間展開仔細的對話，得另文為之。[70] 這裏我們只要能由之以見唐、牟兩條不同詮釋進路的特色，則已足夠。

〔例三〕**對江右王門「歸寂」工夫的評價。**王門後學對王陽明的良知教有相異的詮釋，眾說紛紜，其中江右聶雙江、羅念菴主歸寂豫養以保任良知，牟宗三對之評價甚低，認為其說「幾乎全非王學之思路」。[71] 若細究箇中理由，正可見這是「本體分析的詮釋進路」所必然導致的結論。蓋依牟先生，(1) 雙江的歸寂乃是以未發、已發的格式想陽明的良知，分拆良知為未發之中、寂然不動之體，及已發之和、感而遂通之用，並以後者易為物欲情識所雜而不足恃，故必通過致虛守寂的工夫「養之於未發之豫」，「歸到那未發之寂體，方是真良知」。[72] (2) 但根據陽明的教

法，良知是無分於寂感、未發已發的，如其在〈答陸原靜書（又）〉中云：「『未發之中』即良知也，無前後內外而渾然一體者也。有事無事，可以言動靜，而良知無分於有事無事也。寂然感通，可以言動靜，而良知無分於寂然感通也。動靜者所遇之時，心之本體固無分於動靜也。」[73] 可知分拆良知為寂感、未發已發確不可謂是陽明之正傳。(3) 至於念菴，牟先生批評其「與聶雙江為同一思路，以『獨知』之知，『知善知惡』之知，為良知之萌芽，為一時之發見，尚不是真正之良知，即不是寂體之良知，此種已發之知作不得主，必須反求其根源以主之。此種想法完全不合陽明之思路」。[74] 又說：「念菴又把『良知』一詞拆開，先單看知只是知覺，因此，知覺有良有不良，如是，必求那使之所以為良者以為之主。這樣七拆八拆，把陽明良知教弄成面目全非的古怪樣子，而又自稱為王學，此豈非別扭之甚乎？」[75] (4) 最後，牟先生提醒：「須知默坐澄心，收斂為主，是欲存養良知之體，此是人隨時當有之常行，此不能決定義理系統之方向。」[76]

無庸置疑，牟宗三對江右主張歸寂的苛評絕非無的放矢。《明儒學案》卷17〈江右王門學案二〉錄雙江論學書云：「良知本寂，感於物而後有知，知其發也。不可遂以知發為良知，而忘其發之所自也。心主乎內，應於外，而後有外。外其影也，不可以其外應者為心，而遂求心於外也。故學者求道，自主乎內之寂然者求之，使之寂而常定。」[77] 這是彼分拆良知之明證，以已發者非良知；「外其影也，不可以其外應者為心」。不過，我們若細讀雙江、念菴的文字，也不難察覺他們分拆良知為寂感、未發已發，不是在本體上講（他們實亦知道良知本體無分於寂感、未發已發），而主要是出於工夫的考慮。〈江右王門學案二〉錄雙江論學書有以下一段話可為佐證：「夫無時不寂、無時不感者，心之體也。感惟其時，而主之以寂者，學問之功也。故謂寂感有二時者，非也。謂工夫無分於寂感，而不知歸寂以主夫感者，又豈得為是哉！」[78] 大概他們既主張歸寂豫養，又信不過那當下呈現之良知為能無雜於念慮，乃使其論說易時而滑轉為於良知本體上分寂感、未發已發。若然，則順唐君毅德性工夫的詮釋進路似更能體貼雙江、念菴立言之本旨。

此即：(1) 首當知乎雙江、念菴的求道經歷，乃是作過陽明的致良知工夫、王龍溪的先天工夫而皆不相契，皆無法以之去掉念慮之擾和，這才輾轉走上歸寂一路。[79] (2) 所以唐先生討論念菴之學時，強調應觀其〈答蔣道林書〉，蓋「此念菴之言，乃念菴之隱居求志，于靜坐中之所證得。其言皆自道其所證得，而作如實說也。」[80] 而對於歸寂之靜功，唐先生是充分肯定其效用：「然吾人通常皆有數十年生活之積習未化，潛伏於中，以障此心之仁，則若非上智，終不可不先以歸寂主靜之工夫為本。否則未有不是良知天理與平生習氣，一齊用事，夾雜俱流，而不自覺者。」[81] 事實上，他本人就曾得益於修習靜功以養病，[82] 故說：「吾于宋明儒者之言，雖初最喜象山之先立其大，亦極愛龍溪之高明通透。然仍視周程之靜敬之功，雙江念菴之歸寂主靜之教，為入德之一門。」[83] (3) 關於雙江、念菴與龍溪的爭議，唐先生亦以病作喻，指出龍溪的先天工夫，猶如「人病中，恒不見有病，而念念忘病，亦固治病之一道。而念念在病者，亦或更增其病」，「此良知本體之恒在之教也」。而雙江、念菴言歸寂主靜，則猶如「人病而不知養息，而自謂無病，乃與常人同為種種日用應酬之事，則其病又恒日增」，「此即雙江、念菴之所以必言歸寂主靜，以為此息養之功也」。依德性工夫總是對機受用言，「二說又何諍哉」。[84] (4) 值得一提的是，唐先生甚至進而嘗試為雙江、念菴之分拆良知為寂感、未發已發作辯護，謂對照於純然無雜的良知本體（未發），那擾和夾雜了竟見欲念的良知發用（已發）應可與之相區別，則此中「仍另有一良知之發與未發之分」。[85] 但這恐怕是曲護之辭。蓋若如此說，良知之未發與已發之兩「發」義便為不同（未發之發指良知發用之義，已發之發指良知與意見欲念俱發之義），既不同自是兩物而可分；若兩「發」義相同，則良知應無分於未發已發。誠然，吾人良知之發用恒不免有意見欲念夾雜的可能，但夾雜歸夾雜，卻不可因而就說良知可分拆為未發已發兩截。由是觀之，唐君毅德性工夫的詮釋進路雖極盡體貼儒者的立言用心，然有時或體貼太過而易生混和義理是非之嫌。

　　通過以上三例，我們應已清楚展示了唐、牟兩條不同詮釋進路的特色及其出入所在。下面讓我們綜括其理論涵義並評估其理論效力。

四、兩條研究進路的涵義與效力

先看牟宗三本體分析的詮釋：

一、牟先生當然知道宋明儒者是本體與工夫兩面皆備，並且儒者採取不同的工夫入路將影響其對本體的體會。他說：「工夫之不同就決定對於本體的體會之不同。朱夫子走格物窮理的路，所以他對於心、性、道的體會和走逆覺之路者對於心、性、道的體會不一樣。兩者就在這裏分開了。」[86] 不過對他來說，有義理決定性的工夫只有逆覺與順取兩路：(a) 北宋前三家濂溪、橫渠、明道，南宋的五峰、象山，以及明代的陽明、蕺山，「這七個人所講的工夫就是所謂的『逆覺之路』」。[87] 此中復可分象山、陽明是直承孟子「盡心知性」的顯教和五峰、蕺山是繼承濂溪、橫渠、明道「盡心以成性」的密教。而由此二教之分乃成兩系統，但「這兩系最後合在一起，是一個大圓圈中的兩個來往」。[88] (b) 相較之下，伊川、朱子走的是順取之路，所形成的是另一套義理系統。如此將宋明儒者的不同工夫簡約為兩路或三路，只承認此兩路或三路才是對義理系統有決定作用，因而所形成的義理系統亦只有三套。於是，牟先生的宋明理學研究其實整個地是著力於釐清、分疏此三套義理系統，使它們眉目清晰、綱維分明，故可名之曰本體分析的詮釋進路。

二、但要釐清、分疏此三套義理系統，衡定其中的本體概念之確義則殊不容易。因為儒者都本乎相同的經典卻有著各自的理解；使用一樣的概念但賦予它們不同的涵義；又所表達的方式非系統性的陳述論證而是東一句西一句的散見於語錄、文集以至書信。此所以牟先生說中國前賢「對於義理形態之欣賞與評估則顯有不及」，即便是「《宋元學案》對于各學案之歷史承受，師弟關係，耙疏詳盡，表列清楚，然而對于義理系統則極乏理解，故只堆積材料，選錄多了草，不精當，至于詮表，則更缺如。」[89] 他曾自況如何抄錄儒者的文字、重編其學案、再通過比對剔剝以衡定其確義的艱苦歷程。[90] 職是之故，儘管我們可以商榷他的三系分法，卻不得不承認他那本

體分析的詮釋進路是在研究方法上作出了極佳的示範，展示了如何把宋明理學從儒者主觀的體會轉化為一門可資研究、討論及評價的客觀學問。

三、但牟先生把宋明儒者各種工夫簡約為(他認為有義理決定性的)兩路或三路，則恐未盡體貼之能事，尤其是儒者走上不同工夫路子背後那真實、深刻的存在體驗與掙扎。例如，朱子在其中和舊說的階段是嘗試實踐過業師李延平的靜坐見體及湖湘學派的先察識後涵養(牟先生分別稱之為「超越的逆覺體證」與「內在的逆覺體證」[91])而皆不得要領，這才在苦學困思中轉出中和新說。我們能否因其不契逆覺之路便判定其義理系統必屬歧出？不走逆覺之路就必是走順取之路？順取之路(格物窮理)就必是以泛認知主義的方式講道德？凡此，似乎仍大有可以商量、斟酌的餘地。顯而易見，牟先生把工夫約化的同時亦大大減低了儒者的工夫差異對其理解本體概念的影響程度。

四、在評價方面，牟先生是以孟子心學為標準來判定義理之是非。此即凡是在本體上未能肯定心即理、心性天是一；在工夫上未能把握住逆覺體證之路者都必是歧出而不得謂之儒學的正宗。問題是在本體上未能肯定心與理一、心性天是一固然未得儒學之勝義，但要達至此本體體認的工夫就真的只有逆覺一途？對此，牟先生以為是，唐先生則以為非。並且牟先生之以為正確的工夫只有逆覺一途，亦使得他將儒者間很多工夫論述上的「差異」要麼看成是義理上的「是非」，要麼看成是義理上「不相干」的(即無義理系統之決定性)。

再看唐君毅德性工夫的詮釋：

一、相比起牟宗三，唐君毅的詮釋進路是更關注於儒者的求道經歷及由之而摸索出的工夫路徑，此所以他自謂其說為能體貼宋明儒者的用心與本旨，而其研究方法乃可名之曰德性工夫的詮釋進路。

二、對唐先生來說，孟子心學所表示之心與理一、心性天是一無疑是儒學的核心觀念，宋明儒者實皆以之為努力的目標和理想。然能達

至此目標和理想的工夫卻因儒者氣稟有差別、所面對的存在困境有不同而可以有多途。此中儒者有走上覺悟本心並自信本心能承體起用的頓悟之路(即本體便是工夫);有走上覺悟本心後仍得黽勉對治氣稟物欲夾雜的推拓、擴充之路(用工夫以復本體);有走上信不過本心為能免乎欲念意見攪和故得默坐澄心的主靜之路(道南一脈之體驗乎喜怒哀樂未發前大本氣象、江右之歸寂等);有走上一面觀天地生化的觀物工夫、一面作內在道德的修養工夫的內外交養之路(北宋理學前三家);有走上因常感受到心與理不一、理與氣不一之艱難而藉涵養用敬、格物窮理來恢復心與理一的求諸外以明諸內之路(伊川與朱子),等等。凡此種種工夫,實皆旨在求「增加對心性本體之超越的反省之所成」,[92] 因此是殊途而求同歸。

三、又循此殊途而求同歸的線索來看宋明理學六百多年的發展,唐先生強調當視之為有次第分合、有次第同異(故亦有爭辯)而終可相攝相通的一整個義理世界。他說:「如專于其流之既分異之已成處,加以對比平觀,則將只見思想義理型態之相對成別,以為方以智之論述,其極固可至于在義理之世界,見天開圖畫;然尚未必能見其義理型態之相攝之通,而為圓而神之論述,以極至于在義理之世界,如聞天音天樂之流行也。」[93] 我們不妨把這段話看成是唐先生對分系問題的看法。

四、最後,在評價方面,既以工夫本就是殊途(對應儒者不同之需要而能當機受用);既以殊途本就是為求同歸,則儒者各種工夫不必在根本上有矛盾對立乃至對錯高低可言。唐君毅的詮釋進路在體貼儒者的用心之餘,確較能凸顯出儒者的工夫差異對其理解本體概念的影響程度,並使得他將儒者間不少看似是本體論述上的「是非」解讀為是因彼等工夫入路不同所造成的「差異」。當然有時體貼太過時,亦得警惕易有混同義理是非之虞,以不同義理論述之是非不能全化為工夫造成之差異故。例如,不管我們怎樣替朱子的格物窮理工夫作辯護,都無法否認其對《孟子》的解釋有不恰當處(好像把「盡心」與「知性」的次序倒轉過來)。

在當代（港臺）新儒家的諸位學者中，我們慣將唐、牟並稱，因兩先生在思想上確實有不少相共相通之處。例如，他們的儒學都是以宋明理學（天道性命相貫通）為底子，都是心學的現代詮釋等。然或亦因此人遂不易看出他們在宋明理學的研究上有著相互較量、針鋒相對的一面。本章追究箇中的原委，指出這是由於他們採取了不同的詮釋進路所致。若我們將唐、牟兩條詮釋進路平列比觀，則似乎是各有長短。而若我們著眼於唐、牟在義理解釋上的巨大分歧，則甚至會得出兩條進路是非此即彼的錯覺。說是錯覺，因這是混同了詮釋進路與詮釋結論之故。必須知道，詮釋進路與詮釋結論之間並無必然的邏輯涵蘊關係。換言之，即使你採取本體分析的詮釋進路，注重分疏宋明儒者的義理系統，並不等於就得全盤接受牟宗三的觀點。同樣，即使你採取德性工夫的詮釋進路，注重體貼宋明儒者的存在體驗及由之而有的工夫入路，亦不見得就會得出與唐君毅完全相同的看法。明乎此，我們才能明白唐、牟所示範的兩條詮釋進路，非但不是相互排斥而實是可以合則雙美的，雖則本體分析與德性工夫的視角之間或有張力在焉。總之，今後研究者倘能兼顧此兩個視角並在其間努力尋找平衡，相信定可為宋明理學的研究繼往開來、推陳出新，而這才是最好地繼承唐、牟留給我們的豐碩的研究成果。

註 釋

1　劉述先，《黃宗羲心學的定位》，〈自序〉，頁 1–2。

2　劉述先，〈牟宗三先生臨終遺言：「古今無兩」釋〉，收氏著，《當代中國哲學論──人物篇》（River Edge, NJ：八方文化企業公司，1996），頁 213。

3　此外，唐君毅研究宋明理學的文字，還有《導論篇》（1966）的〈原理（下）──空理、性理、與事理〉、〈原致知格物（上）（下）──大學章句辨證及格物致知思想之發展〉、〈原太極（上）（中）（下）──朱陸太極之辨與北宋理學中太極理氣思想之發展〉及〈原命（下）──宋以後天命思想之發展〉；另《原道篇（卷三）》（1973）的附錄收有唐先生分別於 1946、1947 年發

表的〈宋明理學家自覺異於佛家之道〉和〈由朱子之言理先氣後論當然之理與存在之理〉兩文。

4 參看牟宗三，《中國哲學十九講》(臺北：臺灣學生書局，1999八刷)，頁395–396。

5 唐君毅，《日記(上)》(臺北：臺灣學生書局，1991)〔《唐君毅全集》，卷27〕，頁170。

6 唐君毅：《日記(下)》(臺北：臺灣學生書局，1991)〔《唐君毅全集》，卷28〕，頁70。

7 同前註，頁71。

8 參看同前註，頁73–79。

9 蔡仁厚，《牟宗三先生學思年譜》(臺北：臺灣學生書局，1996)，頁30。

10 唐君毅，《日記(下)》，頁72。

11 參看同前註，頁80–81。

12 唐君毅，《中國哲學原論 —— 原性篇》(臺北：臺灣學生書局，2006全集校訂版三刷)，頁555–556。

13 唐君毅，《日記(下)》，頁195–196。

14 同前註，頁206。

15 同前註，頁295。

16 同前註。

17 唐君毅，《中國哲學原論 —— 原教篇》，頁4。

18 同前註。

19 同前註，頁10。

20 同前註，頁354。

21 同前註，頁353。

22 同前註，頁10。

23 同前註，頁212。

24 同前註。

25 參看牟宗三，《心體與性體》，第1冊，頁49。

26 牟宗三，《宋明儒學的問題與發展》(臺北：聯經，2003)，頁7。

27 牟宗三，《中國哲學十九講》，頁408。

28 牟宗三，《心體與性體》，第1冊，頁42。

29 程顥、程頤，《河南程氏遺書》，卷2上，〈二先生語上〉，《二程集》，頁15。

30 同前註，頁33。

31 牟宗三，《心體與性體》，第1冊，頁44。

32 程顥、程頤，《河南程氏文書》，卷2，〈答橫渠張子厚先生書〉，《二程集》，頁460。

33 牟宗三，《心體與性體》，第2冊，頁239。

34 程顥、程頤，《河南程氏文書》，卷2，〈答橫渠張子厚先生書〉，《二程集》，頁460–461。

35 牟宗三，《心體與性體》，第2冊，頁239。

36 唐君毅，《中國哲學原論——原教篇》，頁49。

37 同前註，頁51。

38 試看下列數條文字：(a) 子在川上曰：「逝者如斯夫！不舍晝夜。」(《論語·子罕》) (b) 徐子曰：「仲尼亟稱於水，曰『水哉，水哉！』何取於水也？」孟子曰：「源泉混混，不舍晝夜，盈科而後進，放乎四海；有本者如是，是之取爾。苟為無本，七、八月之間雨集，溝澮皆盈；其涸也，可立而待也。故聲聞過情，君子恥之。」(《孟子·離婁下》) (c) 孟子曰：「孔子登東山而小魯，登泰山而小天下。故觀於海者難為水；遊於聖人之門者難為言。觀水有術，必觀其瀾。日月有明，容光必照焉。流水之為物也，不盈科不行；君子之志於道也，不成章不達。」(《孟子·盡心上》) (d) 孔子觀於東流之水，子貢問於孔子曰：「君子之所以見大水必觀焉者，是何？」孔子曰：「夫水遍與諸生而無為也，似德。其流也埤下，裾拘必循其理，似義。其洸洸乎不淈盡，似道。若有決行之，其應佚若聲響，其赴百仞之谷不懼，似勇。主量必平，似法。盈不求概，似正。淖約微達，似察。以出以入，以就鮮絜，似善化。其萬折也必東，似志。是故君子見大水必觀焉。」(《荀子·宥坐》)

39 試看下列數條文字：(a) 浮而上者陽之清，降而下者陰之濁，其感通聚結，為風雨，為雪霜，萬品之流形，山川之融結，糟粕煨燼，無非教也。(張載，《正蒙·太和篇》，《張載集》，頁8。) (b) 天道四時行，百物生，無非至教；聖人之動，無非至德，夫何言哉！(張載，《正蒙·天道篇》，《張載集》，頁13。) (c) 周茂叔窗前草不除去，問之，云：「與自家意思一般。」子厚觀驢鳴，亦謂如此。(程顥、程頤，《河南程氏遺書》，卷3，〈二先生語三〉，《二程集》，頁60。) (d) 觀雞雛。此可觀仁。(同上，頁59。) (e) 張橫浦曰：「明道書窗前有茂草覆砌，或勸之芟，曰：『不可。欲常見造物生意。』又置盆池，畜小魚數尾，時時觀之。或問其故，曰：『欲觀萬物自得意。』草之與魚，人所共見，唯明道見草則知生意，見魚則知自得

意，此豈流俗之見可同日而語！」(黃宗羲，《宋元學案》，卷14，〈明道學案下〉，《黃宗羲全集》，第3冊，頁699。)值得一提的是，北宋諸儒中將觀物工夫作顯題化處理的是邵雍 (堯夫，1012–1077)，其言云：「天所以謂之觀物者，非以目觀之也。非觀之以目而觀之以心也，非觀之以心而觀之以理也。天下之物莫不有理焉，莫不有性焉，莫不有命焉。所以謂之理者，窮之而後可知也。所以謂之性者，盡之而後可知也。所以謂之命者，至之而後可知也。此三知者，天下之真知也，雖聖人無以過之也，而過之者非所以謂之聖人也。夫鑑之所以能為明者，謂其能不隱萬物之形也。雖然，鑑之能不隱萬物之形，未若水之能一萬物之形也。雖然，水之能一萬物之形，又未若聖人之能一萬物之情也。聖人之所以能一萬物之情者，謂其聖人之能反觀也。所以謂之反觀者，不以我觀物也。不以我觀物者，以物觀物之謂也。既能以物觀物，又安有我于其間哉！是之我亦人也，人亦我也，我與人皆物也。」(邵雍，《觀物內篇‧第十二篇》，《邵雍集》〔北京：中華書局，2010〕，頁49。)雖然唐、牟都對堯夫評價不高，未許之為宋明理學的代表人物，唐先生亦認為「然自濂溪、橫渠之天道論，乃直下承易傳中庸之言太極、乾元、誠、太和旨，以立一太極與太和為道體，而言萬物之由之而化生；即不同於康節之由橫觀物之象數之變化，以見其當依一太極或道或神，以為此變化之根據者。」(《中國哲學原論 —— 原教篇》，頁47。)但倘從唐先生提示出之觀物工夫的線索看，我們或許可以重新評估堯夫在理學中的地位。至於要在義理上講明觀物工夫，則需另文處理，這裏不能詳說。

40　張載，《正蒙‧大心篇》，《張載集》，頁24。

41　唐君毅，《中國哲學原論 —— 原教篇》，頁104。

42　同前註，頁84。

43　同前註，頁105。

44　張載，《張載集》，頁17。

45　唐君毅，《中國哲學原論 —— 原教篇》，頁139。

46　同前註，頁496。

47　同前註，頁135。

48　同前註。

49　同前註，頁136。

50　同前註，頁187。

51　同前註，頁187–188。

52 牟宗三,《中國哲學十九講》,頁404。

53 牟宗三,《心體與性體》,第2冊,頁333。

54 同前註,頁259–260。

55 牟宗三,《心體與性體》,第1冊,頁54。

56 參看牟宗三,《心體與性體》,第3冊,頁391;《中國哲學十九講》,頁395–396。

57 牟宗三,《心體與性體》,第3冊,頁183。

58 參看同前註,頁384–392。

59 同前註,頁392。

60 牟宗三,《心體與性體》,第2冊,頁306。

61 唐君毅,《中國哲學原論——原教篇》,頁167。

62 例如:(a) 稱性之善謂之道,道與性一也。以性之善如此,故謂之性善。性之本謂之命,性之自然者謂之天,自性之有形者謂之心,自性之有動者謂之情,凡此數者皆一也。聖人因事以制名,故不同若此。而後之學者,隨文析義,求奇異之說,而去聖人之意遠矣。(程顥、程頤,《河南程氏遺書》,卷25,〈伊川先生語十一〉,《二程集》,頁318。) (b) 問:「心有善惡否?」曰:「在天為命,在義為理,在人為性,主於身為心,其實一也。心本善,發於思慮,則有善有不善。若既發,則可謂之情,不可謂之心。譬如水,只謂之水,至於流而為派,或行於東,或行於西,却謂之流也。」(同上,卷18,〈伊川先生語四〉,《二程集》,頁204。) (c) 心之全體湛然虛明,萬理具足,無一毫私欲之間;其流行該遍,貫乎動靜,而妙用又無不在焉。故以其未發而全體者言之,則性也;以其已發而妙用者言之,則情也。然「心統性情」,只就渾淪一物之中,指其已發、未發而為言爾;非是性是一箇地頭,心是一箇地頭,情又是一箇地頭,如此懸隔也。(黎靖德編,《朱子語類》,卷5,頁94。) (d) 問:「心之為物,眾理具足。所發之善,固出於心。至所發不善,皆氣稟物欲之私,亦出於心否?」曰:「固非心之本體,然亦是出於心也。」又問:「此所謂人心否?」曰:「是。」子升因問:「人心亦兼善惡否?」曰:「亦兼說。」(同上,頁86。)

63 牟宗三在析論朱子中和新說時提到「分解的預定」,其言曰:「於未發時,雖預定一『心體流行寂然不動之體』以及一『一性渾然道義全具』之性,然此種預定只是就未發而來的分解的預定,並不是如孟子之就良心呈現而來的逆覺體證。」見氏著,《從陸象山到劉蕺山》,頁128。於此若追問朱子為何可以就未發時分解的預定 (theoretically presuppose) 一心體的觀念,則答

曰：這或是其將格物窮理之工夫到家後所臻至之理境（ideal）倒過來裝於心之知覺中而說之。

64 唐君毅說：「朱子在心性論上，確立此心體之自存自在，而依此心體之虛靈明覺，以言其內具萬理，以主乎性，外應萬事，以主乎情。此虛靈明覺，不自為障礙，亦不能為所具之理流行之障礙；則其發用流行，亦當心理如如，不特體上是一，用上亦當一。惟以人有氣稟物欲之雜，而心之用，乃恒不如理，而理若只超越於此心之上；故人當前現有之心，可合理，亦可不合，而心與理即于此可說為二。此二，乃以其心之有夾雜或間隔，使之二。則由工夫而更去此間隔，二者又終不得而二矣。此其與象山之別，唯在象山重在教人自悟其心與理之一，則為一正面的直接工夫，而不同于朱子之欲去此使心理不一之間隔，以使心與理一，兼為由反『反面』以成正面之間接工夫者。」見氏著，《中國哲學原論 —— 原教篇》，頁204-205。

65 唐君毅，《中國哲學原論 —— 原教篇》，頁287。唐先生認為朱子此一保任、自固心之虛明靈覺的持敬工夫，其目標與效用正與象山的覺悟本心工夫無二無別，其言曰：「此朱子所言之持敬，以存養此心之虛靈明覺之工夫，雖最為象山所不契；然其目標，亦正在打開出心之性理昭露呈現之道路，使此心于未發時所具之理，得顯于心之發用流行，人乃更能依理以應物。此則正與象山所謂立志以開拓心量、去障蔽、去病之工夫，意在打開出此心此理之發用流行之道路，其功效正無二無別。唯象山之立志以開拓心量、而去障蔽、去病，乃當下此心，自覺其心之即理者，『充實于內，更滿發於外，以掃蕩其外』之工夫；而朱子之主敬，則為當下此心，自覺其心之具理者之『收攝于內，更不見其外，以保任其內』之工夫耳。」（同上，頁287。）

66 唐君毅，《中國哲學原論 —— 原性篇》，頁603。

67 唐君毅，《中國哲學原論 —— 原教篇》，頁271。

68 同前註。

69 同前註，頁288。

70 參看本書第8章〈比論唐君毅與牟宗三的朱子哲學研究〉。

71 牟宗三，《從陸象山到劉蕺山》，頁300。

72 同前註，頁299。

73 王守仁，《傳習錄中》，《王陽明全集》，卷2，頁72。

74 牟宗三，《從陸象山到劉蕺山》，頁306。

75　同前註，頁 308。

76　同前註，頁 300。

77　黃宗羲，《黃宗羲全集》，第 7 冊，頁 429。

78　同前註，頁 431。

79　以下略舉數條文獻證據：(a)《明儒學案》卷 17〈江右王門學案二〉錄雙江論
　　學書云：「本原之地，要不外乎不睹不聞之寂體也。不睹不聞之寂體，若
　　因感應變化而後有，即感應變化而致之可也。實則所以主宰乎感應變化，
　　而感應變化乃吾寂體之標末耳。相尋於吾者無窮，而吾不能一其無窮者而
　　貞之於一，則吾寂然之體不幾於憧憧矣乎！寂體不勝其憧憧，而後忿則奮
　　矣，欲則流矣。善日以泯，過日以長，即使懲之窒之，遷之改之，已不免
　　義襲於外，其於涵養本原之功，疑若無與也。」(黃宗羲，《黃宗羲全集》，
　　第 7 冊，頁 429–430。) (b)《明儒學案》卷 18〈江右王門學案三〉引念菴 (〈甲
　　寅夏遊記〉) 云：「陽明先生苦心犯難，提出良知，為傳授口訣，蓋合內外
　　前後一齊包括，稍有幫補，稍有遺漏，即失當時本旨矣。往年見談學者，
　　皆曰『知善知惡即是良知，依此行之，即是致知』。予嘗從此用力，竟無所
　　入，蓋久而後悔之。夫良知者，言乎不學不慮，自然之明覺，蓋即至善之
　　謂也。吾心之善，吾知之；吾心之惡，吾知之，不可謂非知也。善惡交
　　雜，豈有為主於中者乎？中無所主，而謂知本常明，恐未可也。知有未
　　明，依此行之，而謂無乖戾於既發之後，能順應於事物之來，恐未可也。
　　故知善知惡之知，隨出隨泯，特一時之發見焉耳。一時之發見，未可盡指
　　為本體，則自然之明覺，因當反求其根源。」(同上，頁 478。) (c)《念菴
　　羅先生集》，卷 3，〈良知辨〉云：「他日龍谿子曰：『良知本寂，無取乎歸
　　寂。歸寂者，心槁矣。良知本神應，無取乎照應。照應者，義襲也。』吾
　　人常寂乎？曰不能。曰不能，則收攝以歸寂於予何病。吾人不能神應，謂
　　良知有蔽可乎？曰然。曰然，則去蔽則良知明。謂聖愚有辨，奚不可？求
　　則得，舍則失，不有存亡乎？養則長，失則消，不有增損乎？擬而言，議
　　而動，不有照應乎？是故不容泯者，理之常也；是謂性不易定者，氣之動
　　也；是謂欲不敢忘者，志之凝、命之主也。是謂學任性而不知辨欲，夫之
　　罔談。學而不本真性，夫之鑿見。性而不務力學，夫之蕩。」(羅洪先，
　　《念菴羅先生集》，據《四庫全書存目叢書》集部，第 89 冊〔臺南：莊嚴文化
　　事業公司，1997〕，頁 543。)

80　唐君毅，《中國哲學原論——原教篇》，頁 401。

81　同前註，頁 403。

82 唐君毅1966年底至1967年在日本京都醫院醫治目疾，寫有〈病裏乾坤〉一文，當中談及他在病中對靜養工夫的親身體驗。其言曰：「然當此身體之活動成為習氣，以生起種種不當有之意念欲念時，則其生命力，純由過去之習氣所驅率，乃欲罷不能，欲止不得，連綿不斷，身體之活動隨種種意念欲念之方向，而馳散，更無逆回歸寂之機；吾人之生命力之用於此者，遂純為浪費。而吾人之整體之生命，即循不同方向之意念欲念之生起，時在分裂之中，即外若未病，而實已病矣。由上之義，吾即知何以養病當先從事于靜功，而此靜功當始于求妄念之停息之故。由此靜功，必有助于身體之康復，吾亦嘗信之而不疑。……故吾亦嘗試用內視、及其他使心不外馳，而歸在腔子裏之工夫，以逆此平日習氣流行之方向，亦不能謂其全然無功。吾亦信世之靜功深者，未嘗不可由其心念之純一，而使身體之活動，亦歸于純一，而自去其病。」見氏著，《病裏乾坤》(臺北：鵝湖出版社，1984再版)，頁27–28。

83 唐君毅，《中國哲學原論──原教篇》，頁403。

84 參看同前註，頁399。

85 同前註，頁409。

86 牟宗三，《中國哲學十九講》，頁399。

87 同前註，頁396。

88 參看同前註，頁414–415；《心體與性體》，第1冊，頁49。

89 牟宗三，《心體與性體》，第1冊，頁53。

90 下引的文字雖較長卻生動地記錄了牟宗三本體分析的詮釋進路的工作。其言曰：「吾之整理疏解北宋四家與朱子實煞費精力。欲想將朱子所反映投射之顏色剔剝得開而物各付物，還其本來面目，此工作實太艱鉅。然而『求是』之心不容已實逼迫我非如此進去不可。弄不明白，不得一諦解，實無法下手講此期之學術。如普通隨便徵引幾句，隨文領義，都差不多，總無必然。此實非心之所能安。既無以對北宋四家，亦無以對朱子。吾乃決心進去，予以剔剝。先整理《二程遺書》，分別編錄明道語與伊川語而確定之，凸顯明道，使其從隱形的轉為顯形的，于朱子之不解處正之。次對于濂溪之《通書》若干章及〈太極圖說〉予以確定之疏解，而同時亦指出朱子理解之偏差，而于朱子之解語亦予以確定之詮表。次對于橫渠之《正蒙》若干篇予以確定之疏解，消除其滯辭，呈露其實義，于朱子之誤解處正之。次對于伊川予以確定之疏解，以明其系統轉向之開始，朱子于伊川之理解大抵皆是，無可指議者。最後詳編朱子語，以中和問題與『〈仁說〉』之辯

論為中心，展開其各方面之牽連，展示其全部系統之何所是。關於朱子部，分量最多，工作亦繁重。然握其要，則其思理亦很清楚。所謂『握其要』，在客觀了解之過程上，並非是憑空從一點(譬如從格物〈補傳〉或從心之德愛之理或從敬貫動靜等)展轉引申其他。如朱子系統之成是採取西方哲學家立論之方式而形成其系統，則自可如此握住其一點，即可了解其系統之全部。然朱子並非如此者，乃是由遍注群經、講遍北宋四家而形成其系統者。是故其要點之確義頗不易握，其思理之清楚亦不易凸顯。人初見之，或稍有深入而不能究竟，則很可以覺其為一團混雜，衝突百出，矛盾重重。然而此皆是假象，其底子固甚清晰，而其思理亦甚一貫，而且皆能充其極。此其所以為大家，而足以開創一傳統者。是故在客觀了解上，其要點確義之把握，其清晰思理之朗現，必須在比對剝剝中而把握而朗現，如是，始可得其必然而不搖蕩。」見《心體與性體》，第1冊，頁56–57。

91　牟宗三，《心體與性體》，第2冊，頁476–477。

92　以下一段話正是唐君毅德性工夫的詮釋進路的生動寫照。其言曰：「對此一個人之道德生活上之成己如何可能之問題，則依伊川説，則人之有此仁義禮智之性理，此性理能顯於心，而依之以生相應之形氣，即是此道德生活之所以可能之根據。然學者於此可尚不滿意，而謂只心有性理尚不足以生相應之情氣，亦不足以去除種種為生此相應情氣之阻礙者，如私欲、氣質之蔽等。此必另濟之以後天之人為之種種工夫，而伊川亦實重此後天之人為之種種工夫者也。又或進而以為心只有性理，尚不足以生相應之情氣，應更有一虛靈明覺之心體，如朱子説；或充塞宇宙之本心，如陸象山説。或進而言此本心之核心乃精神，如楊慈湖説。或更進而言此本心即天理之明覺或良知，如王陽明説。又或進而以此良知中更有好善惡惡之意根，而此意根，則為直通於天命之於穆不已，表現元亨利貞之四德者，與先天的喜怒哀樂之純情者，如劉蕺山説。此皆為對此人之道德生活之所以可能之根據，更求深見而深説之，以見人之道德生活之有其内在的形上的堅實不拔、充沛有力、『淵淵其淵，浩浩其天』之心性本體上之根據者。此固不可忽。此種種説，自有較伊川只於心言有性理為道德生活之可能根據，有進一步之義。然亦皆沿伊川之説，而次第增加對心性本體之超越的反省之所成，而皆不必與伊川之説相違者。」見《中國哲學原論——原教篇》，頁188–189。

93　同前註，頁10。

第八章

比論唐君毅與牟宗三的朱子哲學研究

一、唐君毅與牟宗三的朱子哲學研究

牟宗三的朱子哲學研究，在漢語中國哲學界影響深遠。儘管爭議之聲不斷，但由於他的解讀融貫緊密，既照顧到朱子哲學的各個方面，且能將之整合成一環環相扣的大系統(此亦正相應朱子哲學本身的特色)，[1] 所以過往不少商榷批評都總是給人小修小補或隔靴搔癢的感覺。與牟宗三並稱當代新儒家(或港臺新儒家)代表人物的唐君毅，在中國哲學的整理與開新上誠然與牟學為同調，不過很少人注意到他理解的宋明理學其實與牟說迥異其趣。唐君毅嘗評論牟著《心體與性體》首二冊說:「上午閱宗三心體與性體書完，此書為一大創作，有極精新處，但其論宋明儒學與我意尚多有所出入耳」;[2] 對第三冊則說:「閱宗三兄書第三冊完，此冊問題頗多，不如第一二冊」。[3] 可見他尤其不滿意牟宗三對朱子哲學的評斷。後來他撰述《中國哲學原論 —— 原教篇》正是想針鋒相對地作出全面回應。筆者曾為文分判唐、牟研究宋明理學的方法:稱唐的進路為「德性工夫」、牟的進路為「本體分析」，此處不煩重述。[4] 唐君毅研究朱子哲學，篇幅雖不及牟宗三《心體與性體》第三冊，且又是散見於《原教篇》、《導論篇》、《原性篇》及《原道篇(卷三)》等，但其中閃爍的洞見，卻已提示一套堪與牟式解讀相抗手的詮釋體系。本章的目的是要通過比論唐、牟的朱子研究來為唐君毅提示的詮釋體系做一初步的梳理、發揮與建構。比論的意義，固不在評價孰高孰低，

而是在更求善解朱子思想。為了鮮明雙方的詮釋體系，突顯彼此交鋒之處，下面將分就四方面來展開比論：一、朱子的成學歷程與存在困惑；二、格物窮理、主敬涵養的工夫；三、由工夫而言心（與性、情）的存有地位；以及四、理氣關係。[5] 稍涉獵過唐、牟文字的人，都不難看出第一方面是唐君毅向來關注的下手處，第四方面則是牟宗三別具隻眼的洞察。

二、對朱子求學歷程中存在困惑的詮釋

唐君毅的宋明理學詮釋，重在從學者的存在困惑及由解決困惑所引發的工夫進路入手。這在朱子即是參究中和的問題。相較之下，牟宗三的宋明理學詮釋，則重在分析學者對本體概念的理解及由之建構的理論系統，而這在朱子亦得自中和問題開始。朱子參究中和，乃源於業師李延平。延平之學，據朱子的回憶：「李先生教人，大抵令於靜中體認大本未發時氣象分明，即處事應物，自然中節。此乃龜山門下相傳指訣。」[6] 但朱子在親炙之時，卻「貪聽講論，又方竊好章句訓詁之習，不得盡心於此，至今若存若亡，無一的實見處，辜負教育之意。每一念此，未嘗不愧汗沾衣也。」[7] 結果，朱子僅靠對延平遺教的回憶，再加上向湖湘學派（傳胡五峰之學）的張南軒請教，如此困學苦思，乃有中和舊說的出現。[8]〈中和舊說序〉記云：「余蚤從延平李先生學，受《中庸》之書，求喜怒哀樂未發之旨，未達而先生沒。余竊自悼其不敏，若窮人之無歸。聞張欽夫得衡山胡氏學，則往從而問焉。欽夫告余以所聞，余亦未之省也，退而沉思，殆忘寢食。一日，喟然嘆曰：『人自嬰兒以至老死，雖語默動靜之不同，然其大體莫非已發，特其未發者為未嘗發爾。』自此不復有疑，以為《中庸》之旨果不外乎此矣。後得胡氏書，有與曾吉父論未發之旨者，其論又適與余意合，用是益自信。」[9] 李延平與胡五峰的學路，依牟宗三的詮釋，雖然都是在求那與理為一的本心，走的卻是兩條不同的工夫路子。延平「於靜中體認大本未發時氣象

分明」，是一種隔離經驗、閉關退聽、靜坐見體的工夫，是「超越的逆覺體證」；五峰之求「此良心之苗裔因利欲之間而見者也。一有見焉，操而存之，存而養之」（朱熹〈胡子知言疑義〉），則是一種不離經驗、即於日用、當下見體的工夫，是「內在的逆覺體證」。[10] 朱子的中和舊說雖是在這兩路之間徘徊，但他並未能真契此兩種逆覺體證工夫。對延平一路，朱子的實踐經驗是偏於靜，甚至有「泯然無覺之中，邪暗鬱塞」之虞。其言曰：「夫豈以日用流行者為已發，而指夫暫而休息，不與事接之際為未發時耶？嘗試以此求之，則泯然無覺之中，邪暗鬱塞，似非虛明應物之體，而幾微之際，一有覺焉，則又便為已發，而非寂然之謂。」[11] 對湖湘一路，朱子的實踐經驗卻是流於動，「以故應事接物處但覺粗厲勇果增倍於前，而寬裕雍容之氣略無毫髮」。[12] 究其實，朱子根本無法藉此兩路體認到那與理為一的本心。所以，儘管舊說中有些近似見（心）體的話，如謂：「於是退而驗之於日用之間，則凡感之而通，觸之而覺，蓋有渾然全體應物而不窮者。是乃天命流行、生生不已之機，雖一日之間萬起萬滅，而其寂然之本體則未嘗不寂然也」；[13]「而今而後，乃知浩浩大化之中，一家自有一箇安宅，正是自家安身立命、主宰知覺處，所以立大本、行達道之樞要」；[14]「但因其良心發見之微，猛省提撕，使心不昧，則是做工夫底本領。本領既立，自然下學而上達矣。若不察於良心發見處，即渺渺茫茫，恐無下手處也」，[15] 但都屬似是而非之論。

　　對此，牟宗三的評斷是：「自朱子後來觀之，此時所肯認之天命流行之體正是儱侗之光景。儱侗渾淪正是朱子所不喜，亦示此『流行之體』實不能真切於其生命中也。既不能真切，故只是一光景。」[16] 朱子既無法契悟與理為一的本心，牟先生即使承認此「非其生命之本質」，[17] 卻以為自此以後朱子便走上一條歧出（非正傳）、別子（非大宗）的路；所能成就者乃是不能相應道德本心而為道德實踐的學人之學（非內聖之學）。

　　相較之下，唐君毅雖亦知朱子走不上覺悟本心的工夫進路，卻能體貼地強調朱子的存在困惑在於：人不免有氣稟物欲之偏蔽而於日常踐履中常覺心與理不一的問題。他說：

今謂象山以心與理為一，乃要在自象山之視「滿心而發，無非是理」，而教人自發明此即理即心之本心上說。朱子果有以心與理為二之言，則初是自人之現有之心，因有氣稟物欲之雜，而恒不合理；故當先尊此理，先有自去其氣稟物欲之雜之工夫，方能達于心與理一上說。[18]

他更指出朱子這一困惑，有其道德實踐的深意在焉，此即：

〔……〕以更正視此理氣不合一之世界之存在。于此人如多正視一分，則必對人與世界，增一分艱難感與嚴肅感。在對人施教上說，亦即將更感此教人之自覺其性理，而見于其相應之情氣，實非易事。至在成己之道德生活上說，則若非氣質純粹清明，心思如理，而氣即從之以動者，亦必感其氣之動之恆不合乎理，而理之不易實現于氣，性之不能直見于情。[19]

驗之於朱子文字，其批評陸象山之學正是明證。其言曰：「陸子靜之學，看他千般萬般病，只在不知有氣稟之雜，把許多粗惡底氣都把做心之妙理，合當恁地自然做將去。」[20] 因此，唐君毅認為後人以朱陸異同的關鍵在心與理之一不一，「亦未至真問題所在。此真問題乃在畢竟氣與心及理之關係，當如何看。」[21] 尤有進者，朱子之不契覺悟本心是工夫問題，「故朱陸異同之原，應首在工夫論上去看」，[22] 更何況朱子最終所求者仍不外乎心與理一（或復明本心），實與象山無二無別，故不得謂二人在理論上有必不相容的矛盾衝突。從工夫的不同處看，如不過分誇大，二人「大同而小異」[23]，而朱子實還有開拓新途之功。唐君毅總結朱、陸的兩種工夫：

〔……〕朱子與象山之工夫論雖不同，其立義正有其互相對應之處；總結而說，咸有兩端。朱子之兩端，為「主敬以存養此心之虛靈明覺」，與「即物窮理以致知」之兩端。主敬為朱子早年承程子之教，而切己用功，參中庸之中和問題所定之論；而即物窮理以致知，則其晚年對門人施教時所重之義，此則歸本于大學。象山之兩端，則為「知心之即理，而自覺自信」，與「立志開拓其心量而去障蔽」。

而此兩端則為發明本心之一事之兩面，蓋象山少年立志時即已定之
見，乃承孟子之學而成。[24]

並且以為兩種工夫不得分別高下得失。他說：

〔……〕此二種工夫之效用，依人而定，原無必然之衝突，亦實無
必然之得失。學者當因資質而學，教者亦當因材而教，而因時因
事之不同，則言非一端，以各有其用。而人之「用」在此者，未嘗
不能「知」在彼，而後其學為大學、其教為大教。人若本一工夫之
得，以觀另一工夫之所失，而作之評論，實亦皆未必當矣。[25]

可見，唐、牟的評斷截然異趣。然以上只是列舉，更重要的是他們評
斷背後的理據。由此可轉至對朱子工夫的詮釋。

三、對朱子工夫的詮釋

　　依牟宗三的詮釋：(1) 朱子既不能把握道德本心 (心即理或心與理
一)，則其所理解的心遂得假途格物窮理以「具」理；即從「然」推求「所
以然」或從「所當然而不容已」推求「所以然」。如是，(2) 心非道德本心，
而只是一能知覺理、認知理的 (認識) 心。以理氣言心性情，朱子便說
「所覺者，心之理也；能覺者，氣之靈也」，又說「心者，氣之精爽」。[26]
(3) 此心往外窮理，則理在心外。這是「泛認知主義」的進路 (以知識的
進路講道德)；[27] 是「認知靜攝之形態」；[28] 是使心後天、綜和地與理關聯
(即具而) 為一或合一，非是那先天、分析地與理本來為一的本心。[29] 結
果，(4) 乃是使心的道德動力減殺 (即有知而不行、知行割裂的可能)，
淪為「他律道德」。[30] 其言曰：

溯自先秦，孔子指點仁，孟子講心性，《中庸》言慎獨、致中和，言
誠體，擴大而為《易傳》之窮神知化，凡此似皆非「即物而窮其理」
之格物問題，而朱子必欲以泛認知主義之格物論處理之，恐終不能

相應也。理固不離事，道固不離器，然此種理道自始即是指道德創
造之源之理道而說，並非泛說平指的理道。此種作為道德創造之源
之理道，于其創生而直貫下來，故即在事中而不離事，即在器中而
不離器。此如非先道德自覺地意識到此道德創造之源之理道，而只
即物窮理以求之，未必即能至此理道也。就道德之事如忠孝、惻隱
之心等以窮之，其所窮至者固可說是道德的理道，然就天地鬼神、
日月陰陽、草木鳥獸以窮之，其所窮至者未必是道德的理道也。即
就道德之事以窮之，其所窮至之理道平置而為外在的理道，納于心
知之明與此外在理道之攝取關係中，其道德力量亦減殺。是以其泛
認知主義之格物論終于使道德成為他律道德也。此非先秦儒家立教
之本義、正義與大義也。然則發明「大本」乃是自覺地體證此道德創
造之源之事，非是即物而窮其理的格物之事，亦明矣。[31]

(5) 至於朱子的主敬涵養，在牟宗三看來不過是空頭的涵養；此即平常
所謂(收斂凝聚)使心靜而理明(即格物窮理不差失)之義。其言曰：

> 涵養施之於未發不是孟子所說的存心養性，乃只是於日常生活中使
> 心收斂凝聚，養成好習慣，不至陷於昏惰狂肆之境，故其於發也，
> 易於省察，庶可使吾人易於逼近如理合道之境。故以「洒掃應對進
> 退」為「存養之事」。此種涵養於未發，並不能判開感性界與超感性
> 界而直指一超越的道德之本心以為吾人道德行為之準則。此種涵
> 養只在養成一種不自覺的從容莊敬的好習慣。於未發時，雖預定
> 一「心體流行寂然不動之體」以及一「一性渾然道義全具」之性，然
> 此種預定只是就未發而來的分解的預定，並不是如孟子之就良心呈
> 現而來的逆覺體證。……故在朱子系統中，涵養只是消極的工夫，
> 積極工夫乃在察識，全部事業、勁力全在格物窮理處展開。[32]

換句話說，凡不能肯認道德本心，涵養皆屬空頭，而「只是於日常生活
中使心收斂凝聚，養成好習慣」。

牟宗三的詮釋看似理由充分，且他亦引錄及解釋不少朱子文字以為
佐證。然此種詮釋是否體貼、同情的理解，亦即給予朱子哲學最強義
的解讀，則不能教人無疑。其實，牟說的批評立場明顯是順著傳統心

學的觀點更作演繹發揮，惟陸、王亦未必對朱子全無誤解。[33] 唐君毅就明言他研究朱子、象山與陽明，「目標歸在言陽明之學之同有本于朱陸所言之義，以矯世之唯將陸王屬一學派與程朱為對壘之偏。」[34] 對於牟說，唐君毅的回應：(1) 首先是不同意其對朱子格物窮理的解讀。從前面的分析可知，牟宗三認為朱子本認識心格物窮理，即使所窮的是道德的道理，也不過是讓心認知 (cognitively or epistemically knowing) 一外在的道德道理（前引文字中「即就道德之事以窮之，其所窮至之理道平置而為外在的理道，納於心知之明與此外在理道之攝取關係中」），再使心依之而行 (act on)。問題是心認知外在的道德道理後，卻不必定要依之而行，知而不必行，即道德動力有減殺之虞；就算心依理而行，亦「使道德成為他律道德」。但唐君毅的解讀完全不同：

> 故朱子言格物窮理，恆以知物之「當然之則」與其「所以然之故」為言。依上引朱子言之意，乃是謂物雖可說有在吾之身之外者，然無論內在外在之物，其當然、所以然之理，則由吾人之心之知之。吾人之心知此理，即理之昭顯于心之知之中。此理之昭顯于心之知，即是理之用。理之用之所以能昭顯于心之知，則以理原為普遍，而無所不該，乃可無所不在。故在外之物之理，亦可為吾人之心之所知，而兼在吾人之心也。由此心之虛靈，而天地萬物之理，皆能顯于此心。原心為天地萬物之理之「管」。管之中虛，即所以喻心之虛靈也。天地萬物之理之用，在此心之虛靈中見。此又證吾人之心，原能知此理，此心之自有能「知理」之一用。朱子之言理「何必說是心之用」，乃因其是先自「物之客」，再說到「心之主」邊來，故不必只說理是心之用。然心之「知理」，固是心體之用，此「知理」中之理，亦心之用中之所自顯，而原在心之體者；則理固原為吾人心體之所具者也。故終曰「理在心在物，總是一般。」此語類之一段，即所以解釋其大學補傳由格物致知，而「眾物之表裏精粗無不到，吾心之全體大用無不明」之語者。[35]

此即以為朱子的虛靈之心非是一般所謂的認識心；它格物窮理，一方面可以說是讓普遍的道理昭露或作用（「理之用」）於心（「天地萬物之

理之用，在此心之虛靈中見」)。另一方面亦可以說是心的作用(「心體之用」)使普遍的道理呈顯於其前，而心原有使普遍的道理呈顯於其前的能力(「此又證吾人之心，原能知此理，此心之自有能『知理』之一用」)。此能力雖曰「知理」、「具理」，但不是認知關係的攝具，而是使吾人應物時的當然之理呈顯於心，如見父知孝、見兄之悌、見孺子入井而知怵惕惻隱。這也就是說，吾人格物窮理，知事父母須孝，此「知」不是「觀念的知」(conceptual knowing)，而是「體驗的知」(embodied knowing)。此處再進一步，則明乎吾人做格物窮理工夫，無非是為了去除氣稟物欲的夾雜，恢復心本有之泛應曲當、當機知所當為(之理)的能力，亦即恢復心本來具有的種種應物的當然之理(「此『知理』中之理，亦心之用中之所自顯，而原在心之體者；則理固原為吾人心體之所具者也」)。所以，朱子〈大學補傳〉「莫不因其已知之理而益窮之，以求至乎其極」中的「已知之理」，[36] 必涵心本來具有種種應物的當然之理，而「益窮之，以求至乎其極」，非為舉一反三的推理，乃是心應事接物時發為當然之理的步步推擴。此義，下錄朱子與門人的答問可證：

> 任道弟問：「『致知』章，前說窮理處云：『因其已知之理而益窮之。』且經文『物格，而後知至』，却是知至在後。今乃云『因其已知而益窮之』，則又在格物前。」曰：「知元自有。纔要去理會，便是這些知萌露。若懵然全不向著，便是知之端未曾通。才思量著，便這箇骨子透出來。且如做些事錯，才知道錯，便是向好門路，却不是方始去理會箇知。只是如今須著因其端而推致之，使四方八面，千頭萬緒，無有些不知，無有毫髮窒礙。孟子所謂：『知皆擴而充之，若火之始然，泉之始達。』『擴而充之』，便是『致』字意思。」[37]

依此，(2) 唐君毅提出朱子的格物窮理是要藉由人心知之外用「以拉出其心之性理之事」，亦即「求諸外以明諸內」之事。他說：

> 故窮理之事，即知性之事。知性本為知自己之內在的心之體、心之性。然不接物而致其知、窮其理，又不能真昭顯此性而知性。

故此即物窮理之事，如以粗俗之言喻之，實似人之心知之向于外之
物理，以拉出其心之性理之事，如船上之一捲之繩索，將一頭拴在
岸上，則船移，而繩皆自出。如以較文雅之言述之，即「求諸外而
明諸內」之事。此乃實為一合內外之事，固不可專視為求諸外，或
外在之事也。朱子大學補傳所謂格物須于物之表裏精粗無不到，
語類曰：「表便是外面理會得底；裏便是就自家身上，至親、至
切、至隱、至密、貼骨貼肉處。」（語類卷十六義剛錄）而此由表以
至于裏，即求諸外而明諸內也。[38]

此中引《語類》的話尤可見朱子的格物窮理致知，不只是現今一般所謂
的「認知」，而必涵將理表現於吾人生命中之義，所謂「裏便是就自家身
上至親至切、至隱至密、貼骨貼肉處」。於是，(3) 唐君毅判定朱子之
學非是要以外在的理來「外制其心，外用其心，以求心之合理，今所謂
他律之道德也」。[39] 相反，其「在根本精神上，正承其前諸儒言人當知當
行之道，其本原在吾人之心性之論，而不同一切他律之道德論者也」。[40]

(4) 以下再據唐說作發揮來仔細剖析朱子的格物窮理，補充說明其
為「求諸外以明諸內」的工夫。必須知道，(a) 朱子格物窮理之法有多
途，如《語類》記云：「問《大學》致知、格物之方。曰：『程子與門人言
亦不同：或告之讀書窮理，或告之就事物上體察。』」[41] 又記云：「千言
萬語，只是欲學者此心常在道理上窮究。若此心不在道理上窮究，則心
自心，理自理，邈然更不相干。所謂道理者，即程夫子與先生已說了。
試問如何是窮究？先生《或問》中間一段『求之文字，索之講論，考之事
為，察之念慮』等事，皆是也。」[42] (b) 而訣竅則是「從然推求所以然」：

《或問》：「莫不有以見其所當然而不容已，與其所以然而不可易
者。」先生問：「每常如何看？」廣曰：「『所以然而不可易者』，是
指理而言；『所當然而不容已』者，是指人心而言。」曰：「下句只
是指事而言。凡事固有『所當然而不容已』者，然又當求其所以然
者何故。其所以然者，理也。理如此，故不可易。又如人見赤子
入井，皆有怵惕、惻隱之心，此其事『所當然而不容已』者也。然
其所以如此者何故，必有箇道理之不可易者。今之學者但止見一

邊。如去見人，只見得他冠冕衣裳，却元不曾識得那人。且如為
忠，為孝，為仁，為義，但只據眼前理會得箇皮膚便休，都不曾理
會得那徹心徹髓處。以至於天地間造化，固是陽長則生，陰消則
死，然其所以然者是如何？又如天下萬事，一事各有一理，須是
一一理會教徹。……」[43]

可見，不單於天地造化的實然處可以求其所以然，於人事活動「所當然
而不容已」的應然處亦可以求其所以然。如此探求，則吾人對所以然的
道理自能有更深刻的認識。不過，(c) 朱子十分強調道理「只就這心上
理會，也只在日用動靜之間求之，不是去虛中討一箇物事來」。[44] 從本
體宇宙論的角度看，存在物 (包括天地萬物與人我) 之理皆屬一理，即
存在之理、生生之理或天命流行之理，故朱子的格物窮理自不限於「行
為物」而包括「物理物」，乃至〈補傳〉所謂「必使學者即凡天下之物」而
格之。從道德實踐的角度看，吾人日常作道德踐履時固當仔細理會箇
中道德的道理，但判斷和行動必牽涉周遭事物，則吾人也當仔細理會
所涉事物 (非道德) 的道理，否則很可能好心做壞事。職是之故，朱子
的格物窮理遂常給人過於寬泛的印象，但朱子亦明言「然其格之也，亦
須有個緩急先後之序，豈遽以為存心於一草木器用之間而忽然懸悟也
哉？」[45] 此所謂「緩急先後之序」，自是道德的道理(亦即人心本具之理、
天命流行之理) 為先為急，事物 (非道德) 的道理為後為緩。(d) 此外，
格物窮理「非謂必窮盡天下之理」，[46] 而貴在能「以類而推」、[47]「觸類可
通」，[48] 並期「積習多後，自然貫通」。[49]〈補傳〉云：「至於用力之久，而
一旦豁然貫通焉，則眾物之表裏精粗無不到，而吾心之全體大用無不明
矣。」[50] 朱子嘗論到得那豁然貫通處的效驗曰：「今日明日積累既多，則
胸中自然貫通。如此，則心即理，理即心，動容周旋，無不中理矣」；[51]
又曰：「然心無限量，如何盡得？物有多少，亦如何窮得盡？但到那貫
通處，則纔拈來便曉得，是為盡也。」[52] 此即豁然貫道就是恢復與理為
一的本心。牟宗三因視朱子格物窮理的心為認知心，乃認為心具理只
是心與理後天關聯的合一，循此以往不管如何積累亦不可能漸至心與理
先天的本一，故豁然貫通實涵「由積習到覺悟是一步異質的跳躍，是突

變」。[53] 他甚至以為朱子的格物窮理工夫根本不能保證必有此一步突變，「光是積習，並不能即引至此跳躍」。[54] 但若依前面分析唐君毅的詮釋，則朱子格物窮理的心不純然只是認知心，格物窮理不是向外求理，而是求諸外以明諸內的內外交養工夫；所以豁然貫通是心已充分去除氣稟物欲的夾雜，恢復其本與理為一的狀態，此中並無異質的跳躍或突變。

必須指出的是，(e) 正因朱子言格物窮理帶有上述 (a)、(b) 與 (c) 的特色，牟宗三泛認知主義的解讀未可謂全是嚮壁虛造。但朱子屢說格物窮理「須得近裏著身推究」；[55]「要知學者用功，六分內面，四分外面便好，一半已難，若六分外面，則尤不可」；[56] 更切戒「但只據眼前理會得個皮膚便休，都不曾理會得那徹心徹髓處」。[57] 此即格物窮理的工夫最終得回到吾人自家性命的體驗上來相互推究發明。因此，格物所窮之理是一體驗的知，「行」亦在其中矣，以體驗已屬行故。這一點在朱子的讀書法中尤其突出鮮明。[58] 朱子以「讀書是格物一事」，[59] 一方面主張不廢漢唐注疏，且得逐段逐句逐字理會以求通曉義理，也就是說，用理論的進路 (theoretical approach) 來詮釋經典。其言曰：「大凡看書，要看了又看，逐段、逐句、逐字理會，仍參諸解、傳，說教通透，使道理與自家心相肯，方得。」[60] 但另一方面又強調得就自家親身切要處來體會經典中的道理，因它們都是聖人曾經歷過的，也就是說，用存在的進路 (existential approach) 來詮釋經典。而兩條進路相較，朱子明言理論的進路已落第二義：「學問，就自家身己上切要處理會方是，那讀書底已是第二義。自家身上道理都具，不曾外面添得來。然聖人教人，須要讀這書時，蓋為自家雖有這道理，須是經歷過，方得。聖人說底，是他曾經歷過來。」[61] 朱子常用「浹洽」一詞來描述讀書所造的理境；浹洽者，就是道理能進入自己內在的生命而彷若自得之，此非已包含行或必能行之體驗的知而何？其言曰：「『浹洽』二字，宜子細看。凡於聖賢言語思量透徹，乃有所得。譬之浸物於水；水若末入，只是外面稍濕，裏面依前乾燥。必浸之久，則透內皆濕。程子言『時復思繹，浹洽於中，則說』，極有深意。」[62] 唐君毅分析朱子格物窮理的工夫，亦首舉朱子論讀書為例。他還特別指出朱子有兩點值得注意的說法：一是「讀書便是做事」；一是「讀

書當先經後史」。他說：「由此二者，則見朱子之讀書，非只所以為德性工夫之助。讀書非只是做事之具，而其本身即是做事。人既由讀經而義理融會，則讀史而判事之是非，亦學者原當有、當為之事。」[63] 總之，朱子的格物窮理非是泛認知主義，不宜全自主知一面觀之。若明其「致知」（或「知至」）尤重體驗的知，則不必有知行割裂之病，亦不必有道德動力減殺之虞。此正所以朱子本人實未嘗覺其學有如斯問題。

(f) 對體驗的知，朱子喜以程伊川「真知」的說法名之：「致知所以求為真知。真知，是要徹骨都見得透。」[64]「徹骨都見得透」即「知得此理盡，則此箇意便實。」[65] 真知既為理盡意實，則真知即誠意；「此是當初一發同時做底工夫」。[66] 真知既為誠意，則真知自必能行；「欲知知之真不真，意之誠不誠，只看做不做如何。真箇如此做底，便是知至、意誠。」[67] 雖則朱子另又為求合於《大學》文本而謂格物、致知、誠意分屬層層遞進的工夫，故致知之外仍別有一段誠意工夫，即「慎獨」。朱子生動地以用兵禦寇作喻：「蓋到物格、知至後，已是意誠八九分了。只是更就上面省察，如用兵禦寇，寇雖已盡剪除了，猶恐林谷草莽間有小小隱伏者，或能間出為害，更當搜過始得。」[68] 又云：「知至後，意固自然誠。但其間雖無大段自欺不誠處，然亦有照管不著所在，所以貴於謹其獨。」[69] 必須知道，朱子真知即誠意即必能行之義，牟宗三非不曾見得，他說朱子的真知涵「有存在的感受」：

> 格物致知到知之「極盡」而又「切至」（尤其重切至，所謂「真知」）時，自然可以表示意誠。（「知之者切，然後貫通得誠意底意思」）。此是以「知之真切」帶出「誠意」。此固可說。然此種誠意粘附于「知」而見，很可能只表示知之誠，即實心實意去知，不是浮泛地知，真感到求知之迫切，真感到理之可悅而真切地去知之，此所謂對于知、對于理，有存在的感受也。（朱子個人即表示有此實感）。舉例言之，即伊川所謂經過虎患者之談虎色變，是真知虎之可怕也。但以此「真知」說誠意，反過來亦可以說誠意只是知之誠。是則「真知」與「誠意」只是一事之二名，意之誠為知所限，而與知為同一。然正心誠意所表示之心意，是道德之心意，是道德行動之機能，而知是

認知之機能。求知活動固亦可說是一種行動，因而作為行動之源的心意亦可應用于心知之明之認知而成為真切地去認知，但卻並不能限于此而與之為同一。意是行動之源，而實心實意去知、所誠的只是知，此與誠意以開行動之源，這其間畢竟有距離。「如好好色，如惡惡臭」之意之誠是真能實現這行為之好與惡，好善惡惡亦然。此即預伏一本心之沛然而真能實現此善之好與惡之惡，而真能為善去惡者。是即不得不承認「意之誠」與「知之真」為兩會事。即使意之誠不與知之真為同一，朱子亦可讓意之誠有獨立之意義，然而知之機能與行之機能，在泛認知主義之格物論中，只是外在地相關聯，他律地相關聯，而行動之源並未開發出，卻是以知之源來決定行動者，故行動既是他律，亦是勉強，而道德行動力即減弱，此非孟子說「沛然莫之能禦」之義也。[70]

可知，牟宗三雖知朱子言真知尤重「切至」，亦承認其能帶出「誠意」，以此中涵有存在的感受故。但他卻囿於泛認知主義格物論的詮釋，必謂此存在的感受只限於「知」本身，只是「知之誠，即實心實意去知，不是浮泛地知，真感到求知之迫切，真感到理之可悅而真切地去知之」，而不許此存在的感受是對於「理」來說的，是指把理真切地體驗於吾人生命之中。從上面的分析看，牟宗三此解恐不符朱子立言的旨趣。實則朱子確認為吾人得實心實意去知，但這用朱子的話說，不是「誠」而「只是收拾自家精神，專一在此」之「敬」。[71] 值得注意的是，朱子確曾一度有「誠意不立，如何能格物」的說法，[72] 惟後來則覺不妥而徹底以「(持) 敬」取代「立誠意」。試看以下各條：

問「格物窮理，但立誠意以格之」。曰：「立誠意，只是朴實下工夫，與經文『誠意』之說不同。」[73]

問「立誠意以格之」。曰：「此『誠』字說較淺，未說到深處，只是確定其志，樸實去做工夫，如胡氏『立志以定其本』，便是此意。」[74]

李德之問「立誠意以格之」。曰：「這個誠意，只是要著實用力，所以下『立』字。」[75]

「誠意不立，如何能格物！所謂立誠意者，只是要著實下工夫，不要若存若亡。遇一物，須是真箇即此一物究極得箇道理了，方可言格。若『物格而后知至，知至而后意誠』，《大學》蓋言其所止之序，其始則必在於立誠。」[76]

問「格物，敬為主，如何？」。曰：「敬者，徹上徹下工夫。」[77]

所以，牟宗三說的「知之誠」、「實心實意去知」與「真感到求知之迫切」，在朱子不是「誠意」，乃是「立誠意」，或確定說是「敬」。持敬能使心專一於格物以窮究關切性命的實理，不至「如大軍遊騎無所歸」。[78] 並且當心一旦具實理，更益發使之能持敬，持敬與格物窮理可謂互相成就，「須敬義夾持，循環無端，則內外透徹」。[79]

(5)下面再論朱子的主敬涵養來結束本節。朱子推重「『敬』字工夫，乃聖門第一義，徹頭徹尾，不可頃刻間斷」；[80] 又以「畏字」(收斂身心，不放縱之義)、[81]「主一」(心常惺惺之義)等義釋之；[82] 並孜孜於申明敬「須該貫動靜看方得。夫方其無事而存主不懈者，固敬也。及其應物而酬酢不亂者，亦敬也。」[83] 前面提及牟宗三批評朱子主敬為空頭的涵養，以其無道德本心故。誠然，朱子的主敬非是心學的覺悟及存養道德本心，但是否因而就只是一般所謂的收斂心神則恐怕大有斟酌的餘地。朱子論敬，固說「人常須收斂箇身心，使精神常在這裏」，[84] 但也說「學者常用提省此心，使如日之升，則群邪自息」；[85]「大概人只要求箇放心，日夕常照管令在」；[86]「存得此心，便是要在這裏常常照管」；[87]「所以程先生說『敬』字，只是謂我自有一箇明底物事在這裏。把個『敬』字抵敵，常常存箇敬在這裏，則人欲自然來不得」；[88]「敬，只是此心自做主宰處」；[89]「人常恭敬，則心常光明」。[90] 對朱子的工夫路數而言，主敬縱使不是覺悟那心即理之本心，卻是積極地去除氣稟物欲夾雜以復明那心具理之本心；所謂「人心本明，只被物事在上蓋蔽了，不曾得露頭面，故燭理難。且徹了蓋蔽底事，待它自行出來行兩匝看。他既喚做心，自然知得是非善惡。」[91] 正因看到這一點，唐君毅認為朱子主敬與象山立志以開拓心量、去障蔽、去病的工夫，「其功效正無二無別」。他說：

此工夫要在凝聚身心，使一切不合理之意念不得發，亦在自積極的存養此心之虛靈明覺，使超越的內在之性理，得其自然呈顯昭露之門，而格物致知誠意之事，亦易于得力。此主敬工夫，又實即正心修身齊家治國平天下工夫之本也。至在象山，則與其正面自覺此心即理，而自覺自信之工夫相輔者，則為吾人前所言之立志求心量之開拓，以超拔于一切心之私欲意見之外，及自疑自克，以「去障蔽」或「去病」之工夫。此則意在消極的除掉此心中已有之不合理之意念，使此即理之心之發用流行，無阻無隱。此朱子所言之持敬，以存養此心之虛靈明覺之工夫，雖最為象山所不契；然其目標，亦正在打開出心之性理昭露呈現之道路，使此心于未發時所具之理，得顯于心之發用流行，人乃更能依理以應物。此則正與象心所謂立志以開拓心量、去障蔽、去病之工夫，意在打開此心此理之發用流行之道路，其功效正無二無別。[92]

此中唐君毅對朱子主敬工夫的演繹有兩點可說。(a) 首先，靜時主敬，一來可存養心的虛靈知覺，以備動時作格物窮理工夫，二來可使心專主不為氣稟物欲所累，則本與理為一的心體的偶爾呈露遂易如理中節（關於這心體觀念，下面將有詳細分析）；「積極的存養此心之虛靈明覺，使超越的內在之性理，得其自然呈顯昭露之門」。如是，吾人已知之理益明，而本此格物便能窮理以求至乎其極。(b) 其次，動時主敬，唐說「易于得力」應可更作補充。上面的分析已指出格物窮理可帶出存在的感受：一為對知之本身的真切，一為對所具之理的體驗，二者皆能反過來加強吾人持敬的力量。敬義夾持交相引發之義，朱子言之詳矣，故謂「主敬、窮理雖二端，其實一本」。[93]

另外，唐君毅還注意到朱子言戒慎恐懼實與主敬涵養為一事。此尤可佐證主敬非寡頭的涵養，而是有深刻的道德實踐上的意義，且蘊涵一能自持、自保任其自己、自凝聚其心之事的心體觀念。唐君毅說：

此戒慎恐懼之工夫，在其只是防不善于未萌之際，而初無所戒慎所恐懼時，此心之自持，即此心之自己保任其自己，自凝聚其心之事。此保任、此凝聚，亦可無一事一物之可見，而只是一虛靈明

覺之當下凝聚在此，保任在此。此即與朱子所謂主敬或涵養之工夫，實際上為一事。唯說其為戒懼之工夫，似偏在防其自陷于「非」上說；說其為主敬之工夫，則偏在心之凝聚保任上說；而說其為涵養之工夫，則偏在自「此心由此工夫以養其虛靈明覺，以使天理得呈顯于：為是的意念中」說，亦偏自「使用此工夫者，自涵泳于此工夫中，以此工夫保養其自身之進行上」說耳。[94]

至此，唐君毅乃判定在朱子工夫論中格物窮理應屬最外最粗一層，然後是漸入於內比較細微的誠意省察，然後是更為內在深密的主敬涵養或戒慎恐懼。他說：

故在朱子之工夫中，致知格物乃最外表之一層，實最粗。由知理而據之以誠意省察克治，則漸入于內在之工夫，較細。朱子言涵養主敬，以保任其心之虛靈明覺，以開其天理之昭顯或呈現之幾，而成格物致知之功，則其工夫更為內在之一層，其義最為深密。朱子之言戒慎恐懼于未發，即所以成此涵養主敬之功，亦即所以表狀此涵養主敬之功之道德之意義，而非只是一虛說此心之虛靈明覺之事者。[95]

前面曾引錄牟宗三的判定，謂「故在朱子系統中，涵養只是消極的工夫，積極工夫乃在察識，全部事業、勁力全在格物窮理處展開」。兩相對照，二說不啻南轅北轍。

四、對朱子哲學中心性情的詮釋

本節轉過來考察朱子哲學中「心」的存有地位。在牟宗三看來，朱子的工夫進路塑造了一套「心、性、情三分」的本體架構：(本)性即(仁義禮智之)理；心不即是性理而是能認識性理的知覺能力；情(感)是心具理依理後的表現(如惻隱、羞惡、辭讓、是非)或所要對治轉化者。[96]必須指出，形成此三分架構的關鍵不在於心是知覺能力，而在於心能否

直接知覺性理，如後來（自朱學轉手的）王陽明說「蓋良知只是一個天理自然明覺發見處」。[97] 若心不能直接知覺性理，則心不即是性理，心亦非道德本心或心體。很明顯，牟宗三以為朱子格物窮理是用認知的進路談道德（即泛認知主義格物論），心得繞出去通過格物來掌握道理，故無法挺立道德本心或心體的觀念。至於朱子文字中屢屢言及心體，如「心之本體本無不善」、[98]「心之全體湛然虛明，萬理具足，無一毫私欲之間」的話，[99] 則可以是將格物窮理工夫到家後所臻至的理境（ideal）倒過來裝於心的知覺中而說之。此即前引牟宗三文字中所謂的「預定」：「於未發時，雖預定一『心體流行寂然不動之體』以及一『一性渾然道義全具』之性，然此種預定只是就未發而來的分解的預定，並不是如孟子之就良心呈現而來的逆覺體證。」

不過，在唐君毅看來，朱子的工夫進路所塑造的應是「心之性情」的本體架構：緣於氣稟物欲的夾雜常使吾人感到心不能如理合道，乃得分別出本然上的心之性（心表現性理）與現實上的心之情（心可表現或不表現性理）兩面，再藉格物窮理工夫，求諸外以明諸內，來恢復心之性並發用為心之情。這也就是說，唐君毅以為朱子思想中實有一道德本心或心體的觀念。他說：

> 朱子在心性論上，確立此心體之自存自在，而依此心體之虛靈明覺，以言其內具萬理，以主乎性，外應萬事，以主乎情。此虛靈明覺，不自為障礙，亦不能為所具之理流行之障礙；則其發用流行，亦當心理如如，不特體上是一，用上亦當一。惟以人有氣稟物欲之雜，而心之用，乃恒不如理，而理若只超越於此心之上；故人當前現有之心，可合理，亦可不合，而心與理即于此可說為二。此二，乃以其心之有夾雜或間隔，使之二。則由工夫而更去此間隔，二者又終不得而二矣。[100]

問題是此詮釋能否在文本證據與義理分析兩面都得到有力的支持。

無疑，朱子明白說過四端的萌蘗皆出於心：「性是心之道理，心是主宰於身者。四端便是情，是心之發見處。四者之萌皆出於心，而其

所以然者，則是此性之理所在也。」[101] 但這為何不是朱子將格物窮理工夫到家後所臻至的理境倒過來裝於心的知覺中而說之，亦即牟宗三所謂分解的預定。仔細檢閱朱子的文字，可證朱子確有安立心體的觀念，而牟預定說為非是。以下讓我們補充一則較少為人注意的文字，從中可見朱子亦承認道德本心在吾人生活中是時而呈現的，他名為「介然之覺」。其言曰：

> 林安卿問：「『介然之頃，一有覺焉，則其本體已洞然矣。』須是就這些覺處，便致知充擴將去。」曰：「然。昨日固已言之。如擊石之火，只是些子，纔引着，便可以燎原。若必欲等大覺了，方去格物、致知，如何等得這般時節。那箇覺，是物格知至了，大徹悟。到恁地時，事都了。若是介然之覺，一日之間，其發也無時無數，只要人識認得操持充養將去。」又問：「『真知』之『知』與『久而後有覺』之『覺』字，同否？」曰：「大略也相似，只是各自所指不同。真知是知得真箇如此，不只是聽得人說，便喚做知。覺，則是忽然心中自有所覺悟，曉得道理是如此。人只有兩般心：一箇是是底心，一箇是不是底心。只是才知得這是箇不是底心，只這知得不是底心底心，便是是底心。便將這知得不是底心去治那不是底心。知得不是底心便是主，那不是底心便是客。便將這箇做主去治那箇客，便常守定這箇知得不是底心做主，莫要放失，更那別討箇心來喚做是底心！如非禮勿視聽言動，只才知得這箇是非禮底心，此便是禮底心，便莫要視。如人瞌睡，方其睡時，固無所覺。莫教纔醒，便抖擻起精神，莫要更教他睡，此便是醒。不是已醒了，更別去討箇醒，說如何得他不睡。程子所謂『以心使心』，便是如此。人多疑是兩箇心，不知只是將這知得不是底心去治那不是底心而已。」元思云：「上蔡所謂『人須是識其真心』，方乍見孺子入井之時，其怵惕、惻隱之心，乃真心也。」曰：「孟子亦是只討譬喻，就這親切處說仁之心是如此，欲人易曉。若論此心發見，無時而不發見，不特見孺子之時為然也。若必待見孺子入井之時，怵惕、惻隱之發而後用功，則終身無緣有此等時節也。」元思云：「舊見五峰〈答彪居仁書〉，説齊王愛牛之心云云，先生辨

之，正是此意。」曰：「然。齊王之良心，想得也常有發見時。只是常時發見時，不曾識得，都放過了。偶然愛牛之心，有言語說出，所以孟子因而以此推廣之也。」又問：「自非物欲昏蔽之極，未有不醒覺者。」曰：「便是物欲昏蔽之極，也無時不醒覺。只是醒覺了，自放過去，不曾存得耳。」[102]

或謂朱子既非不明本心覺悟之義，為何又要走上別的工夫路徑，且強烈批評象山心學。則答曰：因朱子始終覺得氣稟物欲夾雜之累難以僅靠覺悟本心來去除。恰正相反，正是氣稟物欲的夾雜使吾人介然之覺乍現乍滅，「自放過去」，無法周流貫徹於全幅生命中。再者，介然之覺本身亦未必即能免乎夾雜，故本心當機發為惻隱、羞惡、辭讓、是非之情，仍有不中節的可能。朱子云：「惻隱羞惡，也有中節、不中節。若不當惻隱而惻隱，不當羞惡而羞惡，便是不中節」；[103] 又云：「如『惻隱之心，仁之端』，本是善，纔過，便至於姑息；『羞惡之心，義之端』，本是善，纔過，便至於殘忍」。[104] 更可怕的是，若如象山學般專門教人做易簡工夫，不察本心介然之覺或已遭染雜，便謂去擴充存養，豈非一錯到底。朱子云：「不知初自受得這氣稟不好，今才任意發出，許多不好底，也只都做好商量了。只道這是胸中流出，自然天理。不知氣有不好底夾雜在裏，一齊袞將去，道害事不害事？」[105] 所以，朱子本其實踐經歷，自深信唯有藉格物窮理，求諸外以明諸內，才能滌除夾雜、切實體會介然之覺裏包含的道德的道理；「惻隱元在這心裏面，被外面事觸起。羞惡、辭遜、是非亦然。格物便是從此四者推將去，要見裏面是甚底物事。」[106] 而格物窮理後的「知至」或「真知」，其所引發起的本心呈現可名為「大覺」，以別於「介然之覺」。

值得一提的是，朱子承認本心能時而呈現，除可安立心體的觀念外，對他晚年特拈「立志」之說，[107] 亦尤關重要。試看其言：

但為學雖有階漸，然合下立志，亦須略見義理大概規模。於自己方寸間若有箇惕然愧懼、奮然勇決之志，然後可以加之討論玩索之功、存養省察之力，而期於有得。夫子所謂志學，所謂發憤，正

為此也。若但悠悠泛泛，無箇發端下手處，而便謂可以如此平做
將去，則恐所謂莊敬持養、必有事焉者，亦且若存若亡，徒勞把
捉，而無精明的確、親切至到之效也。[108]

吾人若不能肯認有那本與理為一的本心，或本心不能觸事而起隨處發
見，則何來「自己方寸間若有箇惕然愧懼、奮然勇決之志」。此志，用
傳統的話說是憂患；用現代的話說是存在的困惑。又若無此志，格物
窮理的工夫恐「無箇發端下手處」，恐只是「徒勞把捉，而無精明的確、
親切至到之效也」。

回到唐君毅的詮釋，朱子既可立道德本心的觀念，則雖礙於體驗而
未能直下說心即理，但其與象山的分歧遂更確定是在工夫路數上，而
二者實非有必不可調和的矛盾。唐君毅的結論是朱陸應可相互承認對
方，兼且彼此的工夫主張亦無一可廢。他說：

而朱子之學，既未嘗不歸在見心之即理，己之心即聖人之心，則亦
未嘗不與象山同旨。然以朱子觀象山之言，「說心與理一，不察乎
氣稟物欲之私，是見得不真」。（語類一二六、大全卷五十六答鄭
子上）此即謂必須先見及此氣稟物欲之雜，足使心與理宛然成二，
然後吾人方能實有去此雜之工夫，以實現心與理之一。以象山觀
朱子，則先見有此氣稟物欲之雜，即不能直下見及心與理之一，
而未能本此見，更以「自信此心與理一」為工夫。所見者既是有此
「雜」，以使心與理不一者，則此所見者，非心與理一，乃心與理
二。則由工夫之所成，而見及之心與理一，即只屬修成，非真本
有。然若非本有，則修無可成，而亦可不修。于此心與理之一為
本有一義上，則朱子在其心性論，雖亦向之而趨，而未能圓成。
如前所辨。此則舍象山之論，蓋無他途。然取此象山之論，仍可
回頭正視氣稟物欲之雜之一問題，而即其雜，以知吾人之工夫，亦
當順其雜而有，乃未嘗不可有種種複雜之工夫。以其人之道，還
治其人之身，則即雜所以成純。則朱子之教，亦無一可廢。[109]

唐君毅那由體貼進乎調和的研究方法於此可謂表露無遺。

五、對朱子理氣與心性關係的詮釋

　　最後，牟宗三的朱子詮釋還有「心性情之形上學的、宇宙論的解析」一環，這是他獨具隻眼之處。[110] 扼要而言，(1) 朱子解周濂溪〈太極圖說〉時規定：太極為形而上的理，陰陽為形而下的氣；理無所謂動靜，氣有動靜，而理只是寓於氣之動靜而為其動之理與靜之理。牟宗三認為此思路「嚴格說，所謂理之動或靜並不是理自身能動或靜，乃是動者靜者依動之理而動，依靜之理而靜。依動之理而動，可謂為是繫屬于動之理下的動，而不是理自身之動。繫屬于動之理下的動，簡化之，遂滑轉而為『理之動』。故所云『理之動』實不是理自身能動，其實義只是屬于動之理下的動也。『理之靜』亦然，其實義亦只是繫屬于靜之理下的靜，而不是理自身能靜。」[111] (2) 沿此以往，朱子並進而用理氣比配心性情：性是理，情是氣，心是氣之精爽者；「『氣之精爽』，『氣之靈』，是心之『宇宙論的解析』。說其所以精爽之理、所以靈之理、以及所以知覺之理，則是心之『存有論的解析』。」[112] (3) 這樣一來，朱子於實踐上不契心即理，遂把心降為氣之靈，此非成認知理之認知心而何？又性理是無所謂動靜的 (只是) 理，其道德創造義大大減殺，此非純粹為心所具之對象而何？又理是實然之所以然，心格物窮理是要從然推究所以然，此非泛認知主義格物論而何？(4) 牟宗三不是沒有注意到朱子對太極理氣動靜的說明常有模稜兩可的話，但堅持必須斷定「朱子未能透澈。若于此真透澈，則于心必不只取其知覺義、認知義，亦必不視心只為氣之靈，而于孟子之『本心』亦可有進一步之體悟，而與陸象山亦不必為敵矣。是則此層所關甚大，朱子只是一間未達，故轉成另一系統。」[113] 可知，他是將朱子的形上學、宇宙論與心性論置放在一個整全的系統的詮釋循環中來互作支持。對於像唐君毅般試圖把朱子學詮釋成可與象山學會而為一者，牟宗三堅決反對，強調這反而「不是了解朱子之事」，因「若如此講，則又與朱子其他思想不一致。此朱子思想之所以難整理也。吾未嘗不欲如此講而會通之，但照顧其他，則又不能這樣順適地講下去。朱子亦未嘗不可進一步以昇轉其自己，但事實

上彼却終于滯于其所見而不能進。吾人亦只能順其所實是而順通之，至于會通此兩系統而一之，則是跳出來講其當然，而不是了解朱子之事。」[114] (5) 應該注意到，朱子太極理氣論與心性論之一不一致的難整理處，非牟宗三故弄玄虛，反而是他目光銳利的見地。事實上，明儒曹端、薛瑄與朝鮮儒者李滉 (退溪，1502–1571) 等都質疑甚至修正過朱子理自身不會動靜的想法。

不難看出，對唐君毅的詮釋來說，牟宗三這朱子研究的最後一環實是個極大的挑戰。此蓋若如牟說之必得使朱子的理氣論和心性論一致，則唐說對格物窮理及心的存有地位的解讀雖或未致於被全盤推倒，卻也勢必大受動搖。必須指出，唐君毅是早已留意到此一挑戰，他說：

> 依朱子之宇宙論，以説此人之工夫，要為一心氣之流行，有此工夫，乃有此流行。此工夫，此流行，即不能皆説為性理之本有者。則此所謂本心之明，其依理而生生者，亦可只指吾人之有生之初，所受于天之氣，原有其虛靈上説。而工夫則皆為後起，以求遙契吾人有生之初，所受于天者。則由此工夫所致之此本心之「明」，即皆為修成，不能皆説為原有之本心自身之自明自立之表現。人亦儘可視彼無此修之工夫者，即無此「明」，以謂此明，乃純由變化氣質物欲之雜而後致；亦即變化昏蔽之氣為清明之氣之結果。而朱子又原可由其宇宙論上之此觀點，以言其工夫與本體之關係；則其對所言之工夫，是否皆視為即此本心之自明自立之表現之一題，即必不能作決定説矣。[115]

對此，唐君毅建議應將朱子的形上學、宇宙論暫擱一旁，以求能充分體貼其心性論的主張與洞見。他說：

> 吾人今之解決此一問題之一道，蓋唯有將朱子之宇宙論之觀點，暫置一旁，而直循朱子在心性論上原嘗謂主敬之工夫，不外此心體之自惺惺在此，而見其自存自在之義，以進一步謂：凡此所謂人之工夫所修成之本心之「明」，亦只是此本心之體之自呈現之用。在此本心之體上，亦原有此一用，即原能自起此工夫，而一切工夫，亦

莫非此本體之所起。此工夫中所見之心氣之一切流行，自亦即此形而上之本心之全體之所起，而不可說為只依一形而上之本有之理而起者。此本心之全體，即一真正之心與理合一之形而上的本體義的本心。……此即全同于象山之學，而此亦正為循朱子之學之原有之趨向而發展，所亦必至之義也。[116]

後來，他還從義理上補充論證擱置的建議：

人亦固可謂此一切已有現有之事物，其可能有之根據，為一客觀形上之大物質或元氣、或天與上帝之類，而非必是一客觀形上之理也。而單純之一客觀形上之理，為非實際存在，便可說為抽象者，又如何可為已有現有之事物之為具體者所以實際存在之根據？則人皆可于此致疑。是見直接為求說明已有現有之事物之所以可能，或此事物之氣之流行之所以可能，而說有一形上客觀之理，乃可說而非必可說，亦非必然之論者也。然吾人如能轉而在人之性之表現于人之道德生活者上著眼，以言此理氣之問題，則此中可見人之情氣，必有一性理為其所以可能有之形上根據。蓋自人性情之表現于道德生活者言，則人于此道德生活中，可直感一當有當然者，如當有當然之對人之愛。此中人之自謂我當有此愛，非謂我為一客觀事物之因果關係之所決定，而使我非愛不可。此中人所感之客觀事物之因果關係，亦正大可為阻止我去愛者。此時人之自謂我當有此愛，亦非謂在客觀之世界中，有任何物能必然產生我之此愛；而在客觀世界中，上窮碧落、下達黃泉以求之，亦初無此愛。即在吾之現有已有之心中，亦初無此當有未有之愛，則吾人欲實有此愛，唯賴吾人自己之創生之。而吾之創生之，則唯依此感其為當有，亦即感其為義所當有，理所當有，而自創生之。則其創生之，即只以我此心之感其為義所當有、理所當為，為唯一之根據。簡言之，即以此義理之有，為其實有之唯一之根據。此愛之成為實有，是氣，是吾人心之情。然此義理，則初只是理、只是義。此義理之初呈于心，而未見于情，亦只為人之性之見于心。至其實見于情時，則于此情，不得不說為唯依此心之性而

生，此情之氣，亦不得不說唯依此性之理而生。因全宇宙中之一切已有現有之客觀、與主觀之世界中之事物，皆不能為其所以有之根據之故耳。[117]

此即提醒：宋明儒固以天道性命相貫通為本懷，但在天道的客觀面與性命的主觀面兩面中仍是有孰主孰從、孰重孰輕之別；並且必是以性命的主觀面為主為重，天道的客觀面為從為輕，蓋天道觀中的種種說法如太極理氣等斷不可為玄思冥想之戲論故。既非玄思冥想之戲論，則它們必得根植於性命的道德實踐體驗上，依體驗所得為準。同樣，朱子的心性論亦必須是其理氣論的根據。現朱子思想中此兩論有不一致處，則捨從者輕者就主者重者豈非理所當然的事。

比論至此，人或疑唐君毅的朱子詮釋恐終不及牟說之一致，則答曰非是。因為平情而論，當說朱子思想中自有此難整理之不一致處，牟說力求使其一致是一種詮釋，唐說還歸其不一致是另一種詮釋，而兩種詮釋對朱子文本實皆各有取捨。朱子思想體大思精，研究者有不同理解乃不難想像，所難者唯在能否提出一整全的系統的解讀。此正所以牟說具如斯影響力，而唐說為堪與其匹敵者。本章較量二說的目的，在開首已作聲明，即非為判分高下，而是希望藉此能對朱子思想更求善解。明乎此，則知未來的研究方向固可以卻不必是在唐牟二說中擇其一，而或可拆衷二說、或可超越二說來探求新解。

註 釋

1 朱子嘗謂「大凡理會義理，須先剖析得名義界分各有歸著，然後於中自然有貫通處。雖曰貫通，而渾然之中所謂粲然者，初未嘗亂也。」朱熹，〈答吳晦叔〉，《晦庵先生朱文公文集》，卷42，《朱子全書》，第22冊，頁1918。

2 唐君毅，《日記（下）》，頁195–196。

3 同前註，頁206。

4 參看本書第7章〈本體分析與德性工夫 —— 論宋明理學研究的兩條進路〉。

5 本章初稿發表於2014年香港中文大學哲學系中國哲學與文化研究中心主辦

的「朱熹與宋明理學國際學術研討會」，二稿發表於2018年復旦大學哲學學院與復旦大學上海儒學院主辦的「宋明理學國際論壇」。由初稿到如今的定稿，期間也出現一些受唐君毅詮釋啟發而與牟宗三觀點商榷的文章，此處不煩列舉，有興趣者可找來一讀並與本章相互比觀。這裏只想補充一點，即本章與它們的不同處有二：一是論證方式不盡相同；二是本章試圖依唐君毅建構一套堪與牟式解讀相抗手的詮釋，而不滿意於只提出局部片面的斟酌。

6　朱熹，〈答何叔京〉，《晦庵先生朱文公文集》，卷40，《朱子全書》，第22冊，頁1802。

7　同前註。

8　王懋竑《朱子年譜》考訂朱子中和舊說成立在丙戌（1166年朱子37歲時），近人錢穆以為有誤乃改為在戊子（1168年朱子39歲時）。後劉述先跟從錢考，但陳來則指出錢說考之未詳而為王說辯護，束景南撰年譜長編時亦判定在丙戌。由於舊說年考非關本章題旨，這裏便不多說。參看錢穆，《朱子新學案》，第2冊，頁223–232；劉述先，《朱子哲學思想的發展與完成》（臺北：臺灣學生書局，1995增訂三版），頁89–96；陳來，《朱子哲學研究》（上海：華東師範大學出版社，2000），頁166–170；束景南，《朱熹年譜長篇》（上海：華東師範大學出版社，2014），頁358–359。此外，中和舊說的文獻有四書：《晦庵先生朱文公文集》卷30〈與張欽夫〉十書之第三、四書，可稱中和舊說的第一、二書；王懋竑從《晦庵先生朱文公文集》卷32中撿出〈答張敬夫〉十八書之第三、四書，可稱中和舊說的三、四書。惟從內容上看，舊說第四書應接在第一書之後。

9　朱熹，《晦庵先生朱文公文集》，卷75，《朱子全書》，第24冊，頁3634。

10　參看牟宗三，《心體與性體》，第2冊，頁474–484。

11　朱熹，〈與張欽夫十書之第三書〉〔中和舊說第一書〕，《晦庵先生朱文公文集》，卷30，《朱子全書》，第21冊，頁1315。

12　朱熹，〈答張敬夫十八書之第三書〉〔中和舊說第三書〕，《晦庵先生朱文公文集》，卷32，《朱子全書》，第21冊，頁1392。

13　朱熹，〈與張欽夫十書之第三書〉〔中和舊說第一書〕，《晦庵先生朱文公文集》卷30，《朱子全書》，第21冊，頁1315。

14　朱熹，〈答張敬夫十八書之第三書〉〔中和舊說第三書〕，《晦庵先生朱文公文集》，卷32，《朱子全書》，第21冊，頁1392。

15　朱熹，〈答何叔京〉，《晦庵先生朱文公文集》，卷40，《朱子全書》，第22冊，頁1822。此答書是以中和舊說為背景。

16 牟宗三，《從陸象山到劉蕺山》，頁108。

17 同前註，頁109。

18 唐君毅，《中國哲學原論 —— 原性篇》，附錄〈原德性工夫 —— 朱陸異同探原〉，頁552。

19 唐君毅，《中國哲學原論 —— 原教篇》，頁187–188。

20 黎靖德編，《朱子語類》，卷124，頁2977。

21 唐君毅：《中國哲學原論 —— 原教篇》，頁206。

22 同前註，頁205。

23 同前註，頁207。

24 同前註，頁288。

25 同前註。

26 黎靖德編，《朱子語類》，卷5，頁85。

27 牟宗三，《心體與性體》，第3冊，頁394。

28 牟宗三，《從陸象山到劉蕺山》，頁123。

29 同前註，頁119。

30 牟宗三，《心體與性體》，第3冊，頁394。

31 同前註。

32 牟宗三，《從陸象山到劉蕺山》，頁127–128、129。

33 值得注意的是，陸象山固然與朱子針鋒相對，卻未嘗自心與理一不一的角度與朱子爭辯。王陽明的學問由朱子學轉手而出，故終身敬奉朱子，未易輕言朱陸是非，其編《朱子晚年定論》即是明證。不過，陽明本其龍場所悟的心即理與知行本體（知行合一），則正是由心與理一不一的問題來商榷朱子學。牟宗三對朱子工夫論的批評，可以說是大體承襲陽明的觀點。

34 唐君毅，《中國哲學原論 —— 原教篇》，頁214。

35 同前註，頁270。

36 朱熹，《四書章句集注》，頁7。

37 黎靖德編，《朱子語類》，卷16，頁324。

38 唐君毅，《中國哲學原論 —— 原教篇》，頁271。

39 同前註，頁322。

40 同前註，頁323。

41 黎靖德編，《朱子語類》，卷18，頁406。

42 同前註，頁408。

43 同前註，頁414–415。

44　黎靖德編，《朱子語類》，卷78，頁2015–2016。

45　朱熹，〈答陳齊仲〉，《晦庵先生朱文公文集》，卷39，《朱子全書》，第22
　　冊，頁1756。

46　黎靖德編，《朱子語類》，卷18，頁395。

47　同前註，頁398。

48　同前註，頁407。

49　同前註，頁392。

50　朱熹，《四書章句集注》，頁7。

51　黎靖德編，《朱子語類》，卷18，頁408。

52　黎靖德編，《朱子語類》，卷60，頁1425。

53　牟宗三，《從陸象山到劉蕺山》，頁166。

54　同前註。

55　黎靖德編，《朱子語類》，卷20，頁470。

56　黎靖德編，《朱子語類》，卷18，頁406。

57　同前註，頁414。

58　對此筆者曾作分析，參看拙文〈論朱子對經典解釋的看法〉，收《儒學、哲
　　學與現代世界》，頁28–65；另Chung-yi Cheng, "Modern Versus Tradition: Are
　　There Two Different Approaches to Reading of the Confucian Classics?" *Educational
　　Philosophy and Theory*, vol. 48, no. 1 (January 2016): 106–118。

59　黎靖德編，《朱子語類》，卷10，頁167。

60　同前註，頁162。

61　同前註，頁161。

62　黎靖德編，《朱子語類》，卷20，頁448。

63　唐君毅，《中國哲學原論——原教篇》，頁266。

64　黎靖德編，《朱子語類》，卷15，頁283。

65　同前註，頁291。

66　同前註，頁303。

67　同前註，頁302。

68　黎靖德編，《朱子語類》，卷16，頁332。

69　同前註。

70　牟宗三，《心體與性體》，第3冊，頁401–402。

71　黎靖德編，《朱子語類》，卷12，頁215。

72　黎靖德編，《朱子語類》，卷18，頁401。

73　同前註。

74　同前註。

75　同前註。

76　同前註。

77　同前註，頁403。

78　同前註，頁400。

79　黎靖德編，《朱子語類》，卷12，頁216。

80　同前註，頁210。

81　同前註，頁211。

82　同前註。

83　朱熹，〈答廖子晦〉，《晦庵先生朱文公文集》，卷45，《朱子全書》，第22冊，頁2078。

84　黎靖德編，《朱子語類》，卷12，頁201。

85　同前註。

86　同前註，頁202。

87　同前註，頁203。

88　同前註，頁207。

89　同前註，頁210。

90　同前註。

91　同前註，頁205。

92　唐君毅，《中國哲學原論──原教篇》，頁286–287。

93　黎靖德編，《朱子語類》，卷9，頁150。

94　唐君毅，《中國哲學原論──原教篇》，頁315–316。

95　同前註，頁316。

96　參看牟宗三，《心體與性體》，第3冊，頁407–425。

97　王守仁，《傳習錄中》〈答聶文蔚（二）〉，《王陽明全集》，頁95。

98　黎靖德編，《朱子語類》，卷5，頁92。

99　同前註，頁94。

100　唐君毅，《中國哲學原論──原教篇》，頁204–205。

101　黎靖德編，《朱子語類》，卷5，頁90。

102　黎靖德編，《朱子語類》，卷17，頁376–377。

103　黎靖德編，《朱子語類》，卷53，頁1285。

104　黎靖德編，《朱子語類》，卷97，頁2487。

105 黎靖德編，《朱子語類》，卷124，頁2977。

106 黎靖德編，《朱子語類》，卷53，頁1287。

107 參看錢穆，《朱子學提綱》，收《朱子新學案》，第1冊，頁134–139。朱子晚年特拈「立志」一項，錢穆解釋說：「朱子指點人修養方法，每進益平實，使理學成為一種常人之通學，此亦是朱子思想之日益轉進處。」(同上，頁134。)

108 朱熹，〈答陳超宗〉，《晦庵先生朱文公文集》，卷55，《朱子全書》，第23冊，頁2620–2621。

109 唐君毅，《中國哲學原論 —— 原性篇》，附錄〈原德性工夫 —— 朱陸異同探原〉，頁660–661。

110 參看牟宗三，《心體與性體》，第3冊，頁448-485。

111 同前註，頁458。

112 同前註，頁468。

113 同前註，頁462。

114 同前註，頁462-463。唐君毅的〈原德性工夫 —— 朱陸異同探原〉一文完成於1965年12月，比《心體與性體》第3冊早四年。從唐牟此段時期常相論學切磋的背景看，牟宗三這段說話明顯是針對唐君毅而說的。

115 唐君毅，《中國哲學原論 —— 原性篇》，附錄〈原德性工夫 —— 朱陸異同探原〉，頁648。

116 同前註，頁648–649。

117 唐君毅，《中國哲學原論 —— 原教篇》，頁177–178。

第九章

理氣論
——從宋明理學到當代新儒家

一、宋明儒的理氣論

「理」與「氣」作為獨立概念，雖早已見於先秦儒家的典籍，[1] 但理氣論，即以理與氣為一對概念（a pair of concepts），用以析述儒學的義理，則為宋明儒者的發明。更嚴格説，是始造於二程而極成於朱子。周濂溪《太極圖説》的主要觀念，是「無極」、「太極」與「二氣五行」；在張橫渠的《正蒙》，則是「太和」、「太虛」、「清通不可象為神」與「散殊而可象為氣」。至二程乃據《周易》分別理（或道）為形而上、氣（或器）為形而下，並合之以明乎天道的生化。如明道云：「又曰：『一陰一陽之謂道。』陰陽亦形而下者也，而曰道者，惟此語截得上下最分明，元來只此是道，要在人默而識之也。」[2] 又云：「『形而上者謂之道，形而下者謂之器。』若如或者以清虛一大為天道，則乃以器言而非道。」[3] 清、虛、一、大是橫渠《正蒙》所用詞，明道以為凡此皆指謂氣，故不足以語道。伊川亦云：「『一陰一陽之謂道』，道非陰陽也，所以一陰一陽道也，如一闔一闢之謂變。」[4] 此即區別「陰陽」（氣）與「所以陰陽」（道或理）。後來朱子完全繼承這條思路，明白説：「太極只是一箇『理』字」、[5]「有理，便有氣流行，發育萬物。」[6] 他更深入分解理氣論的各種涵義，提出一套系統的説法：包括理氣不離不雜、理先氣後、理生氣、理一分殊、理同氣異、氣同理異等命題。自朱子以降，理氣論便成了宋明理學的重要課題之一。

　　扼要而言，在本體宇宙論的層面，理與氣是用以解釋天地萬物的生化歷程及其背後的超越根據；在道德實踐的層面，理與氣是用以識別心、性、情、意等道德機能的根本特性及說明陷溺墮落與轉化工夫所以可能的緣由。惟理學家對如何規定「理」與「氣」及二者的關係，以至所涉及的諸般問題，卻有不盡相同的看法；朱子以後訾議朱子者大不乏人。下迄現代，當代新儒家雖以傳承宋明理學（特別是其中的心學）自任，但在哲學思想開發的層面，已甚少觸及理氣論的課題。此證諸於熊十力的本體哲學、唐君毅的心通九境與性情之形上學及牟宗三的道德的形上學與兩層存有論中，「理」與「氣」基本上不再居於理論的關鍵位置，可知。不過在哲學史清理工作上，他們對宋明各種理氣論的詮釋、判定與評價，實也有同異處在，不可不察。

　　最近有研究者提出宋明儒中有元氣論（或曰超越主義的氣論）的思想，即高看氣，把氣視為形而上的、超越的、先天的元氣或曰中氣，並以此氣為首出或原初（primary or primordial）概念，理只是氣之理（the secondary or derivative）。[7]（「形而上」、「超越」及「先天」為現今研究儒學的慣用語，惜乎意思不清，常易引起誤解。此處先順習使用，下文將作清楚界說。）研究者更以為在當代學人的詮釋中，唯唐君毅能正視之，牟宗三卻未及注意，而跟隨牟說下來的研究，亦因此未能對主張元氣論的劉蕺山與黃梨洲的思想作出恰如其分的理解。無庸諱言，忽略了元氣論這視角確實會使哲學史的詮釋未盡同情體貼之能事，但從理論本身看，元氣論到底應如何理解，恐仍有待澄清。至於說牟宗三沒有注意到，則實情是他根本排斥元氣論為不諦當之辭。而唐君毅雖看似肯定之，但圈限其理論效力，這又非援引唐說為助者所及知。其實唐、牟的業師熊十力曾說過「前儒言理氣，已多誤。程朱猶未免支離，後學更甚，今更不堪問矣」的話。[8] 他對宋明儒理氣論的評價是：

> 宋儒說理不離乎氣，亦不離乎氣，是直以理氣為兩物，但以不離不離，明其關係耳。此說已甚誤。明儒則或以氣為實在的物事，而以理為氣之條理，則理且無實，益成謬論。後之談理氣者，其支離又不可究詰。[9]

此中「宋儒」明是指朱子，而「明儒」應不僅指如王浚川一類的唯氣論者（即徹底否定形而上、超越的層面），而是包括元氣論者在內。[10] 誠然，人或可疑熊十力對宋明儒理氣問題亦乏善解，但這不正可見理氣論之不易董理。因此，本章希望以澄清元氣論為思考線索，以求對宋明儒的理氣論有一既全面且恰當的掌握。下面將依次：一、借助當代新儒家尤其是熊十力、唐君毅與牟宗三的詮釋，審定宋明儒「理」、「氣」的意義及兩者的關係；二、分析唐、牟兩先生對元氣論的判定和評價；三、最後，闡述元氣論的理論建構如何可能，並衡定其理論效力所在。

二、理氣關係的各個命題

先論宋明儒的「理」概念。(1) 宋明儒言理，非只是字面意義上的條理或法則，而是指謂生化之本體（本體者，生化所本之體也，此體字作實體義；亦可曰生化之本性，此體字作體性義）。牟宗三以「存在之理」(principle of existence) 名之，以別於「形構之理」(principle of formation)，即存在物內具的條理。依「理」為存在之「然」之「所以然」一義，存在之理是「形而上的、超越的、本體論的推證的、異質異層的」所以然之理；而形構之理則是「現象學的、描述的、物理的、形而下的」所以然之理。[11] 唐君毅也作過相同的區分：即「生生之理」(亦名「存在之理」) 與「形式之理」。[12] (2) 又存在之理必為一，形構之理依物之雜多而必為多。宋明儒喜言此存在之理乃百理俱備，人遂易誤以為存在之理包含眾多的形構之理，眾多的形構之理可統一於存在之理，但這是混淆之見，以眾多的物的形構之理不必能統於一故。此即從物物皆內具條理，推證有一理統為物物之理，乃邏輯推論上的謬誤。實則應說存在之理既為生化之本，必為能動之理，而順乎生化乃可以有不同的表現或顯現，表現為多相，故可以說一理即百理，或理一而分殊。故知以物物雜多的形構之理為存在之理的不同 (或偏全) 顯現可，但直以物物雜多的形構之理為包含統一於存在之理則不可。明乎此，我們才能懂

得下面牟宗三的話：「此理只是一理，一太極，一個絕對普遍的、存有論的、純一的極至之理。所謂百理、萬理實只是一極至之理對應個別的存在之然而顯見（界劃出）為多相，實並無定多之理也。」[13]（3）如是，不妨說存在之理乃雜多的形構之理得以實現的「實現原則」或「實現之理」（principle of realization or actualization）。[14] 對比於西方哲學，唐君毅敏銳的指出「西方自亞里士多德，經中古哲學之傳，至近世來布尼茲，其言此實現原則，恒以上帝之心靈之神智，先知其所欲實現之形式律則為根據。是則意涵此形式律則之理，乃先在，而此實現原則，又內在於上帝之實現其所知之意志中」，[15] 而宋明儒則無形式之理先在之說。這比較的意義，正見「中國思想素不重上帝或天之創生物之型模或計劃，及其創生者之為如何如何（what），與中國思想重此天之創造性之本身」。[16] 這點熊十力亦嘗論及，他說：「然本體之顯現而為萬物也，雖無預定計劃，而不妨謂其有計劃，只非預定耳。但此計劃二字，須善會，非如人之有意計度也，其相深微而不可測。唯於其因物付物，而物皆不失其正。即此，知其非盲目的衝動，而謂之有計劃也。」[17]「夫因物付物，則一任自然之化，未嘗有預定之的，立一型以期必然。」[18]（4）必須指出，唐、牟以兩種理的區分來辨明宋明儒言理之底蘊，絕非嚮壁虛造。此細讀《朱子語類》卷1〈理氣上〉是從太極處講理氣，卷2〈理氣下〉則是從天地之物理處如「天道左旋」、「日月升降」、「風霜雷電」等講理氣，可得佐證。不過，牟宗三承認「伊川朱子無『形構之理』之義」，[19] 亦即彼等未必能清楚簡別出兩種理而混形構之理與存在之理之偏全義為一，然這不礙我們可代為判開此兩種理，而使伊川、朱子之格物窮理說不致被誤解為窮究物理如科學探究，而知「『即物窮理』以致知並不是留住于物自身之曲折之相上而窮究其形構之理以成經驗知識（見聞之知、科學之知），乃是即之而越過其曲折之相以窮究其超越的、形而上的『所以然』之『存在之理』，以便使吾人之心氣全凝聚于理上，使其發動全如理。」[20]

（5）最後，宋明儒的存在之理亦為具道德價值意義的當然之理或應然之理，以生之理可曰仁之理故。以生之理即仁之理，絕非比附或擬人化（personify）之辭。唐君毅曾運用「超驗推論」來說明當然之理為何

可以即是天地萬物或一切存在的存在之理，其文辭雖頗繳繞，其思路卻甚清楚一貫。[21] 此即唐先生：(a) 先從道德經驗入手，指出依仁為普遍的仁愛意識，則一切當然之理無論其具體內容為何皆不能背離仁之理，故仁之理乃絕對的當然之理。又仁之理以成己成物為鵠的，故在一義上亦可曰生之理。(b) 次明仁之理即是踐仁者存在人格的存在根據；仁之理就是踐仁者的存在之理。且不管踐仁者事實上處於何種存在狀態，仁之理仍為其當實現、不能不實現者，故實為仁者不論處於何種存在狀態下的存在之理。(c) 復由仁之理雖表現於踐仁者的意識、知行與人格，其本身卻是超主觀的，以其非有我之得私故；亦是超自覺的，以實現是仁之理的必要條件而自覺非是仁之理的必要條件故。(d) 是故乃可謂：「則本于此理之超主觀之普遍意義，即同時顯示為任何狀態之存在所當實現、能實現、不能不實現，而貫徹于任何狀態之存在之理。亦即必然顯示為遍在于一切存在之理，而在一切存在內部鼓之舞之之理。」[22] 對牟宗三而言，要明乎生之理即仁之理，首當知道的是，不可循「觀解的形上學」(theoretical or speculative metaphysics) 的進路，而必依「實踐的形上學」(practical metaphysics) 的進路。[23] 此即：(a) 沿人之踐仁，乃知仁者成己成物，仁之理亦生之理之故。(b) 又仁者既可依仁之理以顯明自身存在的意義，則亦可依之以顯明 (或解釋、交代) 天地萬物存在的意義，而「誠信」有一生生不已即仁愛不已的天道作育乎一切存在者。(c) 這是宋明儒道德的形上學 (以道德實踐為中心而建立的形上學) 之「以價值說明存有」，而大不同於漢儒宇宙論的道德哲學 (以宇宙論為中心而建立的道德哲學) 之「以存有說明價值」。其實，若讀者能平心以觀唐、牟文字，便不難發現它們有異曲同工之妙，皆可以說是在進一步發揮其師熊十力「令知一切物的本體，非是離自心外在境界，及非知識所行境界，唯是反求實證相應故」的話。[24] 而上述唐君毅的超驗推論亦非是觀解的形上學。

　　再看宋明儒的「氣」概念。(1) 宋明儒言氣，可謂消化了整個漢儒的傳統，把氣視為生化之資具或基質，而遠超過先秦儒之言呼吸和血氣。(2) 氣既為生化之資具，人則易於從生化處將其理解為生命力，從資具

處將其理解為(具能量的)質料，此英譯所以常把氣譯為material force或vitality之故。這樣理解不能說錯，但需有簡別。究其實，氣應先從其作為動能處想，因氣之生化乃見於物之生化，而從物之生而化、化而生(或有而無，無而有)看，所見者非物之形質，唯是變化本身。熊十力說：「這氣字只是一種生生的動勢，或勝能的意思。此氣是運而無所積的。動相詐現，猶如氣分，故名為氣。」[25] 唐君毅的解釋是：「氣之概念之所以立，初實由觀物之能自化而立。在物之自化之際，則一物原表現之一形式，固化而不存，其質亦化而不存。在此中，物固無定形留滯於後，亦無定質可改為他物之質。當此形質既化，尚可言餘存者，即只此有形質者，所化成之無形質之一『動態的有』。此一有，即名為『氣』。」[26] (3) 唐先生更進而指出，氣之化而為物，正是「由無形質之一有，而化為有形質者之謂」，故「物之形式與質料，皆第二義以下概念，而後於氣之概念者」；並且「氣之本身之有或存在，亦即一物之形式質料之存在性之所在」。[27] 倘若我們不混同氣之化與其所化成之物，則知氣無非就是唐先生說的「只是一流行的存在或存在的流行」。[28] (4) 最後，氣化雖初無一定形式，但必有其化之「迹」(或曰段落)。用宋明儒的話說，就是氣的屈伸、動靜、始終等。而氣化之迹能為一始而終、終而始的相繼不已，似乎不能無理以貫乎其中、主乎其中。「今若無理以貫乎其中，而主乎其中，則氣之既生，不應更化，氣之既化，亦不應更生，便無其生生化化歷程之相繼。」[29] 由此可轉至分析理與氣的關係。

　　如上所言，理是生化之本體，氣是生化之資具，則(1)「**理妙運乎氣**」以成生化乃題中應有之義。不過，此妙運當如何說是一大問題。一般最易引起的誤解，是因我們的語言已預認了一主謂格局，故說理妙運氣，就恍若是理(為一物)入乎氣(為另一物)中以妙運之，如常途說人駕車，乃是人坐進車內駕駛之，但這絕非稱理之談。下面試以熊十力、唐君毅的兩種解說作申明。熊十力強調體用不二是很能起澄清作用的，他說：「理之一詞，是體和用之通稱，氣之一詞，但從用上立名。」[30] (此話甚吃緊，有深意，今不及細論，留待下面再作說明。)易言之，理氣屬一體兩面，皆生生之動能，熊名為「恆轉」(本體之別名)。

從氣一面看，則恆轉的動用義益顯，而有翕、闢俱起的勢能。恆轉之動（亦可曰氣之動）而翕（即成為形質的趨勢），乃可說（或假說）為物；而恆轉之動而闢（即健以自勝而不肯化於翕的趨勢），乃可說（或假說）為心。然依翕的勢能有迷暗以徇物的可能，又可說為（健以動的）本體一種反的作用（或不守自性），相比之下，依闢的勢能有自作主宰以不役於物的特性，遂可說為本體一種正的作用（或守其自性）。依此，熊有時直言心為本體，而物不可為本體。總之，「夫本體之流行，而反以成乎翕也，疑於不守自性。然此但為其自身表現之資具計，不得不故出於此。而本體畢竟不捨失其自性，乃恆保其剛健，升進不已也。此升進之勢用，即名為闢。闢固與翕反，而必資翕，以為運行之具，否則浮散而無寄矣。故闢者，恆默運乎翕之中，利其反而卒融釋以歸於太和。」[31] 這裏必須注意的是，儘管熊說屢言體用不二，亦即理氣不得判之為二，且翕闢亦好像都是氣之流行，但他以闢或心為能守乎本體即理之自性，故可主乎翕、運乎翕，實無異於仍是尊理於氣之上。所謂闢「恆默運乎翕之中，利其反而卒融釋以歸於太和」，亦實無異於理妙運乎氣的說法。

　　再看唐君毅的另一種解說。唐先生固然不會反對體用不二，卻以為既承認理有主宰妙運乎氣之義，則據此義，宜將理氣分作兩層，亦即依「理」、「氣」兩概念的不同而分為兩層。這兩層之分並不悖於體用不二，猶如一錢幣之可分為「面」與「背」，卻無礙其面與背實為一體之兩面。準此，則理妙運乎氣，非是謂在同一層面上理作為前氣之生而化與後氣之化而生的中介，而應分從理氣兩層來看。從理的層面看，理之恆動（此動是動用義、呈用義，非物之運動義、時際義）乃一「息用」（即寂然不動，可曰理之靜）與「呈用」（即感而遂通，可曰理之動）之不已，所謂一寂感真機。一般誤以為理只有呈用，若然，即其用乃一用永用、一成永成、一生永生，而無生生或不已可言。理之息用，表現於氣，是氣能生而化的「化」之所依，而可曰氣之陰、氣之靜（此靜是運動義、時際義）；理之呈用，表現於氣，是氣能化而生的「生」之所依，而可曰氣之陽、氣之動（此動亦是運動義、時際義）。氣之動是「動而無

靜」，氣之靜是「靜而無動」，但那能使氣生化不已的理（即能使氣靜時仍含動之機，氣動時仍含靜之機），卻是「動而無動，靜而無靜」。[32]

理妙運乎氣之旨，無論取上述熊或唐的解釋，或是兩者以外的別種解釋，此中還有數點涵義可說。(a) 理主宰妙運乎氣，即氣之生而化、化而生正是依理而生，故朱子**「理生氣」**為可說。又如可說理生氣，則理為氣的先導，或曰理為氣之所本，而於此亦必得承認理本的先在性，故朱子**「理先氣後」**為可說。唐君毅甚至認為「理生氣」、「理先氣後」的觀點，必是在我們道德意識的體驗中方得其真切的意義。他說：「然吾人但將此義務感重加分析，即知吾人此時是先有當然之理之命令之自覺，而繼之以當然之理不容我不遵之而行，而即往遵行之、實現之之自覺。吾人之遵之而行以實現之，為氣之動。以氣之為氣，即就為理之實現者而立名。氣之活動即是一『去實現理』之『去實現』。然吾人于此乃先有理之命令之自覺，而後有氣從之動之自覺。」[33] 又說：「吾唯愈肯定理之真實性，吾之氣乃愈隨之而從理而生。吾之肯定理之真實性之肯定一停止，吾之認識此理之活動即停止，而從理而生之心氣，亦即懈弛而退墮。」[34] (b) 另氣既是生而化、化而生；動而無靜、靜而無動，則氣是只能於一時為或生或化、或動或靜，而不能同時兼為生化、兼具動靜，就此可說氣之偏、氣之限。[35] 氣以偏、限故，自不能盡實現理，則**「理無窮而氣有限」**為可說，但這不礙從理妙運氣使氣生化不已處，亦即氣之能不斷超越乎其自身動靜生化的狀態處，**說「理無窮則實現之之氣亦無窮」**，此兩說為可並存。值得一提的是，宋明儒論惡，雖專言「人為之惡」或曰「道德之惡」(moral evil)，這主要是從人稟具的應然之理為氣質所障蔽來解釋，[36] 而似不及「自然之惡」(natural evil) 或曰「非道德之惡」(non-moral evil)。然據上述理無窮而氣有限的觀點，或可對自然之惡作一答覆。若謂「在物則弱肉強食，相逐相吞；饑膺厲吻，禽鳥悲鳴；迅雷風烈，禾黍飄零。斯固可使仁人惻然生悲，黯然神傷，而疑天地之無情」，[37] 則唐君毅嘗答曰：「其咎不在其不具此仁之理而有不仁之理，而咎在其所以實現仁之理之氣。理必求普遍實現而無限。氣有所實現，而實現者，皆一特殊而有限。氣有限，而其仁也有所未

仁。未仁非無仁。故氣有限而將不限其所限，而循理以破其限，以從仁，則氣亦無咎。」[38]《周易・繫辭下》云：「夫乾，天下之至健也，德行恆易以知險；夫坤，天下之至順也，德行恆簡以知阻。」唐的回答，或更可與易道險阻之說相互發明，但此處不及細論。(c) 尤有甚者，依氣之有偏、限，則其亦必有反制、障礙理的可能，此求之於吾人的道德生活可得徵驗。熊十力說：「體之成用，是由無待而現為相待，於此相待，便喚作一切物」，[39]人亦物也，故人「雖性分上無所不足，然約個人成形言，畢竟為有限的。由此，而形有障性之可能。易言之，吾人很容易為形軀所使，而動念即乖，以障礙其自性。」[40]對氣之可能障理，熊十力還有一個更細膩的解釋：此即氣現為翕闢的勢能，「必皆有餘勢續起而成為潛存的勢力，是名習氣」；[41]餘勢、餘氣、習氣對人而言，有好有壞（好壞依其能否助成人之本性或理定），但無論好壞，「每一習氣之潛存者，皆有起而左右將來生活之一種傾向」，[42]亦以此故，習氣其實也正是生命藉以顯發的資具，而德性工夫遂端在於慎其所習。氣既可反制、障礙理，則理亦必有可超越乎氣而破其障限的能力。

承上所論，可進而知 (2)**「理超越乎氣」**之旨。此旨：(a) 確然是於我們的道德體驗中最為顯豁。對此，唐君毅有仔細分析。要之，我們常易感當然之理之未行，此感可謂一「理與氣之距離之感」；一「理尚未實現於氣處之感」；一要求「扭轉心氣之狀態，而表現於一去除吾人之舊習氣，更引生與理相應之心氣之命令」之感。直至氣從理動以實現理，理氣渾合，我們便只覺氣之包理、理之在氣中。[43]這樣，「理即氣」乃綜合關係，非分析關係，而此「即」是相即不離之即，非等同之即。總括而言，理之超越義乃在於其對氣之引導、規範與轉化。(b) 從道德實踐回到本體宇宙論，則以上既明理妙運乎氣之旨涵蘊理生氣、理先氣後之義，則亦必涵蘊理超越乎氣之旨。此中的超越義，乃以「理」、「氣」兩概念必分屬兩層以明理為氣之先導之義而言。若「理」與「氣」為同層，理無超越義，非氣的先導，則直無生化不已可言。唐君毅嘗作一論證說明：「如視理與氣在一層面，謂氣既有動靜，理之有動靜亦應如之，此則成混淆二層面之說。此說之不可通，則在其不知謂氣有動靜，乃謂氣

動時有能靜之理，氣靜時有能動之理之謂。若理亦如氣之有動靜，則當言理動時應更有其能靜之理，當理靜時，又更有其能動之理，以為理之有動靜之更上一層次之理。而此上一層次之理，若又有動靜，則犯無窮過。若此上一層次之理，無所謂動靜，則理不能如氣之有動靜亦明矣。由此故知理與氣，決不能視作一層面而觀。」[44] 換一種說法，若理與氣為同層，將混淆理之動靜為氣之動靜；然氣之動靜乃動而無靜、靜而無動，非動而無動（動時含靜之機）、靜而無靜（靜時含動之機），故必得迫出一個高一層次的「理」概念來交代此動而無動、靜而無靜者，而知理之動靜（唐說的呈用、息用）實不同於氣之動靜（氣之生而化、化而生）。由是而知凡言生化之不已，必得承認理與氣的意義須分為兩層；理是行乎氣之動靜之中，而又超乎氣之動靜之上。若謂氣自能生生，理只是此生生之條理，根本不需有一超越義的理作為其先導，則唐君毅駁之曰：「〔……〕須知此氣之生生，並非一已完成之事實。如其是已完成之一事實，則可說此理只是此氣之生生中之條理，不須是一在前為導，為氣所依以生生之理。然氣之生生，乃一未完成之事實，而尚有其前路者。則後起之氣之生生，即不能無此生生之理，為其所依，以在前為導。否則其何以能生生之故，即終不得而解也。」[45]

　　析論至此，可對宋明儒的理氣論稍作總結。從理妙運乎氣之旨，可得**「理氣不離」(inseparable)** 的判定。而從理超越乎氣之旨，可得**「理氣不雜」**（或不即、不等同）的判定；又不等同正表示「理」與「氣」兩概念為不可相互化約者(irreducible)。合起來，則可得 (3)**「理氣不離不雜」**（或**「理氣不即不離」**）之旨。這裏必須立即補充說明一點，以免引起不必要的誤解。此即人易於從理與氣之不雜、不即、不可化約，而錯誤聯想到以為理與氣皆為本體意義上的（獨立）自存物。若然，則說理氣不離實為可離，而不離不雜為自相矛盾語。故應知：說理氣為不雜、不即、不可化約，是見於氣可反制理，而理可超越乎氣之上以為氣的引導、規範與轉化；但氣反制理時，不是說氣已離乎理，恍若為一與理隔離的獨立物，實則仍是理氣不離，只是氣把理給遮蔽了，**「氣顯理隱」**而已，同樣理超越乎氣之上以引導、規範與轉化氣，亦不是說理可離乎

氣，恍若為一與氣隔離的獨立物，實則仍是理氣不離，只是理重作主宰以運乎氣，**「理主氣從」**而已。無疑朱子「且如萬一山河大地都陷了，畢竟理却只在這裡」的話，[46] 是有說過了頭之嫌，而當說山河大地都陷了，必另有一山河大地依理而生起，與生生之理俱存俱行。人或疑以上所論理氣關係的各個命題，不過重彈朱子老調，則答曰非是。前面的分析，乃是對「理」與「氣」及兩者關係的基本界說：理妙運乎氣之旨、理超越乎氣之旨、理氣不離不雜之旨，皆理氣論最根本、最核心的義理。換言之，縱然有能更翻出新說者，仍不能違背這些根本、核心的義理。朱子能透見而系統地說出，正可見用思慎密，朱子實未可輕議也。而當代新儒家如熊十力、唐君毅與牟宗三能繼承辨析，可見他們對宋明儒理氣論的關鍵處有恰當和準確的掌握，他們實亦未可輕議也。

　　依理與氣之不可化約，就必得承認它們的意義應可劃開為兩層。理是形而上的、超越的、先天的，而氣是形而下的、現象的、後天的。本章開首已指出，「形而上」、「超越」、「先天」是現今研究儒學者的常用語，但意思卻含混不清。以下作一釐清，以為往後討論之所資。「形而上」與「先天」都出自《周易》，是舊有名詞。〈繫辭上〉云：「是故形而上者謂之道，形而下者謂之器」；〈乾文言〉云：「先天而天弗違，後天而奉天時」。至於「超越」則是現代的翻譯名詞，是當代新儒家從西方哲學借用過來以演繹發揮儒學。考當代新儒家的用例，大抵「超越」有三義：(a) 超拔、越過 (transcending)，即突破困限 (unlimited) 及轉化的意思。(b) 借用康德 (Immanuel Kant，1724–1804) 的「超越」或「超驗」(transcendental)，即指獨立於經驗但卻是使經驗成為可能者。借用此義於儒學，可突顯生之理非經驗意義的物之理，卻是那使物成為可能 (即物之生) 之理。另關連於「分解」(analysis)，可引申為 (逆所求能之) 概念分析 (超越分解) 的意思。(c) 類於康德的「超絕」(transcendence) 或「超越者」(the transcendent)，卻截然異趣。因康德之超絕與內在隔閡不通，而宋明儒生生不已的天道或天理則是既超越且內在的；生生之理見於大化流行，離乎大化流行亦無生生之理可言。尤有進者，在當代新儒家的思考中，「超越」三義實相互貫通與支持。這就是說，我

們之所以能不斷超越乎（transcending）現實的困限而求生命更大的開拓，正是本於我們超越的（transcendental）心性，亦即那能發出超越的（transcendental）仁之理的心性，而循此不已的奮進，我們便能進而體悟到仁之理即生之理，亦即超越的存在之理（既超越而內在，transcendence or the transcendent）。傳統儒者慣以天、天道、天理、太極等名此存在之理，並以為我們能明覺此存在之理的心性實乃「天之所與我者」（或曰「天命之謂性」）。至於「形而上」，合宋明儒與當代新儒家的用例觀之，亦有三義：(a) 形以前、形以上，即未表現為形器（或物）或超乎形器的意思。(b) 用以翻譯西方的 metaphysical，此通於「超越」的第二義（即 transcendental）；形而上的道或理非是形而下的器或氣之條理，卻是那使形而下之器或氣之條理得以生化不已的根據。(c) 指形而上的創造本體，此通於「超越」的第三義（即 the transcendent），是既超越且內在的，所謂「一陰一陽之謂道」。最後，「先天」亦有三義：(a) 先於天地，即創造之先，此近於「形而上」的第一義（即形以前、形以上）。(b) 指先天之理，它是獨立於天地萬物但卻是使天地萬物成為可能者，故謂「先天而天弗違，後天而奉天時」。此通於「超越」與「形而上」的第二義。(c) 指先天地生之道或理，此通乎「超越」與「形而上」的第三義，同是指謂那既超越且內在的創造根源。由此可知，三個概念雖涵義不盡相同，然所異不勝其同，這亦是為何當代新儒家學者常把它們視為可相互代換的名詞來使用。而據此以言氣，則氣自符合「超越」、「形而上」及「先天」的第一義；即氣乃變化、初無形質，以至先於物而存在者。惟元氣論提出元氣是超越、形而上及先天的，卻是要把元氣提升到理甚或高於理的地位，但這有甚麼理據？

三、牟宗三與唐君毅對元氣論的詮釋

大抵元氣論（或曰超越主義的氣論）的思路應是依據理氣不離一面更作演繹發揮。此即生化不息的存在之理自不能沒有氣，如順取地看氣化

成物，氣自是形而下的；但如逆反地想氣化生物的原初狀態（亦可曰生化的本性），則氣當與理同屬形而上，甚至生生之理無非就是生生之氣（之理）。這乍看之下好像不無道理，實則卻隱涵不少有待解決的難題。牟宗三對箇中困難甚為警惕，這早見於他解釋張橫渠的「虛空即氣」：

> 吾于前文第四段解「虛空即氣」時，即已明在此體用不二之義下，「即」字非等義，虛與神非是氣之謂詞（predicates），非是氣之質性（properties），「虛空即氣」非是「實然之陳述語」（factual statement），非是「指謂語」（predicative proposition），乃是形而上的抒意語、指點語，乃是在體用不二下辯證的相消相融語。虛與神雖不是一隔離的獨立物（independent entity），但卻是一獨立的意義（an independent meaning）。指點一個獨立的意義以為體，故曰：「太虛無形，氣之本體」。體是本體之體，不是物體之體。不能當作一個獨立的物體看，但卻可以當作有獨立意義的本體看。本體之體本不可以離其用也，是以有相融相即、不離不二之論。復次，此體是一、是全、是遍。若視為氣之實然的質性，則囿於散殊限定之氣而亦為有限量，有限有定之強度量，此乃氣之強度所蒸發之光彩，有時而盡，有時而消逝矣，此則即不能是一、是全、是遍。此則仍是屬于氣之觀念，材質之觀念（material），而不能說是神。儒家說神非人格神之意義，不通過獨立物獨立體之觀念去了解，乃通過「作用」的觀念去了解。但是這作用卻是無限的妙用，是全、是一、是遍。[47]

> 唯無方無體之神方可說是至虛之體。但不是隔離的獨立物體，而卻是即由其妙萬物，萬物因之而生生不息、生生不測，而見其為神、而見其為體，此即所謂虛不離氣，即氣見神，體用不二之圓融之論也。此義必須有以善會而確認之，既不可離，亦不可滯。離則為一獨立物，體用不圓矣。滯則成為氣之質性，則成唯氣論（唯物論矣）。此神義之最後貞定與極成是在超越的道德本心之挺立。[48]

先勿論牟說是否體貼橫渠氣學，[49] 與此處討論直接相關的是他為甚麼堅決不容許「虛空即氣」的「即」作等義，也就是說，不容許將氣等同於虛空、神妙的創生之體（至虛之體、生生不測之神體）。顯然，牟先生最

擔心的是，(1)把氣上升至形而上的層面會混淆了理與氣或虛神與氣化的(形而上與形而下的)兩層區分。這兩層區分一旦被模糊，則理超越乎主宰乎氣、虛神超越乎主宰乎氣化的超越義主宰義便易泯失；若然，一切轉化實然生命的德性工夫便全為不可能之徒勞。所以他才孜孜於申明理或虛神雖「不是一隔離的獨立物(independent entity)」，亦即在存有或存在物的意義上不隔離獨立於氣而是理氣不離，但「却是一獨立的意義(an independent meaning)。指點一個獨立的意義以為體」，亦即在體性的意義上理與氣具有不同的性質故是理氣不雜。(2)理與氣有獨立的意義(理為形而上、氣為形而下)，理對氣之超越義主宰義始得貞定，而理與氣兩概念為不可相互化約。如此一來，「虛空即氣」的「即」非等義，「虛空即氣」不是一「在觀念分解下的主張上的陳述」(如「A＝B」)；「即」亦非謂詞義，「虛與神非是氣之謂詞(predicates)」，「虛空即氣」不是「『指謂語』(predicative proposition)」(如「A is B」)；「即」更非質性義，虛與神「非是氣之質性(properties)」，「『虛空即氣』非是『實然之陳述語』(factual statement)」(如「紅是蘋果的顏色」)。「即」是不離義，因此「虛空即氣」應視為一自觀念分解(conceptual distinction)進至辯證綜合(dialectical synthesis)的「在體用不二下辯證的相消相融語」。有了以上的辨析，牟宗三便可安心地將(3)氣概念鎖定為形而下的「材質之觀念(material)」。即便有像橫渠般以清、虛、一、大言氣，但也只能是「氣之強度所蒸發之光彩，有時而盡，有時而消逝矣」，此則不能是生化之道。(4)而對「虛空即氣」此「體用不二之圓融之論」，我們應善會不偏。若因偏於理氣不雜而誤認理與氣為可離的獨立物，則割裂體用，「體用不圓矣」；若因偏於理氣不離而誤認理為氣之理，則理失其獨立於氣的意義，「滯則成為氣之質性，則成唯氣論(唯吻論矣)」。並且，(5)凡此理氣論各個涵義之辨以示，非徒為觀解思辨之功，實皆本於我們在道德實踐中親證本心即理以轉化氣稟物欲的實事實理，所以說「最後貞定與極成是在超越的道德本心之挺立」。

人或疑牟宗三的思考完全沒有觸及形而上超越的元氣的可能，故其說恐未能對元氣論有相應恰當的理解，更遑論公允的評價。但實情是

當他閱讀橫渠時已察覺到其中或有高看氣的想法，也承認這是個極難應付的問題，卻斬釘截鐵地切斷了氣往上通的思路。他說：

〔……〕一說到動用，便可以「氣」說。亦如在宇宙論處，神亦可以氣說。氣之清通即是神，氣之靈即是心。此是氣之觀念之無限制地直線應用，(除理外)。朱子即如此使用，故在朱子，心與神俱屬于氣也。在氣之此種一條鞭地無限制地直線使用中，最後必歸于朱子之系統，至少亦以朱子為最一貫而完整。此是一大癥結，亦是一極難應付之癥結。故吾在講濂溪與橫渠時，首先建立一限制，不允許氣之觀念如此混漫。濂溪「動而無動、靜而無靜、神也」之義，是一最好之標準。在講橫渠時，吾亦首先申明太虛神體之神不是氣之質性，鬼神之神不是太虛神體之神。太虛神體不可以「氣」論。神雖是寂然不動、感而遂通，自有其動用義，然却是動而無動，用而無用，並無「動」相，亦無「用」相，此即是不可以「氣」說，而亦實無「氣」之義。若一見「動用」義，便一條鞭地用上「氣」，此實只是形式的、抽象的思考，而未能真諦見「神」之實也。此猶如西方順亞里士多德下來以 Pure Activity，Pure Actuality 說上帝 (神)，上帝自非死物，亦非抽象物，但却不可以「氣」之觀念說上帝。《中庸》、《易傳》之誠神之體、寂感之神、亦是如此。屬于氣之神自是氣之質性，非此誠體之神、寂感之神也。屬于氣之靈之心自是氣之質性，亦並非孟子之本心也。[50]

可見，(6) 牟宗三認為高看氣，只是一條鞭地順著動用必須氣而作形式抽象思考的結果；即想體用不二，那理體既是形而上的，則氣用亦應如是。這是不知「此是氣之觀念之無限制地直線應用」，而終導致「氣之觀念如此混漫」。所謂「混漫」，我們或可以替牟說再作些補充。此即如允許氣可通乎形而上下，那麼形而上的氣究何以異乎形而下的氣？一個最直接的回答是形而下的氣乃囿於形，形而上的氣則非是。但氣的本性就是生化成物，成物而囿於形是必然的結果；況且自天地萬物處看，物物皆囿於形，即皆是形而下者，形而上的氣又於何處可見？倘答曰形而上的氣見於生生不已，則氣化之生生不已，非理而何？可

知，立理概念為形而上以區別於氣概念為形而下，正可免乎氣概念無限制地直線應用的混漫。理為生生之理，自必涵妙運氣以成生化之義，所以熊十力才會說「理之一詞，是體和用之通稱」。相較之下，氣概念「但從用上立名」；擴大氣概念使其兼體和用，便生混漫。更重要的是，(7) 劃分理與氣正是要突顯理之能超越主宰氣，如本心之能超越主宰氣稟物欲。孟子之本心，能以志帥氣、轉化氣並養而為「配義與道」的「浩然之氣」，乃必以理為主。自牟宗三看來，不主心即理而講心即氣，「以朱子為最一貫而完整」。實則朱子之所以為最一貫而完整，正是因其嚴格分別理和氣為形而上和形而下，又不契孟子學之心即理，遂輾轉於德性工夫上另闢蹊徑，藉涵養用敬與進學致知的敬義夾持來使心具眾理以應萬事；由是，心（在現實人生中）既不即是理（亦即常不能如理合道），便只能以知覺理的「氣之靈」來規定。明乎此，則知牟先生說「在氣之此種一條鞭地無限制地直線使用中，最後必歸于朱子之系統」，是不恰當的判斷。因為真正「在氣之此種一條鞭地無限制地直線使用中」提出心即氣的，應是明末的劉蕺山與黃梨洲師徒。在高看氣的元氣論前提下，蕺山「心以氣言」、[51] 梨洲「心即氣也」的話，[52]即是明證。當然，對牟宗三來說，這全屬混漫不通之滯辭，遑論「最一貫而完整」。

　　總之，牟宗三在他的宋明理學詮釋中是堅守理為形而上、氣為形而下之分，亦即堅守理氣不離不雜之旨。(8) 或疑他不是嚴厲批判朱子的理為「只存有而不活動」，[53] 為何在理氣論上竟會與朱子同調？則答曰此疑問乃生於混淆了理氣論的基本義理與對理本身的體會：「氣若無理，則不知其『存在之然』何以單如此而不如彼。理氣雖不相離，然亦不相雜：理是理，氣是氣。理氣不離不雜不能決定理必為只是理。理之成為『只是理』是對于理（太極）本身的體會問題。分解地言之，即使對於理體會為心神理是一之理，亦仍可說不離不雜也。」[54] 依此，對明中葉以降的一元化傾向，[55] 如羅整菴主理氣一物（理緊收於氣）而反對所有歧理氣為二的說法，牟宗三乃狠批說：

此既反對「理先氣後」，又反對「歧理氣為二」，蓋亦不知先後之實義，復亦不知二不二之實義也。羅整菴並朱子濂溪皆反對之，固無是處，即梨洲謂「歧理氣」不「出自周子」，亦未能知此中之蘊也。朱子分理氣固是本于伊川，自此而言不「出自周子」亦可，然濂溪豈即混誠體、神體、太極真體為氣而不分者乎？「動而無靜、靜而無動，物也。動而無動、動而無靜，神也」。此非分別而何？「無極之真，二五之精，妙合而凝」，「妙合」二字固是「明理氣不可相離」，然「不可相離」豈即有碍于分理氣為二乎？朱子亦説「不離」也。《中庸》言「鬼神體物而不可遺」，豈即神、物為一而不可分乎？于以知此種爭辨實無實義，只「朝三暮四，朝四暮三」之類耳。然畢竟亦可説一，亦可説二。彼等究亦不知此中一之實義為何，二之實義為何，只纏夾渾淪，氣機鼓蕩，以為妙耳。[56]

同理，對劉蕺山將理氣緊吸（氣緊收於理）並反對一切帶有歧理氣為二之嫌疑的話語，牟先生自也不會同意。好像蕺山解周濂溪《太極圖説》云：「天地之間，一氣而已，非有理而後有氣，乃氣立而理因之寓也。就形下之中而指其形而上者，不得不推高一層以立至尊之位，故謂之太極；而實本無太極之可言，所謂『無極而太極』也。」[57]牟先生起初雖想作同情了解而判定其説乃是一「直下將形而下者向裡向上緊收于形而上者，而同時形而上者亦即全部內在化而緊吸于形而下者中」的「本體論地即體即用之一滾地説」，[58]但終究以為這種一滾説實涵有許多突兀不平的滯詞。他説：

此是形而上下緊收緊吸下的圓融化境，不能視作主張上的陳述。即使視作一種陳述，亦不能視作主張上的陳述之對遮。即使在發展中各陳述對遮相消相融以期最後之圓融而化，亦不能滯在此圓融而化中之「無太極之可言」而反對彼言有太極者。蓋圓融而化即預設著一種分解歷程之分別言。……劉蕺山之滯碍不通處即在常不自覺地將圓融而化視作一特定之主張（陳述）而以此遮彼，將圓融而化中之「無言」特定化，視作與彼分別言之各種陳述為同一層次上相對立之陳述。此則反降低自己，乃是以不熟不圓之心智談圓義者。[59]

(9) 此處有兩點值得注意。一是牟先生進一步將「理即氣」這「在體用不二下辯證的相消相融語」規定為經過工夫歷程 (亦即分解歷程) 後所臻至的「圓融化境」(如做孟子養氣工夫後，本心即理便莫非浩然正氣)。另一是強調圓融化境的描述 (即辯證的相消相融語)「不能視作主張上的陳述」，因主張上的陳述是分別說。就算退一步而視之為一種陳述，「亦不能視作主張上的陳述之對遮」；也就是說，就算主張「理即氣」，亦不能以此反對理氣不離不雜的命題。明清之際的一元化傾向，不論是整菴的理氣一物或蕺山的一滾說都未免於忌諱一切帶有歧理氣為二之嫌疑的說辭，牟宗三批評其屬突兀不平的滯詞，確是無可辯解的恰當評斷。至於是在甚麼意義下可容許退一步視「理即氣」為一種陳述，這是否即是元氣論下的主張陳述，則牟先生未有交代。

下面我們轉過來看唐君毅對元氣論的詮釋。首先，(1) 唐先生早於解說張橫渠的「虛空即氣」時，已指出「應高看此氣」。他說：

> 氣之義，原可只是一真實存在之義。故可說此天即氣。天之神德之見于其虛明，其所依之「實」，即此氣也。故橫渠言「太虛，一實者也」。(性理拾遺) 又言「虛空即氣」。于此吾人應高看此氣，而視之如孟子之浩然之氣之類，以更視其義同于一形上之真實存在，其虛明即以此一形上真實存在或此氣之神德為體，所顯之用。故說「由太虛有天之名」，即是說：由「太虛即氣」有天之名。不可離氣以言此太虛，亦如不可離此天之為形上之真實存在、有其神體為體，以言其有虛明照鑒之用也。[60]

可見，唐牟的理解截然異趣。值得注意的是，(2) 唐君毅雖沒有回應牟說反對高看氣的種種疑慮，卻提醒必須扣緊「虛明照鑒之用」來把握此形而上的氣或真實存在。對所謂虛明照鑒，他有仔細說明：

> 〔……〕如要理會親切，當說其氣只是一流行的存在或存在的流行，而不更問其是吾人所謂物質或精神。此氣乃一無色彩之純粹存在、純粹流行，或西方哲學中之純粹活動、純粹變化。說其即是虛，則是自其可顯可隱、可感可寂、可動可靜而說。其隱、寂、

靜，即實而虛；其顯、感、動，即虛而實。前者為一流行存在之
創生創始，後者為其終成。然尤要者，在對此流行的存在、或存
在的流行，自其散而觀之為多者，亦可于其聚而相感通處見一；
而于其聚而相感通而見一之後，又可更觀其散而為多。于此相感
通處，即見氣之有清通之神。神之清通，為通兩之一、為絕對、
不可見，亦無形無象。則自氣之散為多處看，便為一之兩，為相
對，亦為有象而有形之始。故太和篇言「散殊可象為氣，清通不可
象為神」也。依此清通之神，而一存在有對其他存在之虛明照鑑。
故曰「虛明照鑑，神之明也」。于此亦同時有此其他存在者之呈其
形象于此一存在之前，而此存在對其他存在者，亦即可說有對之之
明與知。此明與知，即心。此一存在之能有此清通之神，能明能
知，以使之能感通于其他存在，即其性。故謂「感者性之神，性者
感之體」。[61]

是即虛明照鑒之用乃形而上真實存在之氣的「感通」，並見於氣化所成
之物之本為相互作用攝受。此作用於存在物的感通，「神」妙而不可象，
故謂「清通不可象為神」、「神之明也」。唐先生接著發揮說：

然此清通之神或明知心性等，乃自一存在者之感通于其他存在之
事之內部觀，而說其有者。若自此事之外部而觀，則此存在者之
相感而通，即只是其聚合，亦即一存在之氣之聚合。在此聚合之
際，能感者受所感者，居陰位而靜，其氣為陰。所感者往感彼能
感者，居陽位而動，其氣為陽。然能感者，以其清通之神，感所
感者，而呈現其形象，則其神超越于所感者以自伸，而成其為一洋
溢于所感者之上之高位之存在，則又為陽氣之動。所感者之自變
化其原來存在，而自失其原來之存在，以入于能感者，而屈居其下
位，以為有一定形象之所感，則又為陰之靜。合而言之，即可稱
為一陰陽之氣之往來、動靜、施受，亦即「兼有神之依虛通而伸、
與氣之自變化其實」之一神化之歷程。[62]

這發揮是以氣之聚合、陰靜陽動之不已 (即周濂溪《太極圖說》「太極動
而生陽，動極而靜，靜而生陰」句) 解說物物 (或能感者與所感者) 之感

通。必須知道，感通非是形而下的氣的質性，而是使氣化或生化能不已的超越根據。易言之，感通是高看的形而上的氣的本性。而此本性實亦不妨說為「理」，故唐先生對橫渠氣學的義理發揮與前面引述他認為氣化不已必須有超越的理為之主的觀點是完全一致的。

（3）但不說形而上的理而主形而上的氣，必有可發揮之新義在焉。此證於橫渠文字，可見自形而上的氣的感通看，天地萬物與吾人心性皆有別開生面的涵義。如其論物云：「物無孤立之理，非同異、屈伸、終始以發明之，則雖物非物也；事有始卒乃成，非同異、有無相感，則不見其成，不見其成則雖物非物，故一屈〔一〕伸相感而利生焉。」[63] 又如其論人之性與心，皆以感通為能事。只是人平常多囿於氣化所成的形體而與他者生出隔閡，心亦因而忘其感通之性而轉成以他者為認識對象的「成心」，然「由象識心，徇象喪心。知象者心，存象之心，亦象而已，謂之心可乎？」[64] 所以橫渠必強調吾人應恢復心的感通之性，「成心忘然後可與進於道」[65]；「大其心則能體天下之物，物有未體，則心為有外。世人之心，止於聞見之狹。聖人盡性，不以見聞梏其心，其視天下無一物非我，孟子謂盡心則知性知天以此。」[66]

再看唐君毅解讀劉蕺山時，尤能見其細心推究元氣論的思路，並發揮當中所涵的理論意義。蕺山高看氣，遂以心為氣機流行，所表現的惻隱、羞惡、辭讓、是非，或仁、義、禮、智，正是《中庸》未發時作天下大本、已發時作天下達道的喜、怒、哀、樂，蕺山稱為四德，以別於七情（即《禮記‧禮運》「喜怒哀懼愛惡欲七者」）。而從本體宇宙論處看，亦即天道的元亨利貞與四時的春夏秋冬。[67] 對此，（4）唐先生順著心為形而上的一氣周流，申明其發用「亦唯是一自感之純情，自意之純意」：

> 然吾人于此如理而思，則人自然會問下列之問題。即可問：如此心只是一明覺，只具性理而無意，如何能變化得一般意？又如其無情，如何能變化得一般之情？如其無氣，又如何能變化得一般之氣質？亦可問：如心有遍運之心，理有遍運之理，如何不能有一遍運之意之情之氣。意只表示一主意，一切心之活動中，豈不皆有一

主意？情只是一感，一切心之活動中，更豈不皆有一心之自感？氣只是一存在的流行，或流行的存在，此心之明覺豈非一存在而能依生生之理，以自生自息，而流行者？如此心之明覺不能存在流行而為氣，又如何能遍明遍覺：一切存在而流行之外物之氣與其身體之氣，而與之俱在俱行，而變化之？如此心之明覺中無情，如何能自感其一般之喜怒哀樂之情，即依此感而生一內在之自喜其喜之當喜，自怒其喜之不當喜，……而自好、自惡、自悔、自得，以自變化其情？如此明覺中無意，又如何能相續生此自好善惡惡之情，以成其好善惡惡之意，以自主宰變化其一般之意？……而此心體中之情意氣等，既由內發，而能自感其一般之情等，則其發而在，亦即不能以其未發而不在。此亦如心之明覺之由內出，以有所覺而在者，亦即不以其無所覺而不在也。此心之明覺；外無所覺，則唯是一自明自覺；則此心體中之情意，于一般之情意，無所感、無所主宰時，亦唯是一自感之純情，自意之純意，而其氣，不與其外之氣俱在俱行，即唯是自在自行，以成一純氣之自爾周流也。[68]

心倘以理言，即唯是一自知之純理，如王陽明說：「知是心之本體」；[69]「蓋良知只是一個天理自然明覺發見處」；[70]「若是良知發用之思，則所思莫非天理矣。良知發用之思，自然明白簡易，良知亦自能知得。若是私意安排之思，自是紛紜勞擾，良知亦自會分別得。蓋思之是非邪正，良知無有不自知者。」[71] 雖然在明中葉以來一元化傾向的影響下，陽明亦嘗謂：「喜怒哀樂本體自是中和的」；[72]「性一而已，仁、義、禮、智，性之性也；聰、明、睿、知，性之質也；喜、怒、哀、樂，性之情也；私欲、客氣，性之蔽也」；[73]「然性善之端須在氣上始見得，若無氣亦無可見矣。惻隱、羞惡、辭讓、是非即是氣」，[74] 但這是在心即理的前提下捎帶著抬高情與氣的理論地位，與心以形而上的氣言的元氣論仍大不相同。心倘以形而上的氣言，則如唐君毅的演繹，便「唯是一自感之純情，自意之純意」，「以成一純氣之自爾周流也」。相比起心自知的純理，心自感的純情、純意與純氣當有別開義理生面的效力，[75] 而此正是欲建構元氣論者所應用心之處。

最後，(5) 唐君毅總結説：「由上所説，則此心體中之當有一純情、純意、純氣，可由吾人之推想以知之，亦為宋明儒學之發展，不能不歸向，而必當有人加以指陳之義。」[76] (6) 不過，即便唐先生肯定元氣論，卻絕不以為它可以推翻理氣論下理氣不離不雜之旨。要之，理氣論與元氣論只是宋明儒者因側重點不同而發展出的兩套説法，實應殊途同歸。是以對一元化傾向之批評朱子分理氣為二，唐先生不以為然：

> 朱子後學不善解朱子言者，或有此説。而只本朱子理氣決是二物等言，以設想朱子義者，亦可以如此設想。然朱子固未嘗謂理全超越於氣外，朱子固亦有理不離氣之義也。而謂理為氣之生生之「所向」「所之」，以為氣之理，亦明非能否認此理為超越於氣之超越義者，亦即不能依其説以反對朱子。循朱子之説，於諸儒本於理為氣之所向所之，而主理為氣之理者，亦未必即須加以反對。細觀朱子之説，與此諸儒之説之不同，實唯是重點之不同。朱子之重點，在説氣皆依理而生，故氣為理之氣；而此諸儒之説，則重在言理為氣之理。此二者之分別，實如人之欲學聖人，而吾人可説「人之所欲學者，聖人也」，亦可説「欲學聖人者，唯人耳。」前者以聖人為主，後者以欲學聖人之人為主。如以人喻氣，聖人喻理，則依前者，人為欲學聖人之人，如氣為理之氣。依後者，則聖人為人所欲學之聖人，如理為氣之理。此二者之涵義自不同，而其言之效用亦有別。如吾人欲使人由氣以向理，使氣皆合於理，見目光所注在理，而期於使氣皆成依理而生之氣，即當學朱子之尊理。至如吾人於既知理之後，欲由踐理，而使此理更充量表現於氣，則目光所注在氣，而期在使理皆成為表現於氣之理，則人當效船山之尚氣。又對外氣言理者，則宜説理為氣之理；而對外理言氣者，則宜説氣為理之氣。此皆見二説之未嘗不可併存。唯吾人言氣為理之氣時，不可謂理只超越於氣，而否認理之亦內在於氣；吾人言理為氣之理時，亦不可謂理全內在於氣，而否認其亦超越於氣耳。[77]

四、元氣論的義理規模

有了以上的析論，這節讓我們來嘗試勾勒元氣論的義理規模。此即：

一、元氣論由形而上的理不能無氣，申明在本然（primordial or primary）層面上亦當承認有形而上的氣。如是，可言「理即氣」、「理是氣之理」等命題。但「理即氣」仍非分析語，「理即氣」之「即」仍非等同義，而是相即不離之一體義。換言之，理與氣是有不同涵義的兩個概念；用這兩個概念才能充分說明生生不已的天道與吾人的本心本性。「理是氣之理」的「理」與「氣」皆屬形而上，故不可誤讀為理是形而下的氣之質性或條理，而當讀為理是形而上的氣之本性。

二、而主張元氣論，乃是為了在理氣論外另立新說，以更開拓宋明儒天道性命貫通之旨。

三、但新說即便有新義存焉，亦不能反對理氣論，亦即不能反對理氣不離（理妙運乎氣）不雜（理超越乎氣）。因為無論立說重點為何，都不能抹殺形而上和形而下的區分。這點是牟宗三和唐君毅的共同認識。所以，元氣論不能反對理氣論，它只是不走理氣論的思路，不以理而轉以氣為首出概念來建立其說。

四、明乎此，便知明中葉以降的一元化傾向，忌諱並反對一切涉嫌分理氣為二的話語，是矯枉過正之舉。牟宗三評其為突兀不平的滯詞；譏「彼等究亦不知此中一之實義為何，二之實義為何，只纏夾渾淪」，確是的論。

五、不過，牟宗三不允許高看氣，以為有混漫之嫌，則未可謂體貼善會。但正面回答他混漫的質疑，卻可以是建構元氣論的起點。要之，分別形而上與形而下的氣，首在明氣化成質、成形、成物後必囿於形，而形而上的氣必不囿於形，否則無生生不已可言。於此若再追問，形而上的氣流行不息，到底依何證得？這裏如僅以「中氣」、「太和元氣」等形而上的氣的描述語實不足以回答，因答了猶如未答；「中」、「太和」、「元」只是描述形而上的氣的形式特性。必須指出，在這理論關鍵處，唐君毅拈出張橫渠的「感通」，正是

點破形而上的氣之本性(或內容特性);也就是說,形而上的氣所以變化不窮,乃是其感通本性使之為一氣周流的自通自復。吾人為形體隔閡,遂忘掉自家本能感通的心性。

六、至此,元氣論必須在本體宇宙論、心性本體(或道德性命)與德性工夫三方面建立不同於程朱理氣論或陸王心學的義理,以見其立論效力所在。[78] 下面只能作扼要的提示。在本體宇宙論方面,天道生生見於氣之自通自復,由此,萬物實非獨立自存的個體物,而是不斷相互感通變化者。在心性本體方面,心性應先以感通規定;進一步可說,心是氣機流行的感通,表現為自感的純氣、純情與純意;最後更沿此以發明感通即惻隱即羞惡、即仁即義。在德性工夫方面,重點自是要證得與保任感通的心性,惟切實用功處應是純氣、純情與純意的自感,而非純理(天理)的自知。

七、值得注意的是,元氣論雖首發於張橫渠,但隨即為二程與朱子所中斷。一直要到明中葉因特殊的思想因緣,元氣論才得以在一元化傾向中再度萌發。因此,元氣論並未如程朱理學或陸王心學般在宋明儒學發展史中有充分的開展。到了當代新儒家,正如本章開首說過,理與氣已非他們建構哲學思想的核心概念。當今有想重新考掘並建立元氣論者,或能為儒學的現代詮釋再闢新途亦未可知。但今天想建立元氣論,除了清理哲學史內有限的資源外,恐怕還得仿傚唐君毅發揮義理的本領來填補箇中不少的理論缺口。

註 釋

1 在先秦諸子中,儒家對「理」與「氣」的使用及發揮不算多。「理」字不見《論語》;於《孟子》中七見,其中最重要者乃〈告子上〉「故理義之悅我心」句;至《荀子》則或受《莊子》影響,頗重言理,凡百見,此中除一般作治理、文理之用外,亦屢言「義理」、「道理」,甚至有「天下之理」、「大理」之說。至於「氣」,孔、孟所言皆不外指呼吸、血氣或體氣,荀子則有進乎以氣作為天地化育之基質,〈王制篇〉云:「水火有氣而無生,草木有生而無知,

　禽獸有知而無義，人有氣、有生、有知，亦且有義，故最為天下貴也。」
　有關理的部分，可參看陳榮捷，〈理的觀念之發展〉，《崇基學報》，第4
　卷，第1期，1964年11月，頁1–9。

2　程顥、程頤，《河南程氏遺書》，卷11，〈明道先生語一〉，《二程集》，頁118。

3　同前註。

4　程顥、程頤，《河南程氏遺書》，卷3，〈二先生語三〉，《二程集》，頁67。

5　黎靖德編，《朱子語類》，卷1，頁2。

6　同前註，頁1。

7　參看楊儒賓，〈異議的意義——近世東亞的反理學思潮〉；〈檢證氣學——
　理學史脈絡下的觀點〉，《漢學研究》，第25卷，第1期，2007年6月，頁
　247–281。另陳榮灼，〈劉蕺山的「生命現象學」〉；〈論唐君毅與牟宗三對劉
　蕺山之解釋〉；〈黃宗羲氣論之重新定位〉。

8　熊十力，《新唯識論 (語體文本)》，〈卷中後記・釋理〉，《熊十力全集》，第
　3卷，頁281。

9　熊十力，《新唯識論 (語體文本)》，第7章〈成物〉，《熊十力全集》，第3
　卷，頁367。

10　熊十力說：「宋明儒中，許多人把氣說為實有的，因以為理者只是氣上的
　條理。如此，則理的本身竟是空洞的形式，只氣是實在的。明儒持這種見
　解的更多，即在陽明派下，也都如是主張。」《新唯識論 (語體文本)》，第
　6章〈功能下〉，《熊十力全集》，第3卷，頁281。

11　牟宗三，《心體與性體》，第1冊，頁88–89。

12　唐君毅，《中國哲學原論——導論篇》(臺北：臺灣學生書局，2004全集校
　訂版三刷)，頁464。

13　牟宗三，《心體與性體》，第1冊，頁90。

14　唐君毅，《中國哲學原論——導論篇》，頁464；牟宗三，《心體與性體》，
　第1冊，頁89。

15　唐君毅，《中國哲學原論——導論篇》，頁465。

16　同前註，頁466。

17　熊十力，《新唯識論 (語體文本)》，第7章〈成物〉，《熊十力全集》，第3
　卷，頁352。

18　同前註，頁353。

19　牟宗三，《心體與性體》，第1冊，頁93。

20　同前註，頁104。

21 參看唐君毅，〈由朱子之言理先氣後，論當然之理與存在之理（下）〉，收氏著，《中國哲學原論 ── 原道篇（卷三）》（臺北：臺灣學生書局，2000 全集校訂版三刷），附錄 3，頁 473–511。

22 同前註，頁 490。

23 參看牟宗三，《中國哲學的特質》（臺北：臺灣學生書局，1984 六版），頁 14；《中國哲學十九講》，頁 94。

24 熊十力，《新唯識論（語體文本）》，第 1 章〈明宗〉，《熊十力全集》，第 3 卷，頁 13。

25 熊十力，《新唯識論（語體文本）》，第 6 章〈功能下〉，《熊十力全集》，第 3 卷，頁 245–246。

26 唐君毅，《中國哲學原論 ── 導論篇》，頁 468。

27 同前註。

28 唐君毅，《中國哲學原論 ── 原教篇》，頁 93。

29 唐君毅，《中國哲學原論 ── 導論篇》，頁 468–469。

30 熊十力，《新唯識論（語體文本）》，第 6 章〈功能下〉，《熊十力全集》，第 3 卷，頁 246。

31 熊十力，《新唯識論（語體文本）》，第 6 章〈功能下〉，《熊十力全集》，第 3 卷，頁 337–338；另參看第 8 章〈明心上〉，頁 370–373。

32 參看唐君毅，《中國哲學原論 ── 導論篇》，頁 475–476。

33 唐君毅，〈由朱子之言理先氣後，論當然之理與存在之理（上）〉，收《中國哲學原論 ── 原道篇（卷三）》，附錄 2，頁 458。

34 同前註，頁 465。

35 參看唐君毅，《中國哲學原論 ── 導論篇》，頁 481。

36 於此再轉進一步，以氣質為人的有限性，故障蔽應然之理乃永有可能，則亦涵「形而上之惡」（metaphysical evil）一義。

37 唐君毅，〈由朱子之言理先氣後，論當然之理與存在之理（下）〉，《中國哲學原論 ── 原道篇（卷三）》，附錄 3，頁 506–507。

38 同前註，頁 507。

39 熊十力，《新唯識論（語體文本）》，第 8 章〈明心上〉，《熊十力全集》，第 3 卷，頁 416–417。

40 同前註，頁 417。

41 熊十力，《新唯識論（語體文本）》，第 6 章〈功能下〉，《熊十力全集》，第 3 卷，頁 258。

42　同前註，頁 262。

43　參看唐君毅，〈由朱子之言理先氣後，論當然之理與存在之理（上）〉，《中國哲學原論──原道篇（卷三）》，附錄 2，頁 462–463。

44　唐君毅，《中國哲學原論──導論篇》，頁 476。

45　同前註，頁 486–487。

46　黎靖德編，《朱子語類》，卷 1，頁 4。

47　牟宗三，《心體與性體》，第 1 冊，頁 470–471。

48　同前註，頁 471–472。

49　參看本書第 1 章〈張橫渠氣學評議〉。

50　牟宗三，《心體與性體》，第 2 冊，頁 210–211。

51　劉蕺山，《學言中》，《劉宗周全集》，第 2 冊，頁 484。

52　黃宗羲，《孟子師說》，卷 2，〈「浩然」章〉，《黃宗羲全集》，第 1 冊，頁 60。

53　參看牟宗三,，《心體與性體》，第 1 冊，頁 371–380；《心體與性體》，第 3 冊，頁 503–509。

54　牟宗三，《心體與性體》，第 1 冊，頁 371。

55　詳細分析參看本書第 6 章〈明清之際儒學的一元化傾向〉。

56　牟宗三，《心體與性體》，第 1 冊，頁 390–391。

57　劉宗周，《聖學宗要》，《劉宗周全集》，第 2 冊，頁 268。

58　牟宗三，《心體與性體》，第 1 冊，頁 394。

59　同前註，頁 396。

60　唐君毅，《中國哲學原論──原教篇》，頁 99。

61　同前註，頁 93–94。

62　同前註，頁 94。

63　張載，《正蒙・動物篇》，《張載集》，頁 19。

64　張載，《正蒙・大心篇》，《張載集》，頁 24。

65　同前註，頁 25。

66　同前註，頁 24。

67　劉蕺山以《中庸》喜怒哀樂為四德，其比配四端和四時等是：喜（惻隱、仁、元、春）；樂（辭讓、禮、亨、夏）；怒（羞惡、義、利、秋）；哀（是非、智、貞、冬）。其言曰：「《中庸》言喜怒哀樂，專指四德言，非以七情言也。喜，仁之德；怒，義之德也；樂，禮之德也；哀，智之德也。而其所謂中，即信之德也。一心耳，而氣機流行之際，自其盎然而起也謂之喜，於所性為仁，於心為惻隱之心，於天道則元者善之長也，而於時為

春。自其油然而暢也謂之樂，於所性為禮，於心為辭讓之心，於天道則亨者嘉之會也，而於時為夏。自其肅然而斂也謂之怒，於所性為義，於心為羞惡之心，於天道則利者義之和也，而於時為秋。自其寂然而止也謂之哀，於所性為智，於心為是非之心，於天道則貞者事之幹也，而於時為冬。乃四時之氣所以循環而不窮者，獨賴有中氣存乎其間，而發之即謂之太和元氣，是以謂之中，謂之和，於所性為信，於心為真實無妄之心，於天道為乾元亨利貞，而於時為四季。」劉宗周，《學言中》，《劉宗周全集》，第2冊，頁488–489。

68　唐君毅，《中國哲學原論 —— 原教篇》，頁483–484。

69　王守仁，《傳習錄上》，《王陽明全集》，頁7。

70　王守仁，《傳習錄中》〈答聶文蔚（二）〉，《王陽明全集》，頁95。

71　王守仁，《傳習錄中》〈答歐陽崇一〉，《王陽明全集》，頁81。

72　王守仁，《傳習錄上》，《王陽明全集》，頁22。

73　王守仁，《傳習錄中》〈答陸原靜（又）〉，《王陽明全集》，頁77。

74　王守仁，《傳習錄中》〈啟問道通書〉，《王陽明全集》，頁68–69。

75　例如，劉蕺山認為吾人如能時時保任本心一氣之周流貫徹，則日用間情感便「自然而然」地歸於中和，不必像良知天理之覺照般必糾察、逆反日用間情感之不正使歸於正，而「對治改造」之意味太過。其言曰：「愚謂言語既到快意時，自當繼以忍默；意氣既到發揚時，自當繼以收斂；憤怒嗜欲既到沸騰時，自當繼以消化。此正一氣之自通自復，分明喜怒哀樂相為循環之妙，有不待品節限制而然。即其間非無過不及之差，而性體原自周流，不害其為中和之德。學者但證得性體分明，而以時保之，則雖日用動靜之間，莫非天理流行之妙，而於所謂良知之見，亦莫親切於此矣。若必借良知以覺照，欲就其一往不返之勢，皆一一逆收之，以還之天理之正，則心之與性，先自相讎，而杞柳梧檟之説，有時而伸也必矣。」劉宗周，《學言中》，《劉宗周全集》，第2冊，頁487–488。

76　唐君毅，《中國哲學原論 —— 原教篇》，頁484。

77　唐君毅：《中國哲學原論 —— 導論篇》，頁494–495。

78　有關分析，可與本書第1章〈張橫渠氣學評議〉合看。

第三部

當代新儒家對現代性衝擊的回應

第十章

合哲學、道德、宗教為一體
——當代新儒家的儒學觀

一、對「儒學」的重新構想

在20世紀中國思想界反傳統特別是批判儒學的大氣候下，同時出現了復興儒學的呼聲。復興儒學，從一個意義來看，即是要重建或重釋（reconstruct or reinterpret）儒學，亦即是要清理以至提取其中的思想資源，來努力回應時代的各種問題，以彰顯其絕非為已喪失活力的博物館展品。易言之，乃是要彰顯儒學的時代相干性（modern relevance）。不過從更根本的角度看，我們不妨說這項重建工作實無異於是對「儒學」作出一重新的構想（re-conception）。這就是說，在今天我們應該怎樣回答甚麼是儒學的問題。甚麼是儒學？一個歷史考查的答案，即指出儒學在過去是如此如此的思想及其傳承發展，雖對理解和建立儒學的生命史是必須的，但卻遠不足以回答今天問者那個看似十分簡單的問題。因為問者真正想知道的，不是過去的儒學為何，而是現在的又如何？為甚麼現在還要講儒學？可知現前的時間維度使得問者的提問與主張復興儒學的人的回答，其實都是環繞著如何重新構想儒學本身。這一重新構想可以說是一項基於歷史考查成果而作的進一步的提煉工作，亦可以說是一項把過去拉置於當下所引發的觀念重建工作。同時，這構想必須使得儒學能有力地面對西方思潮尤其是哲學、宗教等嶄新觀念的衝擊。並且我們怎樣構想「儒學」，實涵蘊著我們賦予它怎樣的意義和評價。例如，若說儒學是支持君主政治的意識形態，則等於宣告它不合時宜，

但若説儒學是長青的人生哲學，則表示它還有教現代人受用的地方。而對「儒學」的構想，換一個説法，便是儒學觀。

　　當代新儒家（或港臺新儒家）是20世紀儒學復興運動中最富思想活力的學術圈子。此中的代表人物提出了何種儒學觀？今天我們在討論儒學的身份、角色與功能時，有沒有認真地研究、繼承他們留下的思想遺產？誠然，新儒家之所以被視為一個學術團隊，乃是因為其中的人物在思想上有著不少共同之處。不過，對於甚麼是儒學，第一代學者的看法卻頗為分歧。好像梁漱溟（1893–1988）以為儒學是成德之教，強調親證離言，故遠於講求思辨的哲學與了卻生死的宗教。熊十力則認為哲學非純屬思辨而是以探究本體為目的；儒學能從反求實證相應來領悟本體，故應尊為哲學正宗。總之，他們的分歧顯然是出於彼此對「哲學」與「宗教」有不同理解。但這些不同理解未始不可以通過進一步的澄清和溝通而得消融，以達至一共同承認的且更具理論效力的「儒學」構想。這項工作，事實上即在第二、三代的新儒家手中完成，特別是唐君毅、牟宗三、劉述先、杜維明等。（此中第二代的徐復觀〔1904–1982〕則仍對把儒學説成是宗教或哲學有所保留，看法近於梁漱溟。）而他們構想的儒學，可以用唐君毅的話為代表：此即儒學是合哲學、道德與宗教為一體。[1]值得注意的是，當他們如此構想儒學時，亦同時是在重新界説「哲學」、「道德」、及「宗教」的含義。扼要言之，即以為哲學的目標在成教；道德的目標在求當下生活的理想化；宗教的目標在極成對理想化生命的超越的信仰。另外，作為哲學的儒學能一方面建立學統以繼往，一方面把西方哲學變為己用以開來；作為道德的儒學能延續儒家為己之學、成德之教的本懷；而作為宗教的儒學能揭示儒學的宗教性（religiousness）以與世界不同的宗教傳統進行對話、交流。如是，下文將分從三部分來析論乃至引申發揮新儒家的儒學觀：一、作為哲學的儒學，二、作為道德的儒學，三、作為宗教的儒學。

二、作為哲學的儒學

用哲學的方式講儒學，無可否認是20世紀西方現代學術分類全面取代中國傳統學術分類的結果，故可謂是勢所必然的事。馮友蘭在1931年出版的《中國哲學史》上冊的〈緒論〉中，便曾以此勢所必然來說明為何「近來只有中國哲學史之作，而無西洋義理之學史之作」。[2] 但對新儒家來說，更重要的是：怎樣在勢所必然的事實中尋找理固宜然的根據。換句話說，我們有甚麼理由應以哲學的方式研究儒學？而回答的關鍵實端賴於我們如何理解哲學活動的本性與功能。

倘從西方自古希臘發展出的哲學傳統看，則哲學活動的本性首應以其分析性的思考方式來規定。此所以哲學一般給人講求概念明晰、論證嚴謹的印象。對於這點，牟宗三十分清楚：

〔……〕假如以西方從古希臘開出來的哲學傳統作哲學的標準意義看，則作哲學性思考之最主要的方法是分解性的思考，即概念性的思考。概念性的思考必然函着分解的方法（Conceptual thinking necessarily implies analytic method）。分解（Analysis）有各種形態的表現。現在西方所講的所謂邏輯分析（Logical analysis）或語言分析（Linguistic analysis），這是英美方面講分析哲學（Analytic philosophy）所謂的分析，這分析是狹義的分解。西方哲學從古希臘開始就是分解的。因為概念性的思考非分解不可，這分解是廣義的，不是分析哲學之狹義的分析。中世紀聖多瑪和其他神學家不能離開柏拉圖、亞里士多德，因而還是在走分解的路，以柏拉圖、亞里士多德的哲學來建立其神學。到近代以來，英國方面的經驗主義則講經驗的分析（Empirical analysis）。在歐洲大陸方面，從笛卡爾開始的理性主義還是分解的，不過其分解不是經驗的，而是邏輯的。……到康德出來講批判哲學（Critical philosophy），則進一步。但他用來表示他這批判哲學的還是分解的方法。所以康德不論講純粹理性或講實踐理性，頭一部份一定是Analytic（分析論）。……所以，西方哲學發展到現在的全部，就正面講，統統走分解的路。黑格爾稍為不同一點。他講辯證法，這比批判的分解就進一步。但他

還是以分解的方式來講辯證，以分解的方式把辯證過程（Dialectic process）給展示出來。所以，西方哲學廣義地講總是分解的。[3]

所謂分解性、分析性或概念性的思考，簡略而言，即是把所要探討的（經驗給予的）問題帶入一概念領域來追究其如何可能的條件與證立（justification）。回到把儒學當作哲學的問題上，我們立刻得面對以下三個疑問：一、儒學過去的發展到底有沒有這樣一個分解性思考的傳統？二、今天我們有何理由（不是勢所必然而是理固宜然）要以哲學的方式講儒學？三、以哲學的方式把儒學當成儒家哲學，會否傷害、扭曲儒學那重視生命與實踐的本懷，最後反而顛覆了儒學？

對於第一個疑問，你可以說哲學思考即分解性思考在古代中國的思想世界中沒能形成一個像西方哲學般的傳統；中國的傳統學問是關注生命的，不屬於哲學。你亦可以說中國傳統思想在概念分解方面也許不如西方哲學，但卻不能說中國傳統思想不作概念分解，或不能作概念分解，或它完全沒有概念分解。蓋在中國傳統思想中，我們確實可以找到近乎哲學思考的心智活動的痕跡，儘管並未因此發展成一個哲學傳統。這些哲學思考或概念分解的痕跡，以前稱為學問講明。如果我們扼要地把中國傳統思想分為：「宗」（生命的原初洞見與證悟並以之為主為歸宿）、「教」（依洞見與證悟而施設的教路或軌道）、「學」（對宗與教的理論講明且本身亦是教之一途）與「術」（對宗、教、及學的現實應用）四部分，其中學問講明正是不可缺少的一環。尤有進者，這學問講明在經歷佛教的洗禮後，到宋明理學時乃發展至高峰。此觀乎朱子對理氣、體用的諸多分析，王陽明與湛甘泉辯論格物等可以證明。若問何以關注生命的思想，亦要作概念分解，則答曰：（1）即使思想的主要課題是生命的，然古代聖哲本其存在的實感而證悟到的洞見，如非一時的感興、浮明而真的是靈光智慧，則當中包含的真實性、普遍性必有能辨而示之以成客觀學問的一面。用現代的話說，則其中所包含的種種道理是可以講明的。牟宗三說：

因為他心中所閃爍的通識與洞見不只是他個人主觀的，一時的靈感，而乃是代表着一個客觀的，最高的而且是最根源的問題。如果那只是他個人主觀的，一時的靈感，有誰能猜測它呢？如果它是一個客觀的問題，縱使是最高的而又是最根源的，亦必須有義理以通之；縱使是發自於他個人的見地，我們亦須把它當作一個客觀問題，依學問底途徑以深切著明之。[4]

(2) 又這能辨而示之的一面亦正是聖哲對其洞見能得一自我了解 (self-understanding) 與自我印持 (self-confirmation) 的憑藉。(3) 加之，如聖哲想將其洞見傳授他人或傳至後世，則依所見開出學問以立教，更屬必須。因唯其如此，傳遞 (transmission) 才得以可能。明乎此，則知中國傳統思想實從來不缺學問講明或概念分解的部分，甚至這部分同時即屬於教之一端。不過這並不等於說現在我們研究儒家哲學，就只是重複或加強過往儒學中學問講明的部分。此蓋今天研究儒家哲學，西方哲學已經是個不得不預認的參照，這猶如佛教之於宋明理學的關係。而哲學思考儘管在古希臘曾與生活之道不可分割，共同構成哲學的觀念，[5]但往後的發展，卻是逐步獨立出來而自成一傳統，並且反過來壟斷了哲學的整個觀念。相較之下，中國傳統的學問講明則自始至終不能獨立於宗與教之外，否則學不見道，枉費精神。無論如何，儒學既本有學問講明的一面，則以哲學思考或分解性思考來展示儒學的勝義便非毫無根據。而剩下來的問題是：有甚麼理由要以哲學的方式來講論儒學。

　　對於第二個疑問，從新儒家的分析看，我們的確有很好的理由要以哲學的方式來重建儒學。首先，(1) 經過 20 世紀初新文化運動反傳統的衝擊，造成我們與傳統的斷裂和隔閡。在這樣的背景下，要收拾淡泊的儒門，善繼其中仍具時代相干性的思想資源，則既全面且客觀的清理工作乃刻不容緩。倘考慮到儒學的很多觀念在漫長的發展歷史中是不斷變化的，則個別的觀念其實應是個錯綜複雜的觀念叢 (a bundle of concepts)。故要入乎其內，作梳理、評估、重釋及簡擇，分解性思考適足以大派用場。其次，(2) 古代的儒者或比較不太重視學問講明，因其亦不過教之一端，捨此以外，儒者還可以在生活上對弟子隨機指點以使

其當下有悟。但到了今天，如斯的文化氛圍已蕩然無存，代之而起的是講求客觀知識的心態。現代人恐怕大多難以直接依實踐的進路來體證儒學的睿識，則依哲學的進路（概念分解的方法）去講論之，乃成為雖未必是唯一的卻是最重要的可以幫助現代人契接儒學智慧的途徑。牟宗三說得好：

> 一切學問思辨都是第二義的。但是自從首闢洪濛，靈光爆破以後，第二義的學問磨練是必要的。而世愈降，去蒼茫愈遠，蒼茫中創造的靈魂不出世，亦只有通過學問的骨幹振拔自己了。大聖的風姿是無典要的，但學問的骨幹有典要，典要的豐富是可窺見的，骨幹的莊嚴是可企及的，但創造的靈感，大聖的風姿，其豐富是不可窺測的，其莊嚴是不可企及的。只有靠著「實感」來遙契。[6]

此外，在當今多元思想相交遇、碰撞、激蕩的全球化時代，能否把儒家哲學講得更嚴謹、周備與圓滿，以求使之參與到跨文化的思想對話中，亦成了儒學可否為人們所理解和接受的判準。另外，(3)把儒學作更具哲學性的演繹發揮，實亦有其妙用在焉。須知儒學作為具普遍性的人生智慧，本就不必能一一對應不同的實存生命的殊別境況而皆有所指點言說。於此，不為生命所限而能凌空運用的哲學思辨正可以依儒學的義理性格，思索及於各種可能的人生情況而一一回應之，以更助成儒學的善化與擴充。唐君毅明白肯定哲學思考的功用：

> 此信心（案：指理想終能實現的信心），可由人之天生之性情，而自然的具有，而不待任何哲學的思維之幫助以形成。然人不能自然的具有者，亦可由哲學的思維，加以開啟。人之既信欲信而有疑者，則舍哲學的思維，即無自袪其疑，以自維持其信心之道。而在此後二者中，即見哲學之價值。[7]

最後，(4)唐君毅更提醒吾人，儒學的學問講明，過去正由於不求獨立於宗與教，乃無沒形成一客觀了解的傳統。這在以前或根本不成問題，但在今後要清理、重建儒學，則建立起客觀研究遂為必要者。他說：

宋明以前之中國儒者之言義理者，因其或兼負「聖哲立教之志」、「哲人」、「學者」三者之任於一身，乃恆將其所獨見之義理，歸入於對古書之註疏，與古人思想之訓釋之中，乃恆不免造成種種混淆。又人之能兼為學者、哲人、聖哲，雖可為一最高之祈嚮，然不可懸為一般之標準。依一般標準言，哲人不必為聖哲，研究哲學之學者，亦不必為哲人。此中下學上達，分工合作之道，在將學者身份上，所當作之客觀研究，與其餘二者，在工作上暫加以分開。[8]

言下之意，我們今天講論儒家哲學，乃先得把儒家思想的發展視作一獨立的學術傳統來對之作客觀的研究。倘不嫌比附而借用牟宗三的話說，即是要為儒學建立起「學統」；[9]一個獨立地、客觀地講明學問（亦涵為學問而學問）的傳統。然而一旦承認「吾人之哲學研究，可自限於學者之範圍，專以求客觀了解為事」，[10]則一個研究儒學的學者便不必然是一個踐行儒學的儒者，並且研究儒學的學者更可理直氣壯地拒絕別人以儒者的標準來評價他，因為這是既過分且不合理的要求。但這樣一來，儒者與學者會否此消彼長，而提倡儒家哲學遂有使儒學脫略其實踐本懷之虞，甚至最終顛覆了儒學。對這可能的危險，唐君毅其實早有警覺，此所以他在上引文字中才會說建立客觀的儒家哲學研究，只是將之與儒學「暫加以分開」。暫加以分開，即表示最終還是要回去的。由此可轉至第三個疑問。

對於第三個疑問，即儒家哲學的研究會否傷害、扭曲了儒學那重視生命與實踐的本懷。新儒家第一代的梁漱溟和第二代的徐復觀對此都表示過相當的疑慮。徐復觀曾說：

至於從心推而上之，心的根源是什麼，宇宙的根源是什麼，儒家當然承認有此一問題，孔孟程朱陸王，當然也曾去思索這一問題，如提出的天、天命，等等。但總是採「引而不發」的態度。因為站在儒家的立場，道德即是實踐。道德的層次，道德的境界，是要各人在實踐中去領會。而聖賢教人，只是從實踐上去指點。若僅憑言語文字，將道德根源的本體構畫出來，這對於道德而言，縱使所構畫者，係出於實踐之真實無妄；但人之接受此種說法，亦只是知

解上的東西。從知解上去領會道德的本體，即有所見，用朱子的話說，亦「只是從外面見得個影子」。且易使道德的根基走樣。[11]

不過假使前面的分析不誤，即儒家哲學的研究在今天是有其必要的，那麼（依熊十力、唐君毅及牟宗三）新儒家一個更恰當的回答應是：我們雖不能漠視此扭曲的危險，但這絕非無法克服。克服之之道，首在 (1) 明乎思辨（或哲學思考、分解性思考）本有助成和引歸實踐的效用，而這亦本是儒家的舊義。《中庸》不是有「博學之，審問之，慎思之，明辨之，篤行之」的話。對此熊十力尤有發揮：

> 或有問言：「如公所說，思議遂可廢絕否？」答曰：我並不曾主張廢絕思議。極萬有之散殊，而盡異可以觀同；盡者，窮盡。察眾理之通貫，而執簡可以御繁；研天下之幾微，而測其將巨；窮天下之幽深，而推其將著。思議的能事，是不可勝言的。並且思議之術日益求精，稽證驗以觀設臆之然否，求軌範以定抉擇之順違，其錯誤亦將逐漸減少，我們如何可廢思議？不過思議的效用，不能無限的擴大。如前所說，窮理到極至處，便非思議可用的地方。這是究玄者所不可不知的。……易言之，任思議來測變，所得畢竟膚淺。譬如一杯熱水在此，我們也可思議他是熱的，但其熱度淺深的意味，則非親飲者不知。由此譬，可見變的實際是要證會，方才真解。若只任思議，便不濟事。本來，證會是要曾經用過思議的工夫，漸漸引歸此路。證會。唯恐學者滯於思議之域，不復知有向上一機，所以說不可思議。不可者，禁止之詞，戒其止此而不更求進，故言不可，以示甚絕。常途以不可思議一語，為莫明其妙的神秘話頭，若作此解，便非我立言的意思。[12]

依此，(2) 復可進而知乎思辨與實踐，或哲學與證會，本可積極的相順成，而不必是消極的相妨礙。牟宗三便屢屢強調西方的哲學固有激蕩精彩處，但亦有虛幻處；相反，中國的聖證雖多圓融平實，然忌昏沉，故須以建構來充實之。是以哲學思辨如無聖證實理將之真實化，則虛

歉無力,是謂「哲學家的悲劇」;聖證如無哲學思辨予以充分撐開,則有窒息之虞,是謂「聖人的悲劇」。而悲劇之能否化解,乃繫於雙方是否可達至相輔相成。其言曰:

> 因此,能不落在一定形態下,而單從名理以辯之哲學家,則可拆穿聖人之渾一,而一一予以辯示,而暢通其理理無礙,事事無礙,事理無礙之途徑。哲學家以名理為準。名理凌空,不為生命所限。聖證以生命為資,不能不為其所限。無生命之聖證,則道不實。無名理之凌空,則道不開。哲學家辯而開之,顯無幽不燭之朗照。聖證渾而一之,示一體平鋪之實理。然哲學家智及不能仁守,此是哲學家之悲劇。聖證仁守而封之,此是聖人之悲劇。兩者永遠在開闔相成中,而各有其獨立之本質,藉以觀人之所以為人,精神之所以為精神。[13]

換一種說法,哲學與聖證的相輔相成,正是牟宗三所謂「生命的學問」的實義。生命的學問,一方面是生命的,另一方面亦是學問的。[14] (3) 又此義亦可以說即是求把哲學思辨轉化為滋潤生命的德性;把哲學的智潤思 (intelligence) 轉化為德潤身的德性 (virtue)。可知,能引歸實踐的思辨已非是那純粹的思辨而是一種德性。如是,(4) 循此乃可再進乎重新構想「哲學」:此即唐君毅「哲學之目標在成教」的話。[15] 依唐君毅的分析,哲學若完全限於思辨,則只會淪落為一套一套理論系統的辯駁競勝而已。即使哲學本其自身的批判性、開放性,是永可超越乎理論系統的困限(唐名之為「哲學之哲學」),但哲學本其自身的系統性、封閉性,亦是永可在超越之後又再度陷落於理論系統的困限(唐名之為「哲學之哲學的哲學」)。這樣純以思辨來界說的哲學,就無非只是一個不同哲學理論於一往復不已的歷程中相互鬥爭的大矿場。實則更準確的說,這些相互鬥爭的哲學理論,全都是些與生命無涉亦即對於吾人而言為可有可無的戲論、廢辭。要使哲學不至淪落到如斯田地,拯救的關鍵唯在洞然明白哲學之目標在成教;即哲學是以引歸生命的實踐為鵠的。亦唯有在哲學是以成教為任務的前提下,各個看似壁壘分明的哲學理論,才有可能頓

時由堡壘建築與山嶽，化為彼此可會通的橋樑、道路與河流，而皆是望人歷過之以更求通往理想人生的歸宿地。唐君毅說：

> 由此而吾乃知崇敬古今東西之哲學，吾不欲吾之哲學成堡壘之建築，而唯願其為一橋樑；吾復不欲吾之哲學如山嶽，而唯願其為一道路、為河流。循此再進以觀古今東西哲學之形同堡壘之建築或山嶽者，吾亦皆漸見其實只為一橋樑、一道路、一河流。吾乃于哲學義理之世界，如只遍見一一之天橋、天河與天道，其為堡壘建築與山嶽者，乃若隱若現，存於虛無縹渺間。循此再進，吾更悟一切義理概念，即皆同只是一橋樑、一道路。凡為橋樑道路者，未至者望之，則顯然是有；已經過之，則隱于後而若無。凡彼造橋樑道路者，亦正欲人經過之，而任之隱、任之無。人經過橋樑道路之時，固可見有荊棘載道，葛藤繞身，然荊棘既斬，如過關斬將，亦歸于無。故凡以言說舉陳任何義理概念者，皆實是望人聞其言，知其義理概念而經過之，以自有其往。而哲人之以言說舉陳義理概念，無論其自覺與否，亦皆終當是如此望人，而亦必實歸于如此望人。故凡哲人之言說，初雖是說其所學，而其歸宿，則皆是以言說成教。故說所學非究竟，以說所學成教，方為究竟。[16]

斯言偉哉！而牟宗三亦說：「哲學若非只純技術而且亦有別於科學，則哲學亦是教。」[17] 析論至此，人或疑哲學的目標在成教，本來就是東方哲學的共同智慧。現在新儒家詳析細剖，繞了個圈，不過又是回到此舊說而已，有何新義可言？則答曰：其新義乃在於過往的學問講明主要是依附於宗與教而不能自成獨立的一套，新儒家則提出宜先將之作獨立的學術傳統看；作哲學思辨的處理；作客觀的研究，以此一步為今時清理傳統思想所必須故。然後再藉由反省純粹思辨的哲學的局限和困難，重新構想「哲學」而終回歸學以成教的古老智慧。假如不嫌比附的話，新儒家這一哲學構想，可謂同乎法國哲學史家哈都（Pierre Hadot，1922–2010）所指出的西方哲學的古義：即哲學一方面是哲學思辨（philosophy as philosophical discourse），另一方面是生活之道（philosophy as a way of life），並且此兩面應是不即不離的（they are incommensurable but also inseparable)。[18] 總括而言，新儒家之重新構想「哲學」，正是其將西方哲學觀念變為己用 (appropriation) 的過程；而以哲學 (或儒家哲學) 包含於儒學中，亦是其重新構想「儒學」以求重建之復興之的努力。

　　根據上述新儒家所提出的作為哲學的儒學這一面，乃可引申出一些儒學研究或中國哲學研究的方法意涵。但本文不可能亦不需要詳析箇中的內容，而只想約略說明幾點大要來結束本節的討論。(1) 既強調應把儒學看作一獨立的學術傳統以求對之作客觀研究，則新儒家自必肯定尊重文獻材料的重要性。在這肯定下，他們願意承認清代訓詁學者的工作，可有助於吾人求知哲學名辭與哲學言說的意義及演變。不過，他們亦明白批判清儒訓詁明即義理明的方法，以為是完全忽略理性思考在解釋文本過程中的作用，抑且不知哲學正是常借舊名以表新義來成就思想的開發。可見義理實非徒知守故訓者所能範限。[19] (2) 提倡通過清理儒學的傳統來繼承其中的思想資源，唐君毅有「即哲學史以為哲學」的主張。[20] 唐君毅申明他的哲學史清理工作，絕非「一般自命為純歷史學者之態度」(即只想求知歷史上某人講過甚麼思想)，亦非「一哲學家自為宗主之態度」(即只想把自己的思想硬塞進古人之口，所謂「六經注我」者)，[21] 而是反本以求開新之態度，亦即循哲學史的清理求進乎哲學思想的開發。簡言之，從事哲學史即是從事哲學思考 (doing philosophy)。牟宗三亦是基於同樣的認識，強調了解哲學文獻所欲求得者乃康德所謂「理性的知識」而非「歷史的知識」，因此了解文獻的過程是「其初也，依語以明義」，「其終也，依義不依語」，「不依語者為防滯於名言而不通也」，儘管依義不依語絕非初學者淺嘗輒止者所可隨意妄說。[22] 又既重視反本開新，則新儒家並不認為中國哲學那主要藉由詮釋、研究經典的哲學方法，與西方哲學那本乎理性的工巧以憑空運思、建築系統的哲學方法，有何扞格或高下，而深信兩路殊途同歸，「可趨一自然之諧和」。[23] (3) 新儒家從不諱言西方哲學是重建儒學或中國哲學的重要 (甚至是必要) 參照。從最基本的學習分解性的思考來梳理觀念，到更根本的站在普遍性哲學問題的高度來作比較、對話與抉擇，西方哲學都是儒學或中國哲學謀求善化自身的一個極具意義的他者 (significant other)。請看牟宗三的自白：

中國哲學為適應未來，須通過概念思考的方式和分解的方法把它講出來，而且進一步須將它和西方哲學的問題和內容相協調，以決定其未來。但這相協調非籠統地說，總要有個抉擇，以西方哲學中相干的問題、內容來和中國的傳統相合。有些問題或內容是不相干的、不能相合的。比如羅素講數學問題，講邏輯問題，這對邏輯和科學有貢獻，但和儒家的學問不相干。西方哲學中能和儒家學問相協調、相配合的，最好的例子只有康德。康德的哲學可以作一個橋樑，把中國的學問撐起來，即用康德哲學之概念架構把儒學之義理撐架開，進而充實、光大儒學。同時反過來看，中國之儒、釋、道的智慧也可以消化康德，即容納並籠罩它，如此就能消化它。[24]

(4) 雖云儒家哲學是學術研究，然所涉及的內容既是人生的，則研究者若完全缺乏相關的實踐經驗，我們是很有理由懷疑他能否真得一客觀、恰當的了解。以此之故，新儒家遂強調研究者的實踐體驗乃是客觀、恰當了解所必須具備的主觀性條件。牟宗三嘗借其師熊十力的話，指出研究中國哲學除了「知識」（文獻的掌握）、「思辨」（理性思考）外，還須有「感觸」（存在經驗）。[25] 而此感觸，唐君毅則名之曰「崇敬之心」：

> 由此而吾人真欲了解歷史上之大哲學家或聖哲，必待於吾人自身對哲學本身之造詣，又必賴吾人先對彼大哲聖哲之哲學，有一崇敬之心；乃能自提昇其精神，使自己之思想向上一著，以與所欲客觀了解之哲學思想相契接。而吾人對此思想自身之體證、實踐或欣賞，與對有此思想者之哲人聖哲之為人之人格，能加以崇敬或欣賞；皆同所以使吾人對所欲了解之哲學，增加親切感；而使吾人之了解，更能相應而深入，以成就吾人之高度之客觀了解者。[26]

可知哲學的儒學，亦不能全然無涉於生命的踐履。

哲學的儒學，嚴格來說，只是方便地把哲學思辨與生命踐履在觀念層面上作一區分（或曰觀念的分解），區分為兩個不能互相化約的領域。但彼此不能互相化約，並不涵蘊它們之間沒有非化約的關係。故（儒學

的）哲學思辨亦必復與生命踐履在實踐層面上作一順成與融合（或曰辯證的綜合），此方是合哲學、道德為一體之實義；這裏的「合」非零散的堆疊、機械的拼湊，而是實踐的、辯證的融合。

三、作為道德的儒學

如果説新儒家提倡作為哲學的儒學是要為儒學建立一學統，那麼它提倡作為道德的儒學就是要維護、延續儒家為己之學、成德之教的道統。這本是儒學的基本旨趣，在過去的發展中千頭萬緒、豐富多姿，可説者甚多。下面我們只能就其中與本文討論相關的作幾點補充説明。

（1）首先，這裏所謂的道德，非指現在用來翻譯英文moral的「道德」（或意思相近的用來翻譯ethics的「倫理」），而是要恢復傳統的古義。依古義，道者，路也；人道者，人所當行之路也。德者，得也，人所具之能力及培養所成之德性，藉此以行乎所當行之路之謂也。易言之，道德是教（《中庸》「修道之謂教」），是足以啓發人的理性並指導人通過實踐以理想化人的生命而至其極者。[27] 用牟宗三的話説，它「主要的用心在於如何來調節我們的生命，來運轉我們的生命、安頓我們的生命。」[28] 故知道德的儒學不能僅以西方的道德哲學、道德心理學或倫理學等視之，雖則它亦不排斥這些足資相互攻錯、發明的思想資源。

（2）或許因為新儒家提倡哲學的儒學，並且他們在這方面確實做出了驕人的成績，人遂易於只見其思辨的一面，而肆意批評其將儒學理論化抽象化，脱略實踐。但這不過是片面了解的皮相之論。蓋凡是讀過唐君毅的《人生之體驗》，當不疑於他對道德自我的理想性有極細膩的體會；讀過他的《人生之體驗續篇》，當不疑於他對道德自我的陷溺墮落有極深刻的警惕；讀過他的《病裏乾坤》，當不疑於他對道德自我的傲慢有極切身的反省。即使是談道德的《道德自我之建立》，唐君毅亦十分自覺地避免用哲學論辯的文筆來撰寫，而是用近乎存在的思索的方式直抒自己的所感、所思與所悟，以求能喚起讀者的共鳴。他説：

然而此二書 (案：指《人生之體驗》與《道德自我之建立》)，同不合一般西方式之人生哲學道德哲學書之標準，因我未于此二書中把人生問題道德問題，化為一純思辨之所對；亦不同於東方先哲之論人生道德的書之直陳真理，因此二書又加了許多似不必要的思想上之盤桓。這是我在當時已知道的，而是自覺的要這樣寫。最近十多年，知到西方之存在哲學，有所謂存在的思索，即不把人生道德之問題只化為一純思辨之所對，而用思想去照明我們自己之具體的人生之存在，展露其欲決定理想意志行為之方向時，所感之困惑、疑迷，及試加以消化等的思索。我現在亦可以此二書，為屬於存在的思索一類的書。至於是否名之為哲學，則兩皆無不可。[29]

同樣，讀過牟宗三《五十自述》中的〈文殊問疾〉一章，亦當不難感於他是如何在生命虛無、沉淪的悲情中苦苦掙扎，而卒以慧根覺情的萌蘗 (即儒學的仁心) 來獲得救贖。[30] 請看牟宗三對生命性相的覺悟：

若就實現過程而言，則眾生根器不一 (此還是生命限定事)，其心覺透露有種種次第，在過程中，固事實上有不可克服之悲劇。此佛氏有闡提之說，儒者有知命之教，而耶教亦有「人不能自除其惡」之義也。(耶教原罪說，人不能自除其罪，然神恩以除罪，則神即表宇宙心覺，而於究竟了義，罪惡終可克服。) 此皆有甚深之智慧，亦有無言之大悲。蓋實現過程中，有不可克服之悲劇，此人之大可悲憫也。然悲憫之心即已涵蓋於生命之中而照察以潤之矣。不可克服之悲劇永是在過程中，亦永是在悲心之觀照中 (永在神心之觀照中)，觀照之即化除之。在永恆的觀照中，即永恆地化除之。生命總在心潤中，亦總限定心之潤，因此亦總有溢出之生命之事而為心潤所不及。此所以悲心常潤，(生生不息，肯定成全一切人文價值)，法輪常轉，(不可思議，無窮無盡)，罪惡常現，(總有溢出，非心所潤)，悲劇常存也。[31]

值得注意的是，牟宗三在八十歲為《自述》出版作序時仍說：「吾今忽忽不覺已八十矣。近三十年之發展即是此自述中實感之發皇。聖人云『學不厭，教不倦』，學思實感寧有已時耶？」[32] 則知唐、牟兩先生在提倡作

為哲學的儒學之餘，實從未忽略作為道德的儒學。哲學思辨能引歸實踐、哲學之目標在成教，這對他們而言絕非空言。

（3）人或疑如何確保哲學思辨真能引歸實踐。則答曰：此處沒有必然的保證，有的只是吾人自己的抉擇。而吾人之能自覺的求使哲學思辨化為潤澤生命的德性，關鍵實繫於吾人能否始終對生命存有一份憂患之感。這本是儒學最古老的實踐智慧，下引郭店儒簡《五行》的話即是明證。其言曰：

> 君子無中心之憂則無中心之智，無中心之智則無中心之悅，無中心之悅則不安，不安則不樂，不樂則無德。[33]

順此憂患之感，吾人的心思倘能從所憂轉向能憂（即智之冒出），則即可體證到自家本具的一自愛愛他、成己成物的心能，即仁心（悅、安、樂乃可按踵而得），而剩下的就是工夫栽培的問題。當然若想充分實現哲學成教的目標，那麼上述言及的憂患之感、所憂、能憂、體證、本心、工夫等生命語、體驗語，以及由實踐所得的各種工夫，如省、思、養氣、慎獨、察識、存養、居敬、持志等，又將統統成為思辨世界中有待釐清、論析的獨特課題。這也就是說，在合哲學與道德為一的儒學中，工夫論是個絕對不能忽略的部分。

（4）順此更作發揮，可以說道德的儒學是以吾人的主體性（subjectivity）為核心，但此主體性非全是西方哲學的意思，而是以自知（自知仁為應當、不仁為不應當，或曰自知是非善惡）和自主（自依仁義作主宰）來規定，並且是從不忽略「他者」（others）的重要性（如謂在孝弟中體認仁理；成己以成物，成物亦以成己）。職是之故，道德的儒學還可涵文化的、社會政治的儒學。而唐君毅、牟宗三、徐復觀等在文化與社會政治方面的豐富思考亦可歸入道德的儒學。箇中細節，這裏便不能多說。

（5）最後，必須指出的是，儒學所講的道德不能只限於人的行為（action）應當如何的問題，而必牽涉到整全人格（person）的育成與存在（being）的問題。此蓋人非孤零零的存在者，故在探索其自身所當行之

道的同時，必得對存在問題有個交代。用傳統的話説，人道必關聯於天道。而此即入乎作為宗教的儒學的層面。

四、作為宗教的儒學

儒學是否宗教，[34] 這是個自 19 世紀末 20 世紀初康有為 (1858–1927)、陳煥章 (1881–1933) 的孔教運動以來迄今為止仍言人人殊的問題。新儒家提倡作為宗教的儒學，但批判康、陳的孔教運動為未能真知儒學之為宗教的意義所在。牟宗三曾説：

> 他們不知孔教之所以為教之最內在的生命與智慧，只憑歷史傳統之悠久與化力遠被之廣大，以期定孔教為國教。一個國家是須要有一個共所信念之綱維以為立國之本。此意識，他們是有的。此亦可説是一個識大體的意識。但其支持此意識之根據卻是外在的。孔教之生命與智慧，自明亡後，即已消失。在有清三百年中，孔教實只是典章制度風俗習慣之傳統。康與陳之道德宗教之體驗與認識實不足，思想義理亦不夠。他們的心思尚仍只是在典章制度風俗習慣之制約中而不能超拔，故其根據純是外在的。[35]

誠然，如僅從外在的典章制度風俗習慣來看，亦即從制度化 (institutionalize) 一面看，儒學是否宗教確實十分可疑。又如將宗教視為人委身於一超越者 (the Transcendent) 並對之崇拜敬畏以求能得生活的指導和教贖，則熊十力説：「中國人用不着宗教。宗教是依他，是向外追求。」[36] 徐復觀亦説：「儒家不是宗教，但其一貫的精神，能貫注於實際人生之普遍而且長久，非世界任何『一家之言』所能比擬；所以也不妨稱他為中國的非宗教性之偉大宗教。」[37] 不過，對唐君毅、牟宗三及其後的劉述先、杜維明等新儒家來説，宗教不必定是依他的、向外追求的，所以他們的努力，便是要為儒學作為宗教尋找一內在的根據。此內在的根據，正在於儒學的道德仁心，本就能層層推擴，親親仁民愛物，以至及於天地

萬物，並由此體證、誠信一生生不已、化育不息的天道作用乎流行乎天地之間。這種從吾人自身的探究而及於存在的探究，並在人與宇宙之間建立起深刻的內在關連 (interconnectedness)，正是新儒家在 1958 年的〈中國文化與世界〉宣言中提醒人們當注意中國倫理道德思想中包含的「宗教性的超越情感」。[38]

　　此宗教性的超越情感，固本於宋明儒「天道性命相貫通」的宗旨，但後來在唐、牟的學說中皆有精彩的演繹發揮。此即唐君毅提出「性情之形上學」，牟宗三提出「實踐的形上學」、「境界形態的形上學」與「道德的形上學」。綜括言之，此中的義理 (或曰信仰) 規模可作如下的分疏：[39] (1) 吾人若不甘心於只作一事實的存在者(即前面所說的憂患感)，便必興起對自身意義的探究，而逆所求能，則即可覺悟到此意義探究的根源正是吾人的仁愛之心。仁愛之心表現於自己是自愛，故欲求自己能活得有意義，活得成為一個更好的人 (to be fully human)。並且此仁愛之心非是自利之心而即是愛他之心；自己望能活得有意義，亦必望他人亦活得有意義。(2) 吾人如能步步擴充此仁愛之心，則猶如燃亮自己生命的燭火，既成就自己，亦照亮溫暖別人，所謂成己成物。吾人復可進而體認到凡仁愛之心所及之他人、物與事，即皆攝入於「我」而成為我生命的一部分，所以仁愛之心的擴充即是一豐富意義的「大我」的不斷擴充。(3) 由此，吾人在展現仁愛之心的過程中所感知的人、物與事，便非徒為物理物，而是皆為能與我相感相通者。吾人所感知的世界，亦非徒為物理物的總體，而是一物物皆得其位育並相互感通的價值或意義的表達 (an expression of value or meaning)；一生生不已 (ceaseless creativity) 的價值或意義的表達。從天地萬物的角度看，是生生不已的造化，從吾人的觀點看，是仁愛的周流貫徹。這一體認，用傳統的話說，就是天人合一、仁者與天地萬物為一體的境界。(4) 又本此，吾人必能再進而體認到此生生的意義或價值的表達，因其乃吾人交互主體所共證，故知絕非只是吾人主觀的設想、投射、期許或自定理想的方向，而必有其客觀存在之根據在焉。由是，吾人乃可從萬物一體的境界中跳越一步，誠信 (authentic believe) 實有一生生不已的

創造之能作用於天地萬物之中。此創造之能，從前的儒者方便地叫它做「天」、「天道」、「天理」或「太極」等。而吾人亦無例外必是此創造之能所創造者，故吾人的仁愛之心遂必為「天之所與我者」，所謂「乾道變化，各正性命」。[40] (5) 倘從一本體宇宙論的角度看，萬物皆稟具生生之理，此理之在瓦石 (非生物) 即是其「在」(existence)；此理之在草木 (生物) 即是其「生」(nutrition)，亦包涵「在」；此理之在動物即是其「知覺」(sensation)，亦包涵「在」與「生」；而此理之在人即是其「仁心」(benevolent mind)，亦包涵「在」、「生」與「知覺」。(6) 或疑新儒家從吾人之覺醒仁愛之心處下手講儒學的宗教性，有混同道德意識 (moral consciousness) 與宗教意識 (religious consciousness) 之虞。此疑非是。蓋新儒家會同意宗教意識與道德意識為同源，然一旦吾人把仁愛之心推擴至人以外的天地萬物並誠信及一生生的創造之能，則道德意識與宗教意識分道揚鑣矣。首先，依道德意識或吾人的仁愛之心，只能說一切善或好為應然與應有；但依宗教意識或吾人對創造之能的誠信，則可說一切善或好為必然與必有。[41] 其次，道德所重在踐履及對之之反省，但宗教所重則尤在誠信。至於道德只及於明，宗教必通於幽，亦可見二者非可等而視之。[42] 總之，對新儒家來說，宗教意識與道德意識的關係應是：前者乃隨附於 (supervene upon) 後者。(7) 此外，唐、牟都喜用「超越性」、「無限性」等語詞來說吾人的仁愛之心，以仁愛之心為能不斷擴充即不斷超越現前的限制而更求向上故。依仁愛之心乃天之所與我者，則天作為創造之能亦不妨說即是一仁愛的天心、大心，或仁愛的超越者、無限者，此處超越者、無限者乃以吾人仁愛之心之充其極的理想 (ideal) 定。然無論是天心、大心抑或吾心，都非抽象掛空的概念，而是必然地在其真實呈用之中；天心、大心見於萬物的化育，吾心則見於吾生命的實踐。明乎此，我們才懂得為甚麼新儒家會說那創造之能或天道「是既超越而又內在」。[43] 此中「超越」與「內在」的意思必得本於其言作解；人或以它們在西方哲學中的使用來質疑既超越而又內在是自相矛盾語，則甚無謂。(8) 最後值得一提的是，新儒家第三代的劉述先、杜維明對儒學的宗教性尤有發揮。劉述先早年借用神學

家田立克 (Paul Tillich，1886–1965)「終極關懷」(ultimate concern) 的觀念來闡述儒學的宗教義蘊。[44] 及後更通過重新詮釋宋儒的「理一分殊」、莊子的「兩行之理」來揭示儒學的宗教性 (亦為佛、道二教所共認的) 對於天與人、超越與內在的深刻體認。[45] 此即「我們既有普遍的規約原則，又有各時各地不同的具體的設施。所謂『寂然不動 (理一)，感而遂通 (分殊)』，每一個個人受到自己時空的限制不能不是有限的，但有限而通於無限，參與天地創造的過程，生生不已，與時俱化。」[46] 而人的有限、內在既能通於天的無限、超越，則知凡偏向一邊 (得人遺天或得天遺人) 都不恰當，儒學必兼顧兩行以安身立命，「走的是一『迴環』的道路，必先由『內在』走向『超越』，而後由『超越』回歸『內在』」。[47] 至於杜維明則指出宗教的儒學是種包容的人文主義 (inclusive humanism)，即順人文的進路以建立宗教，惟不以人文取代宗教，亦不把人文與宗教斷成兩截，如西方啟蒙以來世俗的人文主義 (secular humanism) 之所為。他又指出宗教的儒學雖一方面重視人心的覺悟，以之為人能參贊天地化育的關鍵所在，但另一方面亦把人與萬物平視，強調人是萬物的一部分而俱為天道的創造物。依此，宗教的儒學絕不會同意人類中心主義 (anthropocentrism) 的立場，而必擁抱「人類──宇宙」的睿見 (anthropocosmic vision)。[48] 凡此俱有勝義在焉。

　　以上詳細展示了新儒家「宗教的儒學」之義理規模，可見其主要是從人心的覺醒與天道 (超越者) 的誠信兩面來規定「宗教」。所以新儒家使用的宗教一詞，實非依西方傳統特別是基督教所意謂的宗教 (religion)，而反近於中國傳統依宗起教、藉教悟宗之義，亦即平常說儒釋道為三教之義。強調依自起信的重要性，並以此為宗教意識的根本所在，則更是新儒家歸本自家傳統把西方「宗教」變為己用的過程。牟宗三說：

　　　　縱使以人格之神為信仰之對象，然若有心性之學以通之，則其信必
　　　　更能明徹健全而不動搖。如此方可說自拔于陷溺，騰躍而向上，
　　　　有真的自尊與自信。否則自家生命空虛混沌，全靠情感之傾注于

神而騰躍，則無源之水，腳不貼地，其跌落亦必隨之。此若自儒佛言之，全為情識之激蕩，頭出頭沒之起滅。在激蕩中，固有粗躁之力，然謂能超拔于陷溺，則迴乎其遠矣。[49]

從宗教經驗 (religious experience) 的角度看，宗教的儒學確乎是更重視詹姆斯 (William James，1842-1910) 所言宗教經驗中較原初的個人 (personal) 一面，[50] 但它亦非完全缺略聖事的 (sacramental) 一面，三祭 (祭天、祭祖、祭聖人) 即是例子。總的而言，三祭是吾人對天道創生之能或生命之根源的誠敬，當中的涵義唐君毅曾詳析之：

此中國儒者所言之祭之本義，原以祭為人之所以交於神靈。故祖宗之神靈、聖賢忠烈之神靈，以及天神地祇，皆為實有。人之祖先在生之前，必顧念其子孫，而其顧念之情無盡；聖賢忠烈，在生之前，必顧念於國家中之人，與天下後世之人，其顧念之情亦無盡；則其歿而為鬼神，其顧念之情，亦自無盡。故人可由祭祀以達其敬誠，成其感格。至於天地之為物，若只視之有形質之物，則自不堪敬。然此天地，即一切人與萬物之生命存在之根原。人與萬物有其生命，則為其根原之天地，不得為無生命。人有其心，則為人之根原之天地，不得為無心。萬物與人之生于天地之間者無窮，而其生物之事不可測，則天地之心、天地之生命，亦理當同其為無窮而不可測。此對天地之祭，即所以使人之生命心靈，由祭之敬誠，以上達于此無窮之生命與心靈，以與之感格，而使由此根原而生，若離於此根原者，更與此根原相契接，如海水之流入湖澤者，再還通流於大海也。[51]

雖云三祭所本仍是人心能越乎死生幽冥的感格，但與覺悟工夫相比，祭祀禮樂的效用乃重在由外以養內。

無庸置疑，新儒家打開了儒學作為宗教的一面，可使儒學參與到當前世界各大宗教的對話。[52] 人或因只見唐、牟兩先生的判教皆是推尊儒學，如唐君毅的心靈九境以儒家的天德流行境為最高、牟宗三判釋儒佛道耶康德而以儒家為大中至正的圓教，遂謂新儒家將宗教的儒學變成

排他的絕對主義，但這是很大的誤解。必須指出，新儒學在儒學的宗教性中首先發掘出的，反倒是儒學足以作為融通一切宗教的基礎。此即儒學：(1) 強調信仰者的能信；(2) 誠敬生生不已的創造之能，卻不落入某種人格神的信仰；(3) 體認創造無論是天的生化創造或人的道德創造，其內容即是仁愛。新儒家相信這些特點將使儒學看來更像是「宗教一般」(religion in general) 的根據，而非僅為某一特殊的宗教。唐君毅說：

〔……〕我們對於宗教問題當持之態度。此態度，照我的意思，必須較五四時代進一步，即自覺的肯定宗教之價值。但同時必須建立一種確立現有的不同的宗教之不同的價值的思想，以真實的成就一各種宗教間之相互寬容，與互認對方之長，而互相取資，以求宗教精神的融通，而免人與人間由宗教信仰的分歧，而造成不必要的對峙與衝突；而同時亦要肯定中國儒家思想中之宗教意義，使純粹中國人與不信仰其他宗教的世界人士，在儒家思想的信仰中，同可發現一宗教性的安身立命之所，以建立儒家的教化之基礎。此儒家的教化，並不同於狹義之宗教，亦不是要建立之以為一般宗教之一，以與其他宗教爭天下。而只是要建立之成為一般宗教之基礎，而使一切宗教得相容俱存，而不致造成人與人之衝突敵對。[53]

於此，若強調儒學的宗教性是在於其可以作為「一般宗教之基礎」，而本身不必定要建立為「一般宗教之一」，則儒學或得以與其他宗教相容俱存，甚至成為促進一切宗教相容俱存的橋樑。不過儒學若能成為一些人信仰之所寄，則它亦必同時是一特殊的宗教。如是，依新儒家開出的思路更作演繹發揮，就儒學具包容其他宗教的開放性言，可以建立一套「多元主義的宗教觀」；就儒學作為一特殊宗教而必求跟其他宗教相區別的封閉性言，則可以證成一套「多元宗教的判教模型」。而後者乃可解釋交代新儒家之推尊儒學，並且彼等推尊儒學與主張融通多元宗教實為不相矛盾。此中的理論曲折，我曾在別的文章中詳加分析，此處便不贅言。[54]

五、儒學的現實實踐

自從歷史學者余英時 (1930–2021) 提出現代儒學有淪為游魂之虞的說法，[55] 如何在現實中實踐儒學便成為是無論批判或關心儒學的人們所熱烈討論的課題。如果把余說視作一種提醒：即儒學不能只存在於大學或研究院的學術研究之中，則這提醒是十分重要的。但若以此排斥一切觀念或理論重建工作，視為無用的抽象化，則是不知類的混妄。蓋如果沒有在思想層面作梳理、疏通、評估及簡擇，我們連到底要實踐甚麼樣的儒學都毫無頭緒，所謂的實踐非盲動妄行鮮矣。尤有甚者，則儒學更有可能重蹈被別有用心之人借用扭曲的覆轍。

其實，新儒家既主張儒學是合哲學、道德、宗教為一體，當不致脫略掉如何落實儒學於社會生活中 (institutionalize) 的考量。早在1950年代，唐君毅與牟宗三已討論過建立儒教或人文教的需要，但終以尚非其時而未竟實行。箇中的詳情，唐君毅在一封寄牟宗三的信中有仔細的說明：

> 弟因覺今日講學，不能只有儒家哲學，且須有儒教。哲學非人人所能，西方哲學尤易使人往而不返，而儒教則可直接人之日常生活。在儒為教處，確有宗教之性質與功能，故曾安頓華族之生命。而今欲成就其為教，必須由知成信，由信顯行，聚多人之共行以成一社會中之客觀存在——如社團或友會 (友會之名較好)，此客觀存在，據弟所思，尚須有與人民日常生活發生關係之若干事業。此蓋凡宗教皆有之。唯有此事業，而後教之精神乃可得民族生命之滋養，而不致只成為孤懸之學術團體，此諸事業即屬於儒家所謂禮樂者。禮樂乃直接潤澤成就人之自然生命。人之自然生命之生與婚姻及死，皆在禮樂中，即使人之生命不致漂泊無依。胡適之謂儒者以相禮為樂，亦未必不可說。今之基督教徒，在社會存在之基礎，即主婚禮與葬禮，佛教只能追薦，不能主婚禮。儒家之禮，則兼重生日誕辰與冠禮及葬後之祭禮，此是對人之自然生命自始至終與以一虔敬的護持，而成就其宗教之任務。弟以為此

將為儒教徒之一社會事業。此外,則養老恤孤,救貧賑災,亦為儒者過去在社會所指導,而力行之一事,今皆入佛教徒與基督徒之手。亦當為今後儒教徒之一事。此諸事皆不只是學術理論,亦非屬狹義之政治,而為流行遍及於社會人民生活之最現實的方面者,故可盡澈上澈下,通無形與形而極高明以道中庸之道。唯禮樂之訂定,非義精仁熟不能為,且不能無所因襲,亦不能過於與當世詭異,以動世人之疑。弟為此徬徨而不知所決。弟日前唯思及民間家中天地君親師之神位及孔子廟二者,不知臺灣尚存否?弟嘗思自先保存此二者下手。天地君親師之神位之君字,或改為聖字或人字,孔廟即成講學之所,唯其他之禮器與樂章為何,則茫然不知所答。如何「治之於視聽之中而極之於形聲之外」,此真是化民成俗之大學問,尚非一般之外王之教所能攝。弟想將來吾人亦須向此用心。唯此皆與今日知識分子所用心之處相距太遠,仍必須先由義理之當然處一一開出思路。因而先引起人之問題,拓展人之心量之哲學工作,必須先行,冀由廣泛的思功,逐漸逼歸定向之行事。故兄函所謂凝聚成教會之義,仍只能先存之於心。人文友會事,仍須能以講義理為重,而不宜流於形式,以免先造成阻隔。唯志同而全無形式,則精神亦將散漫,故人文友會在臺先成立亦甚善,弟自當列名參加。唯弟在此間,仍當從事較廣泛性之思想上啟發之事。凡屬凝定貞固之事,弟皆不如兄,但在隨機誘導與潛移默化之事上,則與弟之性質更相宜。要之此二者乃相反相成者,以時運考之,終吾人之一生,此志業皆將在困頓中,而無由遂。然人心不死,此理必存,大道之行,終將有日。在實現條件上,弟亦常有許多想法,耶穌釋迦,皆先及於無多知識之人,孔子之弟子皆以德性勝,吾人則先自有知識入,而所遇之環境,亦是知識分子之環境,凡知識皆曲,故必由曲導曲以成直,此是大難處,然亦終無法避去也![56]

可見唐、牟是完全明白儒學必須復活其化民成俗的功能,依本文的思路說,即復活作為生活或制度化的儒學。而此可能則端賴於下列各項實現條件之具備:(1)成立類乎宗教社團的組織。(2)本其組織以重

建禮樂，使儒學的禮樂能像過去一樣，通過主持生日誕辰、冠禮、婚禮、葬禮、祭禮，以照顧護持人之自然生命，並得以與人民日常生活發生緊密的連繫。當然，禮器樂章為何便要有精詳的考訂及適時的損益，以免「過於與當世詭異，以動世人之疑」。(3) 又本其組織以推動養老恤孤、救貧賑災的社會福利事業。(4) 唐君毅甚至想過先從保存孔廟為講學之所，及保存民間家中「天地聖(易「君」為「聖」)親師」的神位，以為實現生活儒學的下手處。不過這些構想最後都因礙於半個世紀以前的社會文化氛圍而無法開展。信中提及的人文友會，終於在臺北由牟宗三及其學生成立，於1954年8月14日舉行首次聚會，以後兩周一次，歷整整兩年，共計五十一次。[57] 人文友會的聚會，正如唐君毅信中的建議，仍是重在講學，重在「先由義理之當然處一一開出思路。因而先引起人之問題，拓展人之心量之哲學工作，必須先行，冀由廣泛的思功，逐漸逼歸定向之行事。」牟宗三在友會的第一次聚會中亦提到：「我們這人文友會，還有一大願望，即關心我們這一民族國家的立國之本。我們主張使儒家成為人文教，並主張於未來成立人文教會以護持國脈」，雖則「至何時可以成為教會，現在只是願望，並不能確定」。[58] 值得注意的是，牟宗三是以守護民族國家的立國之本作為復活生活儒學的理由。對於這點，他有進一步的解說：

> 我們從教主講，稱「孔教」；從內容講，稱「人文教」。不過要成宗教，必須靠三祭——即祭天、祭祖、祭聖賢。這須靠國家來維持，社會上必須有教會來持載。過去靠皇帝，現在要靠社團。如要此一理想成為客觀化，須通過憲法，此為吾人奮鬥之目標。我們必須從文化運動上開出這一理想。我們如果單講民主政治，不通文化生命，則國家建立不起來。若只有政治上的民主，而沒有生活上的軌道，則國本不立。如不寫中國文字，雖不違反民主政治，但我們可說這就不應做中國大總統。現在什麼都不在乎，衝破一切，大氾濫。只是一種墮落，站不起來，只是一堆物質。所謂興於詩，立於禮，成於樂。一點矩矱體統都沒有，這不表示氣魄，這表示墮落。絕對的個人主義，反過來即布爾雪維克之極

權，即是虛無主義。所以，起碼的形式不能完全衝破。（胡適說：
「守孝可以戴銀框眼鏡，為何不可戴金框？」這即是衝破一切。）這
種民主以上的國本，非有宗教來維持不可。[59]

必須指出，新儒家以生活儒學為國本的觀點，絕不應被輕視為狹隘的文
化民族主義，這從他們孜孜不倦的申明儒學的普遍性涵義可知。提倡
儒學的普遍性，固有利於將其置放在一世界主義（cosmopolitanism）的脈
絡中，使其成為全人類所可共享的思想資源。但這絕不等於可以抹殺
掉儒學同時是華族的地域性知識（regional knowledge），是華族賴以建立
其身份認同的傳統憑藉。而此兩面本是不相排斥的，蓋具體而非抽象
的世界主義必然是在地的（localized）、有根的（rooted）。

　　回到生活儒學的落實問題，第二代的新儒家面對的是一個缺乏實現
條件的社會文化環境，然時移世易，今天的情況顯然已大不相同。我
們甚至會經常聽到一種批評新儒家的聲音，以為新儒家過分偏重理論的
工作，現在理論工作已做得太多，是時候著力於實現儒學於日用倫常之
中。說落實工作應展開，此誠然；說理論工作已足夠，則非是。此觀乎
當前不少中國知識分子對儒學的猜疑與誤解仍舊停留在五四新文化運動
反傳統主義的理解水平，則可證知。又落實工作的展開，靠的恐怕主要
不是大學學者，而是一群能從事文化、宗教事業的有心人，而這與學者
的理論工作應是並行不悖，分途並進，分工合作，乃至相互支持的。

　　總括而言，新儒家在過去大半個世紀的努力，以合哲學、道德、宗
教為一體來重新構想「儒學」，其實正是要兼顧儒學的理論與實踐兩面。
哲學的儒學，能通過理論建構乃至中西比較的視域來大大開拓儒學的義
理世界，使之能參與到當前人類面對的各種問題的討論中以求作出貢
獻，並為解決問題的實踐路向提供指引。道德的儒學，能恢復儒學作
為吾人自我探究、文化與社會政治建設乃至日常生活的軌道。宗教的
儒學，能極成吾人精神生活的途徑。最後必須說明的一點，是新儒家
的「儒學」構想質實言之不過是最起碼的奠基工作，還有待我們在其上
作更多的建築擴充。

註 釋

1 參看唐君毅，《生命存在與心靈境界》(臺北：臺灣學生書局，1986全集校訂版)，下冊，頁496。

2 馮友蘭，《中國哲學史》，上冊，頁9。另關於二十世紀中國學人如何構想「中國哲學」，參看拙著〈論二十世紀中國學人對於「中國哲學」的探索與定位〉，收《儒學、哲學與現代世界》，頁1–28。

3 牟宗三，〈訪韓答問錄〉，收氏著，《時代與感受》(臺北：鵝湖出版社，1984)，頁201–202。

4 牟宗三，《現象與物自身》(臺北：臺灣學生書局，1990)，〈序〉，頁1–2。

5 參看 Pierre Hadot, *What is Ancient Philosophy*, trans. by Michael Chase (Cambridge, Massachusetts: Harvard University Press, 2002)。

6 牟宗三，《五十自述》(臺北：鵝湖出版社，1989)，頁82。

7 唐君毅，《生命存在與心靈境界》，下冊，頁493。

8 唐君毅，〈中國哲學研究之一新方向〉，收氏著，《中華人文與當今世界》(臺北：臺灣學生書局，1988全集初版)，上冊，頁396。

9 牟宗三「學統」的觀念，本指建立科學而言，但其中所涵「學之為學」(即為學術而學術) 的獨立精神，亦可方便地借用於指謂「儒家哲學」的客觀研究。參看牟宗三，〈略論道統、學統、政統〉，收氏著，《生命的學問》(臺北：三民書局，1994七版)，頁60–71。

10 唐君毅，〈中國哲學研究之一新方向〉，頁397。

11 徐復觀，〈儒家精神之基本性格及其限定與新生〉，收氏著，蕭欣義編，《儒家政治思想與民主自由人權》(臺北：臺灣學生書局，1988增訂再版)，頁84。

12 熊十力，《新唯識論 (語體文本)》，《熊十力全集》，第3卷，頁146–147。哲學思辨能助成和引歸實踐的想法，後為熊十力的學生唐君毅、牟宗三所完全繼承。例如，牟宗三說：「又或以為思辨只是空理論，不必有實證，遂妄託證會以自高。殊不知思理混亂，基本訓練且不足，而可妄言證會乎？汝焉知思辨明徹者必無證會乎？又或以為知識只是粗迹，未可語于性德之冥契，如是，遂日夜閉目合睛，妄託冥契以蹈空。殊不知學知不夠，雖即于性德亦不知其為何物，而可妄言冥契乎？汝焉知學知周至者定無性德之冥契乎？」牟宗三，《圓善論》(臺北：臺灣學生書局，1985)，〈序言〉，頁xv。

13 牟宗三，《才性與玄理》(臺北：臺灣學生書局，1983修訂六版)，頁283–284。

14　必須指出，本章對「生命的學問」的詮釋，乃是以之為牟說最強義的解讀。牟宗三原來在〈關於「生命」的學問〉一文中的使用，是指傳統儒學對生命的關注，故提倡重開此已斷絕的傳統。但當他說「只有業師熊十力先生一生的學問是繼承儒聖的仁教而前進的」，又說他自己的《歷史哲學》、《道德的理想主義》、《政道與治道》三書之所由作，正「乃發憤從事文化生命之疏通，以開民族生命之途徑」，「以開生命之學問」，則「生命的學問」之實義，必依本章所解始得其究竟。參看牟宗三，〈關於「生命」的學問〉，收氏著，《生命的學問》，頁33-39。

15　唐君毅，《生命存在與心靈境界》，上冊，頁33。以下析述唐君毅對「哲學」的反省，俱見是書〈導論〉，頁9-56。

16　同前註，頁34-35。

17　牟宗三，《圓善論》，〈序言〉，頁ii。

18　參看 Hadot, *What is Ancient Philosophy*, pp. 173-174。

19　例如，唐君毅說：「清儒之研究之缺點，在只知由零散之字義，以知全體之義理，而不知先明義理之大體，亦可助成吾人之知彼零散之字義。於是清儒之言義理者，乃或亦任義理之零散，而不重思其相涵相統者之何所在。此則皆非吾人之所當取。蓋文字所表之義，時在演變之中。用舊名以表新義，乃學術之常。固不能以漢唐儒之訓詁即是，宋明儒之訓詁即非。縱宋明儒之訓詁不當於古，吾人亦儘可由其不當於古之處，以見其所立之新義理之所存。吾人今日亦儘有沿用舊名，注以新義，以成就哲學思想之發展之自由。故清人之膠執於漢唐故訓，以斥宋儒之用舊名所表之新義為非，乃門戶之見，非所當取。又義理既相涵相統，義有相涵，則古人之言，雖有未及，吾人代為引繹以出之，以便吾人之清晰了解古人之意，亦非同逞臆；義有相統，即連屬之，以見其相綜，亦非即厚誣古人。此皆吾人今日研究中國哲學者所當從事，而不可限於清人之業者也。」唐君毅，〈中國哲學研究之一新方向〉，頁395-396。

20　參看唐君毅，《中國哲學原論——原性篇》，〈自序〉，頁9。

21　參看同前註，頁6-7。

22　參看牟宗三，《現象與物自身》，〈序〉，頁9。

23　關於這點，牟宗三有相當自覺的反省，他嘗自況：「吾愧不能如康德，四無傍依，獨立運思，直就理性之建構性以抒發其批判的哲學；吾只能誦數古人已有之慧解，思索以通之，然而亦不期然而竟達至消融康德之境使之百尺竿頭再進一步。于以見概念之分解，邏輯之建構，與歷史地『誦數以

貫之，思索以通之』(荀子語)，兩者間之絕異者可趨一自然之諧和。」牟宗三，《圓善論》，〈序言〉，頁 xiv。

24 牟宗三，〈訪韓答問錄〉，頁 207–208。

25 參看牟宗三，《圓善論》，〈序言〉，頁 xiv–xv。另參看拙文〈知識、思辨與感觸——試從中國哲學研究論牟宗三先生的方法論觀點〉，收《儒學、哲學與現代世界》，頁 65–88。

26 唐君毅，〈中國哲學研究之一新方向〉，頁 397。

27 如依英文 moral 來理解 (現代漢語的)「道德」，「道德」可涵道德 (moral)、不道德或反道德 (immoral) 及非道德或與道德無涉者 (non-moral) 三義。但依「道德」的古義，則它只涵道德 (有道與德的生活，即理想狀態) 與不道德 (沒有道與德的生活，即非理想狀態)，而沒有甚麼是非道德或與道德無涉者。當代新儒家學者在使用「道德」時，雖常混古義與新義不分，但其思想底蘊乃必以古義為根據。

28 牟宗三，《中國哲學十九講》，頁 15。

29 唐君毅，《道德自我之建立》(臺北：臺灣學生書局，1983 台四版)，〈重版自序〉，頁 1–2。

30 參看拙文〈生命的虛無、沉淪、悲情與覺情——當代新儒家的存在體驗〉，收羅秉祥、謝文郁主編，《耶儒對談——問題在哪裏？》(桂林：廣西師範大學出版社，2010)，上冊，頁 133–154。此文的修訂版將收入筆者整理的另一本書稿《道德、政治與宗教——儒家哲學之開新》(待刊)。

31 牟宗三，《五十自述》(臺北：鵝湖出版社，1989)，頁 161。

32 同前註，〈序〉，頁 2。

33 引自李零，《郭店楚簡校讀記 (增訂本)》(北京：中國人民大學出版社，2007)，頁 100。

34 值得注意的是，學者的研究已指出，「宗教」並不像「哲學」是近代所造新詞 (「哲學」一詞是日本人西周〔Nishi Amane，1829–1897〕造以翻譯 philosophy)，雖則用以翻譯 religion 後，其涵義亦有所改變。彭國翔說：「在英文 "religion" 以『宗教』的譯名傳入中國之前，傳統儒釋道三家中早有『宗教』作為一個整詞的用法。大體而言，『宗教』一詞首先廣泛出現於佛教的各種文獻中，後來為道教和儒家相繼採用。……譬如，梁朝袁昂 (459–540) 在參與有關『神滅論』的辯論中曾言『仰尋聖典，既顯言不無，但應宗教，歸依其有』。……後來，道教和儒家傳統中亦相繼不乏使用『宗教』者。例如，元代任士林 (1225–1309，字叔實，浙江奉化人) 在其〈代道錄司賀天師壽〉中稱讚天師

『二十四岩清垣之尊，誕揚宗教；三十萬里弱水之隔，遙徹頌聲。』明代王陽明的高弟錢德洪 (1497–1574) 亦曾在其〈二賢書院記〉中，稱讚鄱陽程氏後人前來問學為『因聞師門宗教，以悟晦庵之學，歸而尋繹其祖訓』。此外，作為一個整詞，『宗教』還指一種官職，即宋代『敦宗院教授』一職的簡稱。」彭國翔，《儒家傳統：宗教與人文主義之間》(北京：北京大學出版社，2007)，頁 5–6。可見，舊時「宗教」，主要是依宗起教、藉教悟宗的意思，故儒、釋、道三教皆屬之，至近現代用來翻譯 religion，則主要是以西方基督教為範式的意思 (即信仰上帝和教會)。下面的析論將指出，當代新儒家學者在揭示儒學的宗教性時，是在新舊義之間進行反省和對話，以重新構想「宗教」與「儒學」。

35　牟宗三，〈現時中國之宗教趨勢〉，收氏著，《生命的學問》，頁 109–110。

36　熊十力，《十力語要》，卷 3〈答林同濟〉，《熊十力全集》，第 4 卷，頁 353。但在同一通書信中，熊十力亦說：「孔孟所言天，既不是宗教家之天，更不是理想中構畫一崇高無上之一種理念，或一種超越感。彼乃反諸自身，識得有個天地萬物同體的真宰炯然在中，《新論》所云性智是也。吾人實踐到此，便無物我、內外可分，此乃即物而超物，即人而天。《孟子》所云盡心則知性知天者，此之謂也。」(頁 353) 又說：「賢者主張祀天，吾亦贊同。祀天者，祀其在己之天也。《詩》曰：『小心翼翼，昭事上帝。』吾人祀天之禮，可一念一息而忽哉？」(頁 354) 由此可推知，後來唐君毅、牟宗三發揮儒學那奠基於人的內在道德心性的宗教精神，未必不可以為熊十力所首肯。

37　徐復觀，〈儒家精神之基本性格及其限定與新生〉，頁 50。必須指出，徐復觀雖然聯署了 1958 年由唐君毅起草的〈中國文化與世界〉宣言，但對宣言中強調儒學具宗教性的立場其實並不同意。他後來憶述：「由於唐先生的宗教意識很濃厚，所以在『宣言』中也就強調了中國文化中的宗教意義。我則認為中國文化原亦有宗教性，也不反對宗教；然從春秋時代起就逐漸從宗教脫出，在人的生命中紮根，不必回頭走。」見林鎮國、廖仁義、高大鵬採訪，〈擎起這把香火——當代思想的俯視〉，收徐復觀，《徐復觀雜文續集》(臺北：時報文化出版公司，1981)，頁 408。當時徐復觀對宣言提出了刪改意見，根據唐君毅的回信，可知他刪去原稿第四、五、六節，修改了第九節。對刪去第四節及修改第九節，唐君毅都接受，但卻堅持保留第五、六節。由於原稿第四節已刪，原稿的五、六節應是現在宣言的第四節「中國哲學思想在中國文化中之地位及其與西方哲學之不同」及第五節「中國文化中之倫理道德與宗教精神」。唐君毅在回信中說：「兄之改稿將

原稿第四節刪去，甚好。第九節兄之改稿亦較簡單直接。弟原稿雖另有所
用心，但嫌太刻露，非西方人所能受。兄改稿實較好。但兄將弟原稿第
五、六節刪去，弟不甚謂然，因第五節說中西文化來源之不同，第六節辨
中國非無宗教精神，皆是為說明中國心性之學為中國學術文化核心作準
備，並皆所以端正西方人對中國文化之觀點。如此二節刪去，則中國心性
之學一節便來得突兀。」見唐君毅，《書簡》(臺北：臺灣學生書局，1991)
〔《唐君毅全集》，卷26〕，頁113。

38　參看牟宗三、徐復觀、張君勱、唐君毅，〈中國文化與世界──我們對中
國學術研究及中國文化與世界文化前途之共同認識〉，收唐君毅，《說中華
文化之花果飄零》(臺北：三民書局，2006二版二刷)，頁134。近時哲學
家內格爾(Thomas Nagel)撰文探討人的「宗教性情」(religious temperament)
這個長期備受分析哲學忽略的問題。所謂的宗教性情，意指人的一種性
向，欲尋求一個能在自己的內在生命中起重要作用的世界觀(a view of the
world that can play a certain role in the inner life)。此與新儒家的「宗教性的超
越情感」為可相通。參看Thomas Nagel, *Secular Philosophy and the Religious
Temperament* (Oxford: Oxford University Press, 2010), p.4。

39　筆者曾在參與一項宗教對話的計劃時，以英文闡述儒學宗教性的全幅義理
規模，可與這裏的分析合而觀之。參看Chung-yi Cheng, "Confucianism,"
"First Responses," and "Second Responses," in *Interreligious Philosophical Dialogues*,
vol. 3, ed. Graham Oppy and N. N. Trakakis (Oxon & New York: Routledge,
2018), pp. 3–16; pp. 77–82; pp. 111–115。

40　對此牟宗三有一具體細膩的說明，他說：「此即是說：天之所以有如此之
意義，即創生萬物之意義，完全由吾人之道德的創造性之真性而證實。外
乎此，我們決不能有別法以證實其為有如此之意義者。是以盡吾人之心即
知吾人之性，盡心知性即知天之所以為天。天之所以為天即天命之于穆不
已也。天命之于穆不已即天道不已地起作用以妙運萬物而使之有存在也。
是以中庸云：『天地之道可一言而盡也，其為物不貳，則其生物不測』，此
承天命不已而言者也。此天是一實位字。吾人之所以如此知之，乃完全由
吾人之心性而體證其為如此。故此天雖為一實位字，指表一超越的實體，
然它卻不是一知識之對象，用康德的詞語說，不是思辨理性所成的知解知
識之一對象，而乃是實踐理性上的一個肯定。說上帝創造萬物，這只是宗
教家的一個說法而已，說實了，只是對于天地萬物的一個價值的解釋。儒
家說天道創生萬物，這也是對于天地萬物所作的道德理性上的價值的解

釋，並不是對于道德價值作一存有論的解釋。因此，康德只承認有一道德的神學，而不承認有一神學的道德學。依儒家，只承認有一道德的形上學，而不承認有一形上學的道德學。此義即由孟子盡心知性知天而決定，決無可疑者。」又說：「因此，凡由其（案：指天）所創生者亦皆是一價值的存在，真實的存在，此是基于德行之純亦不已而來的誠信，實踐上的一個必然的肯斷。」《圓善論》，頁133–134、140。

41　參看唐君毅，〈宗教信仰與現代中國文化〉，收氏著，《中國人文精神之發展》（臺北：臺灣學生書局，1989全集校訂版），頁339–344。

42　參看唐君毅，〈致勞思光（二）（1954.12.9）〉，收氏著，《書簡》，頁356。

43　牟宗三，〈人文主義與宗教〉，收氏著，《生命的學問》，頁74；另《圓善論》，頁340。

44　參看 Shu-hsien Liu, "The Religious Import of Confucian Philosophy: Its Traditional Outlook and Contemporary Significance," *Philosophy East and West*, vol. 21, no. 2 (April 1971): 157–175。

45　參看劉述先，〈「理一分殊」的現代解釋〉；〈「兩行之理」與安身立命〉，兩文均收氏著，《理想與現實的糾結》（臺北：臺灣學生書局，1993），頁157–188、189–239。

46　劉述先，〈「理一分殊」的現代解釋〉，頁187–188。

47　劉述先，〈論「迴環」的必要與重要性〉，收氏著，《論儒家哲學的三個大時代》（香港：中文大學出版社，2008），〈附錄〉，頁249。

48　參看 Tu Wei-ming, *Centrality and Commonality: An Essay on Confucian Religiousness* (New York: State University of New York Press, 1989), pp. 93–121。

49　牟宗三，〈人文主義與宗教〉，頁79。

50　參看 William James, *The Varieties of Religious Experiences* (New York: The Modern Library, 1929), p.31。

51　唐君毅，《生命存在與心靈境界》，下冊，頁210–211。

52　當代新儒家在20世紀50年代以來已展開與基督教的對話。第三代的劉述先更參與了孔漢思（Hans Küng, 1928–2021）的全球倫理與宗教對話的運動，杜維明長期在西方學術界努力以儒家學者的身份與不同宗教的學者進行對話，乃把儒學的宗教性置於一個更為寬廣的世界背景下。參看劉述先，《全球倫理與宗教對話》（臺北：立緒文化，2011）；杜維明著、彭國翔編譯，《儒家傳統與文明對話》（石家莊：河北人民出版社，2006）。

53　唐君毅，〈宗教信仰與現代中國文化〉，頁335。

54 參看拙文〈徘徊在絕對與多元之間 —— 論牟宗三先生的「判教」〉，收《儒學、哲學與現代世界》，頁256–287；另〈生命的虛無、沉淪、悲情與覺情 —— 當代新儒家的存在體驗〉；〈明末王學的三教合一論及其現代迴響〉；"Confucianism," "First Responses," and "Second Responses"。

55 參看余英時，〈現代儒學的困境〉，收氏著，《中國文化與現代變遷》(臺北：三民書局，1992)，頁95–102。

56 唐君毅，〈致牟宗三 (二) (1954.8.14)〉，收《書簡》，頁158–160。

57 參看牟宗三主講、蔡仁厚輯錄，《人文講習錄》，〈編印說明〉，頁I–IV。

58 同前註，頁2–3。

59 同前註，頁4。

第十一章
論唐君毅對現代文化的省思

一、《生命存在與心靈境界》的〈後序〉

當代新儒家第一、二代人物常被批評為傳統主義者與絕對主義者。批評他們是傳統主義者，是因為他們在中華文化花果飄零之際高舉復興的旗幟，不但過分美化傳統，更以為吾人可以返回傳統或將傳統搬到現代。批評他們是絕對主義者，是因為他們在儒學存亡繼絕之際致力辯護其勝義，甚至強調它優於其他哲學、宗教與精神傳統，好像儒學就是絕對真理。而無論是持守傳統主義或絕對主義的立場，他們似乎完全無視現代文化講求多元的特性，故所說與現代文化格格不入。本章的目的是想藉分析唐君毅對現代文化的省思來作一個有力的反駁，證明這些批評都是出於閱讀不深的浮泛印象。下面我們將會：一、析論唐君毅對現代文化的省察；二、闡述他對治現代文化危機的思考；三、最後，評估他說法的理論效力，亦即代他回答一些可能引起的批評，以見其有以啟發我們進一步思考之處。

唐君毅對現代文化問題的關注，根據他自述是從四十一歲開始。《日記》1954年3月15日下記云：

> 夜念我過去之寫文可分五時期：自廿六歲至廿九歲數年皆喜論中西哲學問題之比較後輯成中西哲學之比較論文集于正中出版，卅歲至卅三歲數年中喜論道德人生成人生之體驗及道德自我之建立二書在中華商務印行，卅四歲後應教育部之約寫中國哲學史綱十七萬言，

至卅六歲復補作宋明理學論廿萬言，後又寫朱子理氣論七萬言，此
文後只零星在刊物上發表若干篇，大約見于理想與文化歷史與文化
及學原，卅八歲至四十一歲時寫文化之道德理性基礎，其中有二篇
四十二歲時乃完成，四十一歲至今則又著重論中西文化及人類文化
前途等問題而針對時代立言。回想起來，皆四年一變，乃不期然
而然者亦異事也，不知此後數年尚如何。[1]

關注的結果是結集於《人文精神之重建》、《中華文化與當今世界》等書
中的文字。不過，從省思的深度來看，這些文字仍遠不及他在《生命存
在與心靈境界》的〈後序〉中所論述的。這篇〈後序〉的標題即是〈當前
時代之問題，本書之思想背景之形成及哲學之教化的意義〉，下文的分
析便主要據此來展開。[2] 但在進入正文之前，讓我們先做幾點預備性說
明。(1) 首先，是關於《生命存在與心靈境界》一書及那篇〈後序〉的寫
作。查唐君毅《日記》，此書寫作始自1968年4月14日，之後幾乎每日
寫數千字至萬字，至8月初完成，初名《哲學筆記》。《日記》1968年8
月3日下記云：「寫哲學筆記八千字，可暫告一結束，前後共歷一百十
日，約成五十萬字，我對哲學之重要問題所思之結論皆略備其中，但只
隨筆而寫，不成體段，行文述義皆粗疏草率，以供以後再從容整理成書
而已。」[3] 同年10月1日，唐君毅於《日記》中寫道：

念我以往所思之問題：一為不思而中之智慧如何可能，此為香港出
版之道德自我之建立第二編之二文中之一。二為不勉而得之道德
生活如何可能，此於朱陸問題探原及原性文中曾指出其為宋明儒學
之核心問題。三為由言至默之知識論形上學如何可能，我此半年
中所寫之哲學筆記，即向由言至默方向而論知識論形上學。然我
初不自覺我之思想之三問題如此。此略類康德之何者為人所知人
所行人所望之問題。而實皆高一層次之問題，而純為契應東方哲
學方有之問題與思想也。[4]

可知此書的問題意識是知識論與形而上學，內容則契應東方哲學思想。
這是恰當理解此書的關鍵所在，稍後會再作補充。有趣的是，10月6日

下記云：「重閱宗三兄之認識心批判一書以核證吾所寫之哲學筆記之思想方向之同異出入。」[5] 10月7日仍「閱宗三書。」[6] 而核證的結果錄在8日下：

> 重閱宗三兄書完，此書確為超過康德羅素之大著作，我前讀之已忘，今重閱一道，覺於其義皆無阻隔，亦皆可極成，其所據之地位極高，故皆由上而下以陳義，故解人雖不易，然更能自挺立。我之所見所論，則皆由下而上，故繞彎太多，如環山而行，須歷歷長途方至於頂，亦意在使學者之逶迤而上。然語難盡意，亦可使人作歧想，此其短也。我所寫哲學筆記，自別有一更大之規模，乃意在展示各層次之哲學境界，但順筆寫來，不成片段，亦尚未見寫至半山、未至於頂，今以目疾之故，亦不知何時能加以整理，更續成全書矣。[7]

唐君毅之所以重閱牟宗三《認識心之批判》來印證自己的思考，一方面是因他確實相當自覺地常拿自己跟牟宗三較量，這是兩人互相攻錯、切磋砥礪的交流方式；[8] 另一方面是因知識論與形而上學乃時代賦予兩人的共同研究課題，雖則他們的答案各有特色、不盡相同。由於目疾，寫作一度中斷，要到1969年3月底《日記》中才再次看到《哲學筆記》的撰述，是年12月29日「寫生命存在與心靈境界書之序七千字」，[9] 這是《生命存在與心靈境界》的書名最早出現的記載。之後，寫作或重寫一直持續至1970年中。是年，2月13日記云：「寫文一萬三千字。生命存在與心靈境界一書之草稿，除一章外皆已重寫，可以代前年所寫者，前年所寫者多誤亦多未完備，此重寫者較為完備，俟以後再改正。」[10] 15日「補寫生命存在與心靈境界結論萬三千字」，[11] 19日「上課一時，補作功能遍運境一萬字」，至23日「補作功能遍運境完」，28日又「補作結論第二章一萬字」，3月1日「補作結論第二章九千字完」。[12] 至於〈後序〉，則始寫於6月2日，至9日完成。接著，6月12日「再補一章論存在真理之隱顯，成一萬餘字」（即今本書第32章〈生命存在中之「真理或道」與「存在」之意義——觀生命存在中之「存在之理」之相〉），13日「續補

三千字完」。[13] 至此，全書大體完成。其後，唐君毅的心力轉至撰著《中
國哲學原論》，《日記》於 1971 至 1973 年只有修改此書的零星紀錄。一
直到 1975 年中，他才再度著手整理此書，7 月 17 日「上午整理生命三向
與心靈九境一書」，[14] 至 8 月 9 日「終日整理文，生命三向與心靈九境一
書初步整理完」。[15] 但 9 月 16 日下又記云：「重閱生命三向與心靈九境一
書，擬每日看一萬字，並重加整理，今日開始看一萬字，費二時。」[16]
同年 11 月 20 日，「閱宗三所著現象與物自身一書」，[17] 可惜沒有留下評
語。[18] 自 1976 年中至 1977 年底，唐君毅都是在與病魔搏鬥的狀況下校
訂書稿。

　　(2) 一般慣將《生命存在與心靈境界》視為唐君毅個人哲學思想的
結晶，這不算錯，卻不夠全面。唐君毅雖承認「然吾之書，吾自為之。
其中自亦有吾一人之說一人之論在，而於他人之說之論，仍不能無異
同」，[19] 但也再三強調書中義理「皆順時代之呼召，或應世而生之宗教道
德與哲學之大方向所在，而非吾一人之私見所存者也。」[20] 所以，要恰
當理解此書，應從四方面來閱讀：一是唐君毅個人學習哲學的心路歷
程，及沿之而形成的哲學思想；二是他對如何重建中國形而上學這個
20 世紀中國哲學重要課題的思考與回答；三是他對現代文化的省察與
思考；四是他強調哲學思辨應引歸實踐，故自視此書之種種曲折繁密繚
繞無非是在展示生命的實踐之道，而使讀者有所悟會以成教。

　　(a) 先說第一個閱讀角度，他在〈後序〉中詳細交代了自己的學思
歷程以為書中思想之緣起。[21] 此即：少年時依生命實感而走上哲學探
索的道路；赴北平後受當時心理學論心身問題的影響而用思於心靈生
命與物質的問題；一度以為唯由科學以通哲學，乃為哲學之正途；因
思及心能自覺一義而終接上西方唯心論一路；二十七、八歲時於南京
玄武湖悟得「宇宙之真理」、「存在之真理」與人心自覺所及的「內具之
真理」實通而為一；三十二歲重見熊十力、歐陽竟無及梁漱溟等，復
得交牟宗三，並回歸中國哲學特別是儒學，而最終乃得以融通中西自
鑄心靈三向與九境的哲學偉構。(b) 再說第二個閱讀角度，此即 20 世
紀初當中國哲學面對各種西方哲學尤其是科學主義的泛濫，如何重建

其形而上學遂成為學人究心用力之所在。此中最早且最系統地提出這課題及思考答案的是熊十力的《新唯識論》。儘管熊十力的兩名得意弟子唐君毅與牟宗三都沒有繼承他那自本體宇宙論切入的一套，[22] 但其點破本體非知識所行境界而唯是反求實證相應、區分性智與量智等，都提示了唐、牟重建中國形而上學的關鍵端在於如何清楚劃開知識論與形而上學的界限，使二者不相妨礙干擾。於是，牟宗三以「執的存有論」安排知識論的範圍，以「無執的存有論」（涵道德的形上學）安頓形而上學的範圍，而兩範圍的貫通乃繫於心靈（或曰知體明覺）之順其本性以無執或逆其本性（即坎陷）為有執。唐君毅則以心靈的感通活動之三向（即內外向、前後向與上下向）所成的前四境（即萬物散殊境、依類成化境、功能序運境、感覺互攝境）安排知識論的範圍，以所成的後四境（即道德實踐境、歸向一神境、我法二空境、天德流行境）安頓形而上學的範圍，而兩範圍的貫通乃繫於心靈（於觀照凌虛境時）之上轉內轉或下轉外轉。對於必須劃開知識論與形而上學這點，唐君毅在〈後序〉中明白指出：「吾人之書之前四境中，多有知識論之反省，即皆是在圈住此外在之現實事物之世界，於人之個體、類、因果、感覺、時空、自覺、反觀之心中之理性之事」；[23] 又說：「人在哲學之途程中，若缺乏此知識論之反省與訓練，而圈不住此現實事物之世界，則其哲學思維至於超此世界之時，此世界中現實事物，還將冒出，以擾亂超此世界之哲學思維之進行。」[24] 由此可證，唐著實應有從20世紀中國哲學發展這大背景來閱讀的一面。(c) 關於第三個閱讀角度，〈後序〉開首便說明：

> 吾人所同處之人類之當前時代，即為生於此當前時代中之一切人之一共同之境。此共同之境，即吾人之共同命運所在，吾人於此亦當求見此時代對吾人之所呼喚命令者何在，或共同的天命或使命，或共當立之命何在，以謀皆盡其性，而求其生命之存在。由此而吾不能不補此章，以論此當前時代，對吾人所命者為何。並附帶說明此書之旨，其思想形成之經過，與其興教之意義所在，即以之為本書之後序。[25]

可知，在唐君毅建立自己的哲學及回答如何重建中國形而上學的同時，也將之置放於現代文化這世界性背景下來定位，並以為他的思考正足以批判現代文化，乃至扭轉、導正此中的危機。明乎此，我們才懂得他為何會信心十足地表示此書「皆順時代之呼召，或應世而生之宗教道德與哲學之大方向所在，而非吾一人之私見所存者也」。(d) 最後，唐君毅自視其書「亦是一有道足以成教之書」，[26] 當中所論「以合哲學、宗教、道德為一體，以成一學一教之道也」，[27] 乃是想守住中國哲學講求實踐的精神，申明思辨之不礙、不離及引歸實踐之義。此義首倡於熊十力而為唐、牟所承續發揮，[28] 其重要性在於：一方面表示思辨工夫不可無，否則不能與西方哲學相對話相摩盪，更遑論批判現代文化的缺失；但另一方面申明引歸實踐不可廢(此即不可誇大思辨的作用，它應有功成身退之時)，否則所重建的中國形而上學將失其本懷，更遑論以此為救正現代文化危機的資源。不過，若從閱讀唐著的經驗看，讀者大概會眩惑於其中曲折繁密繳繞的思路與論證，則其引歸實踐、成就教路(即有道足以成教) 的意圖恐怕是未竟其功。可見要使思辨與實踐真能相輔相成，對兩者之間的張力須有足夠的正視與疏通。此外，值得注意的是，當唐君毅將自己的思想結晶看成是在展示教路，則根器與處境不同的實踐者便需有不同的教路，教路遂必為多而非一，而唐著雖展示其教路，但亦必開啟了一扇開放、多元的大門。所以唐君毅說：「道之為道，在其恒可引而申之，以成新道，分而歧之，以成多道。於此新道與多道，吾皆許人更開之，故與天下之道，皆可並行不悖。」[29] 又說：「吾於此書，雖亦自珍惜，然亦只是一可讀，亦可不讀之書，亦天地間可有可無之書，唯以讀者之有無此書之問題以為定」；「世間一切哲學論辯之著，亦皆可讀可不讀，可有可無者也。此非故自作謙辭，更為世間哲學論辯之著，代作謙辭；而是剋就哲學論辯之著之份位，作如實說。」[30] 總之，與本文題旨直接相關的是第三與第四的閱讀角度，前兩個則不能多說。

　　(3) 最後一點預備性說明是有關唐君毅對現代文化的省察。我們若細讀其內容，將驚訝於它與韋伯(Max Weber，1864-1920) 對現代性(modernity) 的分析有不少相近之處，而〈後序〉卻沒有提及韋伯。

例如，韋伯指出現代性的其中一個主要特徵是工具理性（instrumental rationality）的濫觴，唐君毅則說是吾人心靈自限於觀照凌虛境並沿此外轉下轉；韋伯以多神主義（polytheism）來描述價值理性（value rationality）失落後的境況，唐君毅則說現代世界為一神魔混雜的時代。檢閱唐君毅《日記》，可以發現他曾經讀過韋伯，1949年8月1日「閱Weber社會經濟史，其最後一章論現代資本主義之起源甚好」，[31] 5日「閱Weber書」，[32] 但亦僅此而已。其後二十一年到1970年中寫〈後序〉，《日記》再也沒有看韋伯書的紀錄。不過必須指出的是，自1950年代起，《日記》內記載唐君毅閱讀過不少當代西方哲學家的著作，其中包括：拉斯基（Harold Laski，1893–1950）、羅素（Bertrand Russell，1872–1970）、懷特海（Alfred N. Whitehead，1861–1947）、史懷哲（Albert Schweitzer，1875–1965）、雅斯培（Karl Jaspers，1883–1969）、諾羅普（F. C. S. Northrop，1893–1992）、海德格（Martin Heidegger，1889–1976）、卡西勒（Ernst Cassirer，1874–1945）、胡塞爾（Edmund Husserl，1859–1938）、柯靈烏（R. G. Collingwood，1889–1943）、凱塞林（Hermann Keyserling，1880–1946）、沙特（Jean-Paul Sartre，1905–1980）、桑塔亞娜（George Santayana，1863–1952）、布伯（Martin Buber，1878–1965）等。另外，他在1970年1月的一場新亞書院月會演講中提到社會學家素羅鏗（Pitirim Sorokin，1889–1968）的著作《危機時代的社會哲學》（*Social Philosophies of an Age of Crisis*），[33]〈後序〉亦談及素羅鏗謂文藝復興以降「西方文化即入於感性文化之途」。[34] 我們有理由相信凡此總總都是唐君毅省察現代文化的思想資源，而其分析與韋伯不謀而合便不足為怪。

二、對現代文化問題的省察

唐君毅對現代文化的省察既與韋伯相近，則我們不妨先綜述一下韋伯的觀點，以為彼此相互對照、發明之所資。(1)韋伯認為「世界的解魅」（disenchantment of the world）是現代性的重要標誌。[35] 此即現代

人放棄了傳統的目的論世界觀,改而接受機械論世界觀。傳統的目的論世界觀相信世界的變化背後有其目的 (telos),例如宗教信仰的上帝計劃或中國古代《易》的生生之德,而這目的便賦予一切存在物內含的 (intrinsic) 價值或意義,故事實與價值統一。到現代人因自然科學的進步而將目的從世界中剝離,剩下的就只是一副冷冰冰的機器,價值遂與事實分離而得靠吾人自己去決定與界說。結果,價值最終變成言人人殊。韋伯以多神主義來形容這一價值主觀主義 (value subjectivism) 的現象。(2) 此結果亦表現於現代人的理性從價值運用轉向工具運用。也就是説,吾人的理性不能再提供任何客觀的價值或意義。當然,吾人仍可以為自己認定的價值作理性辯護,但不管吾人提出怎樣的理由都不能使凡有理性者皆接受,可知價值的認定歸根究底只是個非理性 (non-rational)、主觀的個人選擇而已。然而當你一旦選定某一價值,則甚麼是實現此價值最有效的方法、手段或工具,卻是凡有理性者通過計算都能獲得一致的結論。科爾布 (David Kolb) 敏鋭地指出韋伯觀點背後有兩項分離的預認:[36] 一是形式描述的過程與內容的分離 (a distinction of formally described process from its content),此即工具理性乃是理性的形式運用,它不給予內容而只負責説明達至內容的形式過程,例如現代人標榜自己是自由選擇者,但自由選擇是不涉及所選擇內容的形式過程。另一是普遍性與特殊性的分離 (a distinction of universal from particular),此即工具理性的普遍性乃是形式或抽象的普遍性,它不能為特殊或具體的景況提供任何內容。言下之意,在傳統的價值理性觀下,形式與內容、普遍與特殊本為一體不分。(3) 依此,現代世界中的個體自我 (individual self) 遂為一切價值或意義的創造者,而所謂的社會價值或意義便無非是建基於各個個體間共享的價值或意義。這是為何韋伯分析中那現代的自我會被稱為「方法論的個人主義」(methodological individualism) 的緣故。[37] 這現代的自我,表面上看是自由的,因它能從傳統的既定價值中解放出來。但想深一層,它的自由本身不過是個形式的自由,即能作自由選擇者,而此能作自由選擇者卻不能告訴吾人應該選擇甚麼,所以它的自由沒有內容,因而是空洞的。(4) 尤有

甚者，現代性不僅塑造個體，亦影響社會。對韋伯而言，現代社會已徹底將價值理性失落工具理性抬頭的特性制度化（institutionalization）。對此，他提出工具理性制度化的三種模型：[38] 一是決策模型（decisionist model），即社會制度是將權力擁有者如獨裁者的決策以最有效的方式實現出來；二是實效模型（pragmatic model），即社會制度是將其自身演進的成果或經驗以最有效的方式實現出來；三是技術模型（technocratic model），即社會制度不是去實現任何具體目的而是維持自身作為最有效的實現方式以適應外來挑戰。此三種模型都是工具理性制度化的表現，但程度由淺入深，因為在建立社會制度的目的與價值上，決策模型是（權力者的）決策決定；實效模型是（制度帶來的成果或）經驗決定；技術模型則完全是（制度本身的一套）機括決定。(5) 總之，韋伯的結論是：深藏在現代性進步外衣下的是宰制人的危機或囚禁人的鐵籠（iron cage）。他把逃脫的希望寄託於能跟制度抗衡的個人意志（will），雖則悲觀地以為這抗衡或許注定失敗。[39]

下面轉過來看唐君毅的省察。(1) 他對現代文化危機的診斷是：

> 吾首可說此人類所處之當前時代，可稱之為一由吾人前所論之觀照凌虛境，而向其下之感覺互攝境，以高速的外轉、下轉，而至於自覺到人類世界之毀滅之有一真實可能之時代。[40]

此處用了心靈九境的語言，故須作一番疏解。吾人心靈之觀照凌虛，即理性（作純粹概念思辨）的運用。唐君毅認為無論中西的古典文化，皆重在使心靈之觀照凌虛能更向內向上以入於道德、宗教的世界，但現代文化卻反其道而行，切斷了心靈向內向上的通途，這是「現代人對宗教道德理想之失落，及對其理性能力之不信任」。[41] 依唐君毅的思想架構，心靈之觀照凌虛，如不能更向內向上，則必轉而向外向下，以向於感覺、功能、類及個體的世界。換言之，心靈必撲著現實事物的世界以施其思辨或形式的作用，此即類乎韋伯所謂工具理性或形式理性的濫觴。心靈自觀照凌虛境向外向下高速轉用於現實事物的世界，最顯著的成就是現代科學（知識）；現代科學「其根原初乃在人將其於觀照凌

虛境，所知之數學幾何學之知識，自外轉用於感覺經驗世界之物能之
理解。此即一由觀照凌虛境，至吾人所謂感覺互攝境，更至功能序運
境之一外轉，而亦下轉之一歷程。」[42] 同樣，心靈外轉下轉的時代精神
亦影響及藝術、文學與哲學。於是，現代藝術自「文藝復興時代之達文
西、米西朗格羅之雕刻，重人之體質中筋肉骨骼之結構或力量之表現，
圖畫之重觀景中之物之遠近大小之比例，則為藝術之由重形相，而更重
此形相與實際存在之人物之體質，與其外之物之空間關係之始。」[43] 現
代文學如「但丁之神曲，以比粹斯之女郎為導之游天國者，則為將宗教
精神連於人間之情愛之始。」[44] 現代哲學則是由知識論、自然主義哲學
等居顯學地位。必須知道，心靈之向外向下轉並不必然排斥其能同時
向內向上轉。事實上，現代科學最初「在本原上是承希臘之尊理性，承
中世之『以神之子孫之人為現實的自然宇宙中心』之思想下來的」，[45] 只
是後來心靈向內向上的道路逐漸被切斷，人「遂終于滿眼只見自然之事
物，而自視人之自身與心靈之自身，亦只自然之產物，而在自然中，
居一微小之地位。以為其自身之一切亦皆受自然決定」，[46] 此中實有一由
「近代理想主義理性主義之精神，墮到自然主義現實主義之一辨證之發
展」在焉。[47] 而現代文化的各項成就，正因脫略了客觀價值或意義 (即
道德與宗教) 的規約，遂皆重在其所表現出的功能性意義或效用，以實
現人與人相互間的感覺性活動，即以滿足人的情感欲望為目的。現代
科學一轉手而成科技主導 (technological sovereignty) 即是明證。由此，現
代人應用科技改變、宰制自然世界，製造核子武器互相爭鬥，乃至自覺
到自己正處於「人類世界之毀滅之有一真實可能之時代」。

　　(2) 相比起韋伯，唐君毅更明白道破現代是一個物化的時代，人心
普遍陷溺於功利意識。他曾將現代人的物化 (或唯物思想) 分為兩類：
一是生活的物化 (人活得像物)，一是政治的物化 (把人當物看)。前者
如富裕國家的人生活在消費主義的巨大潮流內，有將自己化為純粹物質
存在的危機。後者如共產主義的唯物思想，通過政治、社會與經濟的
制度安排，把人當成物來控制支配。[48] 而往深一層看，則兩類物化背後
皆有現代科學或科技於其中推波助瀾。前面已指出，現代科學源於心

靈向外向下轉的時代精神，這除了造成講求效益的科技泛濫之外，還潛移默化地使人產生科學主義（scientism，即以科學來理解、衡量一切事物）的哲學或信仰。用唐君毅的話説，即「科學精神在一切人類生活之上之幻覺」，[49]這是科學不守自身位分而欲凌駕於整個人文世界之上的僭越。此僭越將把人逐步化約為社會存在、心理存在、生理存在、生物存在，乃至化學物理存在，而人的生命生活本可有的種種既具體且豐富的體驗，在科學求共相、因果與抽象的了解下將化為烏有。可知，科學主義正是唯物論在現代文化思想中的根源。至於科技與經濟產業結合，科技產品日新月異，大大刺激資本主義市場經濟下人的消費意欲，使人的生活及精神益趨物化，就更是不爭的事實。唐君毅不無感慨説：「人一方面不能視人為物，把人當做物來安排，另一方面我們自己的生活也不能物化。只有人從物化裏解放出來，然後人才成為人。講到這裏，我就覺得我們中國幾千年來先聖先賢、列祖列宗文化遺產的可貴。他們對於人所以為人，不可物化，是言之再三，念茲在茲的。」[50]他後來便通過提煉中國人文精神的資源，即強調人之所以為人者應有其客觀價值或意義，來對治現代文化使人物化的危機，以傳統的重釋批判現代。箇中的思考，下一節會有仔細分析。

（3）與韋伯一樣，唐君毅亦關注現代文化特性所建立的社會與所塑造的個人。在社會方面，用他的話説，乃心靈外運下運於功能序運境及依類成化境。這從好的一面看，是現代文化能充分區別人文世界的不同領域如政治、經濟、文化思想、宗教與藝術等，承認它們各有構成原則與特殊價值（即不同「類」），讓它們不相妨礙地發展，並在全幅人文世界中擔當不同角色、發揮不同作用（即不同「功能」）。但問題是現代文化既切斷了心靈向內向上之路，客觀的價值意識不立，則人文世界中的不同領域便有淪為不相連繫、分崩離析之虞。唐君毅説：「我認為中國文化過去的缺點，在人文世界之未分殊的撑開，而西方現代文化之缺點，則在人文世界之盡量的撑開或淪於分裂。」[51]即使現代人文世界的不同領域仍必得有其統一，但統一的根據恐怕就只在於各領域帶來效益之多寡，且效益的觀念僅指經濟或物質效益，現代人慣將政治、經濟

與科技領域放在較高的地位，絕非無故。不過這對唐君毅來說，則是完全錯走歪路，不斷深化現代文化的危機而已。在他看來，多姿多彩的人文世界乃是人為求充分成就自己（即充分成就人之所以為人者）而創造出來的；或者說，是人為求充分成就自己故必得超越自己（理想的實現即自我的超越）而創造出來的；或更準確說，是共在的人我為求充分成就自己而共同創造出來的。唐君毅將此求充分成就自己者稱為「道德自我」（「道德」非僅今時翻譯moral之義，宜以中國哲學的舊義把握之），又以道德自我必超越一己之限始能成己成人成物，故亦可名為「超越自我」。顯然，道德自我、超越自我才是唐君毅心目中人文世界的根本，才足以規約、涵攝人文世界的不同領域。他說：

> 人在各種不同之文化活動中，其自覺之目的，固不必在道德之實踐，而恆只在一文化活動之完成，或一特殊的文化價值之實現。如藝術求美，經濟求財富或利益，政治求權力之安排……等。然而一切文化活動之所以能存在，皆依於一道德自我，為之支持。一切文化活動，皆不自覺的，或超自覺的，表現一道德價值。道德自我是一，是本，是涵攝一切文化理想的。文化活動是多，是末，是成就文明之現實的。道德之實踐，內在於個人人格。文化之表現，則在超越個人之客觀社會。然而，一不顯為多，本不貫於末，理想不現實化，內在個人者，不顯為超越個人者，則道德自我不能成就他自己。而人如不自覺各種文化活動，所形成之社會文化之諸領域，皆統屬於人之道德自我，逐末而忘本，泥多而廢一；則將徒見文明之現實之千差萬別，而不能反溯其所以形成之精神理想，而見其貫通；徒知客觀社會之超越個人，而不知客觀社會亦內在於個人之道德自我、精神自我；則人文世界將日益趨於分裂與離散，人之人格精神將日趨於外在化世俗化。[52]

以道德自我而非效益來統合人文世界的不同領域，自會一反常途俗見，主張在「理想的人文世界中，政治經濟是放在較低的地位」，[53]「因為政治之目的，只在保障促進人之文化生活，經濟之目的只在使人生存，得從事文化生活，並生產分配財物以使人達其文化之目的，如作科學研究藝

術創作之消費用，而支持文化之存在。」[54] 回到本文的脈絡，道德自我的觀念能否建立，關鍵端賴於如何扭轉現代人的心靈，重開其向內向上（入於道德與宗教）的途徑，這留待下面再作討論。此處只需補充一點，即人心靈一往向外向下運用所建立的現代社會，唐君毅還指出「其最重要者，則為社會經濟之行業職業之不斷分化，為種種類」，[55] 且分化至彼此（就算同屬一行業的不同部門也）全然互不相知的地步，而人遂無異於自限甚至自囚於其中。

　　一般以為，民主政治是科學以外現代文化的另一成就。依唐君毅的思路，則民主政治亦是心靈外用下用於功能序運境（民主制度下權力分立的設計）、依類成化境（民主制度下國家乃統合社會上各類團體的一更大的團體概念）及萬物散殊境（講求個人的自由、自主與獨立），亦即是理性的形式運用的結果。要仔細析論唐君毅對民主政治的看法，需另文為之，但與本文題旨相關的，有數點可說。(a) 首先，他認為政治在全幅人文世界中絕不應居於至高無上的地位，他明白說道：「我認為一切政治中的思想概念，都應放在人文的思想概念之下。民主的思想概念，在我心目中，亦是一引申的第二義以下的思想概念」；[56]「個人自由、人權，與國家、政治組織等觀念，在今日雖皆當重視，但在理論的層次上說，這些觀念與『政治』之觀念本身，都應成為第二義以下的觀念。」[57] 視政治本身以至民主及其相關的思想概念皆屬引申的第二義，是因為第一義應為全幅人文世界的充分實現，而政治作為人文世界中人所創造的一個領域，其根本作用乃在保障人文世界中的其他領域與價值得以不相妨礙地分途發展（而不在滿足人的權力欲）。所以理想地說，「理想的治者，負政治之責，將使人放心，使人相信皆可獲得更豐富之文化生活之樂；因而可不感有親身參加政治之必要。」[58] (b) 但吾人應警惕保障人文世界的政治必涉及權力的分配與行使，故亦必牽動參與政治者內心深處的權力私欲。為了防止專制的弊害，政治觀念本身即應肯定人人皆有參與政治的權利與責任，肯定「莫有任何個人或政黨或特殊階級應永遠把持政權」，「所以政治應以民主為極則」。[59] (c) 順著上述政治的本性，則吾人更當認識到「政治意識的本源，只能是對於社會中各種人生文化價

值,俱加以肯定之一涵蓋的意識」,[60] 而「其內容只是一對一切人生文化價值之仁愛,而不忍其由相衝突而被毀滅,因而力求其俱成之正義感。」[61] 易言之,政治是有道德的基礎,或更具體的說,政治作為全幅人文世界中的一個獨特領域(其獨特性在於保障各種人文價值皆得以存在),與其他領域一樣,都是基於前述人我欲求充分成就自己的道德自我意識,此意識用傳統儒家的話說,即仁愛之心(及以仁為義,即仁愛即正義)。可惜的是,民主政治在現代人心靈不復向內向上導致缺乏客觀價值意識的時代精神影響下,遂忘其本性與道德基礎,淪為幫兇,助長一個心靈向外向下急馳而形成之物化、平面化的人文世界,這自唐君毅看來,並非理想的民主政治。因此,他再三致意要救治現代文化危機,必須善化民主政治,此即「依於客觀的價值意識之建立,以至須將一種古典式之社會政治精神,重新提出,以貫注於今日人類求民主的精神之中,而重建一較今日流行之民主精神,為更高的民主精神。」[62] 箇中思路,扼要言之,乃現代文化若能不再單講求效益或工具價值而重建客觀的價值意識(即道德自我或仁義,以及其所規約、涵攝的一切文化創造的各樣特殊價值;前者是本是一,後者是末是多),則民主政治必守護之體現之,且進而表現為承認人於實現價值上是有高低大小多寡的差等,並鼓勵實現價值較低者之尊敬學習較高者、較高者之愛護提攜較低者。這一承認人實現價值有差等及由之而生的人與人之間的愛敬,便是唐君毅意指的古典式之社會政治倫理秩序中的精神。無庸諱言,這古典精神在歷史中曾被扭曲為泯失愛敬、居高位上位者壓迫居低位下位者的等級與階級社會,而現代民主政治正是從打破此等級與階級社會中發展起來,倡導人人平等自由的理想。不過,唐君毅深信這古典精神實有其合理性,如能重新提出並注入現代民主政治中,則民主政治的平等自由觀念將超化其扭曲之可能,而其差等愛敬觀念亦將反過來充實平等自由觀念,使平等自由不再只是抽象的形式觀念。其言曰:

> 由是而見現代社會之所崇尚之單純的自由與平等,並非一適切人道的社會理想。因此種平等與自由,可只是使各人平等各成一特殊個體,而分道而馳,其間之聯繫,可只是各人之活動之互顯一效用工

具之價值；因而各個人實只由互相需要、互相利用，以結成組織，而此組織，亦可是只賴一外在之契約法律維繫者。這並非理想的社會，已如前說。真正適切人類的社會理想，則當是透過價值的差等之肯定，而以愛敬，化此差等為平等之平等。此中之自由，則不只是分道而馳，各有其權利意志的自由，而當兼包含人與人之嚮往同一之理想的人生文化活動之形式，而各自由其自己，加以實現的自由。此為我們對於現代社會中之平等自由之觀念之再造。[63]

換一種說法，唐君毅是依人本身的客觀價值，即人能創造實現不同的文化價值以充分成就自己，來再造平等自由的觀念。如是，人的平等不僅是抽象、形式的，如說人在政治上平等、在民主選舉中有參選與投票的平等之類（雖則抽象、形式的平等觀念在政治生活中亦為必要），而是人在成就自己實現價值上平等。此平等涵人格之先天的平等，亦不排斥人於後天實現價值上有差等；差等所可生出的人與人之間的愛敬，復在（兼形式與人格的）平等觀念的範圍下得以護持滋長，而愛敬遂可充實抽象的平等，轉進之為具體的肯定差等的平等。同樣，自由不僅是抽象、形式的，如說人有自由選擇、有各種政治上的自由權利之類（雖則抽象、形式的自由觀念在政治生活中亦為必要），而是人在成就自己創造價值處方能彰顯不受決定的自由。最後，唐君毅認為差等愛敬的觀念還可以善化民主選舉，極成選舉尊賢舉能的目的，使其不致墮落為選舉者與被選舉者之間的商業交易。[64] 可見，他是意圖在民主與精英領導（meritocracy）之間尋找一條能使二者相輔相成的中道，然此已超出本文題旨，不能多說。

（4）接下來，再看現代文化所塑造的個人。現代文化特顯人為一自由獨立的個體，這用唐君毅的話說，是現代人心靈更向外運下運至萬物散殊境的結果。但此所謂自由獨立的個體落入職業不斷分化的社會制度中，卻只能逐步趨向於一狹小的範圍，即某個行業部門，而適成自我的封閉。更甚者是在缺乏客觀價值意識的綱維下，整個職業分化的社會根本上便不過是一套追求效益的機括而已，個人廁身其中遂易物化為機括的螺絲釘，而人與人則互為工具，非是互為真實的存在。此義，

唐君毅有十分深刻的説明:「在此情形之下,勢必使人在大事業組織中工作,正如在一現代式的十層樓之大旅館中,住一間房間。此房間之外,我一無所知,則我的房間,即同時成了我的監獄;我的工作,亦同時成了我的監獄,而將我之精神物化於其中。」[65] 又説:「我在一龐大的事業組織中,作一特殊性的工作時,我只能感到此工作之滿足我之特殊的興趣,使我得盡一特殊的責任,而得一特定的報酬,此報酬有維持我個人特殊生活之效用價值。在此,我亦即成一特殊化的物,而亦無真正的客觀價值意識的存在。」[66] 韋伯的鐵籠在唐君毅那裏變成了監獄。

(5) 現代社會的影響無遠弗屆,學術文化工作也不能倖免。儘管學術文化工作本該可以守護客觀的價值意識,但現代心靈既自絕於向內向上之路,則學術文化在職業不斷分化的社會結構中亦只有隨之職業化及分化的命運。而學術之愈分愈專門,益濟職業之不斷分化。這些不同門類的學術,遂一方面互不相知,另一方面互相對峙。它們互不相知,不是説唸哲學的人不可以兼通金融財經,而是説不同的學術雖共存於一大學或研究機關,但各自的研究既無可資比較的共同標準,且乏客觀的價值意識以權衡、定位彼此在整個學術世界或人文世界內的價值,於是各學術「工作之價值,除其效用價值外,即全封閉於各人之主觀的世界之內」。[67] 它們互相對峙,是因為彼此互不相知自不能互相欣賞、讚美與鼓勵。倘若彼此處於一競爭狀態中,如競爭大學或研究機關的資源,則對峙之勢就更加明顯。其實,現代崇尚效益與工具價值,早已左右著不同學術之顯晦,像實用學科為熱門、人文學科為冷門,而更可怕的是,一切學術文化,包括道德與宗教的理想及哲學等,都彷彿成為可被利用的工具,來滿足某些個人、社會或政治的目的。由是,唐君毅提出神魔混雜的警告:

> 即為宗教道德之學與哲學者,其初所關心之問題,原為超於一個人、一特殊行業職業者,其本身亦化為一特殊之行業職業。學不同之哲學,信不同宗教者,又再分為種種派別,成種種之行業職業,再濟以近代之個人主義之意識之貫注,而為宗教道德與哲學者,亦可每一人自有一宗教、一哲學、一道德理想。若再加一功利主義意

識之貫注，則每一人之宗教道德哲學之工作與事業，又皆可只化為滿足某個人之求名求利等，或一行業、職業，或一國家政治中功利性的目標之手段工具。……此人之宗教道德理想與哲學思想，無不可加以工具化，雖自昔已然，但唯在現代之社會政治中，有種種組織之建立，為任何之哲學與道德宗教之工作與事業者，乃無所逃於此種種組織之外。亦唯在一功利主義已普遍於人心之現代，人乃知於上天下地之事物，無不求加以利用，以達其功利性之目標。由此而一切神聖之事物，在現代社會中，無不可顛倒其價值，而如為魔鬼之所用。現代之世界即可稱之為一真正之神魔混雜之時代。[68]

神魔混雜的災難性後果還在於「由此而人即對一切神聖事物，皆可有一普遍的疑慮與冷漠，以至有一畏怖之情」，[69]亦即從極端的價值相對主義、主觀主義陷落為虛無主義矣！

(6) 要解決現代文化的危機，相較韋伯無辦法的悲觀，唐君毅的答案與其說是樂觀，無寧說是對(理性的)理想主義的堅持與奮鬥。他強調當吾人面對人類世界毀滅的可能時，仍應懷有祈求人類生命能相續不息之「大仁」，以生起尋求解決危機之「大智」，及培養承擔毀滅無所畏怖之「大勇」，來建立真誠相信客觀的道德與宗教價值(即一切神境聖境或超越的道理)必真實存在、常存天壤之「大信」，並更依仁智勇信而明乎「此時代之所呼喚命令於吾人」之「自命」。[70]下面讓我們來看看唐君毅本理想主義所作的思考。

三、重建客觀價值意識：
合道德、宗教與哲學為救治之道

前面的分析已指出，產生現代文化危機的關鍵在於吾人心靈不能自觀照凌虛的運用更向內向上以入於道德與宗教的世界，故無法安立客觀的價值意識。因此，唐君毅提出的對治之道，就是要重建道德、宗教，以及能申明辯護此道德與宗教的哲學。他說：

> 在今日唯有真實之宗教道德與哲學智慧，能為一切專門之知識技術
> 之主宰，以使社會中各分立之階級、行業、職業中之個人，皆多少
> 有其宗教上之篤實信念，道德上之真切修養、及哲學智慧所養成之
> 識見，互以廣大高明之心境，相涵容覆載；然後人類世界得免於分
> 崩離析，而破裂毀滅之虞。則今日救世界之道，在宗教道德與哲
> 學。[71]

在分析唐君毅如何重建道德、宗教與哲學之前，對上引文字，須略加說
明。首先，他說依道德、宗教與哲學智慧來主宰一切專門知識技術，
此主宰不是內容的、建構的，而是外在的、規約的。也就是說，唯有
重建道德、宗教與哲學才能重建客觀的價值意識，以綱維、提攜一切專
門知識技術，確定它們在全幅人文世界中的位置與意義。否則它們皆
可互不關連，或唯依效益定高低，多元化變成片段化，而文化生活便有
分崩離析歸於破裂毀滅之虞。其次，很明顯，這對治之道是藉由改變
人心來改變社會文化，但改變人心是否需要社會制度變革的配合方能畢
其功？唐君毅的思考雖亦嘗觸及制度層面，但不可否認，作為哲學家，
他主要是在觀念上做疏通致遠的工作，並深信人心與觀念的改變能帶
來巨大力量。最後，唐君毅十分清楚道德、宗教與哲學的重建，「將不
能全同於昔日之宗教道德與哲學智慧」[72]，此即重建是對觀念的重新設想
（reconceptualization）。

（1）先看道德的重建。現代文化的危機既源於吾人心靈的運用，
唐君毅乃先從考察理性觀念入手。他以為理性的本性或機能，應是兼
具分析與綜合能力的。理性的分析能力，若以之求思想概念間的必然
關係，即為狹義的邏輯理性；若以之施於人所面對的事物世界而求理
解，即為經驗、科學的理性。又分析能力，能使思想依順行之序自類
相生，故可「成人之思想之長度」。至於綜合能力，則能求思想概念的
貫通統類，一般說的綜合，故可「成人之思想之廣度」，且亦能作批判
反省來不斷超越自己至更高理境，一般說的辯證思維，故可「成人之思
想之高度」。[73]唐君毅復將分析的理性名為「坤道的理性」，因它是「順
受」經驗事物及已成知識等作理解；將綜合的理性名為「乾道的理性」，

因它是不斷超越現前限制以「創造」更高理想。[74] 從能超越現前限制創造更高理想處看，綜合的或乾道的理性即一能開拓吾人人生當行之「道(路)」之「德(性)」，故亦可名為「道德理性」(這是唐君毅經常使用的道德理性一詞的實義，「道德」依中國哲學的舊義定：道者路也，德者得也)。如用上文分析的話說，分析的或坤道的理性是理性的形式或工具運用(即形式理性、工具理性)，綜合的或乾道的理性是理性的具體或價值運用(即道德理性、價值理性)。而乾坤本並建，此即乾道的理性要實現其理想必得有坤道的理性助成。現代文化的危機正見於吾人的理性觀完全偏向分析一邊，不信任綜合能力，是以挽救之道首應恢復理性的本性或全體大用。唐君毅說：

> 此能形成人生之理想，而由人之道德之理想與實踐，加以實現之理性，即為一綜合貫通理想界與現實事物之世界，既承受此現實事物之世界，為先前之世界，如後天而奉天時；亦開創此後之世界，如先天而天弗違，合乾坤之道而為一之理性之全體大用也。[75]

或疑如此設想的道德理性或價值理性仍不過是個形式概念，即那不斷趣向更高的人生道路、理想與價值的辯證歷程，而形式概念不能給予道路、理想與價值任何具體內容。就算如此設想的道德理性或價值理性可藉由形式理性的幫助去探索超越的道德道理，像從事倫理學思考，但所得的仍不過是個思辨的觀念，而思辨的觀念不必保證能實行。凡此，唐君毅都曾仔細想及，並以為東方哲學特別是儒學正可補足、充實理性的觀念。

儒學沒有一個完全等同於西方哲學的理性觀念，類近的是性理、本性或本心的觀念。而性理、本性或本心的涵義實是指向一個統合理性(兼分析與綜合能力)、情感與意志為一體的機能。唐君毅在中國哲學傳統中檢出「性情」一詞來命名此機能，用意就是要強調理性不必孤運，而是可以與俱起的情感、意志一體作用。依唐君毅的演繹，吾人生命與心靈中的性情，正面地說，是「對有價值意義之事物之愛慕之情」；[76] 反面地說，是對生命陷溺於不理想並求超越之的憤悱之情、惻怛或惻

隱之情；合起來說，即好善惡惡之情。此好善惡惡之情，換一個角度看，亦即愛憐生命求生命理想化的肫肫其仁之情。可知，仁愛乃性情的真實內容。[77] 設想當人生活於不理想中卻不自覺，即心靈中的性情未感此不理想而應之，則所謂理想不理想俱無意義，故說性情「為理想之原始的根」。[78] 此外，從性情之「感應」處看，它是心靈中的實感，實感生命中理想與現實的相對，「而此實感，則為統此相對者之『統一』。」[79] 從性情之「能」感應處看，它是即知即行的動力，「此動力，乃通主觀與客觀世界之一形而上之生命存在與心靈，自求一切合理之理想之實現之動力。」[80] 從性情之能感應「不息」處看，它是理想生命的泉源，此泉源「可稱為性情之德，或本性、天性、與本情、天情。此泉原為人所見為有，在此理想之可繼續生起，欲斷之而不能斷，欲止之而不能止，遮之而不受遮，蔽之而不受蔽，忍之而忍不住處見得。」[81] 再從性情之能感應不息彷若呼應理想的「召喚」處看，它有一命令之相，「此命令是人之自命，亦天之命。」[82] 總之，性情的豐富涵義，「人可由其道德生活之反省而自證知」。[83] 此處必須補充一點可能引起的誤解，即唐君毅對性情觀念的解說，確實充滿儒學色彩，但他絕不以為自己是在發揮一家之言，或是在主張唯有儒學可以糾正西方哲學理性觀念的偏頗，而是以為自己在申明雖由儒學揭示出來卻屬一切追求生命理想化的心靈所應共有共許的道理。[84] 性情的充實將使理性的道德或價值運用免於淪為一只表示辯證歷程的形式概念、或一分析思辨所得的觀念，而有其具體真實的道德踐行。這是唐君毅對「道德」的重新設想。

（2）再看宗教的重建。唐君毅認為吾人性情或道德理性的表現，不能停住於道德世界，而必更向內向上入於宗教世界。這是為何在他的文字中（尤其是〈後序〉），道德與宗教總是合為「道德宗教」或「宗教道德」。對此，唐君毅提出兩步思考：先是論性情（及其所發的理想）為實有，接著論實有的性情當歸於吾人超越的信心。首先，(a) 吾人性情所生起的理想，最初固是吾人通過生活的反省而自證知，故是主觀的 (subjective)。惟吾人表現此性情的理想，則必見他人亦能表現其性情的理想，而知性情的理想非我獨有，乃人我心靈所共證者，故是交

互主觀的（intersubjective）。又性情的理想既為一切人的心靈所共證共有，則知其為超越於一切人心靈的實有，故是客觀的（objective）。唐君毅說：

> 我之由我之有理性的理想，而知人之同有此理性的理想，其原亦出於我之理性的推知，由此推知，我即知我之理性，不只為一主觀的理性，而為一能肯定其他之主觀的理性之存在之一具客觀義的理性；我之人格，不只為我之主觀的人格，而亦為一能肯定其他主觀人格之一具客觀義的人格；即於此見人我之人格、人我之理性，以及由之而有之理性的理想之互相涵攝貫通，以合為一客觀的實然存在的人格世界、理性世界、理想世界。[85]

必須指出，性情既是吾人通過生活的反省而「自證所知」，則肯定人我皆有性情及肯定性情為客觀實有，最初或可以是出於理性思考的「推知」，但其真實的基礎必在人我心靈的「共證之知」。肯定性情、理性、理想（或價值、道德）的真實存在，是實在論（realism）的立場，但哲學的實在論是通過思辨理性證立的形而上學，而唐君毅的理性世界、理想世界卻是通過性情的自證共證來建立，所以他名為「性情之形上學」。[86] 其次，(b) 當吾人性情的理想相對於現實的不理想時，乃可覺此理想只屬應然而尚未實現。無疑，理想不可能已全然實現，因若已全然實現，則亦無理想可言、無理想與不理想之相對可言、無應然與實然之相對可言。不過，尚未實現的理想也不可能可不實現，因若可不實現，則說理想便無意義、說理想與不理想之相對便無意義、說應然與實然之相對便無意義。可見這裏有一（理想之不可全實現與不可不實現之間的）兩難，唐君毅以為突破之道唯在吾人「不懷疑」尚未實現的理想可不實現而「信」其必可實現、終將實現。此信亦是吾人性情所當生出（或曰所本有）的「超越的信心」。[87] 吾人性情生起理想，則居於道德的世界；吾人性情信理想必可實現，則入於宗教的世界。超越的信心成「超越的信仰」，[88] 而超越的信仰涵性情之形上學。唐君毅的「超越的信仰」不是特殊的宗教，而是一切宗教之所以為宗教的共同本性（religiousness）。[89] 因

此，超越的信仰一方面可融通一切宗教而使之不相衝突，另一方面它所安立的客觀價值意識即性情，亦不會為不同宗教所排斥。這是唐君毅對「宗教」的重新設想。

(3) 再看哲學的重建。既已重建道德與宗教的觀念，則用來討論它們的哲學亦不能只限於思辨而必須有一相應的重建。前面曾提及，唐君毅是承續其師熊十力的主張，一方面強調思辨之不可無，另一面強調思辨之不礙、不離及引歸實踐。思辨之不可無，即承認哲學思辨的效用，此唐君毅於其文字中反復致意，且更有發明。綜合而言，他認為哲學思辨的批判性：[90] (a) 能使人不自限自陷於所已知者而求超拔出來；(b) 復能使人升進至一更高更廣大的理解層位；(c) 亦能使人知一切思想皆必有其對立之說，兼知兩面則可以此破彼以彼破此而皆無執；於是，(d) 乃能開拓人心靈的精神空間，即使在心靈活動無關乎道德理性即性情的踐履時，亦可作修養心靈的工夫；(e) 並且，能在人一時未能於生活的反省中自證自知自己本有的性情時，發揮助緣、開啟的作用。至於思辨之不礙、不離及引歸實踐之義，唐君毅則點明思辨自身，從思辨非實踐性的哲學問題，到思辨實踐性的哲學問題，再到由言歸默、默識體認各種理性化生活之道，是可以步步引退、功成身退的。他說：

> 思辨之目標，在凸出所思辨者。所思辨者既已凸出，此思辨即隱於此所思辨者之後，更功成而身退。故思辨實踐之哲學，或思辨此生活中理性之思辨，若自其所思辨者皆在思辨中觀之，人固永不能逃於思辨之外，而思辨為最後者。然自此思辨只所以凸出實踐之事，或成就生活之理性化看，則哲學思辨，非最後，哲學思辨之最後，為其自身之功成而身退。此哲學之思辨，由思辨非實踐性之哲學問題，至系統性的思辨生活中理性之表現於實踐之問題，即哲學之開始引退之第一步。而在系統性的思辨中，指出非系統性的一一散列之生活之情境之存在，與如何使生活理性化之道，即哲學思辨之引退之第二步。此一思辨之完成，即哲學思辨之完全引退。[91]

哲學思辨非最後，否則一切哲學論說皆是知性或概念遊戲（intellectual or conceptual game），而與人之追求生命的理想化要麼無關，要麼是將理想的生命狹隘化為只是享受知性快樂，但理想的生命不應只有知性快樂。尤有甚者，哲學思辨若為最後者，則哲學的世界，就成了各種壁壘分明的理論互相斫伐的戰場，任一理論皆欲成為能囊括一切哲學亦即盡毀一切哲學的最高最大最後的哲學。[92] 相反，哲學思辨若能引歸實踐，即知哲學的目標是在成教，「凡哲人之言説，初雖是説其所學，而其歸宿，則皆是以言説成教。故説所學非究竟，以説所學成教，方為究竟。」[93] 如此，則一切看似壁壘分明的理論乃可頓時化為並行不悖的橋樑、道路與河流，皆是望人知其義理概念而經過之以更有所往。總之，唐君毅重新設想的「哲學」是依如實知起真實行者。[94]

　　析論至此，我們大概不難察覺唐君毅重建的道德、宗教與哲學，是可以有分與合的兩種關係。分而言之，道德是吾人本心靈性情去追求生命的理想化，宗教是沿此追求所生起之超越的信仰，以成教為目標的哲學則能申明辯護道德與宗教，三者分而緊密相關。但合而言之，道德是性情，宗教是性情之形上學，哲學是性情之教；道德性情即超越的信心亦即知行合一的哲學理性，三者本為一體。[95]

四、辯護唐説可能引起的批評

　　無庸諱言，唐君毅合道德、宗教與哲學為一體的偉構，是其用心於救治現代文化危機、重建客觀價值意識的思考，當中種種細微關鍵處，自還可以更作釐清、演繹，乃至斟酌、詰難，本文無意視之為最佳或最終的答案，猶如唐君毅自己也是作如是觀。但同樣不容否認的是，這是一極富啟發性的嘗試，如不充分繼承、消化之，則恐無法更有所推進。下面讓我們先代之回應一些可能引起的批評來結束本文。

　　一、或疑唐君毅是傳統主義者。則答曰：根據以上的分析，唐君毅絕非傳統主義者，即幼稚地以為可將傳統搬到現代。他只是不相信

現代文化(或現代性)包括其危機是一成不變的，亦不相信傳統與現代是截然割裂的。從他看來，傳統與現代應有相互批評的關係，某些傳統觀念的重新詮釋應可作為省思現代文化的思想資源。

二、或疑唐君毅是絕對主義者。則答曰：非是。唐君毅並非獨斷地以為儒學是絕對真理。他重建的道德、宗教與哲學，確實多有得於儒學的觀念與思路，但他更強調的是，這些提煉自儒學的觀念與思路皆是普遍的道理，皆可以為處於不同哲學或宗教傳統中的心靈所共認共許。或謂他的用語過於儒學化，難脫絕對主義的嫌疑。則答曰：凡表述普遍的道理都必得使用某種帶有特殊歷史文化印記的語言，因為吾人根本不可能有一套普遍的哲學語言(或一個普遍的哲學視角)來表述普遍的道理。是以即便是思考現代文化危機這樣的全球性問題，哲學家也只能依據其所擁有的地域性知識(regional knowledge)來進行，唐君毅如此，當代其他西方哲學家亦無不如此。

三、或謂唐君毅的思想有判教色彩，如把儒家的天德流行境放在心靈九境的最高位，足見其絕對主義的立場。則答曰：唐君毅所理解的儒學有兩面：一面是儒學揭示出的普遍道理，可讓一切居於不同思想傳統的心靈共證共認。儒學在歷史中彰顯的包容性正是它有此一面的明證。另一面是儒學為人所可皈依的一條特殊教路，當代新儒家學者從不諱言儒學是他們生命的終極關懷(ultimate concern)。而這兩面不必互相否定。儒學普遍的一面可以使它發展成一融通不同思想、宗教的多元主義框架，但此並不排斥它同時是一套特殊教相。並且當人歸宗於這特殊的一套時，亦必作判教以見證其所歸宗者有真實殊勝之義。用傳統的話說，儒學普遍的一面是道，道必一，是涵攝包容多的一；儒學特殊的一面是教，教必多，惟人亦只能歸宿於多中之一。[96]

四、或謂唐君毅過於偏重拯救人的心靈，忽略變革社會制度的重要性。則答曰：唐君毅不必否認變革社會制度的重要性，雖則他確是主要在做疏通觀念的工作，亦深信改變人心所能帶來的力量。須知文化本有觀念與制度兩面，除非我們持守一化約主義的立場，主張觀念都是制度的派生物，即沒有制度的改變就沒有觀念的改變，則唐君毅的工

作自有嚴重缺失。但以制度為第一序、思想為派生的第二序的文化觀
是大有問題的。或疑唐君毅亦是持守一化約主義的文化觀，只是反過
來以思想為第一序、制度為派生的第二序而已，故導致他輕視制度一
面。[97] 則答曰：如前面曾提及，唐君毅主張道德自我或道德理性是人文
世界各個領域的根本，說「人類一切文化活動，均統屬於一道德自我或
精神自我、超越自我，而為其分殊之表現」，[98] 確有化約主義之嫌。然若
深究他所謂的根本是外在的、規約的而非內容的、建構的，則他亦不
必定是化約主義，而只是更重視觀念在文化中的主導作用。在這一點
上，當代西方學人有不少與唐君毅同調。例如，雅斯培（Karl Jaspers）在
《現代的人》（*Man in the Modern Age*）中便明言人如何於當前處境中自處，
首要是維持（高尚的）自我（maintenance of selfhood），而這是要在心靈境
界中進行之事（it is conducted in the realm of mind）。[99]

　　五、或疑現代文化之所以失落了客觀的價值意識，是因韋伯所謂
世界的解魅，而現在唐君毅重建的嘗試便無異於想將世界再魅化（re-
enchantment），但這可能嗎？則答曰：韋伯對現代性的描述有其準確之
處，問題是人真的可以生活在價值徹底主觀的世界？倘若價值完全是言
人人殊，則涉及價值爭議的社會議題又如何解決？此所以晚近有識之士
已提出尋求共識的必要。對照於由下而上（bottom up）的共識尋求，則
可知韋伯所謂的世界解魅，只是除掉（西方中世紀宗教）那從上而下（top
down）的客觀甚至絕對的價值，而價值的客觀性為不可無。相較之下，
唐君毅汲取自儒學資源的重建便清楚指出：客觀價值必須藉由個人自己
的探究以及人與人相互的印證來獲得，易言之，必是一條由下而上即由
主觀至交互主觀再至客觀的路（即孟子盡心知性知天之義）。韋伯多神
主義的挑戰恐非無法克服的困難。

註 釋

1　唐君毅，《日記（上）》，頁170。

2　費瑞實（Thomas Fröhlich）新近出版研究唐君毅思想的專書，副題是「儒家哲學與現代性的挑戰」，其中有論及唐君毅對現代性的反省，並關連於流放（exile）及文化愛國主義（cultural patriotism）的議題，可與本文相互比觀。但本文與其論最大的不同處，在於緊扣唐著〈後序〉來展開分析，並著力於闡述唐君毅對治現代文化危機的思考。參看Thomas Fröhlich, *Tang Junyi: Confucian Philosophy and the Challenge of Modernity* (Leiden and Boston: Brill, 2017), pp. 61–107; 250–257。

3　唐君毅，《日記（下）》，頁167。

4　同前註，頁172。

5　同前註。

6　同前註。

7　同前註，頁173。

8　筆者曾指出唐君毅研究宋明理學的《原教篇》，全書都是在與牟宗三《心體與性體》商榷，參看本書第7章〈本體分析與德性工夫 —— 論宋明理學研究的兩條進路〉。

9　唐君毅，《日記（下）》，頁211。

10　同前註，頁215。

11　同前註。

12　同前註，頁216。

13　同前註，頁224。

14　同前註，頁382。

15　同前註，頁384。

16　同前註，頁387。《日記》1975年的紀錄，都把書稱為《生命三向與心靈九境》，但1976年又改回《生命生存與心靈境界》。是書出版後，書名後附副題為「生命存在之三向與心靈九境」。到底唐君毅是否曾有過更改書名的想法，今不可考。

17　唐君毅，《日記（下）》，頁392。

18　唐君毅在《生命生存與心靈境界》的〈自序〉（寫於1976年丙辰之春）中亦述及此書的寫作經過，大體與《日記》所錄相符，但較簡略。其言曰：「蓋欲及此形上學知識論之問題，須與古今東西哲人之所言者，辦交涉，興諍論；其事甚繁，未可輕易從事。嘗欲俟學問之更有進，至自顧不能更有進

之時，乃從事此書之寫作。然歲月悠悠，此境終未能屆。十二年前（案：1964年）吾母逝世，嘗欲廢止一切寫作，此書亦在其內。二年後罹目疾，更有失明之慮。在日本醫院時（案：唐君毅1966年底赴日本京都醫院治目疾，1967年2月中至3月初在養病期間寫下〈病裏乾坤〉一長文），時念義理自在天壤，以自寧其心，而此書亦不必寫。又嘗念若吾果失明，亦可將擬陳述於此書之義理，為我所昔未及言者，以韻語或短文為之。後幸目疾未至失明，乃於九年前（案：1968年），由春至夏，四月之中，成此書初稿；而目疾似有加劇現象，旋至菲律賓就醫。於醫院中，更念及初稿應改進之處甚多。乃於八年前春（案：1969年），更以五月之期，將全書重寫。大率吾之寫文，皆不提筆則已，提筆則一任氣機之自運，不能自休。回頭自觀，隨處皆見有疏漏。於此疏漏之處，此七八年中，絡續有所發現，乃於寫中國哲學原論四卷之餘，絡續加以增補，似已較為完善整齊。然以學力所限，終不能達天衣無縫之境，而由動筆至今，計時已將歷十年矣。世變日亟，吾目疾是否復發，或更有其他病患，皆不可知，故決定付印。」《生命生存與心靈境界》，上冊，〈自序〉，頁4。

19　唐君毅，《生命存在與心靈境界》，下冊，〈後序〉，頁482。

20　同前註，頁466。

21　參看同前註，頁466–481。

22　牟宗三甚至曾為熊十力自本體宇宙論切入的進路辯護，以為不可目為非批判的玄談。其言曰：「熊師的學問，在某義上，有『從宇宙論說下來』的傾向。故一方既可使人想到為『非批判的』，一方又可使人想到為玄談為光景。然吾仔細一想，此不是熊師學問的真相。吾人看伏羲、孔子、孟子、中庸、易傳，可不經過科學知識之成立，批判哲學之出現那個路數，所分判的『從宇宙說下來』與『從人生說上去』那兩個來往的對立，而看之。這兩個來往，在原始儒家是一下子同時呈現的，既不隔，亦不對立。無論從那一面說，都是通着彼面的，而且亦是了然于彼面的。既不是外在猜測的，先隨意建立宇宙論，如希臘早期自然哲學家之所為，亦不是從認識論上摸索着以前進，如經過科學知識之建立，批判哲學之出現者之所為。摸索着以前進，對于宇宙人生之本源是不透的；外在的，猜測的，隨意建立的宇宙論，是無根的。這是西方的進路，中國儒家講學不是這樣。它直下是人生的，同時也是宇宙的，所以本源是一，而且同是德性意義價值意義的。因此，從宇宙方面說，這本源不是無根的、隨意猜測的，這是直接由我的德性實踐作見證的。同時從人生方面說，這德性意義價值意義的本

源，也不是局限而通不出去的，故性與天道一時同證。一透全透，真實無妄。無論從宇宙說下來，如中庸與易傳，或是從人生說上去，如孟子，皆是兩面不隔的，亦不是不接頭的。故不可像西方哲學那樣，視作對立的兩個途徑。對于熊師的學問亦當如此觀。」見牟宗三，〈我與熊十力先生〉，收氏著，《生命的學問》，頁150。

23　唐君毅，《生命存在與心靈境界》，下冊，〈後序〉，頁488。

24　同前註，頁488–489。

25　同前註，頁453。

26　同前註，頁482。

27　同前註，頁496。

28　熊十力說：「我並不曾主張廢絕思議。極萬有之散殊，而盡異可以觀同；盡者，窮盡。察眾理之通貫，而執簡可以御繁；研天下之幾微，而測其將巨；窮天下之幽深，而推其將著。思議的能事，是不可勝言的。並且思議之術日益求精。稽證驗以觀設臆之然否，求軌範以定抉擇之順違，其錯誤亦將逐漸減少，我們如何可廢思議？不過思議的效用，不能無限的擴大。如前所說，窮理到極至處，便非思議可用的地方。這是究玄者所不可不知的。……本來，證會，是要曾經用過思議的工夫，漸漸引歸此路。證會。唯恐學者滯於思議之域，不復知有向上一機，所以說不可思議。不可者，禁止之詞，戒其止此而不更求進，故言不可，以示甚絕。常途以不可思議一語，為莫明其妙的神秘話頭，若作此解，便非我立言的意思。」見氏著，《新唯識論 (語體文本)》，第4章〈轉變〉，《熊十力全集》，第3卷，頁146、147。

29　唐君毅，《生命存在與心靈境界》，下冊，〈後序〉，頁482。

30　唐君毅，《生命存在與心靈境界》，上冊，〈自序〉，頁7。

31　唐君毅，《日記 (上)》，頁38。

32　同前註，頁39。

33　其言曰：「在美國之社會學家素羅鏗有危機時代之歷史哲學一書，其所述者即皆十九世紀末至二十世紀初之思想家，對危機時代之感覺，大家可以看看。其書所述及之二十世紀初之斯賓格勒，即由西方之大城市之技術文明，論西方文化之衰落，並預言其即將死亡。」見唐君毅，〈東西哲學學人會議與世界文化中之「疏外」問題〉，收氏著，《中華人文與當今世界》，下冊，頁40。素羅鏗的書出版於1950年，1953年中央文物供應社有中譯本，參看 Pitirim Sorokin, *Social Philosophies of an Age of Crisis* (Boston: The

Beacon Press, 1950)；另徐道鄰譯述，《危機時代的社會哲學：現代歷史哲學評論》(臺北：中央文物供應社，1953)。

34　唐君毅，《生命存在與心靈境界》，下冊，〈後序〉，頁458。

35　以下的分析參看 Max Weber, "Science as a Vocation," in *From Max Weber: Essays in Sociology*, trans. H. H. Gerth and Wright Mills (New York: Oxford University Press, 1958), pp. 129–156；另石元康，〈多神主義的困境 ——現代世界中安身立命的問題〉，收氏著，《當代自由主義理論》(臺北：聯經出版事業公司，1995)，頁177–194。

36　參看 David Kolb, *The Critique of Pure Modernity* (Chicago and London: The University of Chicago Press, 1986), pp. 14–15。

37　參看同前註，pp. 9–12。

38　參看同前註，p. 14。

39　參看同前註，p. 13。

40　唐君毅，《生命存在與心靈境界》，下冊，〈後序〉，頁454。

41　同前註，頁483。

42　同前註，頁456。

43　同前註，頁458。

44　同前註。

45　唐君毅，〈西洋近代文化精神之省察〉，收氏著，《人文精神之重建》(臺北：臺灣學生書局，1989)，頁164。

46　同前註。

47　同前註。

48　參看唐君毅，〈當前世界文化問題〉，收氏著，《中華人文與當今世界》，下冊，頁17。

49　唐君毅，〈科學世界與人文世界〉，收氏著，《人文精神之重建》，頁52。

50　唐君毅，〈當前世界文化問題〉，頁20。

51　唐君毅，《文化意識與道德理性》(臺北：臺灣學生書局，1986)，〈自序(二)〉，頁6。

52　同前註，頁5–6。

53　唐君毅，〈理想的人文世界〉，收氏著，《人文精神之重建》，頁66。

54　同前註，頁66–67。

55　唐君毅，《生命存在與心靈境界》，下冊，〈後序〉，頁459。

56　唐君毅，〈人文與民主的基本認識〉，收氏著，《人文精神之重建》，頁388。

57 唐君毅，〈中西社會人文與民主精神〉，收氏著，《人文精神之重建》，頁
402–403。

58 唐君毅，〈理想的人文世界〉，頁67。

59 同前註。值得注意的是，唐君毅肯定民主政治的關鍵理由乃在於：唯有民
主政治真能防範專制，逐步去除政治上的惡，保障人文世界的存在。他
說：「而古今之聖賢，亦罕能真切認識看重此人心中之撒旦之存在。因其
存心忠厚，而且他又可以洞見此權力意志，在形上之境界中仍是無根的，
遂加以忽略。然而在當前的現實人心中，現實政治中，卻隨處可見此物在
發生作用。有此物發生作用，即使柏拉圖之理想的哲學家，與儒家之聖
王，縱然出現一個，亦不能保證第二個之必然出現，更不能保證其左右者
皆是聖賢。一般人民之善良的道德性的政治意識，在此恒不能有真實的制
裁力量，而反只成為野心家保存其權力之客觀憑藉。由是，我們便看出政
治不能只是人直接的道德意識的延展。人之直接的道德意識，可以實現政
治上之善，而不能根絕政治上之惡。可以逐漸根絕政治上之惡之政治，不
能只是聖王之治與哲學家之治，而祇能是民主政治。因民主政治可以立各
種人權保障之法律，來限制政權之使用。同時以普遍的選舉權，來決定政
治上人物之進退。而此種立法與選舉之所以可能，除依於人各欲實現其人
生文化價值之動機外，亦兼依於用人民的權力意志，來限制政治上人物的
權力意志。人與人之權力意志，互相限制互相否定的結果，亦使人之放縱
其權力意志之事，漸成不可能。由此而使欲憑其生殺予奪之權，以毀滅他
人之人生文化價值之事，漸成客觀地不可能，而消極的保證社會人文世界
之存在。」見唐君毅，〈人文與民主的基本認識〉，頁396–397。

60 唐君毅，〈人文與民主的基本認識〉，頁392。

61 同前註。

62 唐君毅，〈民主理想之實踐與客觀價值意識（上）〉，收氏著，《中華人文與
當今世界》，下冊，頁104。

63 唐君毅，〈民主理想之實踐與客觀價值意識（下）〉，收氏著，《中華人文與
當今世界》，下冊，頁130–131。

64 參看同前註，頁137–141。

65 唐君毅，〈民主理想之實踐與客觀價值意識（上）〉，頁112。

66 同前註，頁113。

67 同前註，頁114。

68 唐君毅，《生命存在與心靈境界》，下冊，〈後序〉，頁460–461。

69　同前註，頁461。

70　參看同前註，頁454–455。

71　同前註，頁465。

72　同前註。

73　參看同前註，頁484。值得一提的是，在唐君毅的思想中，理性可成就人思想之長度，即心靈活動的「前後向」；理性可成就人思想之廣度，即心靈活動的「內外向」；理性可成就人思想之高度，即心靈活動的「上下向」。此理性或心靈活動所涵之長、闊、高的三度空間，唐君毅以為即是人視物理世界具三度空間的根據。詳見唐君毅在《生命存在與心靈境界》論感覺互攝境的文字。

74　參看唐君毅，《生命存在與心靈境界》，下冊，〈後序〉，頁485。

75　同前註，頁485–486。

76　同前註，頁487。

77　參看同前註，頁494。

78　同前註，頁487。

79　同前註，頁494。

80　同前註，頁493。

81　同前註，頁490。

82　同前註，頁493。

83　同前註。

84　唐君毅說：「孔子之仁心，即有此性情之心。佛之慈悲心，耶穌之愛心，在根柢上，亦為此物事。」同前註，頁506。

85　同前註，頁491。

86　同前註，頁502。

87　參看同前註，頁491–493。

88　唐君毅對「超越的信仰」的演繹，參看《生命存在與心靈境界》，下冊，頁283–302。

89　對此儒學所涵宗教性的全幅義理分析，參看本書第10章〈合哲學、道德、宗教為一體──當代新儒家的儒學觀〉。

90　參看唐君毅，《生命存在與心靈境界》，下冊，頁339–342、305、493。

91　同前註，頁278–279。

92　參看唐君毅，《生命存在與心靈境界》，上冊，〈導論〉，頁33–36。

93　同前註，頁35。

94 同前註，頁24。

95 下面唐君毅的話即是明證：「吾所尊尚之哲學，乃順人既有其理想而求實現，望其實現，而更求貫通理想界與現實界之道德學兼形上學之理想主義之哲學。依此哲學言，人有理想求實現而望其實現，必求證明其能實現，而人在生活中，亦嘗多少證明其理想之恒為能實現者，由此而理想主義者，必信此理想連於一實現之之宇宙人生中一不可見之形上的真實存在。此中，以人之理想有異同，有大小高低，則其所見之此形上之真實存在，其內涵亦有異同，有大小高低。故人於此形上之真實存在，若重其為人之理想的知識之原，則視為一全知者；若重其為理想之功業之原，則重其為全能者；若重其為理想之感情之原，則重其為全愛者；若重其使人自成聖成佛，則重在內在於人之生命，以為人之本心、本性、佛心、佛性。若重在使客觀宇宙存在而有一秩序，則視為創造世界而定萬物之分別目的之上帝。以人之理想，必有種種異同、大小、高低，而此種種形上學思想，與對之之宗教信仰，及所成之宗教生活，亦永有其不同，而亦永不能加以泯滅。」《生命存在與心靈境界》，下冊，〈後序〉，頁509–510。

96 筆者有一系列文章詳細分析此中涉及的義理，提出儒學可發展一套「多元主義宗教觀」，並在其下安立一套「多元宗教的判教模型」。參看拙文〈從實踐的形上學到多元宗教觀 —— 天人合一的現代詮釋〉、〈批判與會通 —— 當代新儒家與基督教的對話〉、〈徘徊在絕對與多元之間 —— 論牟宗三先生的「判教」〉，三文均收於《儒學、哲學與現代世界》，頁217–235、235–256、256–287。另參看〈明末王學的三教合一論及其現代迴響〉，收吳根友主編：《多元範式下的明清思想研究》，頁181–233。

97 例如，勞思光晚年建立文化的二重結構觀，強調文化的觀念與制度兩面不能相互化約，則視自己早年受黑格爾影響的文化觀所謂 Hegelian model（唐君毅亦屬此類）是犯了化約主義的毛病。不過，即使勞思光肯定文化有二重結構，但當他進一步診斷現代文化的問題時，卻是反溯文化的意識取向，以文化意識（包括建設意識與解放意識）來說明文化的定向。可見，在承認文化有不可相互化約的兩面的前提下，他還是重視觀念在文化發展中的主導作用。參看勞思光著，劉國英編註，《文化哲學講演錄》（香港：中文大學出版社，2002）。

98 唐君毅，《文化意識與道德理性》，〈自序（二）〉，頁5。

99 參看 Karl Jaspers, *Man in the Modern Age*, trans. Eden and Cedar Paul (London: Routledge & Kegan Paul Ltd., 1951), pp. 175–196。

第十二章

全球與本土之間的哲學探索
——劉述先的哲學思想

一、哲學思想發展的三個階段

本章原是為祝賀述先師八秩壽慶的論文集寫一篇前言，介紹他的哲學思想。老實說，下筆時完全沒有駕輕就熟的感覺。首先，介紹性的文章，若不想流為聯綴成篇的堆疊，就必牽涉到解釋。述先師的學術著作我確實讀得很仔細，亦有不少體會，但不敢說已了然於胸，因此我在下面所介紹的只能代表我個人的看法。當然我必盡一個詮釋者應有的責任，給予詮釋的對象最強義的解讀。其次，述先師著作等身，當中涉及的課題和內容是多方面的，故不可能在一篇文章中全面兼顧到，掛一漏萬，在所難免。我現在嘗試的僅僅是從三個階段來勾勒出述先師哲學思想發展的線索及其中一些重要的觀點，此即：一、文化哲學的探索；二、中國哲學的專門研究；三、全球倫理與宗教對話。但是必須指出，這三個階段的劃分是概略的，它們之間實有不少重疊之處，而之所以如此劃分，是因為這樣才能充分折射出述先師在全球與本土之間、在傳統與現代之間、在中國與西方之間、在反本與開新之間不斷往復來回的哲學追尋。並且此一追尋的意義不在於它最後歸宿何處，而是在於它本身所彰顯的開放、奮進不已的學術精神。述先師快滿六十歲時，在他的自傳《傳統與現代的探索》的結尾寫道：

> 在經過四十年的探索，我雖已放棄了造一個哲學系統的不切實際的幻想，要是可能的話，我仍想寫下我對於哲學的方法論、形上學、

實踐論的心得與反省，對我一生哲學的探索作出一個不是交代的交代。作為一個當代哲學者，我最服膺的一句話始終是：生命完成於不完成之中。[1]

十年過後，他在〈七十感言〉中說：

1949年與堂兄離滬赴臺，為了追求生命的意義與文化的前途，1951年考入臺大哲學系，決定與現實的行動世界隔離，專心一志研討、反省哲學與文化的問題。從此數十年如一日，緊守自己的崗位，習慣坐冷板凳，努力不懈，順著師友開出的途徑繼續往前探索，寫出自己的心得，所謂做一天和尚撞一天鐘，日積月累，有了一些成績，如是而已！絕談不上有甚麼超卓的成就。[2]

又說：

然而只要在世界資源有限的情況之下，種族、宗教、國家之間的紛爭不斷，儒家中和的理想就永遠有它的吸引力，而不斷在尋求新的表達。最重要在儒家的追隨者的動力是生命的內核，不在外在的榮辱，永遠知其不可而為，努力不懈，追求對自己以及群體生命有意義和價值的東西。[3]

如今十個年頭又過去了，述先師作為當代哲學者與當代儒者那生命的內核仍然是剛健不息、努力不懈，永遠以既濟為未濟。這不禁讓人想起孔子的兩句話：「默而識之，學而不厭，誨人不倦，何有於我哉？」（《論語‧述而》）「其為人也，發憤忘食，樂以忘憂，不知老之將至云爾。」（同上）

二、文化哲學的探索

在20世紀，凡是對五四反傳統思潮有保留、對傳統寄與同情及肯定的學人，幾乎都曾投身於文化哲學的工作，試圖通過中國傳統文化

的清理、中西文化的比較以至文化發展模式的思考等來論證中國文化的前途與希望之所在。著名的例子包括：梁漱溟的《東西文化及其哲學》、《中國文化要義》；方東美（1899–1977）的〈哲學三慧〉、《中國哲學之精神及其發展》；唐君毅的《文化意識與道德理性》、《中國文化的精神價值》；牟宗三的《歷史哲學》、《中國文化的省察》等。就連強調要與當代新儒家的名號劃清界線的余英時與勞思光，亦不例外。前者有《從價值系統看中國文化的現代意義》；後者講《中國文化路向問題的新檢討》、《文化哲學講演錄》。劉述先身處於這樣的氛圍背景，加上受業師方東美的啟迪，很早就表現出探索文化哲學的濃厚興趣。他在這方面的研究成果，很容易教人注目於《文化哲學的試探》（1970 年）中對史賓格勒（Oswald Spengler，1880–1936）、卡西勒（Ernst Cassirer）的詳細分析，以及收錄於《中西哲學論文集》（1987 年）中早年對柏格森（Henri Bergson，1859–1941）、克羅齊（Benedetto Croce，1866–1952）的長篇討論。這些都是他在東海大學任教六年（1958–1964 年）期間所專注著力的地方。劉先生曾自述他這段時期的生命情調與學術心志：

> 少年時代的我下定決心不做行動人，誓以一生之力，省察各種不同的哲學思想，為生命樹立一個目標，為文化覓取前途，希望找到一條康莊的大道。那時妄想要把古今中外的思想一網打盡，所以拒絕做專家學者。各家各派的學說，都要一一涉獵。由現在看來，不免感覺其志可嘉，而其情可憫。但那時的確誓志用功讀書，也收穫了一些初步的結果。我探研語意學與分析哲學，出了《語意學與真理》一書；反省文化哲學，檢討了史賓格勒與卡西勒的系統，出了《文化哲學的試探》的論著；我自己經過初步探索後的總結性的思想則見於《新時代哲學的信念與方法》一書。[4]

但是真正能呈現出劉先生文化哲學探索的獨特之處的並非他那逐家逐戶的研究，而是他從各種不同的思想中吸收、消化後形式的一整套自己的思考，此即上引文字中提及的「總結性的思想則見於《新時代哲學的信念與方法》一書」。很多談劉先生思想的人都忽略了《新時代哲學的信念

與方法》(1964年，以下簡稱《新》書)的重要性。這本書雖然是劉先生在三十歲還未開始南伊利諾大學 (Southern Illinois University，以下簡稱南伊大) 的博士生涯時已經完成，但其中展示出的思路，卻可以説是他一生哲學的基礎與信念。在《新》書中，他通過文化哲學的省察來一方面圈限科學哲學的氾濫，另一方面重新構想哲學作為意義哲學，並由此接上中國哲學的傳統，而卒歸於建立哲學的終極目標乃是在個人層面尋覓安身立命之道、在文化層面走上健康理性之途的信念。後來劉先生的哲學無論是深度的挖掘和廣度的開拓都有長足發展，但《新》書所奠定的基礎與信念則始終沒有動搖。這從他多年後寫的〈哲學的起點與終點〉(1977年)、〈系統哲學的探索〉(1983年)等文字仍是在不斷補強《新》書的想法，可得證明。

下面則順著《新》書的章節結構析述其中的思路。

(1)20世紀初科學主義在中國思想界的氾濫並未因科玄論戰而退潮，其後在哲學的領域更以專技性質的語意學及科學哲學的面貌再度登場。劉先生雖願意承認彼等有樹立知識傳統的功勞，但亦十分清楚它們有把傳統哲學求勘破宇宙人生真諦的願景大幅窄化的危險。他説：

> 而且即或我們願意承認科學是人類文化之中最重要的一環，但是它究竟並不就是惟一的一環，它也不能夠代替「藝術哲學」、「宗教哲學」、「倫理哲學」的研究，尤其不能夠代替全盤人生的了解與體悟，它畢竟不外只是一個徹底科學世紀的一套派生的哲學而已！而這種偏頗的側重本身就是值得我們來推敲反省的一件事實，而這已經越出於狹義的「科學底哲學」的探討的範圍了。[5]

這裏如要深究科學哲學是否可以籠罩一切其他的哲學，就必牽涉到物理主義 (physicalism)、心身問題 (mind-body problem)、化約主義 (reductionism) 與非化約主義 (non-reductionism) 及隨附性 (supervenience) 等的討論。但不容否認的是，科學所建立的「真」的「知識」，邏輯實徵論 (logical positivism) 所主張的「認知」意義，只是人類心智所創造的眾多的意義之一。這只要將科學置放回文化的全體中則可以看出來。

(2) 於是劉先生從卡西勒的符號形式哲學 (the philosophy of symbolic forms) 中找到了一個梳理文化中不同的意義表達的理論框架。依卡西勒，「人類的一切文化造就都是活潑的心靈流露出來的意義系絡 (所謂『符號』)，而每一個這樣的系統都表現得有法有則，透顯了一定的型構 (所謂『形式』)。」[6] 而從神話到宗教、語言、藝術、歷史、科學等便莫不是以不同的形式來表達人類心智所創造的不同的意義。尤有進者，卡西勒的洞見除了提供一個一般性的文化哲學的架子外，更暗示了一條從意義的創造與表達來重新界說哲學的線索。這也就是：哲學是對人類創造的不同的意義表達之思考反省以至評斷抉擇。而文化哲學亦因此得以從哲學的一個邊緣門類躍進為哲學的核心所在。劉先生思想發展中文化哲學探索的階段亦應作如是觀。

(3) 結果是劉先生從凱薩林 (Hermann Keyserling) 處借取「意義哲學」(philosophy of significance or meaning) 一詞來建構他心目中的新時代的哲學。對於意義哲學的旨趣，劉先生有明白扼要的解說：

> 由此可見，在一個純物質的世界中，「意義」這個字眼本身便毫無意義，只有在整個宇宙中湧現了心靈的存在之後，「意義」的概念才變成為真正有「意義」了。因為心靈不只自身是一種存在，它還要對其他存在以及自己的存在要求一種了解，產生一種判斷，這樣才會在整個宇宙之中實現了一個「意義層面」的存在。而在這一個意義世界之中，卻是意義決定真實。只有當人類自覺或不自覺地認定客觀地去認知一個物理宇宙的態度有意義 (如西方近代) 時，這個物理世界的客觀秩序才會向他如實地呈現出來。正因如此，一個詩人的心態是難以發現這一個客觀秩序的，甚至會有意地排拒這一個世界的存在，更擴大來說，一個全心注目於宗教 (如西方中世紀) 或道德 (如中國) 的意義系絡的民族也就難以對於這樣的客觀秩序發生精確的科學的了解。故此有許多時候我們常常自以為是在作單純事實層面的選取，但實際上我們卻是在作理想層面抑或意義層面的抉擇，理論探研到此為止，意義哲學的統一的理論效果向我們清楚地呈現出來了。在人文世界的領域之中，人不只了解存在，還要決定存在。[7]

上述的話完全可以看成是意義哲學的綱領。如果説此中已明確澄清了哲學思考的起點以至終點不應放在唯物論的事實、真實或對象上，因為所謂的「事實」、「真實」或「對象」基本上是後起的，是通過某一種意義結構（即自然科學）所把握到的，但仍有傾斜向唯心論的嫌疑，即以為吾人的心靈如何觀看便決定了所看到的（不同的意義）世界，則劉先生後來又作了進一步的澄清。通過胡塞爾（Edmund Husserl）現象學（phenomenology）的洗禮，劉先生指出「『意義』也就是主客和合的產物，既不專屬於主，也不專屬於客」，[8] 因此哲學思考的起點以至終點亦不應放在唯心論的觀念上，因為所謂的「觀念」同樣是後起的，是通過某一種意義結構（即觀念論哲學）所把握到的。至此可見，所謂的意義，更準確説，是人存在和他的世界的原生結構（primordial structure）。一方面，世界不是指把人抽離出去後所剩下的純然客觀的存在，它是人所面對的、所必須去理解及揭示其意義結構的世界。當然，人所理解及揭示的意義世界是可以有多面的，亦即卡西勒提出的不同的符號形式。另一方面，人亦不是指把世界抽離開來後所剩下的人存在，蓋這根本是不可能的；人從來就是在世界中的人存在。[9] 而此一現象亦驅迫著吾人去尋找自身及其所處的世界的意義的連結。

（4）綜上所述，劉先生總結他構想的哲學（或意義哲學）為：「哲學的理想卻要把握一種全觀，全盤省察人存在和他的世界，企圖如實地加以了解，而為之尋求一種理想的歸趣。」[10] 這一全觀或全盤省察，亦即是劉先生其後提出的具開放性的系統哲學（不是一套哲學系統）：

由此可見，系統哲學的探索包含着一種廣闊的視野。它可以向各方面吸取靈泉，卻又不局限在一個特定的角度以下。它所關懷的基本問題有兩個：

（一）我們有沒有可能為這麼豐富雜多的世界人生的內容（案：即不同的意義結構）尋覓到一個共同的根源或基礎，然後才逐漸分化成為不同的存有與價值的領域？（案：依意義哲學，意義決定了存在，故它本身就是一個存有與價值不可截然分割的領域。）

（二）我們有沒有可能建構一個系統來涵蓋世界人生如此豐富雜多，乃至表現了深刻的、矛盾衝突的內容，把它們熔為一爐，結合成為一個整體，卻又井然有序，分別在這個系統之內得到它們適當的定位？[11]

要使系統哲學能竟其功，上述第一個基本問題的回答，關鍵端賴於「向各方面吸取靈泉」。此中包括：(a)卡西勒的符號形式哲學，以此從發生的觀點去窮究文化中不同的意義結構產生的根源及其衍化。(b)胡塞爾的意識現象學，以此由構造方面去發掘文化中不同意義結構的成就所不能不假定的基設。(c)當代的哲學詮釋學（philosophical hermeneutics），因為要作意義的省察，「機械的歸納推概的方式既失去其效用，其間涉及很大的『解釋』(interpretation) 的成分」。[12] (d)同時為了避免抽象普遍法則有立理以限事的毛病，經驗資料的搜集與研究亦即不同文化內容的具體了解（文化學）及跨文化的比較（比較文化學與比較哲學）都是不可忽略的。劉先生甚至還構思了一部完整的文化學，當中有四個重要的部門：文化人類學、文化的靜力學與動力學、歷史的文化的型態學、文化生態學與文化哲學。[13] 至於第二個基本問題的回答，則如何將雜多豐富卻極可能是矛盾衝突的不同文化內容化為一個和諧的整體並於其中各得其適當的定位，劉先生在《新》書中已強調理一分殊的觀念本身即蘊涵了「異質的和諧性」(heterogeneous harmony) 的深刻意義。他說：

我們並不能夠用一種抽象的和諧的觀念消解去事實上存在的矛盾與衝突，和諧是要透過努力來創獲的，它並不是一個自動的過程。但是我們卻有必要創獲這樣的和諧，因為如果我們終於無法獲致和諧，那麼我們的生命便不免陷於魯莽滅裂，走上覆亡的道路。然而獲致和諧之道卻是多樣性的，所以和諧的意義並不是一致（conformity），「理一分殊」，這是傳統中國哲學中體驗的最高的人文的至理，我們必須進一步用徹底現代的概念與術語來解剖開其中所蘊藏的深微的意義。[14]

二十六年後劉先生再寫〈「理一分殊」的現代解釋〉（1990年），固是緣於不同的觸機，亦對此觀念作出更為細膩的演繹發揮，但其中的精神與關

懷卻是前後一以貫之。下面我還會對「理一分殊」作詳細的討論，這裏暫不多說。

（5）不過劉先生構想的哲學，除了全盤省察、了解不同的意義結構這描述性和解釋性的部分外，更是指向「尋求一種理想的歸趨」這實踐性的目的。他曾自述：「我的出發點是為生命尋求意義，為文化尋求出路。」[15] 如是，則符號形式哲學、現象學、詮釋學、文化學在劉先生看來便只有方法學上的啟迪參考作用，而不免給人透不上去的感覺。在《新》書中，他區分了心靈創造的外延意義與內容意義來作說明。所謂心靈創造的外延意義，指的是「把我們的生命的內在的體驗投注出來，形成一些外在的成就」，[16] 如音樂、藝術、文學等的作品。而心靈創造的內容意義，指的則是「由外延的意義追溯到它內心的泉源，我們才能由『創造』的觀念更進一層跳躍到『創造的創造性』的觀念」；「我們不僅要生活在一個外延的意義世界中，我們一定要把它點化成為一個活潑潑的內容的意義的世界。我們要不斷地創造，再創造，但是所彰顯的卻不僅在所創造的事物，而在創造性本身」。[17] 從這一區分回頭看卡西勒的符號形式哲學，劉先生雖稱許卡西勒已明確指出意義的觀念在哲學上的重要性，卻批評他的哲學「仍然是外延的，並不是內容的」；「他並不曾逼進一步了解生命的內在的『創造的創造』的泉源」。[18] 這一創造的創造性或曰創造性本身，究其實就是那能不斷創造的心靈本身或曰本心，於此劉先生竟找到了一條接通中國哲學的路徑。在他看來，中國哲學尤其是儒學，以感通無隔、覺潤無方的仁來把握本心的內容，恰正是最能直面本心那生生不已的創造性的智慧傳統；而中國哲學講求本乎本心作上下內外的求索，以得人與天地萬物為一體的意義體證，就更顯示了它「從來就是由人存在和他的世界的問題出發，這和現代幾經辛苦得來的現象學存在主義的思想途徑是不謀而合，雖然它在人生的體驗方面則與現代人大異其趣」。[19] 誠然，中國哲學過去「所缺乏的是方法學的嚴格訓練，有時不免陷於推論的跳躍或意境的含混，但這正是我們這一個時代的工作要去加以彌補而給與清明的界劃及分辨的。」[20] 根據以上的思路，劉先生曾充滿信心地預測：

中國哲學因為缺乏純理智的追求而缺乏了西方傳統的形而上學架
構，這在傳統哲學的觀點看來似乎是一欠缺；同時也因為缺乏了前
科學的形而上學的追究，而遂缺少了西方近代的系統科學的成就。
但是通過嶄新的意義哲學的眼光從純哲學方面的考慮來看，中國哲
學之重視意境 (案：意義境界亦即意義結構之謂) 正表示它不須擔
負西方傳統形而上學的包袱，我們只需將內含於它的方法學態度激
底用現代的術語與理論方式闡明開來，它便可以站立在時代的尖端
作為時代的哲學精神的先導。在四十多年前，我們誤以為中國哲
學的末日到了。但是今日我們卻要大膽宣稱，中國哲學的日子正
要到來，它便是由危機時代通達出去的惟一步出迷宮之線。[21]

此處可見年青時代的劉先生那復活中國哲學的形上學的預言已與當代新
儒家的前輩如熊十力、唐君毅、牟宗三等的看法若合符節，差別只在於
他是從意義哲學的角度切入。[22] 人或疑過去儒學主張的仁心乃專限於道
德倫理的範圍，故不必能承擔作為一切文化價值或意義創造的創造性本
身。則答曰：儒學雖是從道德倫理處 (亦是一意義結構的創造) 入手體
悟仁心，然仁心的感通性則不必囿於道德倫理，而可以是不同意義或價
值的創造泉源，並且它亦規範著不同意義或價值在理想的人生與文化中
應有的適當位置。這不是泛道德主義而是道德的理想主義。對此，劉
先生在《新》書中雖未有提供一套理論講明，但這無礙已有學者作出了
嘗試，展示了這一思路本身的合理性，唐君毅《文化意識與道德理性》
即是一例。

　　(6) 總之，劉先生的新時代哲學的信念是：超越專技化哲學的限
制，假途文化哲學的探索來突顯意義哲學乃是恢復傳統豐富的哲學觀念
的正途，更由此通乎中國哲學的睿識以見中國哲學在新時代哲學中所可
能作出的貢獻，最後就是吾人如何於眾多意義的分疏中作出一己的評判
與抉擇，為人生為文化尋求理想的歸趨。而劉先生的新時代哲學的方
法則是：廣泛吸收現代哲學的方法學成果，如符號形式哲學、現象學、
存在主義、詮釋學、文化學、比較哲學等，來一方面證成他那新時代的
哲學構想，另一方面來把中國哲學現代化。必須指出，劉先生構想的

意義哲學既懸生命實踐為最高鵠的，則不能只停留在理論地建構之的層面，而必指向一具體的意義的抉擇以為自己安身立命之所。在這點上，他在《新》書中已不掩飾自己對傳統中國哲學的親近，也不諱言歸宗儒家的生生之仁。《新》書出版十年後，他是如此回顧這一段走過的學思歷程：

> 在從事哲學反省的過程中，我好像是走了一個整個的圓周。雖然由於家庭教育的關係，我對傳統的哲學理想從來沒有產生深切的反感。但是我被西方哲學所表現的觀念的豐富與新奇所吸引而迷醉在裏面。有一度我曾發願要把古往今來所有的大哲學系統都涉獵一遍而後抉擇自己的理想。這顯然是一個不切實際的想法，但是博覽群籍的結果，卻使得我不能不關心哲學的大問題，而無法變成狹隘的專家。更弔詭的是，我終於轉回到中國哲學的理想找到了自己的安身立命之地，解答了人生的意義與價值的問題。[23]

無可諱言，劉先生在《新》書中對中國哲學的形而上學與宗教性的理解還遠不能跟他日後做了專門研究所得相提並論。但缺少這一步轉向，我們便不易懂得為何他在南伊大唸博士時會選擇研究田立克（Paul Tillich）的「終極關懷」（ultimate concern）觀念，以及後來向中國哲學的全面回歸。

　　（7）最後，我想補充說明的是，前面之所以詳細析論《新》書，是基於以下幾點考慮。（a）首先，談劉先生思想的人，大多忽略《新》書的重要性。《新》書所打開的一條探索意義哲學的思路，儘管其後已從劉先生的思想舞臺的台前演出淡化退居為幕後背景，但它一直是劉先生哲學的基礎與信念。跳過這一段，我們將無法對劉先生的哲學思想得一全面恰當的了解。（b）此外，這一階段在劉先生的學思歷程中亦十分特別。當時矢志求博覽而捨專精，使得劉先生的文字呈現出一種浪漫感（即便只是觀念上的浪漫），故在他的著作中常可讀到「情調」、「靈魂」、「智慧的流露」、「心靈的創造」等話。到了他不得不步入專精研究的大門後，學問的沉潛精邃自遠超昔日，但浪漫情懷卻已無復舊觀，這亦是

思想發展中無可奈何的事。(c) 尤其重要的是，當劉先生進入專門研究中國哲學的階段，他的文字對內行人而言自有入乎其內、遊刃有餘之感，但對外行人來說，則或易評之為缺乏出乎其外的後設反省。實則劉先生《新》書中的思考，正可以視為他對中國哲學的後設反省，當中的想法仍有可以更作發揮的餘地。

三、中國哲學的專門研究

在文化哲學探索的階段，劉先生的心靈是勇於向外闖蕩，他的人生亦因緣際會地得到出國留學以至任教彼邦的經驗。然而從現在看來，便不難感覺到他當時的「出去」其實是為了再次「回來」作好準備。他在南伊大的十五年 (1966 至 1981 年，其中有五年假休在香港) 雖然對美國神學、杜威 (John Dewey，1859–1952) 哲學產生過興趣，但主力仍是放在以英文撰寫有關中國哲學的文章上。且看他的記述：

> 由於取得博士學位以後我留在南伊大任教，以後著作多以英文為主。一九六八年我在費城宣讀熊十力因果觀的論文，翌年發表於《東西哲學》(Philosophy East and West)，開始了我和這一份宗旨在推廣比較哲學的雜誌十多年來的密切關係。一九七一年我發表了兩篇有份量的重要論文，一篇是在耶魯大學宣讀的「儒家哲學的宗教義蘊」，我依田立克重新定義宗教為終極的關懷，然後由此看到中西傳統的相通與相違處，專文也發表於《東西哲學》之上。同時又應挪威 Inquiry 雜誌特約撰寫「當代新儒家知識論的發展」一長文。由於極少人熟悉這一題材，專文引起學者對這一方面的注意，以後被選入 Invitation to Chinese Philosophy 論文集之中。接著我又在《東西哲學》發表一系列的文章論中國的倫理、超越與內在、時間等觀念。……在《中國哲學》上我發表了「中國哲學思想類比方法之應用」，與「朱子哲學中心的觀念之作用」二文。這時已慢慢由中國哲學的通論轉到比較專門的研究之上。[24]

以英文著述自有向外國學人推廣中國哲學之功，但劉先生的寫作逐漸從通論轉到專題便已透露出他的內心並不以此為滿足。這樣的心理積蓄日久，只要機緣一到，便會產生意想不到的後果。於是1971年、1974至1976年及1978至1980年的三次訪問香港（前一次是訪問新亞書院，後兩次是中文大學哲學系），特別是最後一次劉先生可以心無旁騖地寫他的朱熹專著，乃導致他的學思全面回歸中國哲學，由博覽而入於專精，並且連帶人也在1981年回到香港中文大學哲學系，展開另一段長達二十多年的教學生涯。後來他回想寫朱熹專著時的心情：

> 我不願意像一些人說的，在中國販賣外國的東西，在外國販賣中國的東西，永遠在賣野人頭，騙外行人。我定要真正繼承新亞的傳統，在錢先生的考據與牟先生的思辨之上，作出新的綜合，自成一家言說。此書寫出，證明我已能由博返約，不再停留在一般性的泛論之上。此書於八一年由台北學生書局印出，即為書局贏得一座金鼎獎。而新亞由我講授宋明理學，還可以維持這一傳統於不墜。後來陳榮捷、狄百瑞、杜維明等學者相繼來新亞作錢穆講座，均肯定了新亞之為當代新儒學的一個中心的地位。[25]

此中「賣野人頭，騙外行人」是十分重的話，如果我們不等閒視之，則對劉先生當時的心理感受應可以思過半矣。而很顯然，自劉先生義理到手完成他的朱熹大作後，則他的內心亦逐漸鞏固起自己作為宋明理學專家、承擔新亞當代新儒家統緒的信念。

劉先生的學思步入專門研究中國哲學的階段，最早可追溯至1971年寫〈王學與朱學：陽明心學的再闡釋〉一文。此文後來收入《朱子哲學思想的發展與完成》（1980年完稿，1982年出版，下簡稱《朱子》書）中作為第九章。文中劉先生對陽明心學的「心外無物」、「人是天地之心」、「良知是造化的精靈」、「四句教」等作了詳盡的闡釋。他說「牟先生對此文予以首肯，譽為難能」，[26] 其實當中他借用了存在主義、現象學的意向性理論來解說陽明的心與（心的）世界之間的寂感關係，又處處緊扣陽明重視道德實踐與體驗的本懷，確是饒富新意。更值得注意的是，

劉先生最後判定陽明心學根本上跟西方哲學的主觀唯心論(subjective idealism)及由之引起的唯我主義(solipsism)的難題毫不相干，就清楚標誌了他的宋明理學研究承襲的是牟宗三的進路而與業師方東美的取徑分道揚鑣。方東美在〈從歷史透視看陽明哲學精義〉中除了以機體主義來解釋陽明心學外，更以為「心外無物」、「心外無理」即是主觀唯心論。其言曰：

> 雖然，此種「徹底唯心論」立場，猶不免見譏於近代唯實論者(Realism)，被斥為不脫「自我中心論斷之窠臼」。某日，陽明偕友遊南鎮，一友指岩中花樹曰：「天下無心外之物，如此花樹，在深山中自開自落，於我心有何關連？」陽明對曰：「你未看此花時，此花與你心同歸於寂；你來看此花時，則此花顏色一時明白起來。便知『此花』不在你的心外。」陽明此種「心外無物，心外無理」之說，發明早於英哲巴克萊(George Berkeley)二百餘年。[27]

與此相較，劉先生卻說：

> 唯我主義的困難在於在認識論上取經驗主義的進路，以個人的感官知覺為唯一知識的來源，乃產生柏雷(R. B. Perry)所謂「自我中心的難局」(Ego-centric Predicament)。但陽明是儒家的儒統，從來不以個人的感官知覺為唯一知識的來源，不知如何與貝克萊的主觀唯心論所引出的唯我主義的問題牽合得上。陽明的痛切工夫乃在去私蔽，復其心體之同然。仁者之心既與天地萬物為一體，怎可與小人之間形骸而分爾我者混為一談。陽明的問題根本非一純認識論上在我以外還有沒有人、有沒有世界的問題，他的問題在有了人有了世界，吾人是否可以仁為主導原則而與眾人世界成為一體。此心一方面自立主宰，另一方面隨感隨應，並無特定的內容可以枯守。[28]

吾愛吾師，吾尤愛真理，大概是一切真誠的哲學家的宿命。但是我必須提醒讀者不要過分低估方東美對劉先生思想的影響，先勿論前期文化哲學的探索，就算是中國哲學研究的階段亦然。例如，我們有理由

相信劉先生接著《朱子》書寫〈朱熹的思想究竟是一元論或是二元論？〉（1991年）一文，[29] 便仍然是在回應他老師把朱子判為「唯實二元論」以區別於陽明的「唯心一元論」。[30] 又如劉先生研究《周易》，揭示《周易》中包含四種符示：神秘符示、理性／自然符示、宇宙符示、道德／形上符示，[31] 就更明言是有得於業師的啟發，他說：

> 正由於東美師把《易傳》隱涵的一套生生而和諧的宇宙人生觀，發揮得酣暢淋漓，故我以英文著《儒家哲學》一書，由發展的觀點論《周易》之「宇宙符示」（cosmological symbolism）層面，就完全依據東美師的説法立論。[32]

對於受方東美和新儒家前輩特別是牟宗三的影響，劉先生後來做了一次十分可貴的自我省察與評估：

> 學問也轉向宋明理學的研究，寫專著論朱熹（1982）與黃宗羲（1986）。很明顯的，牟先生的影響越來越深，似乎與東美師的道路越行越遠。從一方面看，好像確然如此，故我在杜維明之外，常常被視為唐、牟之後海外新儒家的代表人物。從另一方面看，其實未必盡然。不只所謂第三代新儒家的態度一貫被說為比上一代更為開放，而我自己更從來沒有被歸入狹義新儒家的統緒，正因為盡人皆知，我是東美師的弟子，牟先生也肯認這一事實，只對門人說我是他的半個弟子，這裡所隱涵的問題從來沒有被認真地考慮過，大家只是接受這表面的事實就算了。若比較深入地分析，就可以看出，我做宋明理學雖然是循著牟先生開出的線索向前進發，但我通盤的哲學概念與牟先生並不一樣，一個主要的原因恰正是，我對歷史文化的看法與他不一樣。也可以説，我由東美師那裡繼承過來的思想線索，始終是我自己整體思想的一部分，並沒有因為受到牟先生思想的影響而消減。也正是因為同樣的理由，我的情況與杜維明自稱為第三代不一樣，而是一向拒絕被歸入狹義的當代新儒家的統緒。我的思想開放而多元，根本另有線索，不能單純看作牟先生思想的調整，那樣就會得到一個十分錯誤的圖象。[33]

吾愛真理，吾尤感念吾師，在上述的自白中可謂情見乎辭。但上述的剖白絕不應只視為一種情感的渲洩，當劉先生說：「我由東美師那裡繼承過來的思想線索，始終是我自己整體思想的一部分」；「我的思想開放而多元，根本另有線索，不能單純看作牟先生思想的調整」，這是經過他認真反思後的持平之論。

回到宋明理學研究，劉先生的《朱子》書無疑是在義理分析方面有取於牟說甚多，但他既自許兼顧錢穆的考據，這便使得他的研究自始就比牟說多了一個思想史的視角，《黃宗羲心學的定位》(1986年)即是典例。再加上浸潤日久，厚積薄發，也慢慢形成了一些不同於牟說的看法。限於篇幅，下面只能略舉數例，以見梗概。(1)牟宗三對宋明六百多年理學的發展及其內部同異，提出了有名的三系說。此即北宋的周濂溪、張橫渠、程明道是天道性命相貫通模型的奠基者，此時猶未分系，到了程伊川、朱子的歧出始演為三系：伊川、朱子系，象山、陽明系，五峰、蕺山系。[34] 牟先生能分別從南宋初及明末檢出胡五峰與劉蕺山，以見二人思想的獨特處，確是別具手眼。但二人能否成為一系，則甚啟人疑竇。劉先生即從思想史的角度立論，否定五峰、蕺山系的說法：

> 由哲學思想的模型立論，牟先生之分為三系是有他的根據的。但由思想史的角度看，由五峰到蕺山，思想上根本沒有傳承的關係。而湖湘之學由五峰傳到南軒，光彩已完全被朱子壓蓋下去。現存《南軒集》由朱子編定，盡去其早歲作品，文獻不足，已難恢復南軒所傳湖湘之學的特色。到南宋末年，此系已式微，根本不能構成一個統緒。至於蕺山，他本人固然從來沒有提過五峰，同時雖則他的思想是與五峰有相似之處，但也有不相容處。蕺山因反對龍溪之蕩越，堅主性善，五峰則要凸出性體之超越義，而主性無善惡。兩下裏思想也確有一些本質相異處。基於這些理由，我覺得要由思想史的角度來立論的話，牟先生的三系說是沒法支持的。[35]

他並重新安排三系為：「濂溪、橫渠、(明道)為一組；伊川、朱子為一組；象山、陽明為一組，的確呈現了十分不同的特色，故三系或三型的說法是可以支持的。」[36]

(2) 如所周知，牟宗三判朱子是別子為宗，以為其理氣二元、心性情三分的思想格局所指向的是以認知的進路談道德，未能把握道德本心，故有道德動力減殺之虞。牟先生以四點申明朱子屬於理學中的橫攝系統 (靜涵靜攝) 而非直貫系統 (以《論語》、《孟子》、《易傳》、《中庸》所示之天道性命的創生性來規定)：「性體之道德性之減殺」；「性體之為道德創造的實體之創生義之喪失」；「順取之路異於逆覺」；「存有論的解析由存在之然以推證所以然，然與所以然不離不雜，此與體用不二、即用見體等義有殊」。[37] 又謂「朱子是學人之學之正宗，而非內聖之學之正宗」。[38] 劉先生雖大體上跟從牟說，亦承認「伊川乃開啟了朱子理氣二元不離不雜的思路，雖保持了理的超越，卻成為一只存在而不活動的但理，代價未免太大」，[39] 然仍以為通過「曲折的闡釋」，程朱系是可以肯認天道性命相貫通的睿識，故不必定要嚴斥其為橫攝系統。[40] 至於學人之學 (即教育程序) 與內聖之學 (即成德的本質程序) 的區分，從劉先生看來，皆可收攝於成德之教中而為不可偏廢的頓、漸兩路；象山雖守住覺悟本心的本質工夫，但如脫略漸修，流弊不少。其言曰：

> 但肯定象山為正統，並不意謂他的思想是不可以批評的。他在本質程序上了解正確，並不表示他在教育程序上也一定了解正確。先後天修養工夫必須同加重視，方是正理。但象山卻完全排斥後天工夫，未免把問題看得太易。朱子晚歲對象山乃嚴加批評，他說：

>> 陸子靜之學，看他千般萬般病，只在不知有氣稟之雜，把許多粗惡底氣，都把做心之妙理，合當恁地自然做將去。(《朱子語類》卷一二四)

> 這樣的批評可謂恰中要害。同時象山把知行結合得太緊密，乃少曲通之故，以至門庭狹窄，開拓不出去。陸學之不能與朱學競爭，其來有自，決不是完全偶然的結果。到了明代，王學之興足可以與朱學抗衡，而王學末流之病乃恰與陸學末流之病如出一轍，由此不能不佩服朱子眼光之銳利。[41]

值得指出的是，從工夫的角度來平章朱陸，劉先生的觀點已出乎牟宗三而轉與唐君毅同調。唐、牟兩先生的宋明理學研究，取徑截然異趣，過去研究者大多忽略，但這與本文無關，不能深論。[42]

（3）順著相同的思路，劉先生稱許王陽明的四句教為能兼顧頓、漸兩路，相反王龍溪的四無（嚴格說是其以四無為實、四有為權的主張）已是偏向一邊，本身即有法病，到劉蕺山為了對治龍溪而不許說無善無惡則又是為救偏而落於另一偏。[43]這一判定表面上看與牟說差別頗大。蓋依牟說，王陽明的四句教有跌宕處，此即首句「無善無惡心之體」是指向本心明覺的超越層，次句「有善有惡意之動」卻指向本心可能受私欲氣質之雜的經驗層，故首句不能直線地推說次句，只能曲折地接合次句，這即是跌宕。[44]而龍溪心思靈活，穎悟過人，乃得順著首句直線推演並推至究竟處而打開一四無、先天頓悟工夫的領域，這是「順王學而調適上遂者」。至於明末的蕩越，則是後學順龍溪的路走卻「無真切工夫與確當的理解」所產生的人病，非法病。[45]不過，對劉先生而言，所謂四句教的跌宕其實恰正表明陽明能兼顧超越、內在兩行之理的中道。他說：

> 其實陽明的四句教，從一個意義下說，不只是對他自己思想之一總結，也是對宋明理學之一總結。近年來我把「兩行之理」的觀念用於儒家思想的闡釋之上。蓋「超越」（形上層）為一行，「內在」（經驗層）為一行，必兼顧兩行，道通為一，始能把握宋明理學暢發之奧旨。……陽明思想屬於同一統緒，心體無善無惡屬超越面，意知物善惡分明屬內在面，兩面互相融貫，並無矛盾衝突可言。兩面兼顧，始能把握創生不已之中道，奈何龍溪必定要偏向超越面，而蕺山為了對治龍溪之蕩越，乃必定要偏向內在面。[46]

但劉先生的觀點是否真的與牟說有本質上的不同而必不能相合。如細讀牟先生的文字，當可發現他亦承認「陽明致知以誠意是將良知關聯著感性層之意念而期有以轉化之，此開綜和領域」。[47]綜和領域即是肯定兩行之理而求兩面互相融貫之謂也。對王龍溪的四無教法，牟先生亦不是不知其本身即有法病：

其實在頓悟四無之下，便無「致知」可言。要說致知，只有一套，便是四有句。王龍溪在此先天後天對翻，把四有句說為「在後天動意上立根」，與前〈天泉證道記〉所說同。此語亦當含有兩語：（一）在動意上著眼或下手，（二）在「有」上立根即立足。此處的致知工夫對頓悟之四無而言自「轉覺繁難」。理上自有此兩境，但于此說難易，便可令人有捨難趨易的想法，因為既有易簡省力之路，為什麼不走呢？這便是毛病，這毛病就是蕩越。須知頓悟談何容易，亦並不是人人可走的路，即使是上上根器，亦不能無世情嗜欲之雜，不過少而易化而已。（人總是有限的存在，亦總是有感性的存在）。如是，這先天後天底對翻，並於此置難易底估價，這是不妥當的。[48]

可知牟先生一時說龍溪思想無法病，大概是因激賞其穎悟而曲為之護而已。所以究其實，與其說劉先生的評斷與牟說有本質上的分歧，無寧說他把牟說中不一致的地方充分暴露出來並作出合理的取捨。

（4）此外，劉先生明白若依哲學的標準看，劉蕺山就是「明代儒學最後一位有原創性的思想家」，[49]不過他亦以思想史的慧眼照察出黃宗羲所扮演的獨特角色。在《黃宗羲心學的定位》一書中，劉先生仔細分析了宗羲對蕺山思想的繼承、對陽明思想的簡擇、對朱子思想的批評，並判定其心學（概括言之即肯定心的一本萬殊）是忠於乃師蕺山之教的。[50]考慮到宗羲的思想雖缺乏原創性，但相比起同門陳確等，已是能守住宋明理學的矩矱於不墜，再加上他思想中內在一元的傾向、編《明儒學案》的學術工作及肯定經世致用之學等竟在不經意間推動了一個新學術時代的來臨，劉先生遂許宗羲為宋明理學的殿軍。其言曰：

但清初三先生亭林雖不談心性，卻尊程朱；船山雖攻擊陽明，然極尊宋儒；梨洲更不用說了。但後來的發展卻把整個的心性之學都當作玄談，而置之於不聞不問之列，代之而興的是餖飣考據之學，這豈是梨洲所欲見的發展！但梨洲繼蕺山內在一元之傾向，轉手而為乾初、東原之說，乃整個由宋明心性之學脫略了開去；同時梨洲固為長於文獻、考據之學者，則其對於新時代風氣之形成，亦多推

波助瀾之功。然而這並不是梨洲所期望的「貞下啟元」走的那一條
道路。結果梨洲的確終結了一個時代，也下開了一個時代。但他
要終結的，並不是所終結的那個時代；他要下開的，也不是所下開
的那個時代。此所以梨洲之不能不為一個富於悲劇性的人物！思
之令人不勝惆悵。我們必須由這一個角度去探索，才能夠真正了
解到梨洲在明末清初的思想史上所佔的地位。[51]

而宗羲以降，儒學即進入一典範的轉移。[52]

以上四例，不可避免地只能是極其簡略的析論，我亦無意說劉先生
的觀點人皆同意，蓋凡學問總有舊學商量、新知培養的發展可能。但
讀者如能藉上述所論清楚看到：劉先生的宋明理學研究是如何順著牟宗
三開出的路徑更往前探索，且別有一番悟會，則我的目的已經達到。
下面轉過來看劉先生作為當代新儒家第三代傳人的身份。

前面已提到，當劉先生的學思步入專門研究中國哲學的階段，他也
逐漸建立起自己是宋明理學專家，同時是當代新儒家統緒的傳承者的身
份認同。現在劉先生是海內外公認的第三代的代表人物之一，到底這
個身份對他而言有甚麼意義？當然這個大問題恐怕不是三言兩語可以概
括得盡的。我在這裏只想提出幾點觀察。(1) 首先，劉先生對他所繼承
的新儒家統緒的內容意義有十分自覺的反省，此即那是一種精神的儒
家。為此，他提出了一個儒家的三分法以清眉目：

> 我一向認為，儒家是一個極其複雜的現象，如果不在概念上有所分
> 疏，根本不可能作出有意義的討論。我自己慣常採取一種三分法：
>
> 1. 精神的儒家 (spiritual Confucianism)，這是指孔孟、程朱、陸王
>   的大傳統，也正是當代新儒家通過創造性的闡揚與改造力求復
>   興的大傳統。
>
> 2. 政治化的儒家 (politicized Confucianism)，這是指由漢代董仲
>   舒、班固以來發展成為朝廷意理的傳統，以綱常為主，但也雜
>   入了道家、法家，以及陰陽家的因素。

3. 民間的儒家 (popular Confucianism)，這是在草根層面依然發生作用的信仰與習慣，重視家庭、教育的價值，維持勤勞、節儉的生活方式，雜以道教、佛教，乃至鬼神的迷信。[53]

更重要的是，劉先生提醒我們今天這三種儒家仍然以各種不同的形式在存活著，彼此之間有錯綜複雜的互動，所以知己知彼便十分重要。即使我們要復興的是精神的儒家，但抽象的理念一旦落實下來，就必牽涉到另外兩者，並且後兩者若毫無規範地任其發展，所產生的反效果不容低估。

(2) 其次，劉先生對新儒家的認同既有擇善固執的一面，亦有開放包容的一面。擇善固執是表示新儒家這個身份認同必然是抱有一些不容輕侮的共同信念，故對於誤解、質疑的說法自然是要挺身澄清、反駁，就算是面對不同的聲音亦要盡力謀求對話以收相互攻錯之效。這是新儒家傳承者的責任，絕對不可矮化誣衊之為護教學的心態。在這方面，劉先生最突出的表現是《大陸與海外——傳統的反省與轉化》一書。事緣20世紀80年代中期，中國思想界因開放的大氣候而忽現百花齊放的局面，海外的華人思想界亦聞風起舞，一時十分熱鬧。劉先生即由新儒家內部出發檢討了湯一介 (1927–2014)、金觀濤、甘陽、包遵信 (1937–2007) 等中國大陸學者的觀點，又回應了孫隆基、丁肇中、水秉和、殷惠敏等海外學者向儒家傳統提出的質疑。凡此俱見書中文章，不煩贅述。[54] 至於開放包容，上面曾引劉先生自己的證辭，說明他一開始就不把自己定位在狹義的熊十力一系 (即熊氏與其學生唐、牟、徐三先生) 的新儒家之內，他甚至把業師方東美亦視為新儒家的一員。劉先生之所以可以如此，是因為「新儒家」的名號自始就帶有一定的含混性 (vagueness)。新儒家的名號起自20世紀70年代中期，當時海外學術界有把聯署1958年〈中國文化與世界〉宣言的牟宗三、徐復觀、張君勱、唐君毅稱為當代新儒家，[55] 並上溯一代至梁漱溟、熊十力，下開一代至杜維明、劉述先。但這樣的組合本就不甚嚴格，當中有師承關係的只有熊十力一系，然而梁漱溟、張君勱 (1887–1969)、劉述先既可歸入，後來則更擴大至馬一浮、方東美。對於由名號本身的含混性

所帶來的開放性，劉先生是充分肯定的。故當1986年以降中國大陸學術界展開「現代新儒學」研究，把名單再擴充至連馮友蘭、賀麟（1902–1992）、錢穆、余英時等亦包括在內時，劉先生亦不表異議。[56] 及後余英時寫〈錢穆與新儒家〉，想為錢穆跟新儒家撇清關係，[57] 劉先生則撰文回應，除了辨正宋明儒的道統觀念外，更指出錢先生雖走史學的路徑，但他肯定宋明理學的心性之學（只是比較傾向於程朱），故以為不應過分放大兩造之間的差異。劉先生承認錢穆為避門戶之嫌而婉拒簽署宣言是有一定的道理，新儒家即使是狹義的熊十力一系也絕不可以門戶自限。最後他說：

> 我提議對新儒家採取比較寬鬆的看法，由這個觀點著眼，錢先生與英時兄都是當代新儒家的中堅人物。儘管英時兄不喜歡這樣的稱號，套一句大陸流行的用語來說，只怕這不是個人的主觀意志可以轉移之事。而當代新儒家的重心，由於種種原因，逐漸由道統的擔負，轉移至學統的開拓、政統的關懷。他們一方面是學有專攻的學者，另一方面有鮮明的文化價值的擔負，是在這一方面使他們成為傳統知識分子在現代延續下去的象徵。[58]

正是基於這一開放包容的精神，劉先生後來索性把各種紛紜意見綜合起來，提議劃分廣義的「現代新儒學」（Contemporary New Confucianism）及其中包含的另一條狹義的「當代新儒家」（Contemporary Neo-Confucianism）的線索，並把廣狹兩義的人物梳理成一個「三代四群」（four groups in three generations）的架構：

第一代第一群：梁漱溟（1893–1988），熊十力（1885–1968），馬一浮（1883–1967），張君勱（1887–1969）。

第一代第二群：馮友蘭（1895–1990），賀麟（1902–1992），錢穆（1895–1990）、方東美（1899–1977）。

第二代第三群：唐君毅（1909–1978），牟宗三（1909–1995），徐復觀（1903–1982）。

第三代第四群：余英時（1930–），劉述先（1934–），成中英（1935–），
杜維明（1940–）。[59]

無可諱言，連劉先生自己都說這一份名單與架構不很理想，蓋其只是牽
就既成事實（即十五人名單）而作調停、融通。當然我們還可以繼續討
論誰應該或誰不應該包括在新儒家成員之內，但這樣的開放包容已經很
易招來過於浮泛的批評。例如余英時就認為把新儒家的涵義作如此寬
廣的理解，則「幾乎任何二十世紀中國學人，凡是對儒學不存偏見，並
認真加以研究者，都可以被看成『新儒家』。這樣的用法似乎已擴大到
沒有什麼意義的地步了。」[60] 實則如果我們採取一種歷史的眼光，把當
代新儒家或現代新儒學從一個學術派別或思潮的圍限中超拔出來而視之
為一場學術思想的大運動，一場自20世紀以來復興儒學以迎拒西方所
代表的現代性的衝擊的大運動，猶如宋明時復興儒學以迎拒佛老，則其
中自可廣納種種志同道合（即最低限度要肯定精神的儒家有其時代意義）
但不必思想上完全相同的有心人。而後來者之視今，亦將猶如今天我
們翻閱《宋元學案》與《明儒學案》，見裏面網羅各式人等學問，俱共同
輻湊而成宋明此一歷史階段的時代精神，而不會說流於寬泛無甚意義。
並且在這樣的一場學術思想的大運動中，則總是有人居於前沿領路有人
居於後頭跟從，居於前沿者即在思想學問上能創新者；亦總是有同氣相
求（成一學派）有意見相左（成學派之爭）者，如王門之相得、朱陸之相
辯。事實上唐君毅等四先生構思1958年的宣言，本就有發起一場思想
運動文化運動的意圖。[61] 職是之故，劉先生開放包容的精神是真能體貼
新儒家前輩的用心，而他建議劃分廣狹兩義亦甚具啟發性，值得我們作
進一步思考。

（3）無疑劉先生的新儒家認同是幾近於狹義的，此尤其見於他順
著牟宗三儒學三期說（先秦、宋明及當代）的觀點所撰寫的儒學發展
史，包括：他以英文撰寫 *Understanding Confucian Philosophy* 及 *Essentials of
Contemporary Neo-Confucian Philosophy* 兩書，[62] 加上擔任第十八屆新亞書院
錢賓四先生學術文化講座而寫成的《論儒家哲學的三個大時代》。其中宋

明理學的部分，前面已有介紹，不用多説。值得一提的是，在先秦儒學
的部分，劉先生僅運用《論語》的文字作相互的內證，便清楚有力地闡明
孔子的一貫之道不止於推己及人，還隱涵有天人合一的意旨。[63] 在當代
儒學的部分，除了梳理出上述三代四群的架構外，他另外提出新儒學由
20 世紀 20 年代開始，每二十年一波，至 80 年代總共有四波發展，各有
其特色。[64] 凡此，有興趣者可把書找來一讀，這裏不能一一詳及。

　　(4) 最後，劉先生曾自承相比起第二代，第三代的新儒家更突顯了
國際面相，並且因不再有儒學繼絕存亡的負擔和焦慮感，反而能超越第
二代將儒學視為絕對主義的傾向。第三代新儒家要強調的是，儒學在
現代多元文化的背景中能佔一席地，與不同的精神傳統互動並作出一己
的貢獻，便已經足夠。[65] 從劉先生的自我期許到他對新儒學的未來寄望
可以看到，他的學思儘管有一個全面回歸中國哲學的階段，但他必定要
把中國哲學放在世界 (或全球) 的背景下來討論，所以他的「回來」只是
為了再次「出去」積蓄資源而已。

四、全球倫理與宗教對話

　　從 1989 年 2 月到巴黎參加「世界宗教與人權」的研討會開始，劉先
生便逐步介入全球倫理與宗教對話的運動中，積極支持孔漢思 (Hans
Küng)、史威德勒 (Leonard Swidler) 的努力，也因此揭開了他的學思歷
程的新一頁。1995 年他在慶祝聯合國成立五十周年的文集撰文回應孔
漢思起草的《世界倫理宣言》(*Declaration Toward a Global Ethic*)；1997 年
3 月出席在巴黎的「普遍倫理計劃」(Universal Ethics Project)，並參與討
論起草《世界倫理宣言》；同年 12 月赴拿波里參加計劃的第二次會議；
1998 年 6 月在北京出席由聯合國支持的推動普遍倫理計劃的區域性會
議；2000 年 5 月為東吳大學主辦的「中國哲學與全球倫理」學術研討會
擔任主題演講。有關這些會議的詳情及發表的論文，俱見劉先生的《全
球倫理與宗教對話》一書。[66] 究竟儒學或中國哲學可以為全球倫理與宗

教對話作出甚麼貢獻？倘從內容上看，劉先生曾分析儒家的五常觀念即仁義禮智信與世界許多偉大的宗教、倫理傳統中的道德指令若合符節。[67] 這是倫理與宗教對話中尋求共識的必經之路。但劉先生很敏銳地察覺到重要的並不是我們可以找到多少這些共識（共識永遠只能是最低度的），而是去認真思考在文化、宗教、價值多元的現代世界中全球倫理與宗教對話如何可能？此即我們怎樣一方面避免走上極端相對主義所造成的各執己見與矛盾衝突，另一方面又不致跌落回絕對主義所造成的消滅異己與統一宰制；可能性似乎就在找到那條不落兩邊的中道。正是在這點上，劉先生看到了儒學或中國哲學可能提供的珍貴的思想資源。前面曾提及，劉先生年青時做文化哲學的探索就已經別具慧眼地看出儒家理一分殊的觀念的重要性。二十多年後他觸機於當前全球化與在地化兩股力量的拉鋸，乃寫〈「理一分殊」的現代解釋〉（1990年），又從而引申出必須兼顧理一與分殊兩面，寫〈「兩行之理」與安身立命〉（1991–1992年）。[68] 這些思想的醞釀發酵，都使得當劉先生一旦碰上全球倫理與宗教對話的課題時，便立即有如魚得水、智珠在握的親切感，因為他知道理一分殊、兩行之理的智慧所指向的恰正就是那條中道。且看劉先生的現身說法：

> 橫向講的是東西，乃至南北的差異。文化的差異是不可以抹煞的。我們不可以把自己的標準強加之於別人身上。在這個層次，我們不可以強求統一，而必須強調「寬容」（tolerance），而這正是仁恕精神的表現。在不同文化傳統之間，我們要尋求溝通。一方面我們固然看到，彼此之間有一些無可解消的衝突與矛盾，但在另一方面，我們也樂於看到，彼此之間還是可以找到許多共同的價值。因此，在今日，共同價值不是通過外在強權強加於我們身上的價值，而是由每一個傳統通過自動自發、自我批判然後才體現的會通。故此，我們雖植根在自己的傳統之中，卻指向「超越」的「理一」。現代的神學家如田立克就明白，我們終極託付的對象不是「上帝」（God），而是「超越上帝的上帝」（God above God）。這樣的「理一」是無法找到終極的成文的表述的，卻不是我們完全不可

以理解的。其實老子所謂：「道可道，非常道」講的正是同樣的道理。而我們今日過分偏重「分殊」，忘記了「理一」。由現代到後現代，是應該轉向的時候了。由以上所論，可見由中國傳統出發，不只要支持建構世界倫理的努力，還可以通過自己的資源做出有意義的貢獻。[69]

由於上述的話把很多複雜的義理壓縮在一起，下面乃嘗試依劉先生的思路將之一一剖析，以見理一分殊此觀念的涵義及其理論效力。

(1) 先看理一分殊的觀念在宋明理學中的原來涵義。(a) 理一分殊的觀念最早見於程伊川〈答楊時論西銘書〉，是伊川用以說明張橫渠〈西銘〉民胞物與、天下一家的主張與墨子兼愛思想的差別。此即儒者雖本乎一仁愛之理 (理一)，但其發用泛應曲當，在不同的對象及處境中是可以有不同的表現以至厚薄輕重的等差 (分殊)，故謂之理一而分殊。相比之下，墨子兼愛，把自家父子與別人父子一般看，違反了天生物原是一本的道理，故謂之二本而無分。從儒家的觀點看，墨家兼愛非無所見，但其只知 (道理上的) 一本，而不知 (實踐上的) 分殊，此其說之不能無弊。這是理一分殊的觀念在道德踐履層面的意思。(b) 後來朱子以月印萬川作喻，物物一太極，則是把理一分殊的觀念移至本體論層面作說。此即理一是超越者，其內在於現實世界中必是分殊的；生生之理必表現為大化流行、各正性命。若更作發揮，則可以說「易有三義：變易 (分殊)、不易 (理一)、易簡 (兩行) 而得天下之理」。[70] (c) 再轉到工夫層面，亦可以說程明道〈定性書〉中「廓然而大公，物來而順應」兩語，「前一句講的是理一，後一句講的是分殊」。[71] (2) 對理一分殊的觀念作出現代解釋，劉先生年青時在《新》書中已作了初步的嘗試。(a) 從人生的層面看，理一是抽象的人生理想，分殊是理想具體進入到殊別的個人的內在生命之中。劉先生說：「故此一切生命的途程中，我們決不能缺乏理想，完全徹底地缺乏理想，就好像暗夜裡缺乏了指路的明燈，盲目地亂闖最嚴重的後果是造成自己以及社會乃至歷史生命的危亡。可是這樣的理想卻要由抽象的狀態融化進入到每一個人內在的生命。『理一分殊』，『異質和諧』，這才是這一原理的真正具體的應用。」[72] (b)

從人生到文化，文化中不同的意義表達(卡西勒的符號形式)是分殊的，但它們不加規約「卻不免踰越了範圍，於是，由科學誕生了汎科學主義，由道德誕生了汎道德主義，由藝術誕生了汎藝術主義，由現實誕生了汎現實主義」，[73] 所以必須運用理一分殊的異質和諧智慧，知乎它們都是人類心智的意義創造(理一)，才可以讓它們各安其分，各自創發不已而不致扼殺了其他意義的創造。(c) 又同樣的智慧亦可以應用到東西文化的遇合問題上，蓋若明乎東西文化精神雖各有偏重(分殊)，而其為人類心智的創造即一(理一)，故只要給予它們適當的定位，「東西方才能以最好的方式貢奉給世界而開創出未來光輝的世界文化」。[74] 最後，劉先生總結說：

> 順著卡西勒指點的方向往前探索，我們發現，理一而分殊。不僅各符號形式之間可以有一種和而不同的關係，我們也可以把同樣的方法論應用到東西文化的比較哲學之上。每一個文化都是由具體走向抽象，但各各採取自己的特殊的形式；有的偏重科學，有的偏重藝術，有的偏重道德，有的偏向宗教。而所建立的宗教又可以有形態的不同。各文化形態之間可以有一種緊張對立的關係，但也可以在更高的功能觀點之下，把它們作一種和諧的綜合。[75]

但是這裏所謂「更高的功能觀點」的綜合作用(即功能的統一)，仍需加以簡別。首先，這絕不是指一個抽象的、形式的或概念的統一；意即不同的意義、價值從內容上看各有不同，但它們卻「同樣」都是「意義」、「價值」。因為如此的概念的統一只是個空泛的說法，根本起不了規約的作用，亦實無所謂統一可言。故功能應是指向人類心智的意義創造與表達言(劉先生所謂創造的創造性)。人類心智之自身固能創造與表達不同的意義，但它卻不能有所偏限而只創造此不創造彼，若只創造此不創造彼則是它自身創造性的否定(而成自我否定)。由此可知，人類創造的心智必涵一讓各種可能的意義充分暢發的要求，但要讓各種可能的意義充分暢發而不致矛盾衝突、相互否定，則它又必涵一讓各種可能的意義彼此各安其分、各適其適、適當定位的要求；此要求就是它的規

約功能。如用儒家的話來說，此規約功能即是物各付物的仁愛原理，而那規約功能所從出的創造性心智，即是仁愛感通之本心。從文化的不同部分來看，科學、道德、宗教、藝術等都是不同的真、善、美的意義表達，它們固然有不同的內容與形構原則，但我們沒有甚麼理由說哪一種意義表達應該凌駕於另一種之上，更沒有甚麼理說哪一種是最高的意義表達。至於現實上吾人常會面對因資源有限而要作出發展優次的抉擇，則是另一個問題。須知現實上吾人對不同的意義或價值作發展優次的抉擇，並不是從不同的意義或價值本身有高低來作評斷，而是往往訴諸於現實情況的需要（此需要即成一附加的意義或價值）。並且發展的優次畢竟只是先後輕重而不是有無的問題。再從文化的一個特定部分如宗教來看，不同的宗教固然有不同的內容與形構原則（它的歷史、教義、儀式、組織等），但通過相互真誠的對話、了解亦不難察覺彼此都有肯定普遍人性、引導轉化人生的倫理學說、使人從有限通向無限等的規約功能。明乎此，我們才能懂得為何理一分殊的觀念可以提供規約原則（不是形構原則），發揮功能統一（不是內容統一）的作用，以達到異質和諧（不是同質和諧）、適當定位的效果。

（3）到了〈「理一分殊」的現代解釋〉一文，劉先生則轉從超越與內在（無限與有限）的角度來發揮「理一分殊」的現代意義。他首先對現代世界割斷超越一面深表憂慮，乃肯定儒家對仁、生、理的終極關懷。他亦提醒我們只肯定超越的道理（理一）是不夠的，必須同時去探索如何通過現代的特殊的條件來將之表現出來（分殊）。但理一、超越一旦通過分殊、內在來表現，則兩方面是有一既對立且統一的辯證關係。劉先生說：「生生不已的天道要表現它的創造的力量，就必須具現在特殊的材質以內而有它的局限性。未來的創造自必須超越這樣的局限性，但當下的創造性卻必須通過當下的時空條件來表現。這樣，有限（內在）與無限（超越）有著一種互相對立而又統一的辯證關係。」[76] 而理一分殊的原則乃必涵理一與分殊須兩面兼顧、不可偏廢之義，此即所謂兩行之理。再由這樣的肯定出發，劉先生乃逐一回應了當代西方哲學的一些流行思潮，他批評：羅蒂（Richard Rorty，1931–2007）的「實用主

義的限制在只見內在，不見超越」；[77] 海德格 (Martin Heidegger)、沙特 (Jean-Paul Sartre) 等的歐洲哲學「卻墮入到一股激進的相對主義的迴流之中」；[78] 福柯 (Michel Foucault，1926–1984) 對理性的過度懷疑、對權力的過分強調，是「把理性的規約原則也加以捨棄，卻使得我們陷落在相對主義的深淵之中」。[79] 姑勿論劉先生對當代西方哲學的彈正是否恰當，他的用心其實是在於指示出理一分殊的原則是今天我們可以不跌落絕對主義與相對主義兩邊的中道。

（4）現在來看理一分殊的觀念如何使全球倫理與宗教對話成為可能。史威德勒提倡「『全球對話時代』(The Age of Global Dialogue)，而他認為我們今日的選擇乃是：『對話或死亡』(Dialogue or Death)。」[80] 這大概不是危言聳聽，但脅於現實的需要卻未必能使宗教信仰者 (尤其是富於熱情的) 不會在迫不得已的情況下作玉石俱焚的選擇。因此現實環境的險峻只是告訴我們「世界性的災難的來臨可謂迫在眉睫，已不容許我們慢條斯理、好整以暇」，而「必須自覺地集中精力來做這一工作」。[81] 這一項工作即是要在勢所必至中尋求理固宜然。從理一分殊的智慧出發，(a) 我們知道不同的宗教皈依的超越者 (理一)，田立克所謂「超越上帝的上帝」，絕對不是任何一個特定宗教中的上帝。現世上任何特定的宗教 (在一個特殊的歷史時空中發展出來的) 都只能是以一個特殊的歷史通途來體悟、把握超越者 (只能是理一所表現的分殊)，因而它就沒有合理性宣稱自己就是超越者獨一無二(one and the only one)的代表。超越的理一「是無法找到終極的成文的表述的」，「道可道，非常道」，你一稱它為上帝、真神、天道、太極，它都已是落入分殊的表現。(b) 如果宗教能夠認真肯認上述的道理，則它們一方面應該把自己的排他性收斂，先謙卑地「自動自發」作「自我批判」，另一方面不失立場地與其他異己的 (alien) 宗教展開對話 (凡對話都是與一異己的對話，故放棄立場即無所謂異己亦無所謂對話)。(c) 而宗教之間的對話「不可以強求統一」，也無須抹煞「彼此之間有一些無可解消的衝突與矛盾，但在另一方面，我們也樂於看到，彼此之間還是可以找到許多共同的價值。」此即走的是「存異求同」而非「取同略異」的路。[82] (d) 這樣一來，宗教之間

的相互尊重、溝通、對話以至共識應可逐漸培養建立，並共同朝著和而不同、各適其分的願景努力。必須指出，這願景絕不是樂觀天真的幻想，而是理想主義的期許。(e) 至此人或疑上面講的都是屬於宗教對話方面，全球倫理又如何？對孔漢思、史威德勒而言，他們心目中的「全球倫理」，更多地是指一種願意尋求共識的態度；更關心的是在不同的倫理傳統中找到相共的原理（如「己所不欲，勿施於人」的金律）及由之引申出的寬廣的道德指令。故此達至全球倫理所須的倫理對話與宗教對話便有很大的交集，此中理一分殊的智慧能派上用場的道理實如出一轍。劉先生説：「任何對於道德原則的成文表達已經屬於『分殊』的領域，不能不受到特定時空以及文化傳統的限制，而不可加以絕對化。」[83] 依此，我們能找到的倫理共識必然是薄的 (thin)、最低度或極小 (minimalist) 的同意。(f) 不過，如果你心目中的「倫理」是哲學家、倫理學家提出的不同的道德理論（或原則），如效益主義、義務論、德性倫理學、關懷倫理學之類，則問題便複雜得多。但我以為仍然可以使用理一分殊的觀念來作一初步的處理。此即不同的道德理論都宣稱自己切中了人類道德生活的本性（理一），然而從它們在哲學史上既備受攻擊卻又穩站一席地的情況看來，我們有理由相信它們所掌握到的似乎都只是人類道德生活中的某些面相（分殊）。因此某道德理論若應用到它相應的道德處境中時便顯得頭頭是道，相反則左支右絀。當然此一初步的處理遠不能代替細緻的論證，但這裏我只想指出理一分殊的觀念依舊可以為我們提供一條有意義的思考線索。

(5) 最後，讓我們回到理一分殊的觀念本身作一總結。(a) 從本體論層面看，理一是超越；分殊是內在，理一而分殊，即超越而內在（或曰內在超越）。這是由中國哲學所揭示的普遍的宗教性 (religiousness) 義蘊。(b) 從方法論層面看，吾人永不可能藉由一個理一的視域（即上帝之眼）來把握理一，理一永遠只能通過分殊的視域來把握。這在中國哲學中莊子已早見及此，所謂「道德不一，天下多得一察焉以自好」（〈天下篇〉）。(c) 從價值論層面看，理一是讓各種價值均能成就的創造源頭，用儒家的話説，即是物各付物的生生之理、仁愛之理或仁愛之心；

分殊即是理一在不同處境中的不同表現，又這些不同的價值若逾越其適當的位置是可以造成極端相對主義的衝突矛盾。(d) 從文化層面看，分殊是文化中不同的意義表達，此中各有其不同的內容與形構原則；理一是意義創造的源頭(即人類創造的心智或曰創造性本身)，它可以為文化中不同的意義表達提供規約原則，作功能的統一，使不同者不致逾位氾濫而得一異質的和諧。(e) 從宗教對話的層面看，對理一分殊智慧的體認將能使對話者：從自我排他變為謙遜反省、從差異矛盾轉為尊重對話、從取同略異改為求同存異、從同質宰制走向異質和諧、從誤求內容的統一回歸功能的統一、從只注目各自不同的形構原則轉而注視彼此相通的規約原則。(f) 根據上面的 (c)、(d)、(e) 三點，則知理一分殊的觀念是如何「在宰制劃一的『絕對一元主義』與分崩離析的『相對多元主義』的對立的兩極之外，另覓第三條路。既尋求通貫的共識，又鼓勵多樣的表現，在兩方面找尋一種動態的均衡。」[84]

(6) 以上我把劉先生提倡的理一分殊的現代解釋詳加剖示，可見他能從傳統中國哲學芸芸的觀念中看到「理一分殊」的重要性，確是難得，這亦是他思想學問能居前沿、特顯原創性之處。更值得注意的是，理一分殊的觀念亦讓他一生不同階段的學思歷程得到了一條一以貫之之道，顯示了一個哲人的關懷、用心與不斷往復來回的探索精神，能不令人嘆服乎！

至於劉先生之後更提出「兩行之理」與「迴環的必要性」，則皆是「理一分殊」題中應有之義，不難懂理。兩行之理的觀念提煉自莊子：「是以聖人和之以是非而休乎天鈞，是之謂兩行。」(〈齊物論〉)這是偏於內在層面的是非之兩行。另「其一也一，其不一也一。其一，與天為徒；其不一，與人為徒。天與人不相勝也，是之謂真人。」(〈大宗師〉)這是兼顧理一與分殊、超越與內在之兩行。既然理一必得通過分殊來表現，自無偏廢一邊之理。這道理，劉先生年青時早已明白，他在《新》書中說：「這裏面最重要的一個關鍵就是我們要覺醒，以同等的重視來看待『理一』與『分殊』，把它們重新揉成一個不可分離的整體，這才能夠創獲一種以往未曾充分發揚的最健康的生命情調」。[85] 在〈「兩行之理」

與安身立命〉一文中，劉先生詳細闡釋了儒、釋、道三家都有豐富的對兩行之理的體認。由於兩行之理的兩行就是超越與內在，故很易教人以為兩行之理的觀念發揮的仍然是內在超越的宗教性意旨，但這是不很準確的誤讀。蓋若如此，兩行之理的觀念便失去它獨特的理論效力。我認為劉先生提出兩行之理的觀念有三個特別的作用：(a) 首先，兼顧兩行即突顯出兩行之間存在著一既對立又統一的辯證關係，而所謂兼顧者則必須好好把握此辯證歷程中的動態的平衡。(b) 動態的平衡猶是抽象的說法，落到具體處，即是指當吾人持守的超越的理想與內在的現實有巨大距離時，吾人仍應堅持不已努力尋求可能的曲通落實處。劉先生說：

> 但過去的歷史與眼前的現實正是人的理想與實際互動的複雜的過程所產生的結果。空有良好的理想固然不會產生實際的效果，但人拒絕有理想的嚮往，而聽任偏見與成見支配自己的行為，卻會產生立即而當下的惡果。哲學家的職責是提出正確的理想，而超越的理想常常要經過一段長時間的醞釀才能在現實中產生作用，此所以蘇格拉底、耶穌基督、與孔子在現世都不是成功的人物。[86]

又說：

> 也正因此，朱子要貶抑漢唐，頌揚三代，他的苦心也正是要在惡濁的現實層面之上，肯定理想的純潔性與超越性。[87]

(c) 而吾人既不應因現實的惡濁而放棄超越的理想，則反過來亦不應因超越的理想而否定惡濁的現實，徒然去幻想恢復一個不切實際的黃金古代。此所以劉先生秉持他兩行之理的信念，便不能完全同情那些反現代化的思想。他對伊斯蘭學者納塞 (Seyyed Hossein Nasr) 的回應即是明證。在〈新儒家與新回教〉一文中，他批評納塞說：

> 但納塞必須面臨更大的困難在，除了東西，還得面對古今的大問題。他的想法不免過分簡單，好像只要我們下定決心，幡然改圖，由現代回歸到傳統，所有問題便都可以迎刃而解，事實上他完

全沒有為我們提供任何實際可行之道。新儒家對於「理一分殊」的解釋是，「理一」固然貫通中外古今，「分殊」卻必須在今日覓取現代的表達。我們必須把超越的信息與中世紀的世界觀徹底解構，與現代的情況結合在一起，故此宗教傳統並不能避免「現代化」的問題，必須理解「現代性」的特質，與時推移作出相應的變化，才能打動現代人的心弦，解決現代人的問題。[88]

所以兩行之理的觀念必得緊扣兩行之間的動態平衡才能見出它的特殊之處，劉先生的文章取名〈「兩行之理」與安身立命〉的微意亦在於此。吾人既要在兩行之間覓取動態的平衡，則應該如何踐履？這就引出「迴環的必要性」。依劉先生，所謂迴環就是吾人「必先由『內在』走向『超越』，而後由『超越』回歸『內在』。」[89] 由內在走向超越，如孔子講「下學而上達」（〈憲問〉）、孟子講「盡其心者，知其性也。知其性，則知天矣」（〈盡心上〉），這是見體（體證理一）所必由之路；而由超越回歸內在，則如〈中庸〉「天命之謂性，率性之謂道，修道之謂教」，這是見體後的步步落實。但劉先生的「迴環」尚有一層意思：

> 新儒家見體之後走「迴環」的道路，本心本性既立，在策略上取由源及流或由流溯源的道路，儘可以作有彈性的變通。如此則古今中外不必陷入矛盾衝突之境地，而留下了會通的餘地與契機。[90]

劉先生把「理一分殊」、「兩行之理」、「迴環的必要性」視為三部曲，這三個觀念環環相扣而又不失其各自立言之要旨，確有如三部曲合奏成一大樂章。

後記：走筆至此，讓我從抽象的思想迴環返具體的人生。這篇文字是為祝賀述先師八十壽慶而寫的，下筆時確實是如開首所言完全沒有駕輕就熟的感覺，此非故作謙遜之辭。為了感念述先師教導的恩情，我從一開始就不打算寫一篇敷衍交差的形式化的文字。（這亦非虛矯之辭，沒有述先師我的人生是不會走上學者之路的。）於是我把從前讀過的許多老師的著作找來重溫一遍，抄錄筆記，反覆細味思考，才有現在這篇

呈現在大家面前的文字。未想到這亦是一次難得的溫故知新之旅。當然其中的閱讀、理解與判斷，我仍不敢說必為述先師所首肯。很多同門及同道大概並不知道十五年前（1999年）在述先師自中大退休赴臺北中央研究院中國文哲研究所之際，我曾寫了一篇文章〈我所認識的劉述先老師及其學問〉[91]記述我與老師的交往及我所理解的老師的學問。在寫完本文後，我把舊作翻找出來，兩相對照之下，發覺過往對老師學問的認識，雖未至於錯謬，但粗陋不堪僅得其輪廓，思之汗顏不已。不過，舊作記錄我與老師結緣相交的片段，卻歷歷在目。若比起在老師遷臺之後我們的交往，只在學術會議上碰面或我偶爾往文哲所問安，則真是今不如昔，思之緬懷不已。然而這亦是人生無可奈何之事，就像我在舊文開首寫下的一句話：「人與人的相遇、相交以至相知，其中有緣而不可思議。」

註 釋

1　劉述先，《傳統與現代的探索》（臺北：正中書局，1994），頁176。

2　劉述先，〈七十感言〉，收氏著，《儒家哲學的典範重構與詮釋》（臺北：萬卷樓，2010），頁349–350。

3　同前註，頁352。

4　劉述先，《中西哲學論文集》（臺北：臺灣學生書局，1987），〈自序〉，頁iv。

5　劉述先，《新時代哲學的信念與方法》（臺北：臺灣商務印書館，1967二版），頁37。

6　同前註，頁41。

7　同前註，頁108–109。

8　劉述先，〈哲學的起點與終點——人存在與他的問題和答案的追求〉，收氏著，《中西哲學論文集》，頁298。

9　參看同前註，頁306–307。

10　同前註，頁307。

11　劉述先，〈系統哲學的探索〉，收氏著，《中西哲學論文集》，頁322。

12 劉述先，〈哲學的起點與終點 —— 人存在與他的問題和答案的追求〉，頁310。

13 參看劉述先，《新時代哲學的信念與方法》，頁201–202。

14 同前註，頁271。

15 劉述先，《傳統與現代的探索》，頁40。

16 劉述先，《新時代哲學的信念與方法》，頁265。

17 同前註，頁267。

18 同前註，頁309。

19 劉述先，〈哲學的起點與終點 —— 人存在與他的問題和答案的追求〉，頁311。

20 劉述先，《新時代哲學的信念與方法》，頁270。

21 同前註，頁133。

22 後來劉先生成了當代新儒家的一員，在第三屆當代新儒學國際學術會議（1994年）作主題演講，就分別從時代、方法、形上及踐履四方面的新契機來探討當代儒學的發展前景。在形上的契機方面，他介紹了熊十力、牟宗三的形上學建構後，接著說：「在形上學的層面，我們必須指出，語言分析的效用是有限度的，最後終必訴之於存在的證悟，不可能找到外在共許的徵驗像科學的層面上一樣。但語言分析至少可以解明，偽似邏輯推論或宇宙玄想的有效性是可以質疑的，不可聽其輕易地滑過去。而由現代走向後現代，境界形上學、宇宙論各方面不同的探索都是值得鼓勵的。……而晚近西方宇宙論的探究有復甦之勢，此處雖難有定論，卻應如當年羅素所指出的，乃一可能探察的領域，不能像狹隘的邏輯實徵論者那樣從一開始起即加以排拒。而今日宇宙論探究背後的睿識是，不能聽任人中心的意識宰制一切，有關宇宙的反省可以把人放進大自然的系絡之內加以反思。而這未始不可以為天人合一作出後現代的新解，而與當前的環保生態思想有合流之勢。總之，在這個領域之內有許多新的可能性可以探察，當可以為我們開創出一些新契機，準備來迎接一個新的世紀的來臨。」可見劉先生在仍舊強調中國形上學重視證悟（即相當於《新》書中的意境）之餘，亦指點出新的可能發展的路向。引文見〈當代儒學發展的新契機〉，收氏著，《當代中國哲學論 —— 問題篇》(River Edge, NJ：八方文化企業公司，1996)，頁261。

23 劉述先，《生命情調的抉擇》(臺北：臺灣學生書局，1985再版)，〈自序〉，頁5–6。此書初版是志文出版社於1974年出版。

24 劉述先，〈我治學的經過與對未來的展望〉，收氏著，《中西哲學論文集》，頁380–381。記述中提及的論文，詳細資料依次如下："Hsiung Shih-li's Theory of Causation," *Philosophy East and West*, vol. 19, no. 4 (1969): 399–407; "The Religious Import of Confucian Philosophy: Its traditional Outlook and Contemporary Significance," *Philosophy East and West*, vol. 21, no. 2 (April 1971): 157–175; "The Contemporary Development of a Neo-Confucian Epistemology," *Inquiry*, vol. 14 (1971): 19–40; "A Philosophic Analysis of the Confucian Approach to Ethics," *Philosophy East and West*, vol. 22, no. 4 (1972): 417–425; "The Confucian Approach to the Problem of Transcendence and Immanence," *Philosophy East and West*, vol. 22, no.1 (1972): 45–52; "Time and Temporality: The Chinese Perspective," *Philosophy East and West*, vol. 24, no. 2 (1974): 145–153; "The Use of Analogy and Symbolism in Traditional Chinese Philosophy," *Journal of Chinese Philosophy*, vol. 1 (1974) : 313–337; "The Function of the Mind in Chu Hsi's Philosophy," *Journal of Chinese Philosophy*, vol. 5 (1978) : 195–208。

25 劉述先，《傳統與現代的探索》，頁128–129。

26 同前註，頁100。

27 方東美著、孫智燊譯，〈從歷史透視看陽明哲學精義〉，收方東美，《生生之德》(臺北：黎明文化事業公司，1982四版)，頁372。

28 劉述先，《朱子哲學思想的發展與完成》，頁500–501。

29 參看劉述先，〈朱熹的思想究竟是一元論或是二元論？〉，收氏著，《理想與現實的糾結》，頁263–285。

30 方東美著、孫智燊譯，〈從歷史透視看陽明哲學精義〉，頁375。

31 參看劉述先，〈由發展的觀點看《周易》思想的神秘符示層面〉(新加收：東亞哲學研究所，1987)；〈《周易》思想的「理性／自然符示」〉，《清華學報》，新18卷，第2期，1988年，頁275–304；"On the Functional Unity of the Four Dimensions of Thought in the Book of Changes," *Journal of Chinese Philosophy*, vol. 17, no. 3 (1990): 359–385。

32 劉述先，〈方東美哲學與當代新儒學思想互動可能性之探究〉，收氏著，《現代新儒學之省察論集》(臺北：中央研究院中國文哲研究所，2004)，頁238。

33 同前註，頁244–245。

34 參看牟宗三，《心體與性體》，第1冊，頁49。

35 劉述先，〈有關理學的幾個重要問題的再反思〉，收氏著，《理想與現實的糾結》，頁246。

36 同前註，頁250。另可參看劉述先，〈有關宋明儒三系説問題的再反思 —— 兼論張載在北宋儒學發展過程中的意義〉，收氏著，《現代新儒學之省察論集》，頁173–187。文中劉先生對自己反對五峰、蕺山系的觀點有進一步的補充和辯護。

37 參看牟宗三，《心體與性體》，第3冊，頁476–485。

38 牟宗三，《從陸象山到劉蕺山》，頁41。

39 劉述先，〈有關宋明儒三系説問題的再反思 —— 兼論張載在北宋儒學發展過程中的意義〉，頁186。

40 劉述先，《現代新儒學之省察論集》，〈自序〉，頁iv。

41 劉述先，〈有關理學的幾個重要問題的再反思〉，頁256–257。

42 筆者曾比論牟宗三與唐君毅研究宋明理學的方法，把牟宗三的研究進路稱為「本體分析」，把唐君毅的研究進路稱為「德性工夫」，並詳論二者之間的差別與得失，參看本書第7章〈本體分析與德性工夫 —— 論宋明理學研究的兩條進路〉。

43 參看劉述先，〈論王陽明的最後定見〉，收氏著，《儒家思想意涵之現代闡釋論集》（臺北：中央研究院中國文哲研究所籌備處，2000），頁47–71。

44 參看牟宗三，《從陸象山到劉蕺山》，頁268–269。

45 同前註，頁310、311。

46 劉述先，〈論王陽明的最後定見〉，頁62、63。

47 牟宗三，《從陸象山到劉蕺山》，頁469。

48 同前註，頁277–278。

49 劉述先，〈論王陽明的最後定見〉，頁62。

50 參看劉述先，《黃宗羲心學的定位》。

51 引文錄自2006年浙江古籍出版社新版，頁118。這是因為劉先生在文字上有所改動，他把1986年版中的「內在一元論」在新版中全改作「內在一元傾向」。他在〈重訪黃宗羲 —— 新版自序〉中交代了箇中的理由：「相對於朱子理氣二元不離不雜的思想，陽明的思想明顯地展示了一種強烈的『內在一元的傾向』，主張超越的『理』具現在內在的『氣』之中。我一貫堅持無論陽明、蕺山、梨洲都維持了對於超越天道的嚮往，故此把他們的思想説成『內在一元論』，是不免誤導的。此一詞嚴格説來，只能用於王廷相、顏習齋、戴東原，當然也可以用於梨洲同門陳確的思想。從梨洲與陳確二人的書信往來相互辯難之中，可以清楚地看到，乾初已否定了超越天道的層面，而提出一種『內在一元』的論旨。我現在明白區分開『內在一元的傾向』

與『內在一元論思想』的不同涵義，這樣應該可以避免以前因用詞不夠精準所引起的不必要的誤解。」（頁 1）另外劉先生新近寫了一文，把自己對宗羲思想的理解結合方祖猷的《黃宗羲長傳》更作補充發揮，參看氏著，〈黃宗羲心學的定位重探〉，收鍾彩鈞主編，《東亞視域中的儒學：傳統的詮釋》，頁 151–173。

52　述先師把明清之際儒學的變化看成是一典範轉移（paradigm shift），對我啟發很大。我便是循著這一條線索在他的指導下完成博士論文並修訂成書出版，參看拙著《明清儒學轉型探析》（2000、2009 增訂版）。我們的看法是，明清之際的典範轉移乃是從宋明理學的道德形上學轉而為清初的達情遂欲哲學。

53　劉述先，〈儒學的理想與現實——近時東亞發展之成就與限制之反省〉，收氏著：《儒家思想意涵之現代闡釋論集》，頁 122。另可參看 Shu-hsien Liu, *Understanding Confucian Philosophy: Classical and Sung-Ming* (Westport, Connecticut, and London: Greenwood Press and Praeger Publishers, 1998), pp. 13–14。

54　參看劉述先，《大陸與海外——傳統的反省與轉化》（臺北：允晨文化，1999）。

55　參看 Charlotte Furth ed., *The Limits of Change: Essays on Conservative Alternatives in Republican China* (Cambridge, Mass.: Harvard University Press, 1976)，特別是其中張灝的文章，Hao Chang, "New Confucianism and the Intellectual Crisis of Contemporary China"。

56　對中國大陸現代新儒學研究的發展，劉先生有記述：「大陸於一九八六年國家教委七五規劃，確定『現代新儒學思潮』為國家重點研究項目之一，由方克立、李錦全主持，為期十年。一九八七年九月在安徽宣州首次開全國性的會議。最初根本不知道誰應該包括在這個思潮裏面。經過廣泛討論，首先確定了一個十人名單：梁漱溟、熊十力、張君勱、馮友蘭、賀麟、錢穆、方東美、唐君毅、牟宗三、徐復觀；後來老一代又補上了馬一浮，較年青一代則加上了余英時、杜維明、劉述先，最後還補上了成中英。」見氏著，《論儒家哲學的三個大時代》，頁 191。

57　參看余英時，〈錢穆與新儒家〉，收氏著，《猶記風吹水上鱗——錢穆與現代中國學術》（臺北：三民書局，1991），頁 31–98。

58　劉述先，〈對於當代新儒家的超越內省〉，收氏著，《當代中國哲學論——問題篇》，頁 58。

59　劉述先，《論儒家哲學的三個大時代》，頁 192。

60 余英時,〈錢穆與新儒家〉,頁58。

61 〈中國文化與世界〉宣言開首即說:「我們亦相信:一真正的思想運動文化
運動之形成,主要有賴於人與人之思想之自然的互相影響後,而各自發出
類似的思想。若只由少數已有某種思想的人,先以文字宣稱其近於定型的
思想,反易使此外的人感覺這些思想與自己並不相干,因而造成了這些思
想在散佈上的阻隔。」見唐君毅,《說中華民族之花果飄零》,頁120。

62 參看 Shu-hsien Liu, *Understanding Confucian Philosophy; Essentials of Contemporary Neo-
Confucian Philosophy* (Westport, Connecticut, and London: Praeger Publishers, 2003)。

63 對孔子天人合一的闡釋,另可參看劉述先,〈論孔子思想中隱涵的「天人合
一」一貫之道——一個當代新儒學的闡釋〉,收氏著,《儒家思想意涵之現
代闡釋論集》,頁1–26。

64 對現代新儒學的四波發展,另可參看劉述先,〈現代新儒學研究之省察〉,
收氏著,《現代新儒學之省察論集》,頁125–139。

65 參看劉述先,〈「理一分殊」的規約原則與道德倫理之方向〉一文中「當代新
儒家的處境」一節,收氏著,《全球倫理與宗教對話》,頁207–210。

66 參看同前註書。

67 參看劉述先,〈從當代新儒家觀點看世界倫理〉一文中「『五常』的現代意義
與闡揚」一節,收氏著,《全球倫理與宗教對話》,頁69–76。

68 此兩文均收氏著,《理想與現實的糾結》,頁157–188、189–239。

69 劉述先,〈從當代新儒家觀點看世界倫理〉,頁79–80。

70 劉述先,〈「理一分殊」的現代解釋〉,頁187。

71 同前註。

72 劉述先,《新時代哲學的信念與方法》,頁283。

73 同前註,頁278。

74 同前註,頁279。

75 劉述先,〈系統哲學的探索〉,頁332–333。

76 劉述先,〈「理一分殊」的現代解釋〉,頁172。

77 同前註,頁176。

78 同前註,頁179。

79 同前註,頁181。

80 劉述先,〈宗教情懷與世界倫理〉,收氏著,《全球倫理與宗教對話》,頁
93。

81 同前註。

82　參看劉述先，〈從當代新儒家觀點看世界倫理〉，頁77–78。

83　同前註，頁78。

84　劉述先，《理想與現實的糾結》，〈自序〉，頁i。

85　劉述先，《新時代哲學的信念與方法》，頁273。

86　劉述先，〈「兩行之理」與安身立命〉，頁237。

87　同前註，頁238。

88　劉述先，〈新儒家與新回教〉，收氏著：《當代中國哲學論——問題篇》，頁130–131。另參看Shu-hsien Liu, "Reflections on Tradition and Modernity: A Response to Seyyed Hossein Nasr from A Neo-Confucian Perspective," in *The Philosophy of Seyyed Hossein Nasr* (LLP Vol. XXVIII), ed. Lewis E. Hahn, Randall E. Auxier, and Lucian W. Stone, Jr. (Chicago and La Salle Ill., Open Court, 2001), pp. 265–267。

89　劉述先，〈論「迴環」的必要與重要性〉，收氏著，《論儒家哲學的三個大時代》，頁249。

90　同前註，頁267–268。

91　〈我所認識的劉述先老師及其學問〉，《香港書評》，第5期，1999年6月號，頁37–45。這本雜誌早已停刊多年。文章收錄於本書附錄一，以便參考。

附錄一

我認識的劉述先老師及其學問

　　人與人的相遇、相交以至相知，其中有緣而不可思議。

　　我最初接觸劉述先老師是在1984年。那時我是香港中文大學哲學系二年級生，按系的規定必須修讀老師開授的西洋哲學史。記憶中，老師第一次踏進課室便已給人一個鮮明難忘的印象：冷淡的臉上掛著閃爍的眼神；頷下有幾綹疏落的不知是不煩修刮還是刻意蓄著的鬍子；中等的個子配上不很工整的穿戴，雖有點兒不修邊幅的樣子，但卻挺吻合我心目中哲學家的形象。兩學期的課，老師從古希臘哲學、中世紀經院神學一直講到近代的經驗主義、理性主義，至康德、黑格爾而止，綱舉目張，條分縷析。後來我讀到老師年青時寫的《新時代哲學的信念與方法》、《文化哲學的試探》等書，知他對西方哲學思潮的發展更迭確下過很深的工夫，難怪講來如數家珍。由於老師以國語授課，不少同學因聽不懂而生畏難之感。我雖也似懂非懂，然仍聽得津津有味，有時下課後甚至還權充解話向其他同學大發議論一番。莫名奇妙地克服了語言的隔閡，這或許就是我與老師的緣吧！唸一門課能唸出樂趣來，自對授課的老師心生好感。而這種好感在我兩學期均獲得A等成績後又更提升不少。其時唯一使我覺得不解的是，為何老師平常總是冷冷的，好像不易親近，難道這就是哲學家的冷智？但當我在圖書館看了老師早年撰寫的《文學欣賞的靈魂》後，便隱隱然感到冷智的背後必藏著一顆對生命充滿熱誠的心。

　　兩年後我選修了老師宋明理學的課，那時老師剛出版新作《黃宗羲心學的定位》，再加上數年前《朱子哲學思想的發展與完成》的巨著，已奠定其宋明理學專家的地位。在《黃》書的結尾，老師寫下了他對儒學前途的看法，他說：

> 當代有所謂第三期儒學的說法：先秦為第一期，宋明為第二期，現代為第三期，儒學在當代復興，應該還可以有一段光暉的日子。這種說法牟宗三先生首倡於二三十年前，如今由杜維明廣佈於天下。這種說法與梨洲兩個循環之說若合符節。當代新儒家哲學始於熊十力的形上學與宇宙論，這相當於濂溪之「元」。唐君毅、牟宗三似二程，奠定了這一門學問的基礎，或者可以說是「亨」的階段。能否有朱子、陽明一類的人物使之大行於天下呢？這裏最大的關鍵就是當代新儒家能否解決新外王的問題，而成功地應付了現代西方文化的挑戰，如同宋明的時期成功地應付了印度文化的挑戰一樣。

有同學讀到這段文字後開玩笑說老師想做現代朱子，我則以為縱有如斯抱負亦屬好事，還深深感動於老師對儒學的肯認和承擔。無庸諱言，老師的宋明理學研究受牟宗三先生影響甚深，然他入乎其內後卻可從容地出乎其外，故繼承之餘能有開新。他對黃宗羲思想與地位那獨具隻眼的分析評斷即是明證。結果在老師的教導下，我得以初窺宋明理學的堂奧，始知中國哲學原來別有洞天，且處處緊扣實存生命的感觸，絲毫不因不長於思辨而見拙於西方哲學，委實讓人眼界大開。此後我便從不放過聽老師課的機會，即使在轉到歷史系唸碩士學位時依舊如此。不知道是不是因為我認真向學的態度給老師留下了點印象，所以當我回到哲學系報讀博士時，老師慨然答允當我的論文導師。由是我與老師展開了更深入的相交相知的師生情誼。於此可見人生的隨種而收多有非出於刻意經營者。

　　不過話說回來，在本科生的階段，我跟老師的接觸僅限於學習上的聆聽、叩問與請益，生活上的交往則缺如。這與當時中大哲學系的

客觀情況不無關係。其時哲學系的辦公室因教師所屬書院的不同而分立；新亞在山上的人文館，崇基在山下的教學樓。學生在濃厚的書院氣氛感染下乃不期然有山頭主義的傾向。尤其在系會舉辦的一些師生聯誼活動和競技比賽中，兩院學生常是壁壘分明，鬥得難分難解。影響所及，崇基的學生便多只親近崇基的教師和助教，新亞的學生多只親近新亞的教師和助教。這樣一來，是崇基學生的我與屬於新亞的老師自難有甚麼生活層面的往還。如今哲學系的辦公室早於多年前統一起來，同學間的書院意識也較從前淡薄，但師生的關係反日漸疏離，箇中原因非三言兩語可以說得清楚，這裏不必深論。

唸博士期間，老師教我印象最深的有兩點，一是他那誨人不倦、有惑必解且對學生寬容關懷的教學精神。記得在撰寫論文的那年，我常趕至通宵達旦。在匆匆忙忙把完成的一些章節的初稿交到老師手上並為延誤而再三致歉時，老師總是微笑地說不要緊，還叮囑我小心保重不要把身體弄壞。這般和諧可親的感覺跟保留於記憶中那冷冷的形象迥然不侔。是甚麼改變了嗎？或許是因我與老師接觸多了的緣故。但我卻愛將之解釋成中國哲學的受用性作用於老師那具體的存在生命，變化其氣質的結果。而老師每次都費心地仔細修改我的稿子和指出其中的問題更是使我能夠順利完成論文的關鍵原因。

另一是老師給他的學生很大的自由度去發揮、選擇，只在適當時予以督促，需要時施予援手。這點尤使我感念於心。我唸博士是報兼讀制的，因年少心野想往外頭新鮮的世界闖闖，遂一面唸博士，一面跑到電視台當編劇。如此幹了將近五年，起初滿心以為可以魚與熊掌兩面兼顧，及後才漸漸發覺這如意算盤根本打不響。電視台的工作無疑讓我的人生閱歷豐富不少，但也教我在學問上有不進則退之虞。而撰寫論文更非沉潛專一、心無旁騖不能竟其功。於是我毅然辭掉工作，也未想過日後生計的著落，只破釜沉舟地決心好好完成學位。就在這時老師叫我回校當研究助理，並督促我借此良機專心撰寫論文。這場適時而來的及時雨與其說是我的幸運，無寧說是老師的關懷栽培。老師未有苛責我疏於課業，反使我內疚不安，由是乃自強不息以求不致辜負

老師的厚愛。後來我常想老師教我的不僅是學問，他更以其待人接物的行事態度來對我進行了身教和心教。

完成博士學位之後，正值老師快將退休而要找人接教宋明理學的棒子，於是我又「幸運地」有機會留在中大哲學系任教。至今一晃眼已快四個年頭了。其中除有一年老師休假赴臺灣做研究外，我都得以日夕親聆教益，學問的長進自不在話下，而老師常以學者立身處世應有之道勸勉我，更使我不敢懈怠。《荀子‧勸學篇》云：「學莫便乎近其人，學之經莫速乎好其人。」誠非虛語。今年（案：1999年）6月，老師自中大榮休，計劃往臺北中央研究院中國文哲研究所繼續研究工作，這於我而言可謂一則以喜，一則以憂。憂的是未來恐怕再難得有耳提面命的機會；喜的是老師完全放下教學與行政的擔子後，潛心著述，定必能更有創穫以嘉惠學林。事實上，老師早已明白表示過他有足夠的心理準備與計劃來迎接退休後另一階段的生活。他在1994年出版的自述《傳統與現代的探索》中說：

> 往未來看，首先我將完成我的《周易》專著。其次我將展開我對當代新儒學的研究，除了用中文著述之外，還打算用英文寫作，把當代新儒家介紹到國外。最後，在經過四十年的探索，我雖已放棄造一個哲學系統的不切實際的幻想，要是可能的話，我仍想寫下我對於哲學的方法論、形上學、實踐論的心得與反省，對我一生的哲學探索作出一個不是交代的交代。作為一個當代哲學者，我最服膺的一句話始終是：生命完成於不完成之中。

此處可見一個剛健不息的學術心靈的躍動。對一個努力耕耘的人文學者來說，六十餘歲不過是他學問收成期的開始而已。

凡深入接觸過老師的人都會知道他其實還有很多有趣可愛、可足稱道的地方：例如他對時事的敏銳觸覺與判斷、與師母那別具特色的夫妻相處之道、對各類體育運動有不遜於專業評述員的熟悉程度等。以上我只揀選了受教於老師時的難忘印象來談，除了因為篇幅有限必須有所選擇外，我是希望能藉此作一見證：見證老師對香港高等教育所付出的心血和貢獻。下面讓我轉過來談談我所了解的老師的學問。

　　從發展的角度看，老師的學問可謂自研究西方哲學始，最終逐步回到中國哲學來。他年青時對西方哲學特別是文化哲學情有獨鍾，並從卡西勒（Ernst Cassirer）的符號形式哲學中汲取了不少思想資源。在南伊大唸博士時，他撰寫的論文是由批評的觀點討論神學家田立克（Paul Tillich）的哲學。田立克以「終極關懷」（ultimate concern）來重新定義宗教，啟發了老師比較中西傳統的同異處，且寫了一系列抉發儒家哲學底宗教義蘊的文章。誠如老師自己說的，他唸哲學非為成為專家學究，而是觸機於實存生命的探索；再加上受到老師、父執輩學者如方東美、牟宗三諸先生的影響，遂早已埋下了日後歸宗到中國傳統底生命的學問來的線索。

　　回到中國哲學的重建，老師一方面深入到文化思想發展的脈絡內來爬疏了解傳統哲學的意義，另一方面又努力將之所提示的普遍信息自其歷史文化的圍限中解放出來，尋求與現代生活的接合以活轉其生命力。前者的工作使老師無心插柳地成為了宋明理學研究的專家，後者的工作則使他贏得了第三代新儒家的美譽。在宋明理學研究的領域內，老師先是吸收了錢穆先生《朱子新學案》的考據成果與牟宗三先生《心體與性體》的分析架構，對朱子的思想作了一番全盤的考查分析，勝義迭出。其後再著力研究明末黃宗羲，把宗羲思想中對朱子的批判、對陽明的簡擇、對蕺山的繼承諸面向清晰地呈現出來，由是以定位宗羲心學，並從學術思想史的層面許以宗羲理學殿軍的地位。此外老師由整理朱子的易學入手，上溯及於《周易》的探究。他建議從「神秘符示」、「理性／自然符示」、「宇宙符示」、「道德／形上符示」四個層面來展示《周易》豐富的思想內涵，可謂替易學研究別開一生面。最後特別值得一提的是，老師在1998年出版了一部英文儒學專書（*Understanding Confucian Philosophy: Classical and Sung-Ming*），採新儒家的詮釋進路來處理析論儒學自先秦以迄宋明的發展。這對英語學界的中國哲學研究那長期局限在馮友蘭《中國哲學史》英譯本的了解水平而言，將帶來很大的衝擊以至開拓。

　　至於作為第三代新儒家的代表人物，老師在不斷的內省後，已很清楚意識到自己與第一代的梁漱溟、熊十力，第二代的唐君毅、牟宗三等

先輩的同異之處。自其同者視之，則彼此皆受用於儒家的為己之學並為其復興而努力。自其異者視之，則彼此所處的境域及由之而來所需面對的問題實已大異其趣。第一、二代新儒家所處的是自五四新文化運動以降儒學繼絕存亡的環境，故彼雖非完全昧於現代多元化的趨勢，但在重建儒學時難免會偏向於高揚儒家的哲理，並試圖通過理論的建構來使之涵蘊乾坤；籠罩現實的多元。牟宗三先生那備受爭議的良知開出說便是典例。然這樣一來，第一、二代新儒家的思想遂不免給人一種仍囿於一元心態的印象。相較之下，老師面對的已不復是傳統文化的救亡，而是現代多元文化互相辯駁兢勝的局面。這便使得他在思考儒學的前途時帶有更明顯的世界主義與人本主義的色彩：此即通過強調儒學底人生智慧的普遍性，力圖為它在世界多元思潮中爭一席位，俾使它的活力能為人類思考現代問題提供一些助益和參考。

若借用理學中「理一分殊」的概念來說，則第一、二代新儒家可以說是著力於建構理一，由理一涵蓋分殊。老師則自分殊的層面切入，由分殊上溯理一。須知老師雖肯定多元分殊的價值，卻不能接受其墮落為浪蕩無歸、分裂衝突的相對主義，故必謀求多元分殊間彼此能融洽並存的共識。明乎此，我們才能懂得他孜孜於倡議給理一分殊作現代詮釋的微意與用心。而作為分殊底共識的理一，老師自卡西勒哲學的睿識中洞見其不可能是分殊底實質的統一（substantial unity）而只是分殊底功能的統一（functional unity）；不可能是分殊底建構原則（constructive principle）而只能是分殊底規約原則（regulative principle）。顯而易見，老師這種理一與分殊兩行並重的構想如果作得成功的話，便可在不落絕對主義與相對主義的兩邊窠臼中走出一條中道；為現代相對主義、主觀主義恣意的文化困境尋求出路。當然這構想離成功之期還有很遠的路要走，有待我們作進一步的努力與探索。

以上扼要的介紹對不諳哲學思辨的人而言或許有理解上的困難。所以下面我再以老師近年致力參與討論的「世界倫理」（Global Ethic）為例來嘗試作一更具體的說明。聯合國文教組織（UNESCO）在1997年的3月和12月先後舉辦了兩次「世界倫理會議」（Meeting of the Universal

Ethics Project)，老師均赴盛會且於會上發表論文。世界倫理的構想最初是由天主教神學家孔漢思 (Hans Küng) 發起，老師之所以會寄予理解與支持絕非出於偶然，而是因為孔氏的努力和關懷恰正與老師理一分殊、兩行並重的想法若合符節。孔漢思深信沒有宗教間的和平便沒有世界和平，故積極推動多元宗教的對話以謀求建立共識。問題是那能使多元宗教和平並存的共識如何可能？這明顯不可能自信仰的實質內容處找，蓋各宗教所信之對象根本無法相共。由是孔氏乃從各宗教的倫理系統入手，發現彼此均有肯定普遍人性的共通點，遂順此提倡世界倫理宣言的起草。換用老師的話說，則多元宗教間的理一 (共識) 絕不可能從各信仰的實質內容上求統一而得，只可能從各信仰均發揮了引導轉化人生的倫理功能上求統一而得。易言之，對普遍人性的肯定雖非各宗教建構自身信仰的原則，但卻是一切宗教之所以為宗教所必須預設的規約原則。而從多元宗教的問題看，恰正可以反映出理一的嚮往絕非哲學家的智思遊戲而實有其現實上的迫切需要。

　　總括以上的分析，我們不難看到老師作為第三代新儒家底繼往開來的特色。對近時馬克思主義儒家化、東亞經濟與儒家文化的關係的討論，老師則強調必須區分開經典的儒家 (classical Confucianism)、政治的儒家 (political Confucianism) 與通俗的儒家 (popular Confucianism) 三個不同的層面，先弄清楚我們講的儒家究竟是哪個層面上的意思，避免混淆不清所造成的無意義的糾纏與爭論。最後我想補充一點來結束本文，此即上述所論只是試圖勾畫出老師學問的一個粗略的輪廓和方向，其中自然略過了很多細緻精微的分析，讀者如有興趣可接圖索驥直接去讀老師的書，我相信那會獲益更大。同時我們必須注意，老師的學問仍是在蘊蓄豐富的可能性的發展過程當中，其未來的走向，我們且拭目以待。

原刊於《香港書評》第 5 期 (1999 年 6 月號)

哲學家、儒者與恩師
——痛悼劉述先老師

　　6月6日一切如常，我在辦公室埋首撰寫論文，因為這個月下旬要出席臺灣兩個學術會議。怎想到下午5時收到中研院文哲所張裕德先生寄來電郵，告知劉述先老師已在清晨辭世。那一刻，時間定格，心頭重壓，無法反應。不知何時回過神來，給師母打了通電話，表示慰問，也約略了解了情況。稍堪告慰的是，老師是在睡夢中離去，走得安詳，而次子杰夫剛巧在前一天抵台，算是陪著老師走了最後一程。但老師走得太突然、太快，也太瀟脫了吧！我上星期還給老師打過電話，相約他及師母在我赴台期間晚飯；聽筒一邊傳來老師沙啞的聲音，但感覺精神不錯。隔天老師覆我電郵，說師母可以，我們定了6月20或21日晚。現在20日竟變成了老師的喪禮。音容宛在，卻是人天相隔，已成永訣。

　　在我心目中，老師一直有三個形象，交光互影。他既是哲學家，也是儒者，更是恩師。他的哲學家身影是我最早的印象。三十多年前，我考入香港中文大學哲學系唸本科，修了老師講授的西洋哲學史、宋明理學兩門課(共四個學期)。當時年少懵懵無知，根本不識老師大名和學問，許是緣分，聽來津津有味。我本科時修讀的中國哲學課屈指可算，後來卻投身這研究領域，當是老師啟蒙之功。但那時老師的形象是冷冰冰的，是個充滿冷智的哲學家，再配上他不修邊幅的外表，就更合符年青人對哲學家的想像。(我後來才知道不修邊幅是老師的個性，為此他在南伊利諾大學時便遭過學生投訴。)後來親炙老師，冰

冷的哲學家形象乃逐漸淡出，只有在閱讀他的著作時，才又變得鮮活起來。

老師博學精思，早年醉心文化哲學，出入各家，共冶一爐，想藉由文化的哲學反省來為傳統中國文化與思想的重建尋找出路。他的《新時代哲學的信念與方法》（1964年）可為代表作，而〈哲學的起點與終點〉（1977年）及〈系統哲學的探索〉（1983年）兩文是此一階段學思的總結。之後老師回到中國哲學特別是宋明理學，深耕細作，學思益轉深邃精微，寫有《朱子哲學思想的發展與完成》（1982年）、《黃宗羲心學的定位》（1986年）。他更以英文著述 *Understanding Confucian Philosophy: Classical and Sung-Ming*（1998年）及 *Essentials of Contemporary Neo-Confucian Philosophy*（2003年），向英語學術界全面介紹當代新儒家對儒學的詮釋觀點。但老師從不以作專家學者為自足，他心繫的是如何闡發儒家哲學的精義以貢獻於世界。於是他匠心獨運，重新詮釋了「理一分殊」、「兩行之理」，再提出「迴環」的重要性，以此觀念的三部曲來讓儒學能積極參與於當前有關世界倫理與宗教對話的課題，而成果俱見《全球倫理與宗教對話》（2001年）。老師一生學思與著述，正鮮明地呈現出一個現代中國哲學家的風範，足為後學楷模。

比起哲學家，老師給很多人的形象更是個謙厚儒者。他笑容常掛臉上，對來請益問學的後輩總是細心指點，使親聆者如沐春風。由一位冷靜的智者變成溫潤的仁者，我親眼見證了老師生命的變化，並且深信這正是中國哲學在他身上所起的變化氣質的作用。中國哲學是生命的學問，斯言信乎！對於老師的儒者形象，我還別有一些體會。老師的學術生命，全幅就是「天行健，君子以自強不息」。他喜歡説：「生命完成於不完成之中」；確實所謂完成（或完滿）只是一理境，永不能即，卻也不可或缺，因為這是引導生命奮進不已的明燈，雖不能致，心嚮往之。老師還喜歡説：「做一天和尚撞一天鐘」，此即既廁身大學、研究所，就應該全力以教研為職志，敬業樂業，絕不能尸位素餐、得過且過。這完全是「君子素其位而行」，所以才能「無入而不自得焉」。老師在中大哲學系任職時，已是每天依時到校，教學、研究及處理公務，日

復一日。到了回歸臺灣，在中央研究院中國文哲研究所做研究，並在東吳、政大等校講課時，工作習慣依舊不改。老師真的是「學而不厭，誨人不倦」，「不知老之將至云爾」。

近幾年老師身體轉差，先是視網膜脫落導致右眼失明，繼而確診患上柏金遜病，行動變得有點遲緩不便。去年又因老人免役力衰退造成全身紅腫痕癢，今年（案：2016年）初聲音更變得沙啞，有時說話不清，八十老人飽受折騰。我看著都心覺不忍，老師雖亦偶爾訴苦幾句，但仍堅強面對，一派樂天知命。記得前年文哲所與中大哲學系為老師八秩賀壽，我在他文哲所的研究室跟他聊天，他對我說大概今後已不能再寫學術文章，不過仍想用隨筆的方式把多年來所思所想紀錄下來。我聽後沒有一絲悲涼，只有肅然起敬；做一天和尚撞一天鐘，老師言傳身教，一以貫之。反倒是今年農曆年初一致電向老師和師母拜年時，師母不經意地說了句：「老師聲音沙啞不清，大概講課的期限也到了。」我聽後心頭湧起莫名的哀傷。

作為一個儒者，老師除盡心教學，為中國哲學界培養了不少生力軍外，他亦是個傳統型的知識分子，關心世道、國家與天下。就是他在香港生活那二十多年，亦從未作過客想，而是對社會文化、時局亂象多所針砭，積極建言。他批評過香港的高等教育政策、估量過香港回歸前的政局、分析過香港基本法草案的內容。當然，老師的視野絕不局限一隅，關注遍及海峽兩岸與全球。其時，老師這方面的文字常見於《香港聯合報》、《明報月刊》、《百姓》、《開放》、《九十年代》等報刊。後來收入《哲學思考漫步》（1995年）、《永恆與現代》（1996年）及《儒學的復興》（2007年）三書。

最後，作為恩師的形象，這是由我跟老師很個人的交往經驗所編織成的。前面已提及是老師引領我進入中國哲學的世界，也是因為他的青睞，我才會以學術研究為終身志業。想起自己唸博士時，年少輕狂，跑去電視台當編劇，半工半讀，滿以為魚與熊掌可以兼得，豈料幾年下來，學問荒廢，如果不是老師把我喚回中大，十之八九是畢不了業的。當時老師還替我找了份研究助理的工作，讓我無經濟的後顧之

憂，可以專心寫作。他又督促我年內完成，希望我之後留系任教，以便接下他講授宋明理學的擔子。我博士畢業後申請哲學系的教席，自是依足程序，經過遴選面試，但我知道假使不是老師在背後大力支持，怕是不會成事。事實上，後來就有系內同事當面告訴我，他們是強烈反對聘用我的，認為這有偏私之嫌。仍記得那時我對他們的話沒有絲毫怨懟，因為我也想不明白為何以自己平庸的才資，可以得到老師的垂愛器重。我只是默默在心底許下一願：我不要讓老師蒙污，我要讓他自豪。至於那些同事，日子久了，大家都能融洽共事，這是後話。

老師雖然提攜學生，但他自有一套教學生的法子，這就是他從未當面的誇過我一句，嚴辭訓斥倒是有幾回（稱許的話都是從師母口中轉述）。我知道這是老師對我的要求嚴格。他常說：「好的學生不是教出來的，是自己跑來的。」而我則總愛回嘴說：「好的學生是被好的老師吸引過來的。」我在哲學系任職的最初幾年，老師還未退休回台。很多時候，老師和我兩個人都會一起午膳，席間學術問題、儒林掌故、世界大事、天南地北，無所不談。那段日子是我跟老師相處最快樂的時光。到老師赴台後，這樣的快樂光陰雖已寥寥可數，但還可以重溫。現在，老師走了，一切只能成為追憶。

作為哲學家，老師表現了理；作為儒者，老師體現了仁；作為我的恩師，老師給我注滿了情。我在他身上看到的，是理、仁、情融合無間的生命。《荀子·大略篇》記子貢心倦問於孔子，最後領悟到「大哉死乎！君子息焉，小人休焉」的道理。述先吾師，願你安息。

寫於 2016 年 6 月 8 日

原刊於《鵝湖月刊》第 41 卷第 12 期

另刊於《信報財經月刊》2016 年 8 月號

儒家智慧的現代表述
——憶劉述先老師

　　我在《信報月刊》撰文，始於去年（案：2016年）8月號一篇悼念劉述先老師的文章（〈哲學家、儒者與恩師——痛悼劉述先老師〉）。當時感觸良多，想到我輩繼述老師遺志，除了做好學術研究外，還應秉承他那傳統知識分子傷時憂世的胸懷，於是便有了「反說約也」的欄目，有了這一年筆耕下來的文字。去年底應臺灣中央研究院中國文哲研究所《通訊》出版「劉述先教授紀念專輯」的邀約，又另外寫了一篇文章。現在我將它略作增補，刊登於此，以誌老師逝世一周年及欄目出現的因緣。

　　老師已經走了一年多，但回想往事，歷歷如在目前。在去年6月20日假臺北舉行的公祭及樹葬之後，9月10日香港中文大學哲學系與新亞書院在中大合辦了一場追思會，有過百位老師的舊友與學生出席，師母與幼子杰夫也在座，齊表哀思。當日的場面莊嚴肅穆，由我宣讀老師的行狀，並邀得金耀基、黃乃正、梁元生、關子尹、景海峰及文潔華致追思辭。我更將三十二篇紀念文字編成《劉述先先生紀念集》，在〈序〉中寫道：「這本小小的集子，其中的文章與相片，所述的人和事，都充滿了各位作者對先生的追憶與思念。倘若讀者展卷之餘，心有感通，想及自己與先生交往的種種片段，則一念化作百念、千念，先生的身影能長留大家心中，這本紀念集便算是功德完滿。」追思會的順利舉行和紀念集的刊印，讓我覺得自己總算是為老師的辭世做了些事，盡了點學生的責任。

回想起老師的教導，讓我印象最深的是他給予學生的自由與信任。他從不給學生指定研究的問題，亦不要求學生接受他的看法，且更多時候是鼓勵學生將不同意他的地方充分發展出來。我一直要到自己帶研究生時，才真正明白老師教學的深意；這不只是通常說的自由學風，而是要訓練學生能獨立地發掘研究的題材，畢竟這是他們將來當學者所必須具備的能力。不過儘管如此，我跟老師讀博士時，卻很自然地追隨他的研究足跡。

我的博士論文《明清儒學轉型探析》是有啟於老師《黃宗羲心學的定位》一書。老師析論梨洲（黃宗羲，1610–1695）思想，是藉由梳理其中對蕺山（劉宗周，1579–1645）的繼承、對陽明（王守仁，1472–1529）的簡擇及對朱子（朱熹，1130–1200）的批評，將之總括為梨洲四句表達一心萬殊的話，並指出蕺山、梨洲師徒思想中的內在一元論傾向正是促成明清儒學轉型的重要因素。當時明清儒學的研究方興未艾，我以為老師的洞見還可以更作深入探索，便決定以此為博士論文的題目。結果，我與老師的共同判定是明清之際儒學經歷了一次典範的轉移，即從宋明儒的道德形上學變為清初的達情遂欲哲學。我的論文則以王學的蕩越與救正、反宋明儒思潮的出現等來解釋內在一元論傾向的形成。其後我的研究興趣與方向雖已不限於此，但藕斷絲連，又讓我發現達情遂欲哲學竟有自王門泰州學派轉手而出的線索，而多番重讀戴東原（戴震，1724–1777）的《孟子字義疏證》亦讓我修正了對東原哲學的理解和評價。這一切像是在尋找拼圖的經驗其實一直延續至今，前些日子我寫就〈論明清之際儒學的一元化傾向〉一文，自信已將內在一元論傾向的來龍去脈徹底弄清楚，彷彿多年來終於找到了最後的一塊拼圖，心中真有不知手之舞之足之蹈之的感覺，學問的甘苦於焉可見。

可以告慰老師的是，我在這篇文章中代他回應了一些他已經無法親身答覆的質疑和批評。事緣過去幾年間，學界出現一股推重元氣論的思潮，有論者本此提出蕺山、梨洲的思想都屬於元氣論，甚至已逸出陽明心學的藩籬，由是乃批評老師的詮釋不當。老師在2012年中央研究院舉辦的第四屆國際漢學會議上發表〈黃宗羲心學的定位重探〉，文末

談及對他的批評意見，但卻只以意見「尚待闡發」，「仍維持我自己一貫的觀點」作覆。我的文章指出老師確實是因受到牟宗三對理氣關係的判定的影響而亦像牟先生一樣有意無意地忽略元氣論，這雖在詮釋上或有不夠體貼之處，但他認定蕺山、梨洲皆表現出內在一元論的傾向，一轉手而成儒學的新典範，則是個未易動搖的精確判斷。這是因為若把理緊吸、內收於氣，無論是否將氣上提至超越的元氣，理對氣的超越義、規範義必定大大減煞，而為清初之擯棄形上世界埋下伏筆。

　　老師對我的啟發與影響不只是在明清儒學的領域，這裏就不一一細表。正因我追隨過老師的思想，所以也一直在想應如何恰當地定位他的學術貢獻，特別是在當代新儒家 (港臺新儒家) 的學脈之中。扼要來說，在20世紀發展形成的當代新儒家，其中心課題有三：一是文化哲學的探索；一是中國形而上學的重建；一是儒家與民主政治的思考，而老師在前兩個課題上都扮演著承先啟後的角色。先說文化哲學的探索。自19世紀中葉以降，傳統中國文化面對西方所代表的現代文化的衝擊 (所謂三千年來未有的大變局) 而逐步失序解體，遂迫使學人必須仔細去省察「文化」的觀念，以求說明中國文化現在的處境並指示其未來的走向。於是，有梁漱溟西中印文化三支演進說的《東西文化及其哲學》、有新儒家1958年的〈中國文化與世界〉宣言、有唐君毅以道德理性為各種文化表現的精神根據的《文化意識與道德理性》及《中國文化之精神價值》，並且在80年代後還延續為儒家文明與東亞經濟、文明的衝突與對話、全球一體化與地域性知識等議題的探討。正是在這樣的大氣候下，老師年青時即發願要深入了解西方各家的文化哲學，求知己知彼。我曾提醒大家重新注意他這時期的力作《新時代哲學的信念與方法》，當中通過揉合卡西勒 (Ernst Cassirer) 的符號形式哲學 (the philosophy of symbolic forms) 及凱塞林 (Hermann Keyserling)「意義哲學」的觀念 (the philosophy of significance or meaning) 來一方面解釋文化中不同的意義表達及其形式，另一方面申明「意義」本身才是哲學思考起點，實可謂別出心裁。尤有甚者，書中提出「創造的創造性」來由文化回歸生命，並接上中國哲學的「本心」；提出「理一分殊」(或「異質的和諧性」)

來消解文化中不同的意義表達及其形式所可能造成的衝突矛盾，都有更作擴充發揮的理論潛力。事實上，老師後來再運用「理一分殊」的觀念來為現代文化尋求一條不落於絕對主義或相對主義兩邊的中道，並積極參與全球倫理與宗教對話的思想運動，即是明證。

再說中國形而上學的重建。20世紀20年代，新儒家學者為求在科學主義與西方哲學去形而上學轉向知識論的強大挑戰下證成儒學（特別是其中天道性命相貫通）的勝義與價值，自熊十力《新唯識論》以來，便展開了一項重建中國形而上學的思想工程。熊著劈頭即宣告西方哲學於本體的探究自始就誤入歧途，因為本體「非是離自心外在境界，及非知識所行境界，唯是反求實證相應故」；其進而分別量智與性智（或曰科學真理與玄學真理），以前者屬知識領域，後者屬實證境界，兩者不應混漫，可以說是擘畫了一個宏大的哲學計劃（philosophy project）以供後來者續作演繹補充。而熊先生的兩位高足，唐君毅與牟宗三所各自創建的思想體系，正是他們向乃師提交的答卷。唐著《生命存在與心靈境界》中前五境是知識論（及相應的人生哲學）、第六境是由理論過渡至實踐的道德哲學、後三境是即道德即宗教的證悟境界，同樣劃分開知識與實證，並卒以儒家的天德流行境為最高鵠的。牟著《現象與物自身》依本心開出無執的存有論（或曰本體界的存有論）、依本心之自我坎陷為識心，開出執的存有論（或曰現象界的存有論），又以無執的存有論包含道德的形上學，亦是區別了知識與實證，並終判儒家為大中至正的圓教。從這條思想發展的線索看，則老師雖未再創一套形而上學，但他奏起的三部曲：理一分殊、兩行之理及迴環的必要性，仍是繼往開來的力作。老師對熊、唐、牟的偉構基本上是肯定的，然而他更關注這套智慧如何在現代多元的文化氛圍下作更好更有力的表述，所以他要追問智慧（或真理）的表現方式為何？他的回答是理一分殊，即智慧是一但其表現必是多；而再下來就是怎樣於認識一即多之外又肯定多即一，所謂兩行之理，及在兩行間往復迴環的實踐之道。老師深信，唯有以其三部曲的方式來表現，儒家的形上智慧才能免於絕對主義的嫌疑，且能與不同的精神傳統互動以求做出一己的貢獻。

　　最後必須指出的是，上面我將老師的思想置於當代新儒家的學脈中所做的理解與定位，只是一己的嘗試，現在也已無法獲得老師的印可。不過，若想到詮釋必屬多元、詮釋即是創新，則我更希望以後有志於研究老師學問的人能提出更多不盡相同的閱讀，因這是作為學生、作為研究者的責任。

　　過幾天，我將赴新加坡南洋理工大學出席第二十屆國際中國哲學大會（the 20th International Conference of the International Society for Chinese Philosophy，7月4至7日）。記得我開始參加這個兩年一度的大會，正是老師的推薦。那年是第十屆（1997年），於南韓東國大學舉行，我與老師一同赴會。日間，我這個初出茅廬的小子戰戰兢兢跟在老師身旁，出席各場論文發表會；老師絕不因自己是成名學者而欺場，他總是用心聆聽、積極討論，我知道那是在給我身教。夜間，我們同住一酒店房間，這讓我知道他喜歡看BBC新聞、NBA比賽，每晚都有寫日記的習慣。追憶中，他彷彿就在我身旁……。

　　　　　　　　　　　　　　　　　原刊於《信報財經月刊》2017年8月號

參考書目

古代典籍

王夫之,《船山全書》,湖南:嶽麓書社,1992。

王守仁著,吳光、錢明、董平、姚延福編校,《王陽明全集》,上海:上海古籍出版社,2011。

王廷相,《王廷相集》,北京:中華書局,1989。

王畿,《龍谿王先生全集》,據《四庫全書存目叢書》集部,第98冊,臺南:莊嚴文化事業公司,1997。

朱熹,《四書章句集注》,北京:中華書局,1983。

───著,黎靖德編,《朱子語類》,北京:中華書局,1994。

───,《晦庵先生朱文公文集》,據朱傑人、嚴佐之、劉永翔主編,《朱子全書》,上海:上海古籍出版社;合肥:安徽教育出版社,2002。

呂柟,《涇野子內篇》,北京:中華書局,1992。

李顒,《二曲集》,北京:中華書局,1996。

周敦頤,《周敦頤集》,北京:中華書局,2009二版。

邵雍,《邵雍集》,北京:中華書局,2010。

胡宏,《胡宏集》,北京:中華書局,1987。

陸九淵,《陸九淵集》,北京:中華書局,2008二刷。

陳獻章,《陳獻章集》,北京:中華書局,1987。

張廷玉等撰,《明史》,北京:中華書局,1974。

黃宗羲,《明儒學案》,據沈善洪、吳光編:《黃宗羲全集》,第7、8冊,杭州:浙江古籍出版社,2005增訂版。

湛若水，《湛甘泉先生文集》，據《四庫全書存目叢書》集部，第56、57冊，
　　　台南：莊嚴文化事業公司，1997。

程顥、程頤，《二程集》，北京：中華書局，2004二版。

劉宗周著，戴璉璋、吳光主編，鍾彩鈞編審，《劉宗周全集》，臺北：中研
　　　院文哲所，1996。

羅洪先，《念菴羅先生集》，據《四庫全書存目叢書》集部，第89冊，台南：
　　　莊嚴文化事業公司，1997。

羅欽順，《困知記》，北京：中華書局，1990。

今人著作

丁為祥，《虛氣相即 —— 張載哲學體系及其定位》，北京：人民出版社，
　　　2000。

———，〈王陽明「知行合一」之內解內證〉，《哲學與文化》，第43卷，第8
　　　期，2016年8月，頁93–112。

方東美，《生生之德》，臺北：黎明文化事業公司，1982四版。

石元康，《當代自由主義理論》，臺北：聯經出版事業公司，1995。

牟宗三，《王陽明致良知教》，臺北：中央文物供應社，1954。

———，《心體與性體》，臺北：正中書局，1968、1969，三冊。

———，《從陸象山到劉蕺山》，臺北：臺灣學生書局，1979。

———，《才性與玄理》，臺北：臺灣學生書局，1983修訂六版。

———，《時代與感受》，臺北：鵝湖出版社，1984。

———，《中國哲學的特質》，臺北：臺灣學生書局，1984六版。

———，《圓善論》，臺北：臺灣學生書局，1985。

———，《五十自述》，臺北：鵝湖出版社，1989。

———，《現象與物自身》，臺北：臺灣學生書局，1990。

———，《生命的學問》，臺北：三民書局，1994七版。

———主講，蔡仁厚輯錄，《人文講習錄》，臺北：臺灣學生書局，1996。

———，《中國哲學十九講》，臺北：臺灣學生書局，1999八刷。

———，《宋明儒學的問題與發展》，臺北：聯經出版事業公司，2003。

余英時，《猶記風吹水上鱗 —— 錢穆與現代中國學術》，臺北：三民書局，
　　　1991。

———，《中國文化與現代變遷》，臺北：三民書局，1992。

杜維明著，彭國翔編譯，《儒家傳統與文明對話》，石家莊：河北人民出版社，2006。

李明輝，〈從康德的實踐哲學論王陽明的「知行合一」說〉，《中國文哲研究集刊》，第4期，1994年，頁415–440。

———，《儒家與康德》，臺北：聯經出版事業公司，2018增訂版。

李零，《郭店楚簡校讀記（增訂本）》，北京：中國人民大學出版社，2007。

束景南，《朱熹年譜長篇》，上海：華東師範大學出版社，2014。

吳疆，〈「知行合一」與「寂感真幾」——從反思判斷看知行問題的哲學意義〉，宣讀於第十屆當代新儒學國際學術會議，2013年11月，未刊稿。

吳震，《〈傳習錄〉精讀》，上海：復旦大學出版社，2011。

岡田武彥著，吳光、錢明、屠承先譯，《王陽明與明末儒學》，上海：上海古籍出版社，2000。

林月惠，《良知學的轉折——聶雙江與羅念菴思想之研究》，臺北：臺灣大學出版中心，2005。

———，〈陽明與陽明後學的「良知」概念〉，《哲學分析》，第5卷，第4期，2014年8月，頁4–22。

———：〈「異議」的再議——近世東亞的「理學」與「氣學」〉，《東吳哲學學報》，第34期，2016年8月，頁97–144。

———，《詮釋與工夫——宋明理學的超越蘄向與內在辯證》，臺北：中央研究院中國文哲研究所，2019。

林繼平，《明學探微》，臺北：臺灣商務印書館，1984。

東方朔（林宏星），《劉蕺山哲學研究》，上海：上海人民出版社，1997。

姜允明，《心學的現代詮釋》，臺北：東大圖書公司，1988。

———，《當代心性之學面面觀》，臺北：明文書局，1994。

———，〈當代新儒家論明儒陳白沙〉，收陳德和主編，王邦雄等著，《當代新儒家的關懷與超越（第三屆當代新儒學國際學術會議論文集之一）》，臺北：文津出版社，1997，頁63–82。

胡發貴，《羅欽順評傳》，南京：南京大學出版社，2001。

郁振華，〈論道德——形上學的能力之知——基於賴爾與王陽明的探討〉，《中國社會科學》，第12期，2014年，頁22–41。

———，〈再論道德的能力之知——評黃勇教授的良知詮釋〉，《學術月刊》，第48卷，2016年12月，頁14–24。

馬一浮，《爾雅臺答問》，臺北：廣文書局，1963。

唐君毅，〈白沙在明代理學之地位〉，《白沙學刊》，第2期，1965年3月，頁33–38。

———，《道德自我之建立》，臺北：臺灣學生書局，1983台四版。

———，《病裏乾坤》，臺北：鵝湖出版社，1984再版。

———，《文化意識與道德理性》，臺北：臺灣學生書局，1986。

———，《生命存在與心靈境界》，臺北：臺灣學生書局，1986全集校訂版，上下冊。

———，《中華人文與當今世界》，臺北：臺灣學生書局，1988全集初版，上下冊。

———，《中國人文精神之發展》，臺北：臺灣學生書局，1989全集校訂版。

———，《人文精神之重建》，臺北：臺灣學生書局，1989。

———，《中國哲學原論——原教篇》，臺北：臺灣學生書局，1990全集校訂版。

———，《書簡》〔《唐君毅全集》，卷26〕，臺北：臺灣學生書局，1991。

———，《日記（上）》〔《唐君毅全集》，卷27〕，臺北：臺灣學生書局，1991。

———：《日記（下）》〔《唐君毅全集》，卷28〕，臺北：臺灣學生書局，1991。

———，《中國哲學原論——原道篇（卷三）》，臺北：臺灣學生書局，2000全集校訂版三刷。

———，《中國哲學原論——導論篇》，臺北：臺灣學生書局，2004全集校訂版三刷。

———，《中國哲學原論——原性篇》，臺北：臺灣學生書局，2006全集校訂版三刷。

———，《說中華文化之花果飄零》，臺北：三民書局，2006二版二刷。

徐復觀，《徐復觀雜文續集》，臺北：時報文化出版公司，1981。

———著，蕭欣義編，《儒家政治思想與民主自由人權》，臺北：臺灣學生書局，1988增訂再版。

高柏園，〈論牟宗三先生「逆覺體證」義之運用〉，《鵝湖月刊》，第22卷，第7期，1997年2月，頁1–8。

耿寧 (Iso Kern) 著，倪梁康譯，《人生第一等事：王陽明及其後學論「致良知」》，北京：商務印書館，2014，上、下冊。

素羅鏗著 (Pitirim Sorokin)，徐道鄰譯述，《危機時代的社會哲學：現代歷史哲學評論》，臺北：中央文物供應社，1953。

張立文，《氣》，臺北：漢興書局，1994。

張亨，《思文之際論集》，臺北：允晨文化公司，1997。

張君勱，《比較中日陽明學》，臺北：中華文化出版事業委員會，1955。

張岱年，《中國典哲學概念範疇》，北京：中華書局，2017。

張學智，《明代哲學史》，北京：中國人民大學出版社，2012修訂版。

陳立勝，〈何種「合一」? 如何「合一」?——王陽明知行合一說新論〉，《貴陽學院學報》，第3期，2015年，頁2–9。

———，《入聖之機》，北京：三聯書店，2019。

———，《從「修身」到「工夫」——儒家「內聖學」的開顯與轉折》，臺北：臺灣大學人文社會高等研究院東亞儒學研究中心，2021。

陳來，《宋明理學》，瀋陽：遼寧教育出版社，1991。

———，《有無之境——王陽明哲學的精神》，北京：人民出版社，1991。

———，《朱子哲學研究》，上海：華東師範大學出版社，2000。

———，《朱子書信編年考證》，北京：三聯書店，2007。

陳郁夫，《江門學記——陳白沙及湛甘泉研究》，臺北：臺灣學生書局，1984。

陳榮灼，〈劉蕺山的「生命現象學」〉，《湖月刊》，第404期，2009年2月，頁3–14。

———〈論唐君毅與牟宗三對劉蕺山之解釋〉，《鵝湖學誌》，第43期，2009年12月，頁71–94。

———，〈黃宗羲氣論之重新定位〉，《中央大學人文學報》，第44期，2010年10月，頁1–27。

———，〈黃宗羲之孟學解釋：從劉蕺山到王船山〉，收楊祖漢、楊自平主編，《黃宗羲與明末清初學術》，中壢：中央大學出版中心，2011，頁127–163。

陳榮捷，〈理的觀念之發展〉，《崇基學報》，第4卷，第1期，1964年11月，頁1–9。

———，〈白沙之動的哲學與創作〉，《白沙學刊》，第2期，1965年3月，頁27–29。

———，《朱子新探索》，臺北：臺灣學生書局，1988。

———，《宋明理學之概念與歷史》，臺北：中央研究院中國文哲研究所籌備處，1996。陳應耀編，《白沙先生紀念集》，香港：陳氏耕讀堂，1952。

郭齊勇，《儒學與現代化的新探討》，北京：商務印書館，2015。

章沛，《陳白沙哲學思想研究》，廣東：人民出版社，1984。

崔大華，〈劉宗周與明代理學的基本走向〉，收鍾彩鈞主編，《劉蕺山學術思想論集》，臺北：中央研究院中國文哲研究所籌備處，1998，頁186–188。

馮友蘭，《中國哲學史》，香港：三聯書店，1993重印本，上、下冊。

勞思光，《新編中國哲學史》，三上、三下，臺北：三民書局，1994七版。

———著，劉國英編註，《文化哲學講演錄》，香港：中文大學出版社，2002。

喬清舉，《湛若水思想研究》，臺北：文津出版社，1993。

黃桂蘭，《白沙學說及其詩之研究》，臺北：文史哲出版社，1981。

黃勇，〈論王陽明的良知概念：命題性知識、能力之知，抑或動力之知〉，《學術月刊》，第48卷，2016年1月，頁49–66。

———，〈再論動力之知：回應郁振華教授〉，《學術月刊》，第48卷，2016年12月，頁24–30。

黃敏浩，《劉宗周及其慎獨哲學》，臺北：臺灣學生書局，2001。

———，〈耿寧的陽明三義——以《人生第一等事》為中心的檢討〉，《中國哲學與文化》，第19輯，2021年11月，頁96–116。

彭國翔，《良知學的展開——王龍溪與中晚明的陽明學》，臺北：臺灣學生書局，2003。

———，《儒家傳統：宗教與人文主義之間》，北京：北京大學出版社，2007。

楊立華，《氣本與神化——張載哲學論述》，北京：北京大學出版社，2008。

———，《中國哲學十五講》，香港：香港中和出版有限公司，2019。

楊儒賓，〈檢證氣學 —— 理學史脈絡下的觀點〉，《漢學研究》，第25卷，第1期，2007年6月，頁247–281。

———，《異議的意義 —— 近世東亞的反理學思潮》，臺北：臺大出版中心，2012。

楊儒賓、祝平次合編，《儒學的氣論與工夫論》，臺北：臺大出版中心，2005。

熊十力，《熊十力全集》，武漢：湖北教育出版，2001。

劉又銘，《理在氣中：羅欽順、王廷相、顧炎武、戴震氣本論研究》，臺北：五南圖書，2000。

劉述先，《新時代哲學的信念與方法》，臺北：臺灣商務印書館，1967二版。

———，《生命情調的抉擇》，臺北：臺灣學生書局，1985再版。

———，《黃宗羲心學的定位》，臺北：允晨文化公司，1986。

———，《中西哲學論文集》，臺北：臺灣學生書局，1987。

———，〈由發展的觀點看《周易》思想的神秘符示層面〉，新加收：東亞哲學研究所，1987。

———，〈《周易》思想的「理性／自然符示」〉，《清華學報》，新18卷，第2期，1988年，頁275–304。

———，《理想與現實的糾結》，臺北：臺灣學生書局，1993。

———，《傳統與現代的探索》，臺北：正中書局，1994。

———，《朱子哲學思想的發展與完成》，臺北：臺灣學生書局，1995增訂三版。

———，《當代中國哲學論 —— 人物篇》，River Edge, NJ：八方文化企業公司，1996。

———，《當代中國哲學論 —— 問題篇》，River Edge, NJ：八方文化企業公司，1996。

———，《儒家思想意涵之現代闡釋論集》，臺北：中央研究院中國文哲研究所籌備處，2000。

———，《現代新儒學之省察論集》，臺北：中央研究院中國文哲研究所，2004。

———，《黃宗羲心學的定位》，杭州：浙江古籍出版社，2006。

———，《論儒家哲學的三個大時代》，香港：中文大學出版社，2008。

———，《儒家哲學的典範重構與詮釋》，臺北：萬卷樓，2010。

———，《全球倫理與宗教對話》，臺北：立緒文化，2011。

———，〈黃宗羲心學的定位重探〉，收鍾彩鈞主編，《東亞視域中的儒學：傳統的詮釋》〔第四屆國際漢學會議論文集〕，臺北：中央研究院，2013，頁151–173。

鄭宗義，《明清儒學轉型探析──從劉蕺山到戴東原》，香港：中文大學出版社，2009增訂版。

———，《儒學、哲學與現代世界》，石家莊：河北人民出版社，2010。

———，〈生命的虛無、沉淪、悲情與覺情──當代新儒家的存在體驗〉，收羅秉祥、謝文郁主編，《耶儒對談──問題在哪裏？》，桂林：廣西師範大學出版社，2010，上冊，頁133–154。

———，〈明末王學的三教合一論及其現代迴響〉，收吳根友編，《多元範式下的明清思想研究》，北京：三聯書店，2011，頁181–233。

鄭宗義、林月惠合編，《全球與本土之間的哲學探索──劉述先先生八秩壽慶論文集》，臺北：臺灣學生書局，2014。

錢明，《陽明學的形成與發展》，南京：江蘇古籍出版社，2002。

錢穆，《王守仁》，臺北：臺灣商務印書館，1968。

———，《宋明理學概述》，臺北：臺灣學生書局，1977修訂重版。

———，《朱子新學案》，北京：九州出版社，2011。

蒙培元，《理學的演變──從朱熹到王夫之戴震》，臺北：文津出版社，1990。

蔡仁厚，《王陽明哲學》，臺北：三民書局，1974。

———，《牟宗三先生學思年譜》，臺北：臺灣學生書局，1996。

鍾彩鈞，〈羅整菴的理氣論〉，《中國文哲研究集刊》，第6期，1995年，頁199–220。

———，〈湛甘泉哲學思想研究〉，《中國文哲研究集刊》，第19期，2001年，頁345–403。

———，《明代程朱理學的演變》，臺北：中央研究院中國文哲研究所，2018。

簡又文，《白沙子研究》，香港：簡氏猛進書屋，1970。

譚戒甫，《墨辯發微》，北京：中華書局，1996。

英文著作

Chan, Wing-tsit, translated and compiled. *A Source Book in Chinese Philosophy*. Princeton: Princeton University Press, 1969.

Chang, Carsun. *Wang Yang-ming: The Idealist Philosopher of the 16ᵗʰ Century China*. New York: St. John University Press, 1962.

Cheng, Chung-yi. "Modern Versus Tradition: Are There Two Different Approaches to Reading of the Confucian Classics?" *Educational Philosophy and Theory*, vol. 48, no. 1 (January 2016): 106–118.

———. "Confucianism," "First Responses," and "Second Responses." In *Interreligious Philosophical Dialogues*, vol. 3, edited by Graham Oppy and N. N. Trakakis, pp. 3–16, 77–82, 111–115. Oxon & New York: Routledge, 2018.

Ching, Julia. *To Acquire Wisdom: The Way of Wang Yang-ming*. New York: Columbia University Press, 1976.

Cua, A. S. *The Unity of Knowledge and Action: A Study in Wang Yang-ming's Moral Psychology*. Honolulu: University of Hawai'i Press, 1982.

Furth, Charlotte, ed. *The Limits of Change: Essays on Conservative Alternatives in Republican China*. Cambridge, Mass.: Harvard University Press, 1976.

Frisina, Warren G. *The Unity of Knowledge and Action: Toward a Nonrepresentational Theory of Knowledge*. Albany, NY: State University of New York Press, 2002.

Fröhlich, Thomas. *Tang Junyi: Confucian Philosophy and the Challenge of Modernity*. Leiden and Boston: Brill, 2017.

Hadot, Pierre. *What Is Ancient Philosophy*. Translated by Michael Chase. Cambridge, Mass.: Belknap Press of Harvard University Press, 2002.

Ivanhoe, P. J. *Ethics in the Confucian Tradition: The Thought of Mengzi and Wang Yangming*. Indianapolis: Hackett Publishing, 2002.

Jaspers, Karl. *Man in the Modern Age*. Translated by Eden and Cedar Paul. London: Routledge & Kegan Paul Ltd., 1951.

James, William. *The Varieties of Religious Experiences*. New York: The Modern Library, 1929.

Jiang, Paul Yun-ming. *The Search for Mind: Chen Pai-sha, Philosopher-Poet*. Singapore: Singapore University Press, 1980.

Kolb, David. *The Critique of Pure Modernity*. Chicago and London: The University of Chicago Press, 1986.

Lederman, Harvey. "The Introspective Model of Genuine Knowledge in Wang Yangming." *Philosophical Review*, vol. 131, no. 2 (2022): 169–213.

———. "What is the 'Unity' in the 'Unity of Knowledge and Action'?" *Dao*, no. 22 (2022): 569–603.

Liu, Shu-hsien . "Hsiung Shih-li's Theory of Causation." *Philosophy East and West*, vol. 19, no. 4 (1969): 399–407.

———. "The Religious Import of Confucian Philosophy: Its Traditional Outlook and Contemporary Significance." *Philosophy East and West*, vol. 21, no. 2 (April 1971): 157–175.

———. "The Contemporary Development of a Neo-Confucian Epistemology." *Inquiry*, vol. 14 (1971): 19–40.

———. "A Philosophic Analysis of the Confucian Approach to Ethics." *Philosophy East and West*, vol. 22, no. 4 (1972): 417–425.

———. "The Confucian Approach to the Problem of Transcendence and Immanence." *Philosophy East and West*, vol. 22, no. 1 (1972): 45–52.

———. "Time and Temporality: The Chinese Perspective." *Philosophy East and West*, vol. 24, no. 2 (1974): 145–153.

———. "The Use of Analogy and Symbolism in Traditional Chinese Philosophy." *Journal of Chinese Philosophy*, vol. 1 (1974): 313–337.

———. "The Function of the Mind in Chu His's Philosophy." *Journal of Chinese Philosophy*, vol. 5 (1978): 195–208.

———. "On the Functional Unity of the Four Dimensions of Thought in the Book of Changes." *Journal of Chinese Philosophy*, vol. 17, no. 3 (1990): 359–385.

———. *Understanding Confucian Philosophy: Classical and Sung-Ming*. Westport, Connecticut, and London: Greenwood Press and Praeger Publishers, 1998.

————. "Reflections on Tradition and Modernity: A Response to Seyyed Hossein Nasr from A Neo-Confucian Perspective." In *The Philosophy of Seyyed Hossein Nasr* (LLP Vol. XXVIII), edited by Lewis E. Hahn, Randall E. Auxier, and Lucian W. Stone, Jr. Chicago and La Salle Ill., Open Court, 2001, pp. 265–267.

————. *Essentials of Contemporary Neo-Confucian Philosophy*. Westport, Connecticut, and London: Praeger Publishers, 2003.

Nagel, Thomas. *Secular Philosophy and the Religious Temperament*. Oxford: Oxford University Press, 2010.

Nivison, David. *The Ways of Confucianism*. Edited with an introduction by Bryan W. Van Norden. Chicago: Open Court Press, 1996.

Norden, Bryan Van. "Wang Yangming." In *Stanford Encyclopedia of Philosophy*, http://plato.stanford.edu/entries/wang-yangming.

Shun, Kwong-loi. "Wang Yang-ming on Self Cultivation in the Daxue." *Journal of Chinese Philosophy*, Supplement to vol. 38 (2011): 96–113.

Sorokin, Pitirim. *Social Philosophies of An Age of Crisis*. Boston: The Beacon Press, 1950.

Sosa, Ernest. *Epistemology*. Princeton and Oxford: Princeton University Press, 2017.

————. "Getting It Right." http://opionator.blogs.nytimes.com/2015/05/25/getting-it-right/.

Tu, Wei-ming. *Neo-Confucian Thought in Action: Wang Yang-ming's Youth (1471–1509)*. Berkeley: University of California Press, 1976.

————. *Centrality and Commonality: An Essay on Confucian Religiousness*. Albany, NY: State University of New York Press, 1989.

Weber, Max. "Science as a Vocation." In *From Max Weber: Essays in Sociology*, translated by H. H. Gerth and Wright Mills. New York: Oxford University Press, 1958.

哲學

從張橫渠、陳白沙、湛甘泉、羅整菴、王陽明等，到唐君毅、牟宗三、劉述先，本書通過考察諸位儒學大家的概念、義理與研究進路，詳細梳理了宋明理學到當代新儒家的發展脈絡。

宋明理學號稱難懂，如何才能進入它的義理世界？本書通過當代新儒家（或港臺新儒家）的研究成果，引領讀者一窺堂奧。當代新儒家是二十世紀中國哲學界最富原創與思辨的學術群體，其中唐君毅與牟宗三更是雙峰並峙。本書詳細分析二人在宋明理學上針鋒相對的詮釋，整理出兩條雖不同卻非不能調和的研究進路。此外，面對現代文化的衝擊，儒學以至傳統文化是否仍有價值和意義？本書以當代新儒家的反本開新為例，闡析他們的思考如何有力地批駁反傳統主義，顯示儒學可以如鳳凰火浴般重生。

全書分為三個相互關連的部分：第一部分闡發宋明儒學的核心觀念；第二部分探究當代新儒家特別是唐君毅與牟宗三兩先生對宋明儒學的研究，比較他們截然異趣的方法、詮釋與結論；第三部分剖析當代新儒家於汲取宋明儒的睿識上，如何繼往開來，重新設想「儒學」來迎拒西方哲學思潮的輸入，並批判地回應現代性的衝擊，乃至參與到當前全球倫理與宗教對話的討論。

鄭宗義，1965 年生於香港。香港中文大學哲學系博士。現任香港中文大學哲學系教授、中國哲學與文化研究中心主任、《中國哲學與文化》主編。主要研究領域為儒家哲學（先秦、宋明與當代）、中國哲學史與中西比較哲學。著作有《明清儒學轉型探析——從劉蕺山到戴東原》（2000 年初版、2009 年增訂版）、《儒學、哲學與現代世界》（2010）及中英文論文近百篇。另編有《香港中文大學的當代儒者》（2006）、《中國哲學研究之新方向》（2014）、*New Directions in Chinese Philosophy*（2014）。

ISBN 978-988-237-323-5

香港中文大學出版社
The Chinese University of Hong Kong Press
cup.cuhk.edu.hk | HONG KONG, CHINA

9 789882 373235